PANORAMA

Deutsch als Fremdsprache

Andrea Finster
Dagmar Giersberg
Ulrike Würz (Phonetik)

B 1

Kursbuch
Kursleiterfassung

Cornelsen

Vorwort

Liebe Deutschlehrende,

das Lehrwerk PANORAMA richtet sich an erwachsene Lernende ohne Vorkenntnisse, die im In- und Ausland Deutsch lernen. Der Name ist Programm: PANORAMA öffnet inhaltlich wie medial den Blick für die deutsche Sprache und die Kultur der deutschsprachigen Länder. Es führt in drei Gesamt- bzw. in sechs Teilbänden zu den Niveaustufen A1, A2 und B1 des Gemeinsamen europäischen Referenzrahmens.

Das **Kursbuch** umfasst 16 abwechslungsreiche, klar strukturierte Einheiten mit je sechs Seiten. Nach zwei Einheiten folgen immer eine Deutsch-aktiv- und eine Panorama-Doppelseite.

Die ausführliche Beschreibung des Konzepts, der Aufteilung des Kursbuches und des Aufbaus der Einheiten finden Sie in der Konzeptbeschreibung im Anhang auf den Seiten 182 bis 193.

Die vorliegende **Kursleiterfassung** des Kursbuchs B1 erleichtert Ihnen die Unterrichtsvorbereitung. Sie finden hier alle für Ihren Unterricht benötigten Materialien (außer den digitalen Bestandteilen): das komplette Kursbuch mit kleinschrittigen didaktischen Kommentaren zu den Kursbuch-Aufgaben und Tipps für einen kommunikativen und lernerorientierten Unterricht.

Die Kommentare sind um die verkleinerten Kursbuch-Seiten angeordnet und enthalten:
- eine Übersicht mit den benötigten Materialien, den Textsorten und den vermittelten Strategien
- Symbole mit Vorschlägen für die Sozialform bei allen Aufgaben
- Hinweise zur Binnendifferenzierung sowie Vorschläge für alternative Vorgehensweisen
- Vorschläge für vertiefende und spielerische Aufgaben
- Tipps zum Einsatz der digitalen Medien und der Kopiervorlagen
- Markierung des neuen Wortschatzes und der neuen Strukturen direkt in den Texten
- Lösungen (auf den Kursbuch-Seiten ausgewiesen oder als Lösungsbeispiele in den Kommentaren)
- landeskundliche Hintergrundinformationen

Im Anhang finden Sie neben der Konzeptbeschreibung eine Übersicht mit allen PANORAMA-Titeln, sowie die Kopiervorlagen, die Transkripte der Hörtexte und die alphabetische Wortliste.

Die digitalen Medien – die Video-DVD und die Augmented-Reality-Materialien in der kostenlosen App „PagePlayer" – sind zwar in die Progression des Lehrwerks eingebunden, ihr Einsatz ist aber fakultativ: Die Video-DVD kann an ausgewiesenen Stellen als Alternative zur Audio-CD eingesetzt werden, die Augmented-Reality-Materialien bieten zusätzliche Übungsmöglichkeiten und visualisierte Erklärungen zu behandelten Phänomenen.

Symbole im Kursbuch

⚑ Zielaufgabe	⊙ Hörtext auf CD	🎬 Videoclip	📍 Augmented-Reality-Material

Symbole und Abkürzungen in der Kursleiterfassung

TN die Teilnehmerin / der Teilnehmer	👥👥👥 Gruppenarbeit	▶ KV 1/1	Verweis auf Kopiervorlage
👥👥 Plenum	▶ Vertiefung: S. 31/1	Verweis auf vertiefende Aufgaben
👤 Einzelarbeit	◐ Binnendifferenzierung	▶ Phonetik: S. 79	Verweis auf Phonetik
👥 Partnerarbeit	❗ wichtiger Hinweis		

- ▶ **UM:** Einsatz des Unterrichtsmanagers (fakultativ)
- ▶ **Video-DVD:** Einsatz der Video-DVD (fakultativ)
- ▶ **AR, UM:** Einsatz der Augmented-Reality-Materialien über den Unterrichtsmanager (fakultativ)

Inhalt

Inhalt: Kursbuch	4
Kommentierung der Einheiten	8
Partnerseiten	138
Phonetik: Einheiten 1 bis 16	147
Hörtexte	154
Wortliste	174
Konzept	182
Lehrwerksverbund	192
Kopiervorlagen	194

Augmented-Reality-Materialien

PANORAMA bietet eine neue Dimension des individuellen Lernens. Die zusätzlichen Materialien können zu Hause, unterwegs oder auch im Kurs mit dem Smartphone oder dem Tablet direkt aus dem Buch heraus angesehen und -gehört werden.

Und so können Sie die Materialien abspielen:

1. Scannen Sie den QR-Code und laden Sie die kostenlose App PagePlayer herunter. Sie können die Inhalte zu PANORAMA auf Ihrem Smartphone oder Tablet speichern und jederzeit direkt aus dem Buch aufrufen.

2. Scannen Sie mit Ihrem Smartphone oder Tablet die ausgewählte Buchseite mit dem Icon ⓘ. Das Material wird angezeigt und Sie können es direkt starten.

Folgende Materialien gibt es zu PANORAMA B1: Wortschatz-Videos mit Übungsphasen zu den meisten Wort-Bildleisten, erklärende Grammatik-Animationen zu ausgewählten Strukturen, Videos zum Strategietraining sowie Quiz-Videos mit zusätzlichen landeskundlichen Informationen.

Inhalt

DACH bekannt — 8

1 Beziehungen fern und nah — 10

Sprachhandlungen: über (Fern-)Beziehungen sprechen; über Gefühle sprechen; Vor- und Nachteile nennen; eine Person beschreiben; die eigene Meinung äußern; einen Text zusammenfassen

Themen und Texte: Beziehung und Partnerschaft; Zeitschriftenartikel; Interview; Zeitungsartikel

Wortfelder: Beziehungswörter; Charaktereigenschaften
Grammatik: Verben mit Präpositionen; Präpositionalpronomen
Phonetik: Wortakzent und Satzmelodie

2 Teilen und tauschen — 16

Sprachhandlungen: über Tauschmöglichkeiten sprechen; über Nachbarschaftshilfe sprechen; Filmbeschreibungen verstehen; über Filme sprechen; Filme bewerten

Themen und Texte: Tauschmöglichkeiten; Nachbarschaftshilfe; Online-Artikel; Lied; Lexikoneintrag (online); Blog; Kleinanzeigen; Filmrezension

Wortfelder: Geräte im Haus(halt); Film
Grammatik: Infinitiv mit *zu*; Präpositionen *für, über, von … an* (Zeit)
Phonetik: mit Emotionen sprechen

Deutsch aktiv 1|2 — 22
Panorama: CoHousing — 24

3 Von Kochboxen, Diäten und Foodies — 26

Sprachhandlungen: über Essgewohnheiten sprechen; Werbetexte verstehen; über Ernährung / gesunden Lebensstil sprechen; über eigene Essgewohnheiten sprechen; über Trends sprechen; seine eigene Meinung äußern

Themen und Texte: Essgewohnheiten und Ernährung; Lieferservice; Foodies; Werbeflyer; Blog; Zeitschriftenartikel

Wortfelder: Lebensmittel; Ernährung
Grammatik: Adjektive nach dem Nullartikel; Nebensätze mit *obwohl*; *brauchen* + *zu* + Infinitiv
Phonetik: Fremdwörter im Deutschen

4 Wir und unsere Umwelt — 32

Sprachhandlungen: über ein Stadtgartenprojekt sprechen; über Wünsche sprechen; über Klima und Umwelt sprechen; Umweltprobleme beschreiben; über extremes Wetter sprechen; Wetterberichte verstehen

Themen und Texte: Umweltschutz; Gemeinschaftsgarten in Großstädten; extremes Wetter; Zeitschriftenartikel; Wetterbericht

Wortfelder: Natur und Umwelt; Klimawandel; Wetter
Grammatik: Konjunktiv II; Bedingungssätze
Phonetik: Wortakzent in Komposita

Deutsch aktiv 3|4 — 38
Panorama: Foodtrucks — 40

5 Arbeitsfreude, Arbeitsstress 42

Sprachhandlungen: über Vor- und Nachteile von Berufen sprechen; über den Arbeitsalltag sprechen; höfliche Vorschläge ausdrücken und darauf reagieren; über Spiele sprechen; einen Text zusammenfassen

Themen und Texte: Arbeitsplatz; Arbeitszufriedenheit; Beruf Spieleerfinder; Umfrage; Diskussion; Zeitungsartikel

Wortfelder: Arbeit und Beruf; Arbeitstätigkeiten

Grammatik: n-Deklination; Konjunktiv II bei Modalverben
Phonetik: flüssig sprechen

6 Hilfe: im Krankenhaus und im Alltag 48

Sprachhandlungen: sich in einem Gebäude orientieren; Vorgänge beschreiben; über einen Krankenhausaufenthalt sprechen; Empfehlungen/Tipps geben; über Haustiere sprechen

Themen und Texte: Führung durch ein Krankenhaus; Tipps für einen Krankenhausaufenthalt; Tiere als Helfer; Online-Artikel

Wortfelder: Krankenhaus; Gesundheit

Grammatik: Passiv (Präsens); Passiv mit Modalverben; das Verb *lassen*
Phonetik: Wiederholung *z*, *-ts* und *-ti-*

Deutsch aktiv 5|6 54
Panorama: Das Technische Hilfswerk (THW) 56

7 Gut informiert 58

Sprachhandlungen: kurze Zeitungsartikel verstehen; einen Text zusammenfassen; über Vergangenes schreiben; über Medien früher und heute sprechen; über Radiohörgewohnheiten sprechen; eine Statistik beschreiben

Themen und Texte: Medien früher und heute; Public Viewing; Radionutzung; Kurznachrichten in Zeitungen; Lied; Zeitungsartikel; Grafik; Umfrage

Wortfelder: Zeitungsrubriken; Public Viewing

Grammatik: Präteritum; Nebensätze mit *seit(dem)* und *bevor*
Phonetik: Wiederholung *r/R* und *-er*

8 Geschichte und Politik 64

Sprachhandlungen: geschichtliche Ereignisse beschreiben; Inhalte zusammenfassen; über (politisches) Engagement sprechen; Wichtigkeit ausdrücken; über Demokratie sprechen; über politische Ideen diskutieren

Themen und Texte: deutsche Geschichte; politisches Engagement; direkte Demokratie in der Schweiz; Infoflyer; Museumsführer; Interview; Zeitungsartikel

Wortfelder: Geschichte; Politik

Grammatik: Genitiv; Präpositionen *trotz* und *wegen* (+ Genitiv); *damit* und *um* + *zu* + Infinitiv
Phonetik: einen Sachtext vorlesen

Deutsch aktiv 7|8 70
Panorama: Treffpunkt Kiosk 72

Inhalt

9 Über Grenzen hinweg — 74

Sprachhandlungen: über Europa und die EU sprechen; Assoziationen ausdrücken; über (Gründe für) Migration sprechen; Erstaunen ausdrücken; eine Grafik beschreiben; über Integration sprechen; über kulturelle Unterschiede sprechen

Themen und Texte: Europäische Union; Ein- und Auswanderung; Info-Text; Zitat; Zeitungsartikel; Grafik; literarischer Text: Interview

Wortfelder: Politik; Migration

Grammatik: *während* (+ Genitiv); Adjektivdeklination im Genitiv; Doppelkonjunktionen
Phonetik: Erstaunen ausdrücken

10 Der neue Job — 80

Sprachhandlungen: Stellenanzeigen verstehen; über Bewerbungen sprechen; über seinen Lebenslauf sprechen; über Fehler beim Vorstellungsgespräch sprechen; Tipps geben

Themen und Texte: Jobsuche; Vorstellungsgespräch; Pannen beim Vorstellungsgespräch; Lebenslauf; Stellenanzeige; Online-Artikel

Wortfelder: Berufe; Bewerbung

Grammatik: Plusquamperfekt; Nebensätze mit *nachdem*; Nebensätze mit *während*
Phonetik: lange Sätze flüssig sprechen

Deutsch aktiv 9|10 — 86
Panorama: Der Saal der Menschenrechte in Genf — 88

11 Dienstleistungen — 90

Sprachhandlungen: über Dienstleistungen sprechen; etwas aushandeln / etwas planen; Serviceleistungen in der Bibliothek beschreiben; über guten Service nachdenken; Servicewünsche äußern

Themen und Texte: Dienstleistungen; Bibliotheken gestern und heute; Internetseite einer Bibliothek; Online-Artikel

Wortfelder: Dienstleistungen; Bibliothek

Grammatik: reflexive Verben mit Dativ; Reflexivpronomen im Dativ; reflexive Verben mit Akkusativ oder mit Akkusativ und Dativ; Präpositionen *innerhalb* und *außerhalb* (+ Genitiv)
Phonetik: Abkürzungen richtig sprechen

12 Das ist aber ein gutes Angebot! — 96

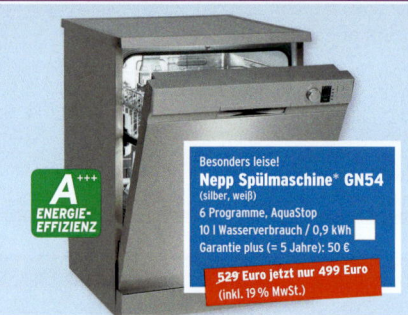

Sprachhandlungen: Informationen erfragen; Angebote beschreiben und bewerten; ein Missverständnis klären; über das Bezahlen sprechen; über Vor- und Nachteile sprechen

Themen und Texte: Geräte im Haushalt; Zahlungsarten; Werbeprospekt; Beschwerde; Überweisungsformular; E-Mail; Zeitungsartikel

Wortfelder: Tätigkeiten im Haushalt; technische Informationen bei Geräten

Grammatik: Modalpartikeln; Passiv (Präteritum)
Phonetik: bei Missverständnissen freundlich nachfragen

Deutsch aktiv 11|12 — 102
Panorama: Fiaker, Fahrrad-Rikscha oder Taxi? — 104

13 Auf vier Rädern — 106

Sprachhandlungen: über Vor- und Nachteile von Autos diskutieren; Verärgerung ausdrücken; über einen Autokauf sprechen; etwas verhandeln; Gebrauchtartikel beschreiben; über Elektrofahrräder sprechen; Textzusammenhänge erkennen

Themen und Texte: Auto und Autokauf; die Deutschen und ihre Autos; Elektrofahrrad; Lied; Flyer; Zeitschriftenartikel

Wortfelder: Auto; Elektrofahrrad

Grammatik: Vergleich mit *je ... desto*; Passiv mit *sein* (Zustandspassiv)

Phonetik: Ablehnung ausdrücken

14 Überzeugende Geschäftsideen — 112

Sprachhandlungen: über Entwicklungen sprechen; Forderungen verstehen; Konsequenzen beschreiben; über Geschäftsideen sprechen; über Selbstständigkeit sprechen; über Verantwortung sprechen; einen Text zusammenfassen

Themen und Texte: Wirtschaft; ein Unternehmen gründen; Unternehmerportrait; Interwiev; Zeitungsartikel

Wortfelder: Firma; Charaktereigenschaften

Grammatik: *daher, darum, deshalb, deswegen*; Partizip I; Partizip I und II als Adjektiv

Phonetik: Wiederholung *v/V*

Deutsch aktiv 13|14 — 118
Panorama: Gotthard-Basistunnel – der längste Eisenbahntunnel der Welt — 120

15 Wilde Nachbarn — 122

Sprachhandlungen: Landschaften beschreiben; Buchrezensionen verstehen; etwas begründen; über (Wild)Tiere in der Stadt sprechen; ein gemeinsames Projekt planen

Themen und Texte: Wald in Deutschland; Umwelt (Tiere, Pflanzen); der Tag der Artenvielfalt; Grafik; Rezension; Zeitschriftenartikel; Online-Artikel; Interview

Wortfelder: Natur; Tiere

Grammatik: Nebensätze mit *da*; Nebensätze mit *wo* und *was*

Phonetik: Tiernamen sprechen

16 Was bringt die Zukunft? — 128

Sprachhandlungen: über Pläne und Lebenswünsche sprechen; Vermutungen äußern; über Filme sprechen; eine Grafik beschreiben; Textzusammenhänge verstehen

Themen und Texte: Zukunftspläne; Weltreise mit dem Fahrrad; Filmbeschreibung; Tagebucheintrag; Zeitschriftenartikel

Wortfelder: Film

Grammatik: Futur I; Indefinitartikel

Phonetik: Satzmelodie: die eigene Meinung ausdrücken

Deutsch aktiv 15|16 — 134
Panorama: Nationalpark Wattenmeer — 136

Partnerseiten	138
Phonetik	147
Hörtexte	154
Alphabetische Wortliste	174

DACH bekannt

Auf einen Blick

Material: ggf. Bild- und Wortkarten vom D-A-CH-Spiel (1a, 1c+d); KV DACH bekannt (2a)

Textsorten: Steckbrief

Strategien: Bilder als Informationsquelle nutzen (1a–c); selektives Hören (1b); detailliertes Hören und Lesen (1d); Informationen zu Personen erfragen und geben (2a+b+c)

Diese Doppelseite dient dem Wiedereinstieg in den Deutschkurs. Der Schwerpunkt liegt auf einem Quiz mit landeskundlichen Informationen zu bekannten Personen oder Produkten aus Deutschland, Österreich und der Schweiz, das Lust auf die deutschsprachigen Länder machen und zum Lernen der deutschen Sprache motivieren soll. Zudem wird den TN die Möglichkeit gegeben, sich gegenseitig (besser) kennenzulernen.

Einstieg 👥 Schreiben Sie an die Tafel:

	Personen	Produkte
Deutschland		
Österreich		
Schweiz		

Fragen Sie die TN, welche Personen oder Produkte sie aus diesen Ländern kennen. Die TN sammeln Ideen an der Tafel.

▶ **AR, UM:** Wenn Sie mit dem Unterrichtsmanager arbeiten, projizieren Sie die Fotos von der linken Seite an die Wand.

1a 👥 Die TN vergleichen mit den zuvor gesammelten Personen und Produkten und ergänzen die Informationen an der Tafel.

1b 👤▸👥▸👨‍👩‍👧 Die TN hören einmal und tragen die Hörtext-Nummern ein. Danach überprüfen sie ihre Lösung zu zweit. Spielen Sie dann die Hörtexte noch einmal einzeln ab. Nach jedem Hörtext fassen die TN die Informationen kurz zusammen.

1c 👨‍👩‍👧▸👤▸👨‍👩‍👧 Die TN versuchen die Fotos zuerst zuzuordnen, ohne die Texte zu lesen, und begründen ihren Lösungsvorschlag. Dann lesen sie die Texte und überprüfen ihre Vermutungen.

❗ Auf den Fotos sieht man das Bundeskanzleramt (1), den Frankfurter Flughafen (2), das Museum Swarowski Kristallwelten (3), die Elbphilharmonie (4), ein österreichisches Fußball-Trikot (5), eine Statue von Heidi (6), eine Geige (7) und den Hauptbahnhof in Zürich (8).

1d 👥▸👨‍👩‍👧 Die TN arbeiten zu zweit. Sie können weitere Informationen im Internet recherchieren. Achten Sie darauf, dass die TN bei ihrer Präsentation möglichst frei sprechen. Fragen Sie die TN auch, warum sie genau dieses Bild gewählt haben.

🔘 Schwächere TN können ihren Hörtext auf S. 154 lesen.

🔘 In großen Kursen können Sie mit zusätzlichen Fotos arbeiten. Drucken Sie dafür die Bild- und Textkarten vom D-A-CH-Kartenspiel (*www.cornelsen.de/panorama-spiel*) aus. Hier finden Sie auch weitere Tipps für den Einsatz des Spiels im Unterricht.

2a 👤▸👨‍👩‍👧▸👥▸👨‍👩‍👧 Alternative: Die TN arbeiten mit der Kopiervorlage und lösen die Aufgaben 1 und 2 im Kurs, bevor sie den Kursspaziergang beginnen. Erinnern Sie ggf. an die Struktur der indirekten Fragen, damit die TN keine Fehler automatisieren. Zum Schluss stellen alle TN jeweils eine Person kurz vor.

▸ KV DACH bekannt

2b+c 👤▸👨‍👩‍👧 Ich-Bezug. Die TN schreiben auf ein extra Blatt (nicht in ihr Heft). Mischen Sie die Steckbriefe. Eine/Ein TN beginnt und liest den Steckbrief vor, die anderen raten. Helfen Sie, wenn eine/ein TN einen Steckbrief nicht lesen kann oder ein Wort nicht kennt.

👥▸👨‍👩‍👧 Alternative: Hängen Sie die Steckbriefe im Raum auf. Die TN lesen die Steckbriefe zu dritt, beraten sich, wer die Person sein könnte, und notieren den Namen auf dem Steckbrief. Am Ende nehmen die TN ihre eigenen Steckbriefe und berichten, ob richtig geraten wurde oder nicht.

neun **9**

9

1 Beziehungen fern und nah

Auf einen Blick

Material: großes Papier für Plakate (2a); Kärtchen (4b, 5f); Fotos aus dem Internet (5f/Wichtige Sätze 2a); KV 1/1 (5a+c); KV 1/2 (5d/Strukturen 3)

Textsorten: Zeitschriftenartikel (1); Interview (3b); Zeitungsartikel (6a)

Strategien: Hypothesenbildung (1a); selektives Lesen (1b+d); Wörter aus dem Kontext erschließen (1c); einen Text anhand von Notizen schreiben (2c); selektives Hören (3b, 5b); detailliertes Hören (3c, 5c); globales Hören (5a); Hör-Sehen (5a–c); globales Lesen (6a); Informationen zusammenfassen (6b)

Einstieg + 1a Die TN sammeln Vermutungen an der Tafel. Dann lesen sie die Einleitung und überprüfen ihre Ideen. Fragen Sie anschließend: *Was ist eine Fernbeziehung? Was für Gründe gibt es für eine Fernbeziehung?* Die TN formulieren eine Definition und tauschen sich aus.

UM: Alternativ projizieren Sie das große Foto an die Wand und notieren die Überschrift an der Tafel.

1b Die TN arbeiten in drei Gruppen. Jede Gruppe liest einen Text, unterstreicht die lösungsrelevante(n) Textstelle(n) und ordnet den passenden Satz zu. Danach bilden die TN neue Gruppen zu dritt, sodass es in jeder Gruppe eine Person für jeden Text gibt. Die TN berichten kurz über ihren Text und stellen sich gegenseitig die Lösung vor.

Lösung: 1. Kerstin; 2. Luisa; 3. Cem

1c Die TN lesen die Texte und ordnen zu. Sie vergleichen zuerst zu zweit. Bei der Auswertung im Kurs formulieren die TN den jeweiligen Satz neu, z. B. *Mein Sohn ist erwachsen.* → *Mein Sohn ist kein Kind mehr.*

Vertiefung: Die TN formulieren zu den markierten Wörtern Beispielsätze (z. B. *Meine Schwester und ich haben eine sehr enge Beziehung. Wir vertrauen uns sehr.*).

---

1 Beziehungen fern und nah

Freitag ist Skype-Tag

Wir sind modern, **flexibel** und wir leben mobil. Wir ziehen zum Studium in eine andere Stadt um, wir gehen für einen neuen Job ins Ausland – alles kein Problem, oder? Man **schätzt**, dass ca. acht Prozent von den Paaren in Deutschland und Österreich in einer **Fernbeziehung** leben, also nicht in der gleichen Stadt
5 wohnen. Das ist nicht immer einfach. Genauso wie die **Trennung** von guten Freunden oder von der Familie.

Cem (26) hat seine Freundin Inga an der Universität in Riga kennengelernt und die beiden **führen** seit
10 fast zwei Jahren eine **Fernbeziehung**. Cem kennt die Vor- und Nachteile: „Wir haben uns verliebt und waren gerade drei Monate zusammen, als ich zurück nach Jena gegangen bin. Das war **hart** und ich habe mich oft **einsam** gefühlt. Jetzt habe ich mich an die Situation **gewöhnt**, wir sehen uns regelmäßig und
15 skypen jeden Freitag. Wir sprechen offen über alles, streiten auch manchmal … Am Anfang waren wir am Computer immer nur lieb und nett, wir wollten den anderen nicht verletzen. Einmal war ich am Freitag nicht zu Hause. Ich bin zu einer Party gegangen und wollte nicht, dass Inga **sauer** ist, deshalb habe ich **gelogen** und ihr erzählt, dass ich mit einem Freund für eine Prüfung gelernt
20 habe. Das war sehr dumm, denn später hat sie die **Lüge** bemerkt und war natürlich **wütend**. Heute **sind** wir beide sehr **ehrlich**, nur so kann man **sich vertrauen**. Wir sehen uns alle zwei Monate und freuen uns immer auf den anderen. Das ist ein Vorteil von Fernbeziehungen: Langweilig ist es nie!"

1 Freitag ist Skype-Tag.

a Was denken Sie: Was ist das Thema in dem Artikel? Lesen Sie die Überschrift und sehen Sie das große Foto an. Sprechen Sie im Kurs.

b Zu welchen Personen passen die Sätze? Lesen Sie und ordnen Sie zu.

1. Weil wir so oft skypen, weiß ich heute mehr von ihm als früher.
2. Ich finde es nicht gut, dass wir viele Dinge am Computer entscheiden müssen.
3. Es ist sehr wichtig, dass man auch beim Skypen offen über alles spricht.

c Welche Wörter aus dem Text passen? Ordnen Sie die markierten Wörter zu.

1. kein Kind mehr sein
2. gemeinsam eine Lösung finden
3. der anderen Person glauben
4. die andere Person brauchen
5. eine Beziehung ist intensiver
6. (laut und emotional) diskutieren

7. man ist ein Paar, wohnt aber weit weg
8. sich allein fühlen
9. etwas ist komisch
10. immer sagen, was richtig/wahr ist
11. zu etwas *nein* sagen
12. jemand/etwas fehlt einer Person

1. erwachsen sein

d Was ist für die Personen wichtig? Wählen Sie eine Person und erzählen Sie.

Cem lebt in … und Inga in … Sie führen … Für Cem ist wichtig, dass …

10 zehn

! Erklären Sie neue Wörter möglichst oft mit Definitionen oder Beispielsätzen und fordern Sie die TN dazu auf, sich auf diese Weise gegenseitig neue Wörter zu erklären.

Lösung: 2. sich einigen; 3. sich vertrauen; 4. abhängig sein; 5. enger sein; 6. streiten; 7. Fernbeziehung; 8. einsam; 9. merkwürdig sein; 10. ehrlich sein; 11. absagen; 12. vermissen

1d 🧑‍🤝‍🧑 ▶ 👥 Die TN machen zu zweit Notizen zu „ihrer" Person. Dann stellen drei Paare „ihre" Person vor. Die anderen TN können ergänzen.

Lösung: s. blaue Unterstreichung im Text

2a 👥 ▶ 👥 Die TN arbeiten in zwei Gruppen und notieren die Vor- und Nachteile. Bereiten Sie für die Auswertung im Kurs zwei Plakate („Vorteile" und „Nachteile") vor. Eine Gruppe stellt die Vorteile, eine andere die Nachteile vor, die TN notieren die Ergebnisse auf den Plakaten.

Lösung (Beispiele): *Cem:* + nie langweilig, – war hart, sich oft einsam fühlen; *Kerstin:* + Beziehung zum Sohn fast enger als früher, – vermisst gemeinsame Gespräche/Aktivitäten; *Julia:* + viel Geld verdienen, – allein mit den Kindern manchmal anstrengend, skypen oft nervig, Diskussionen schwierig, Familie vermisst Max

2b 👥 Die TN besprechen die Redemittel und geben Beispiele.

Spielen Sie mit den TN „Talkshow": Sie übernehmen die Moderation, vier freiwillige TN sind die Gäste: Zwei TN sehen eher Vorteile, die anderen beiden eher Nachteile in einer Fernbeziehung. Die übrigen TN sind das Publikum. Moderieren Sie die Diskussion: Bitten Sie die Gäste nach und nach zu Wort und beziehen Sie auch die TN im Publikum durch gezielte Fragen mit ein (z. B. *Jetzt möchte ich auch noch ein paar Meinungen aus dem Publikum hören. Die junge Frau in der ersten Reihe: Entschuldigung, was denken Sie über das Thema?*).

🧑 ▶ 👥 Alternative: Die TN notieren zuerst, welche Vor- und Nachteile sie sehen, und diskutieren dann in Gruppen.

2c 🧑 ▶ 👥 Die TN lesen ihre Texte in der Gruppe nacheinander vor. Die anderen stellen jeweils eine Frage dazu.

▶ Vertiefung: S. 15/1

1

■ über (Fern-)Beziehungen sprechen – über Gefühle sprechen – Vor- und Nachteile nennen – Beziehungswörter

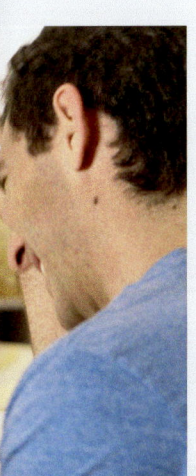

Kerstin (55) kommt aus Berlin, lebt aber seit zwei Jahren im Süden von Spanien. Sie hat ihren Job in Berlin gekündigt, als ihr Sohn das Abitur gemacht hat, und arbeitet jetzt als Buchautorin. „Meine Arbeit kann ich überall machen, mit dem Internet ist das kein Problem. Und mein Sohn ist erwachsen und ist nicht mehr von mir abhängig. Er lebt sein eigenes Leben in Deutschland. Trotzdem war es am Anfang merkwürdig, dass ich so weit weg war. Früher sind wir oft zusammen essen gegangen und er hat mir von der Uni oder von seinen Beziehungsproblemen erzählt. Das habe ich in Spanien sehr vermisst und habe dann vorgeschlagen: Komm, wir sagen jetzt ‚Freitag ist Skype-Tag'! Jetzt skypen wir jede Woche, nicht immer am Freitag, aber meistens. Heute habe ich das Gefühl, dass unsere Beziehung fast enger als früher ist. Das ist toll. Am schönsten ist es aber natürlich, wenn er zu Besuch kommt."

Luisa (38) ist berufstätig und hat zwei Kinder. Seit einem Jahr arbeitet ihr Mann Max auf einer Baustelle in Dubai und kommt nur jeden dritten Monat nach Hause. Luisa: „Natürlich verstehe ich, dass Max dieses Projekt nicht absagen konnte. Er verdient dort viel Geld, aber ich bin jetzt mit den Kindern allein und das ist manchmal sehr anstrengend. Max und ich skypen jeden Freitag, aber das ist oft nervig, weil die Verbindung schlecht ist. Für mich ist es sehr wichtig, dass wir die Familiendinge zusammen entscheiden. Manchmal können wir uns nicht einigen und Diskussionen über Skype sind schwierig. Auch die Kinder sind oft traurig und vermissen ihren Vater. Ich natürlich auch. Ich bin froh, wenn Max wieder zurückkommt!"

2 Fernbeziehung: Vor- und Nachteile

a Was sind die Vor- und Nachteile? Sammeln Sie.

Vorteile:
man freut sich auf die Partnerin / den Partner

Nachteile:
man sieht sich lange nicht

b Und Sie? Was denken Sie über Fernbeziehungen? Diskutieren Sie im Kurs.

🔧 **Vor- und Nachteile nennen**

Der Vorteil von einer Fernbeziehung ist, dass ...	Der Nachteil von einer Fernbeziehung ist, dass ...
Es ist gut/schön, dass ...	Es ist nervig/schwierig, dass ...
Es kann positiv sein, wenn ...	Es kann auch schlecht sein, wenn ...
Das Wichtigste ist, dass ...	Negativ ist, wenn ..., weil ...

Eine Fernbeziehung kann schön sein. Der Vorteil ist, dass man Zeit für sich hat und sich auf den Partner freut.

Ich finde es sehr nervig, dass man ...

 c Was denken Sie: Hat eine Fernbeziehung mehr Vor- oder mehr Nachteile? Schreiben Sie.

Ich denke, eine Fernbeziehung ist ... Denn in einer Fernbeziehung ... Das Wichtigste ist, dass ... Deshalb kommt eine Fernbeziehung für mich (auf jeden Fall / vielleicht / nicht) in Frage.

elf 11

1 Beziehungen fern und nah

3a Schreiben Sie an die Tafel: *Wie kann eine Person sein?* Die TN sammeln bekannte Adjektive zur Personenbeschreibung (z. B. *ängstlich, stark, dick, dünn, lustig, klug* usw.).

▶ AR, UM: Spielen Sie das Video zur Bildleiste ab. Die TN sprechen nach und antworten.

! Erinnern Sie die TN daran, dass nicht bei allen Adjektiven das Gegenteil mit *un-* gebildet werden kann (z. *B. fröhlich, fleißig, ernst, eifersüchtig*).

Die TN markieren dann im Buch die Eigenschaften, die ihnen wichtig sind. Sie können auch andere Adjektive von der Tafel ergänzen. Während die TN ihre Meinungen vorstellen, machen Sie für die Kursstatistik eine Strichliste an der Tafel, wobei Sie markieren, ob die abgegebenen Stimmen weiblich oder männlich sind (Striche in zwei Farben). Die TN fassen das Ergebnis zum Schluss zusammen.

3b Lösung: *s. blaue Unterstreichung in a*

3c Die TN lesen zuerst die Sätze. Nach dem Hören vergleichen sie zu zweit. Anschließend korrigieren die TN die falschen Sätze. Dann vergleichen sie die Ergebnisse der „Studie" mit ihrer Kursstatistik bzw. kommentieren die genannten Unterschiede zwischen Männern und Frauen.

4a Das Thema der Verben mit Präpositionen ist nicht neu (s. Band A2, Einheit 16). Die TN arbeiten zu zweit. Nach dem Vergleichen sammeln sie weitere Verben mit Präpositionen, die sie schon kennen (z. B. *sich ärgern über, sich freuen auf/über, sich informieren über, träumen von, denken an, einladen zu, gehören zu*) und schreiben jeweils einen Satz.

4b Erinnern Sie an die Position des Verbs in Neben- und Relativsätzen:

> Für mich ist wichtig, dass mein Freund sich um den Haushalt kümmert.
> Ich finde, dass man sich für die gleichen Sachen interessieren sollte.
> Ich suche einen Partner, der von langen Reisen träumt.

Fordern Sie die TN auf, im Kursspaziergang auch auf die Sätze der anderen zu reagieren, z. B. *Das finde ich auch/nicht wichtig.*

▶ Vertiefung: S. 15/2b

---

1 Beziehungen fern und nah

3 Die ideale Beziehung

a Was ist Ihnen an einer Partnerin / an einem Partner am wichtigsten? Markieren Sie drei Wörter, sprechen Sie im Kurs und machen Sie eine Kursstatistik. Die Bildleiste hilft.

lustig pünktlich fleißig
Kinder mögen eifersüchtig intelligent
zuverlässig ernst ordentlich
fröhlich treu sympathisch höflich
gut aussehen ehrlich

> Für mich ist am wichtigsten, dass sie/er gut aussieht.
> Ich finde am wichtigsten, dass sie/er … ist.
> Sieben Personen finden am wichtigsten, dass …
> Fast niemand findet am wichtigsten, dass …

1.10 **b** Was ist für eine Beziehung wichtig? Hören Sie das Interview und unterstreichen Sie in a.

1.10 **c** Was ist richtig? Hören Sie noch einmal und kreuzen Sie an.

	richtig	falsch
1. Eine Studie hat nach den Partnerwünschen von Männern und Frauen gefragt.	x	
2. Frauen und Männer warten nicht gern auf die Partnerin / den Partner.	x	
3. Männer interessieren sich am meisten für das Aussehen.		x
4. Frauen wollen öfter mit dem Partner über Gefühle sprechen.	x	
5. Frauen erinnern sich oft zu spät an den Geburtstag von ihrem Partner.		x
6. Männer wollen von ihrer Arbeit erzählen.		x
7. Männer verabreden sich gerne mit Frauen, die lustig sind.	x	
8. Frauen wollen, dass der Mann sich um sie kümmert.		x
9. Viele Männer wollen sich bei ihrer Partnerin vom Alltagsstress erholen.	x	

4 Verben mit Präpositionen

a Suchen Sie die Verben in 3c und ergänzen Sie die Präpositionen.

fragen _nach_ (Dat.)   warten _auf_ (Akk.)   erzählen _von_ (Dat.)

sich kümmern _um_ (Akk.)   sich interessieren _für_ (Akk.)   sich verabreden _mit_ (Dat.)

sich erinnern _an_ (Akk.)   sprechen _mit_ (Dat.) _über_ (Akk.)   sich erholen _von_ (Dat.)

b Kursspaziergang: Was ist für Sie in einer Freundschaft/Partnerschaft wichtig? Schreiben Sie einen Satz mit einem Verb aus a. Gehen Sie durch den Kursraum, bei *stopp* sprechen Sie mit der Partnerin/dem Partner.

> Ich möchte mit meiner Freundin über alles sprechen. Und du?
> Für mich ist wichtig, dass mein Freund …

5a Die TN lesen die beiden Texte, hören und kreuzen an. Fragen Sie dann: *Was erfahren wir über Patrick? Was für eine Idee hat Carla?* Die TN hören noch einmal, machen Notizen und beantworten die Fragen (<u>Patrick</u>: *Nachbar, wohnt gegenüber von der Bäckerei, war auf dem Straßenfest, war mit Carla im Theaterkurs, fährt Mountainbike*; <u>Carlas Idee:</u> *Julia soll am Samstag mit dem Fahrrad auf Patrick warten*.).

▶ **Video-DVD:** Gehen Sie wie hier beschrieben vor (5a–c). Zur Vertiefung arbeiten Sie mit der Kopiervorlage. ▶ KV 1/1

5b Lösung: *das Aussehen:* groß, (schöne) blaue Augen, eine tolle Figur, schlank; *der Charakter:* nett, lustig, ernst, sportlich ▶ Vertiefung: S. 15/2a

5c+d Die TN vergleichen ihre Lösung in 5c zu zweit und lösen gemeinsam 5d. Dann vergleichen sie im Kurs.

❗ Die Fragewörter mit *wo(r)*- sind schon aus A2, Einheit 16 bekannt. Bei Bedarf wiederholen Sie die Bildung und erklären, wann *r* ergänzt wird.

▶ **AR, UM:** Spielen Sie das Video zu Fragewörtern mit *wo(r)*- und Adverbien mit *da(r-)*- ab.

Kurskette: Die TN lesen noch einmal die Sätze in 5c und kommentieren sie wie im Grammatikkasten: *Mit wem will Julia sich verabreden? – Mit Patrick. – Ah, sie will sich mit ihm verabreden. / Wovon hat Carla …? – Vom … – Ah, … / Worüber hat Carla …? – Über … – Ah, … / Auf wen soll Julia …? – Auf Patrick. – Ah, …*

▶ Vertiefung: S. 15/3
▶ Phonetik: S. 15

5e Die TN schreiben zu dritt 8–10 Fragen mit den Verben mit Präpositionen in 4a, z. B. (*Wovon träumst du? Auf wen wartest du oft?* usw.). Danach fragen und antworten sie wie im Beispiel.

⊙ Schwächere TN schreiben vorher ihre Antworten.

5f Kursspaziergang: Die TN schreiben eine Frage auf ein Kärtchen. Im Kursspaziergang fragen und antworten sie zu zweit und tauschen danach ihre Kärtchen. Dann stellen sie einer anderen Person ihre neue Frage usw.

⊙ Vertiefung: Die TN schreiben einen kurzen Text zum Thema *Mein/e Traumpartner/in* oder *Ein echter Freund / Eine echte Freundin*.

■ über Beziehungen sprechen – eine Person beschreiben – Personenbeschreibung – Verben mit Präpositionen – Präpositionalpronomen

5 Julia Bode ist verliebt.

a Was ist richtig? Hören Sie und kreuzen Sie an.

1. ☐ Julia ist in Patrick verliebt, aber er interessiert sich nur für sein Mountainbike. Julia ist unglücklich und bittet Carla, die Patrick aus der Schule kennt, um Hilfe.
2. ☒ Julia ist in Patrick verliebt und möchte ihn besser kennenlernen. Sie bittet Carla, die ihn aus der Schule kennt, um Hilfe. Carla hat eine Idee.

b Wie ist Patrick? Hören Sie noch einmal und ordnen Sie zu. Nicht alles passt.

groß – eine tolle Figur – schlank – ehrlich – lustig – blaue Augen – dunkle Haare – sportlich – nett – offen – ernst – höflich – frech – dick

das Aussehen	der Charakter
blaue Augen	

c Was passt zusammen? Hören Sie noch einmal und verbinden Sie.

1. Mit wem will sich Julia verabreden? — c Mit Patrick.
2. Woran soll sich Carla erinnern? — d An das Straßenfest im Mai.
3. Wovon hat Carla erzählt? — a Vom Theaterkurs in der Schule.
4. Worüber hat Carla mit Patrick gesprochen? — e Über Sport und die Lehrer.
5. Auf wen soll Julia am Samstag warten? — b Auf Patrick.

d Präpositionalpronomen. Lesen Sie und ergänzen Sie den Grammatikkasten.

Präpositionalpronomen: *wo(r)*- und *da(r)*-	
bei Sachen	**bei Personen**
Woran soll sich Carla erinnern?	An wen soll sich Carla erinnern?
An ___ das Fest.	An ___ Patrick.
Ah, daran erinnere ich mich auch.	Ah, an ihn erinnere ich mich auch.
wo(r)- / da(r)- + Präposition	**Präposition + Fragewort/Pronomen**
wovon, worauf, wofür, worüber …	von wem, auf wen, für wen, über wen …
davon, darauf, dafür, darüber …	von ihr/ihm, auf sie/ihn, für sie/ihn …

e Sprachschatten. Fragen und antworten Sie mit den Verben in 4a.

— Wofür interessierst du dich?
— Für Musik.
— Für Musik? Toll, dafür interessiere ich mich auch!

f Und wie soll Ihre Traumpartnerin / Ihr Traumpartner sein? Fragen und antworten Sie.

— Soll deine Partnerin / dein Partner auf Mode achten?
— Nein, Kleidung ist für mich nicht wichtig. Darauf achte ich auch nicht.

unehrlich
untreu
ordentlich
höflich
zuverlässig
fleißig
fröhlich
ernst
eifersüchtig

dreizehn 13

1 Beziehungen fern und nah

6a Fordern Sie die TN auf, den Text nicht im Detail zu lesen, sondern nur zu „überfliegen". Die TN vergleichen ihre Lösung zuerst zu zweit. Bei der Auswertung im Kurs nennt eine/ein TN die Überschrift zum ersten Abschnitt und begründet ihre/seine Lösung. Klären Sie an dieser Stelle unbekannten Wortschatz. Dann nennt die/der Nächste die passende Überschrift zum zweiten Abschnitt usw.

Alternative: Teilen Sie den Kurs in vier Gruppen. Jede Gruppe liest nur einen Abschnitt und stellt danach das Ergebnis vor.

6b+c Die Paare lesen nacheinander ihre Zusammenfassungen vor, die anderen raten den Abschnitt.

🔵 Unterstützen Sie schwächere TN mit Leitfragen für die Zusammenfassung:
1. Abschnitt: *Was ist passiert? Was denkt Herr Brunner?*
2. Abschnitt: *Woher weiß er, wer die Frau war? Warum hat er sie zuerst nicht erkannt?*
3. Abschnitt: *Was für ein Problem hat Herr Brunner noch? Wie löst er das Problem?*
4. Abschnitt: *Was für eine „Krankheit" beschreibt Herr Brunner? Welche Strategien gibt es?*

Hängen Sie die Zusammenfassungen sortiert im Kursraum auf (alle Zusammenfassungen, die sich auf den gleichen Abschnitt beziehen, hängen untereinander). Kursspaziergang: Die TN gehen durch den Raum, lesen die Zusammenfassungen und wählen die jeweils beste Zusammenfassung zu jedem Abschnitt. Eine/Ein TN liest am Ende die so entstandene Text-Zusammenfassung vor.

Lösung (Beispiele): <u>1. Abschnitt</u>: *Herr Brunner hat im Supermarkt eine Frau getroffen. Sie kennt ihn, aber er weiß nicht, wer sie ist.* <u>2. Abschnitt</u>: *In der Firma hat er die Frau wiedergetroffen und sich erinnert, dass sie seine Kollegin ist. Weil sie am Samstag nicht geschminkt war und andere Kleidung anhatte, hat er sie nicht erkannt.* <u>3. Abschnitt</u>: *Herr Brunner erinnert sich nicht gut an die Namen von Leuten. Deshalb findet er es gut, wenn es Namensschilder gibt, oder er spricht die Person nicht mit dem Namen an.* <u>4. Abschnitt</u>: *Menschen, die Gesichter nicht erkennen können, sind gesichtsblind. Deshalb achten sie auf andere Eigenschaften, z. B. auf die Bewegung oder die Stimme.*

6d Die TN berichten. Fragen sie auch: *Wie hat die Person reagiert?*

Wichtige Sätze

1 über (Fern)Beziehungen sprechen

👥👥👥 Schreiben Sie die folgenden Leitfragen an die Tafel: *Wie heißen die Personen? Wo leben sie? Wie sind sie? Wo/Wann/Wie haben sie sich kennengelernt? Wie finden sie ihre Beziehung? Sind sie glücklich?* Kettengeschichte: Die TN arbeiten zu viert und erzählen gemeinsam eine Fantasiegeschichte mithilfe der Fragen: Eine/Ein TN sagt den ersten Satz, die/der Nächste sagt den nächsten Satz usw. Weisen Sie die TN darauf hin, dass sie die Redemittel auf S. 15 (angepasst) verwenden sollen.

2 eine Person beschreiben

a 👥👥 Drucken Sie aus dem Internet Fotos von berühmten Personen oder Comicfiguren aus. Die TN wählen ein Foto und schreiben zu zweit einen Text über diese Person/Figur, ohne ihren Namen zu nennen. Sammeln Sie dann alle Fotos und Texte ein. Legen Sie die Fotos offen auf einen Tisch, mischen sie die Texte und verteilen Sie sie neu. Die TN lesen den Text und raten, zu welchem Foto er passt.

b 👥👥 Kurskette: Schreiben Sie an die Tafel: *Ich möchte einen Freund, der ...* Beginnen Sie mit einem Beispiel: *Ich möchte einen Freund, der sich um mich kümmert.* Die/Der erste TN wiederholt Ihren Satz und ergänzt ihn: *Ich möchte einen Freund, der sich um mich kümmert und der ehrlich ist.* Die nächste Person wiederholt den kompletten Satz und ergänzt jeweils eine Information usw.

Strukturen

3 Präpositionalpronomen: *wo(r)-* und *da(r)-*

👥👥👥 Arbeiten Sie mit der Kopiervorlage und bereiten Sie pro 3er-Gruppe ein Set Dominokarten vor. Die TN legen alle Karten offen auf den Tisch und eine Karte in die Mitte. Die TN wählen abwechselnd eine Karte, die dazu passt, und legen sie an. Die anderen überprüfen.

▶ KV 1/2

Phonetik

❗ Zu S. 147, Einheit 1: Die TN sollen das Absenken der Stimme am Satzende erkennen und üben. Visualisieren Sie mit einer Handbewegung nach unten.

Alles klar!

Wichtige Sätze

über (Fern-)Beziehungen sprechen

Wir haben uns vor ... Monaten/Jahren in ... kennengelernt. Wir waren erst kurz zusammen, als ... Das war hart und ich habe mich oft einsam gefühlt.
In einer Beziehung muss man ehrlich/... sein. Für mich ist wichtig, dass wir über alles sprechen können / dass ...

Ich denke, eine Fernbeziehung ist gut/schwierig/... Man hat Zeit für sich und freut sich auf die Partnerin / den Partner. Der Vorteil ist, dass ... Aber ich finde es sehr nervig, dass wir uns nur selten sehen / dass ... Ich vermisse sie/ihn.

Für mich kommt eine Fernbeziehung (auf jeden Fall / vielleicht / nicht) in Frage.

eine Person beschreiben

Sie/Er ist groß/ehrlich/... und hat eine tolle Figur / blaue Augen / ...
Meine Partnerin / Mein Partner sollte intelligent/treu/zuverlässig/... sein.
Für mich ist wichtig, dass meine Partnerin / mein Partner ...
Ich finde am wichtigsten, dass sie/er (nicht) eifersüchtig/offen ... ist.

Vor- und Nachteile nennen

Der Vorteil von ... ist, dass ...	Der Nachteil von ... ist, dass ...
Es ist gut/schön, dass ...	Es ist nervig/schwierig, dass ...
Es kann positiv sein, wenn ...	Es kann auch schlecht sein, wenn ...
Das Wichtigste ist, dass ...	Negativ ist, wenn ..., weil ...

Strukturen

Verben mit Präpositionen

warten **auf** (Akk.)   erzählen **von** (Dat.)   fragen **nach** (Dat.)
sich kümmern **um** (Akk.)   sich verabreden **mit** (Dat.)   sprechen **mit** (Dat.) **über** (Akk.)
sich erinnern **an** (Akk.)   sich erholen **von** (Dat.)

▶ Weitere Verben mit Präpositionen s. Übungsbuch „Verben mit Präpositionen"

Präpositionalpronomen: *wo(r)-* und *da(r)-*

bei Sachen	bei Personen
W**or**an soll sich Carla erinnern?	**An** wen soll sich Carla erinnern?
An das Fest.	**An** Patrick.
Ah, d**ar**an erinnere ich mich auch.	Ah, **an ihn** erinnere ich mich auch.
W**ovon** hat Carla erzählt?	**Von** wem hat Carla erzählt?
V**om** Theaterkurs.	**Von** Patrick.
Aha, d**avon** hat sie erzählt.	Aha, **von ihm** hat sie erzählt.

***wo(r)-* / *da(r)-* + Präposition**	**Präposition + Fragewort/Pronomen**
w**or**an, w**or**auf, w**o**für, w**or**über ...	**an** wen, **auf** wen, **für** wen, **über** wen ...
d**ar**an, d**ar**auf, d**a**für, d**ar**über, d**a**von ...	**an** sie/ihn, **auf** sie/ihn, **für** sie/ihn ...

▶ Phonetik, S. 147

2 Teilen und tauschen

Auf einen Blick

Material: KV 2/1 (2e/Wichtige Sätze 1); KV 2/2 (6a)

Textsorten: Online-Artikel (1); Lied (2b); Lexikoneintrag (4a); Blog (4b); Anzeige (5a); Filmrezension (6b)

Strategien: Hypothesenbildung + Bilder als Informationsquelle nutzen (1a, 3a, 6a); selektives Lesen (1b); detailliertes Lesen (1c, 6c); detailliertes Hören (3, 4b, 6d); selektives Hören (2b, 3b); Hör-Sehen (3b+c); Fragen formulieren (4b); eine Anzeige anhand von Beispielen schreiben (5a); globales Lesen (6b); einen Text anhand von W-Fragen schreiben (6e)

Einstieg Notieren Sie an der Tafel die Begriffe *teilen* und *tauschen* und fragen Sie: *Was kann man tauschen oder teilen? Haben Sie auch schon mal etwas getauscht oder geteilt? Wenn ja, was?* Die TN tauschen ihre Erfahrungen und/oder Ideen aus.

1a Die TN sammeln Ideen und notieren ihre Vermutungen an der Tafel.

▶ **AR, UM:** Spielen Sie das Video zum Strategietraining bis 02:27 ab. Das Video erklärt, wie man das Thema eines Textes erkennen kann, ohne den Text genau zu lesen. Erklären Sie den TN, dass dies eine nützliche Strategie ist, um den Text beim Lesen besser zu verstehen.

1b+c ▶ Die TN arbeiten in vier Gruppen. Jede Gruppe liest einen Text, ergänzt die Tabelle und unterstreicht die Gründe. Dann bilden die TN neue Gruppen zu viert, in denen jeweils eine Person aus den vier vorherigen Gruppen ist. Die TN stellen sich gegenseitig ihre Ergebnisse vor. Anschließend fasst jeweils eine/ein TN die Ergebnisse zusammen, die anderen TN überprüfen ihre Notizen. Fragen Sie dann: *Wie/Wo teilen oder tauschen die Leute?* Zum Schluss fragen Sie die TN nach ihrer Meinung: *Wie finden Sie das? Würden Sie diese Dinge auch teilen oder tauschen?*

Lösung c: *s. blaue Unterstreichung im Text*

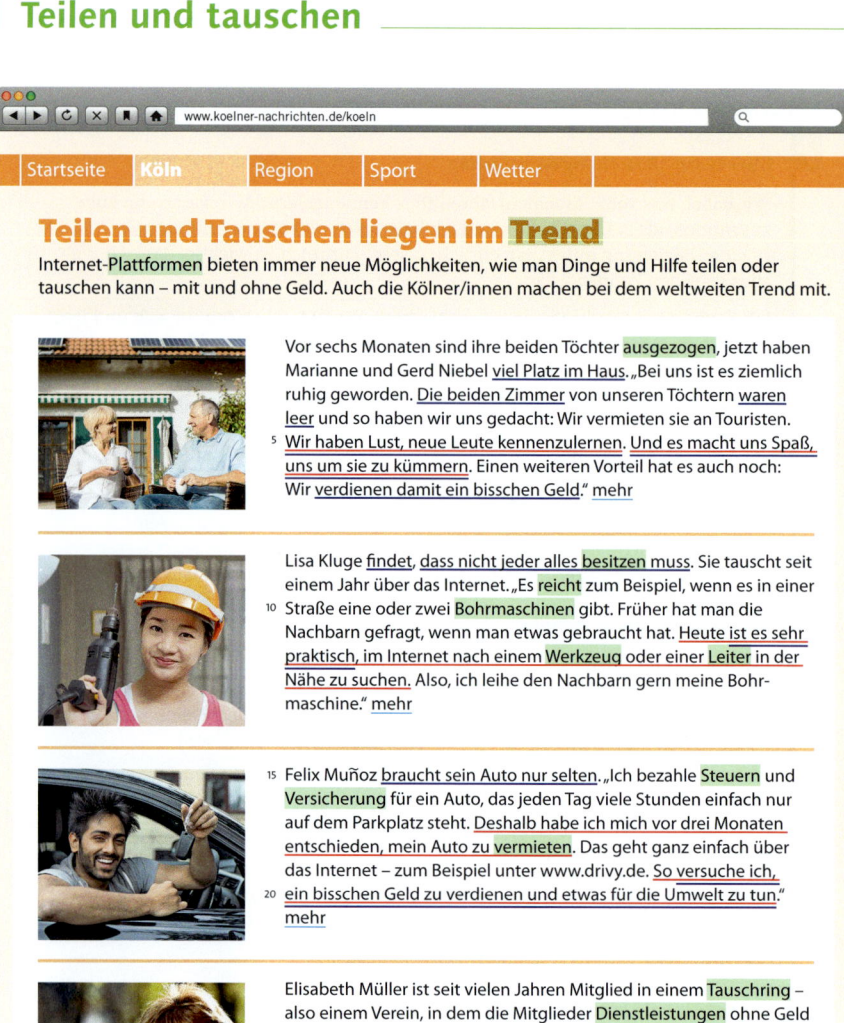

2

2a Lösen Sie das erste Beispiel im Grammatikkasten gemeinsam. Dann ergänzen die TN die weiteren Sätze zu zweit und vergleichen anschließend im Kurs. Erklären Sie die Struktur der Infinitivsätze mit *zu* und notieren Sie an der Tafel:

> Wir haben Lust: Wir wollen neue Leute kennenlernen.
> → Wir haben Lust, neue Leute kennen**zu**lernen.

▶ **AR, UM:** Spielen Sie das Video zum Infinitiv mit *zu* ab.

Die TN schreiben zu jedem Typus einen Infinitivsatz mit *zu*. In der Gruppe lesen sie die Sätze einander vor und korrigieren sich ggf. gegenseitig. Helfen Sie bei Bedarf. Sammeln Sie anschließend einige Beispielsätze der TN an der Tafel.
▶ Vertiefung: S. 21/3

2b+c Beim ersten Hören lösen die TN Aufgabe b. Beim zweiten Hören lesen sie auf S. 155 mit und überprüfen dann ihre Lösung zu zweit. Danach hören die TN noch einmal und singen mit. TN, die nicht gern singen, können stattdessen den Refrain laut mitlesen.

2d Hängen Sie die Texte der TN im Kursraum auf. Die TN lesen alle Texte und notieren bei der lustigsten Strophe ein Smiley. Welche Strophe hat die meisten Smileys bekommen?

2e Die TN notieren auf einem Blatt *Was brauche / suche ich?* und auf einem anderen *Was kann ich anbieten?* Dann notieren sie dazu einige Ideen, z. B.: *Ich habe keine Lust, mein Fahrrad zu reparieren. Deshalb suche ich jemanden, der mein Fahrrad repariert. / Ich habe Zeit, einkaufen zu gehen. Ich biete an, beim Einkaufen zu helfen.*

Kursspaziergang: Die TN laufen duch den Kursraum, sprechen zu zweit und lesen ihre Sätze vor. Sie versuchen eine andere Person zu finden, mit der sie etwas tauschen oder teilen können. Anschließend stellen die Paare, die sich gefunden haben, im Kurs ihre Tauschideen vor.
▶ Vertiefung: S. 21/1

2

■ über Tauschmöglichkeiten sprechen – Infinitiv mit *zu*

b Wer tauscht oder teilt was und seit wann? Lesen Sie und ergänzen Sie die Tabelle.

	was?	seit wann?
Marianne und Gerd Niebel	zwei Zimmer	seit sechs Monaten
Lisa Kluge	ihre Bohrmaschine	seit einem Jahr
Felix Muñoz	sein Auto	seit drei Monaten
Elisabeth Müller	Dienstleistungen / Babysitten	seit vielen Jahren

c Warum tauschen und teilen die Personen? Unterstreichen Sie die Gründe und erzählen Sie.

2 Infinitiv mit *zu*

a Suchen Sie im Text Infinitive mit *zu* und ergänzen Sie den Grammatikkasten.

> **Infinitiv mit *zu***
> **haben + Nomen + zu + Inf.** Wir haben Lust, nette Leute kennenzulernen.
> *genauso:* Zeit/Angst/Interesse haben, den Wunsch / das Glück / ein Problem haben …
> **es macht + Nomen + zu + Inf.** Es macht uns Spaß, uns um sie zu kümmern.
> **es ist + Adjektiv + zu + Inf.** Es ist leicht, Hilfe zu organisieren.
> Es ist praktisch, im Internet nach einer Leiter zu suchen.
> *genauso:* angenehm, anstrengend, bequem, gut, interessant, schwierig, wichtig …
> **Verb + zu + Inf.** Ich habe mich entschieden, mein Auto zu vermieten.
> So versuche ich, ein bisschen Geld zu verdienen.
> *genauso:* anfangen, aufhören, empfehlen, raten, vergessen, vorschlagen, sich wünschen …

b Ein Lied über das Tauschen und Teilen. Was ist richtig? Hören und unterstreichen Sie.
1. Der Mann bietet sein Haus / ein Zimmer / sein Werkzeug an.
2. Die Frau bietet ihre Kamera / ihre Bilder / ihre Leiter an.
3. Beide machen ihre Angebote im Haus / im Internet / in der Zeitung.

c Hören Sie noch einmal und singen Sie den Refrain auf Seite 155 mit.
d Schreiben Sie eine dritte Strophe und lesen Sie die Strophe im Kurs vor.
e Kursspaziergang: Wollen Sie bei einem Tauschring mitmachen? Notieren Sie Ideen und schreiben Sie Sätze. Gehen Sie durch den Kursraum, fragen und antworten Sie.

Was schlägst du vor?
Was kannst du anbieten?
Wofür hast du Zeit?
Wozu hast du (keine) Lust?
Was wünschst du dir?

Ich schlage vor, … zu tauschen.

siebzehn **17**

2 Teilen und tauschen

3a Fordern Sie die TN zunächst auf, das Bild zu beschreiben. An dieser Stelle können auch die Adjektive zur Personenbeschreibung aus Einheit 1 wiederholt werden. Weisen Sie die TN auch auf die Überschrift hin. Sie hilft bei der Beantwortung der Frage *Worüber sprechen die Personen?* Die TN sammeln Vermutungen.

▶ **Video-DVD:** Alternativ zu 3a arbeiten Sie mit dem Video. Spielen Sie das Video bis ca. 01:10 ohne Ton ab. Die TN vermuten worüber die Personen sprechen.

▶ **AR, UM:** Spielen Sie das Video zur Bildleiste ab. Die TN sprechen nach bzw. antworten.

3b+c Beim ersten Hören überprüfen die TN ihre Vermutungen. Während des zweiten Hörens lösen sie Aufgabe b und vergleichen zu zweit. Dann unterstreichen sie die Schlüsselwörter in den Satzteilen a–d in Aufgabe c (*Steckdose … reparieren; Kuchen backen; Hilfe … Hausmeister; Nachbarn … helfen*) und hören zum dritten Mal.

Schreiben Sie dann an die Tafel:

> *Für Stefan Bode ist es leicht, …*
> *Helga Mertens ist es unangenehm, …*
> *Für Helga Mertens ist es schwierig, …*
> *Stefan Bode schlägt vor, …*
> *Helga Mertens hat Zeit, …*

Die TN ergänzen die Sätze zu zweit und vergleichen dann im Kurs. Ergänzen Sie die Sätze an der Tafel und wiederholen die Struktur Infinitiv mit *zu*.

▶ **Video-DVD:** Für die Arbeit mit dem Video gehen Sie wie hier beschrieben vor.

▶ Phonetik: S. 21

3d Intonationsübung. Die TN arbeiten zu zweit. Jede Person wählt eine Stimmung, ohne seine Wahl der Partnerin / dem Partner zu verraten. Die Paare lesen den Dialog und raten anschließend, in welcher Stimmung die/der andere gelesen hat. Dann bilden die TN neue Paare und lesen noch einmal in einer anderen Stimmung. Am Ende lesen ein oder zwei Paare den Dialog noch einmal im Kurs vor.

Alternative: Die TN arbeiten zu dritt. Zwei TN wählen eine Stimmung und lesen den Dialog. Die/Der dritte TN nimmt die beiden mit einem Smartphone auf. Dann tauschen die TN ihre Rollen. Die TN besprechen die Videos zu dritt. Freiwillige können das Video auch im Kurs präsentieren.

---

2 Teilen und tauschen

3 Es ist doch selbstverständlich, sich zu helfen.

a Wo sind die Personen? Worüber sprechen sie? Sammeln Sie Ideen. Die Bildleiste hilft.

> *Die Personen stehen im Treppenhaus* und …*

b Was ist kaputt? Hören Sie und kreuzen Sie an.

1. ☐ die Leiter 3. ☐ die Treppe 5. ☐ die Klingel* 7. ☒ die Glühbirne
2. ☒ die Steckdose 4. ☐ der Schalter 6. ☐ das Knie 8. ☐ das Fahrrad*

c Was passt zusammen? Hören Sie noch einmal und verbinden Sie.

1. Es ist für Helga Mertens wichtig, — a die Steckdose am Abend zu reparieren.
2. Stefan Bode hat Zeit und Lust, — b für ihren Nachbarn einen Kuchen zu backen.
3. Helga Mertens schlägt vor, — c Hilfe von einem Hausmeister zu bekommen.
4. Für Stefan Bode ist es normal, — d den Nachbarn zu helfen.

d Wählen Sie aus den Sätzen eine Stimmung und lesen Sie den gekürzten Dialog auf Seite 138 zu zweit laut.

1. Sie haben schlechte Laune. 3. Sie haben Stress.
2. Sie sind sehr müde. 4. Sie hören nicht gut.

4 Hausgemeinschaften

a Was ist eine Hausgemeinschaft? Ergänzen Sie den Lexikoneintrag.

gemeinsamen – Hausgemeinschaft – Kontakt – mehrere – nutzen – Räume

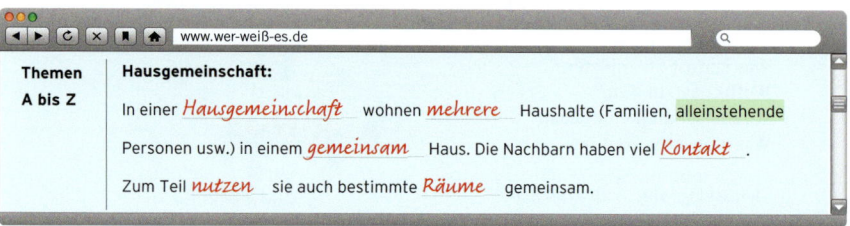

Themen A bis Z

Hausgemeinschaft:
In einer Hausgemeinschaft wohnen mehrere Haushalte (Familien, alleinstehende Personen usw.) in einem gemeinsam Haus. Die Nachbarn haben viel Kontakt. Zum Teil nutzen sie auch bestimmte Räume gemeinsam.

*D+CH: das Treppenhaus – A auch: das Stiegenhaus | D+CH: die Klingel – A auch: die Glocke | D+A: das Fahrrad – CH: das Velo

18 achtzehn

4a 👥 ▶ 👥 Die TN lösen die Aufgabe zu zweit und vergleichen dann im Kurs. Stellen Sie sicher, dass alle verstanden haben, was eine Hausgemeinschaft ist.

❗ In einer Hausgemeinschaft leben die Bewohner – im Gegensatz zu einer Wohngemeinschaft (WG), wo sich mehrere Personen eine Wohnung teilen – in eigenen Wohnungen.

4b+c 👥 Die TN lesen zu zweit und schreiben Fragen. Dann tauschen sie die Fragen mit einem anderen Paar und beantworten die Fragen. Helfen Sie bei Bedarf.

Lösung (Beispiel): *Wo lebt Uwe? Wer lebt in dem Haus? Was machen die Bewohner gemeinsam? Wie gefällt Uwe das Leben in der Hausgemeinschaft? Warum lebt Anton Weiler dort?*

👤 ▶ 👥 Notieren Sie dann an der Tafel:

> *Für wie lange bist du im Urlaub?*
> → *Für drei Wochen.*
> *Wie lange arbeitest du jeden Tag?*
> → *Über acht Stunden.*
> *Seit wann bist du im Kurs?*
> → *Von Anfang an.*

Die TN lesen den Grammatikkasten, suchen die Präpositionen im Text und schreiben Fragen zu den Textstellen (Lösung z. B.: *Wie lange lebt Uwe …? Für wie lange wollte er einziehen? Seit wann schreibt er …? Wie lange wohnt Herr Weiler …? Seit wann wohnt …? Wie lange möchte Uwe dort wohnen?*).
▶ Vertiefung: S. 21/4

🌗 👤 Vertiefung: Die TN schreiben mit Hilfe ihrer Fragen eine Textzusammenfassung.
▶ Vertiefung: S. 21/2

5a 👤 Die TN lesen zuerst die Anzeigen im Buch. Zum Verfassen der Anzeigen können sie ihre Notizen aus 2e benutzen.

5b 👤 ▶ 👥 Wenn eine/ein TN eine passende Anzeige gefunden hat, nimmt er sie mit an ihren/seinen Platz. So stellen Sie sicher, dass jede Person eine Partnerin / einen Partner hat. Vor dem Gespräch machen die TN Notizen, was sie fragen/vorschlagen wollen. Beim Telefonat sitzen die TN mit dem Rücken zueinander. Am Ende spielen ein oder zwei Paare ihren Dialog vor.

🌑 Schwächere TN schreiben den Dialog, bevor sie ihn spielen.

■ über Nachbarschaftshilfe sprechen – Geräte im Haus(halt) – Präpositionen *für, über, von … an* (Zeit)

2

b Wer? Was? Wo? Wie? Warum? Lesen Sie und schreiben Sie fünf Fragen zum Text.

```
www.kirchgasse8.blog.eu
• STARTSEITE
• AKTUELL
• ÜBER UNS
• KONTAKT
• UWES BLOG
```
Kirchgasse

Unsere Hausgemeinschaft
Ich bin Uwe und lebe nun <u>über zwei Jahre</u> in einer Hausgemeinschaft in Wiesbaden. Eigentlich war mein Plan, hier nur <u>für ein halbes Jahr</u> einzuziehen. Aber dann hat es mir so gut gefallen, dass ich geblieben bin. Unsere Hausgemeinschaft ist eine tolle
5 Sache. Viele Menschen verstehen nicht, dass das eine super Idee ist. Deshalb schreibe ich <u>von heute an</u>, was ich hier jeden Tag erlebe.
In unserem Haus leben 22 Menschen im Alter von 0 bis 80 Jahren zusammen. Wir unternehmen viel miteinander. Unter mir wohnt ein älterer Herr, Anton Weiler. Er lebt schon <u>über fünf Jahre</u> in der Hausgemeinschaft, also: <u>von Anfang an</u>! Er ist
10 Rentner* und bastelt gern. Im Keller haben wir zusammen eine Werkstatt mit allem, was man braucht – von der Zange und dem Hammer bis zur Leiter. Und Anton ist meistens dort. Ich glaube, er kann alles! Er hat mir zum Beispiel neue Lautsprecher gebaut. Ich bringe ihm immer Wasser vom Getränkemarkt mit, weil er kein Auto mehr hat. Anton meint: „Ich habe mir schon früh überlegt, dass ich im Alter nicht
15 allein leben möchte. Und diese Hausgemeinschaft ist ideal. Ich bleibe hier – wenn es geht – <u>für immer</u>!"

Präpositionen *für, über* und *von … an* (Zeit)		
für ein halbes Jahr	(|↔|)	= *ein halbes Jahr lang*
für immer	(|↔|)	= *ein Leben lang*
über zwei Jahre	(>)	= *mehr als zwei Jahre*
von Anfang an	(|→)	= *seit dem Anfang*

c Fragen und antworten Sie zu zweit. Arbeiten Sie mit den Fragen in b.

🏳 **5 Kurs-Tauschring**

a Wie können Sie sich im Kurs gegenseitig helfen? Was können Sie anbieten? Was suchen Sie? Schreiben Sie zwei Anzeigen wie im Beispiel.

> *Ich suche …*
> *Ich suche einen Babysitter für unsere dreijährige Tochter – für ein oder zwei Nachmittage pro Woche (14 bis 17 Uhr) oder abends ab 19 Uhr.*
> *Piotr, Grüner Weg 7*
> *Tel.: 0171 653 62 41*

> *Ich biete …*
> *Ich habe eine große Leiter aus Metall. Sie ist 2,50 Meter hoch und leicht. Man kann sie auch in einem kleinen Auto transportieren.*
> *Maria, Auf dem Hügel 49*
> *Tel.: 0176 978 53 42*

b Hängen Sie die Anzeigen im Kurs auf. Lesen Sie und wählen Sie eine Anzeige aus. Rufen Sie die Person an und spielen Sie Dialoge im Kurs.

*D: der Rentner – A: der Pensionist – CH: der Pensionierte

die Klingel, -
das Treppenhaus, -äu-er
die Stufe, -n
die Leiter, -n
die Glühbirne, -n
der Schalter, -
die Steckdose, -n
der Hammer, -
die Zange, -n

neunzehn 19

2 Teilen und tauschen

6a ▶ AR, UM: Spielen Sie noch einmal das Video zur Lesestrategie *Das Thema erkennen* von S. 16/1a ab der Zusammenfassung (2:02) ab. Drücken Sie die Pausentaste, während die TN die Fragen beantworten.

👥 Die TN schreiben zu dritt die Sprechblasen in die Kopiervorlage. Dann hängen sie sie an die Wand und lesen die Sprechblasen der anderen. ▶ KV 2/2

6b 👤 ▶ 👥 Weisen Sie die TN darauf hin, dass es hier noch nicht wichtig ist, jedes einzelne Wort zu verstehen. Die TN vergleichen zu zweit.

6c 👤 ▶ 👥 ▶ 👥👥 Die TN markieren die lösungsrelevanten Stellen im Text und vergleichen zunächst zu zweit. Fragen Sie bei der Auswertung im Kurs: *Finden Sie diesen Filmtipp interessant? Würden Sie den Film gern sehen?* Die TN tauschen sich aus.

6d 👥👥 ▶ 👤 ▶ 👥👥 Schreiben Sie vor dem Hören die Kategorien *Humor, Action, Spannung, Gefühl* an die Tafel und fragen Sie: *Welche Wörter fallen Ihnen dazu ein?* Die TN sammeln Wörter an der Tafel, z. B. *lustig, lachen, aufregend, spannend, interessant, Liebe, Herz, traurig, weinen* usw.

Die TN arbeiten in zwei Gruppen. Eine Gruppe konzentriert sich beim Hören auf Ben, die andere auf Lisa. Beim ersten Hören notieren die TN Wörter, die „ihre Person" sagt und die zu den Kategorien passen. Dann sammeln die TN in den Gruppen die Wörter an der Tafel und entscheiden gemeinsam, wie viele Sterne die Personen in den Kategorien wahrscheinlich gegeben haben. Dann hören sie noch einmal und überprüfen ihre Lösung.

6e 👥👥 ▶ 👤 ▶ 👥👥 Zielaufgabe/Ich Bezug. Die TN schreiben einen Filmtipp (zu jeder Frage mind. 1–2 Sätze). Weisen Sie auf die Redemittel auf S. 21 hin. Die TN können dazu im Internet recherchieren. Die mündliche Präsentation erfolgt in Gruppen zu viert. Achten Sie darauf, dass die TN frei sprechen und ihren Text nicht ablesen. Die anderen können Fragen zum Film stellen. Anschließend werden alle Filmtipps im Kursraum aufgehängt. Wenn Ihre TN Lust haben, schlagen Sie einen gemeinsamen Kinobesuch oder Filmabend auf Deutsch vor.

◐ Alternative: Wenn alle TN relativ aktuelle und bekannte Filme vorstellen, kann die Präsentation auch als Ratespiel erfolgen. Die TN stellen ihren Film vor, ohne den Titel zu nennen. Die anderen raten, um welchen Film es sich handelt.

---

2 Teilen und tauschen
■ Filmbeschreibungen verstehen – über Filme sprechen – Filme bewerten

6 Filmtipp der Woche

a Was denken Sie: Was sagen die Personen auf dem Foto? Schreiben Sie Sprechblasen.
b Welche Überschrift passt? Lesen Sie und ordnen Sie zu. Nicht alles passt.

1. Alt und Jung tauschen die Rollen
2. Gute Unterhaltung
3. Eine neue WG mit alten Freunden
4. Im Alter noch einmal studieren

Fernsehen heute 29.8. – 11.9.
Filmtipp

Wir sind die Neuen

[3] Anne (60) ist Biologin und muss aus ihrer alten Wohnung in München ausziehen. Aus finanziellen Gründen möchte sie eine Wohngemeinschaft gründen. So fragt sie ihre alten Freunde (den Single Eddi und den erfolglosen Juristen Johannes), mit denen
5 sie schon während des Studiums zusammengelebt hat. Beide sind einverstanden – und das Abenteuer beginnt.

[1] Ihre neuen Nachbarn sind die jungen Studenten Katharina, Barbara und Thorsten. Sie sind ganz anders, als Anne, Eddi und Johannes früher waren. Sie lernen fleißig für ihre Prüfung bzw. bereiten ihre Hochzeit vor – und brauchen viel Ruhe. Die Hausordnung ist für sie sehr wichtig. So beschweren sie sich schon bald bei der Alten-
10 WG: Anne, Eddi und Johannes hören zu laut Musik, machen spät noch Lärm, trinken viel Alkohol und rauchen. Jung und Alt streiten. Doch eines Tages ändert sich alles, als die Jungen die Alten um Hilfe bitten müssen …

[2] Gisela Schneeberger (Anne) und Heiner Lauterbach (Eddi) spielen die Hauptrollen in dieser leicht romantischen Generationen-Komödie. Es macht Spaß, das sympathische und witzige Spiel mit den Klischees von Jung und Alt zu sehen!

15 Komödie, Deutschland 2014, Regie: Ralf Westhoff, 91 Minuten
Humor ★★★☆ Action ☆☆☆☆ Spannung ★☆☆☆ Gefühl ★★☆☆

c Was ist richtig? Lesen Sie noch einmal und kreuzen Sie an.

	richtig	falsch
1. Anne muss Geld sparen und zieht mit Freunden in eine Wohngemeinschaft.	x	
2. Katharina, Barbara und Thorsten feiern gern und laut.		x
3. Eddi und Johannes brauchen den ganzen Tag Ruhe und lieben Ordnung.		x
4. Der Film ist sehr romantisch, aber auch aufregend. Es passiert viel.		x
5. Der Film dauert ca. 1,5 Stunden.	x	

d Wie bewerten die Personen den Film? Hören Sie und markieren Sie die Sterne.

Ben: Humor ★★★☆ Action ☆☆☆☆ Spannung ★☆☆☆ Gefühl ★☆☆☆
Lisa: Humor ★★★★ Action ☆☆☆☆ Spannung ★★★☆ Gefühl ★★★★

e Und Ihr Lieblingsfilm? Schreiben Sie einen Filmtipp und präsentieren Sie ihn im Kurs. Die Redemittel auf Seite 21 helfen.

Was passiert? Was ist besonders? Welche Schauspieler spielen mit? Warum mögen Sie den Film? Wie viele Sterne bekommt Ihr Film?

20 zwanzig

Wichtige Sätze

1 über Tauschmöglichkeiten sprechen

👥 Die TN arbeiten zu viert. Bereiten Sie pro Gruppe ein Kärtchen-Set von der Kopiervorlage vor und schreiben Sie die folgenden Fragen an die Tafel: *Hast du schon einmal ... getauscht/geteilt? Würdest du ... tauschen/teilen? Warum (nicht)?* Die Kärtchen liegen offen auf dem Tisch. Die/Der erste TN zieht ein Kärtchen und stellt einer/einem anderen TN in der Gruppe eine Frage, z. B. *Würdest du deine Kleidung teilen?* Die/Der andere antwortet und begründet, zieht danach ein Kärtchen und fragt die nächste Person. ▶ KV 2/1

2 über Nachbarschaftshilfe sprechen

👤 Schreiben Sie Fragen an die Tafel: *Wie sind Ihre Nachbarn? Kennen Sie sie? Haben Sie viel Kontakt? Haben Sie sich schon einmal etwas von Ihren Nachbarn ausgeliehen? Helfen Sie Ihren Nachbarn?* Die TN schreiben einen kurzen Text. Wenn eine/ein TN ihre/seine Nachbarn nicht kennt, kann sie/er schreiben, wie sie/er sich eine gute Nachbarschaft vorstellen würde.

Strukturen

3 Infinitiv mit *zu*

👥 Sagen Sie einen Satzanfang, z. B. *Es macht Spaß, ...* Die TN notieren so schnell wie möglich eine passende Ergänzung. Wer den Satz zuerst beendet hat, ruft *Stopp* und liest den Satz vor. Für einen richtigen Satz bekommt die/der TN einen Punkt. Wenn der Satz falsch ist, meldet sich die/der Nächste. Sagen Sie dann weitere Satzanfänge, z. B. *Es ist schön, ...* (s. auch Grammatikkasten auf S. 17). Wer die meisten Punkte hat, gewinnt.

4 Präpositionen *für, über, von ... an* (Zeit)

👤 ▶ 👥 ▶ 👥 Die TN schreiben zu jeder Präposition eine passende Frage. Im Kursspaziergang fragen sie die anderen TN und notieren die Antworten. Am Ende stellen sie ihre Frage und die Antworten im Kurs vor.

Phonetik

❗ Zu S. 147, Einheit 2: Auch wenn eine Vielzahl von Faktoren eine Rolle spielt (Gestik, Mimik, Körpersprache, Wortwahl), kann man an der Stimme und Sprechweise Emotionen erkennen. Sehen Sie eine TV-Serie im Kurs an. Die TN achten auf die Sprechweise der Personen und analysieren die Stimmung.

Alles klar!

Wichtige Sätze

über Tauschmöglichkeiten sprechen

Ich brauche mein Auto/... nur selten. Deshalb habe ich mich entschieden, mein Auto/... zu vermieten. Das geht ganz einfach über das Internet. Ich finde, dass nicht jeder alles besitzen muss. Ich leihe mein Werkzeug/... gern an Nachbarn.

Ich bin Mitglied in einem Tauschring. Über den Tauschring ist es leicht, Hilfe zu organisieren. Ich finde es schön, sich zu helfen.

über Nachbarschaftshilfe sprechen

Wir haben viel Kontakt und jeder versucht, dem anderen zu helfen.
Ich kann Dinge im Haus / Elektrogeräte/Fahrräder ... reparieren.
Ich habe eine kleine Werkstatt. Ich habe Zeit, ... zu ...

über Filme sprechen / Filme bewerten

Der Film dauert ... Die Hauptrolle spielt ... Es ist eine Komödie / ein Krimi / ...
Der Film ist sehr lustig/romantisch/..., aber nicht sehr spannend/aufregend/...
Im Film passiert viel / nicht so viel. Die Geschichte ist einfach: ...
Es gibt witzige/langweilige/lange/... Dialoge.
Ich mag den Film (nicht), / Mir gefällt der Film (nicht), weil ...

Strukturen

Infinitiv mit *zu*

haben + Nomen + zu + Inf.   Wir haben Lust, nette Leute kennen**zu**lernen.
genauso: Zeit/Angst/Interesse haben, den Wunsch / das Glück / ein Problem haben

es macht + Nomen + zu + Inf.   Es macht uns Spaß, uns um sie **zu** kümmern.

es ist + Adjektiv + zu + Inf.   Es ist leicht, Hilfe **zu** organisieren.
                                  Es ist praktisch, im Internet nach einer Leiter **zu** suchen.
genauso: angenehm, anstrengend, bequem, gut, interessant, schwierig, wichtig ...

Verb + zu + Inf.   Ich habe mich entschieden, mein Auto **zu** vermieten.
                     So versuche ich, ein bisschen Geld **zu** verdienen.
genauso: anfangen, aufhören, empfehlen, raten, vergessen, vorschlagen, sich wünschen ...

Präpositionen *für, über* und *von ... an* (Zeit)

für ein halbes Jahr   (|↔|)   = ein halbes Jahr lang
für immer   (|↔|)   = ein Leben lang
über zwei Jahre   (>)   = mehr als zwei Jahre
von Anfang an   (|→)   = seit dem Anfang

▶ Phonetik, S. 147

1|2 Deutsch aktiv

Auf einen Blick

Material: ggf. Kärtchen/Zettel (1c)

1a Die TN können das Wörterbuch benutzen. Stellen sie sicher, dass alle TN alle Wörter verstehen. Aus A1 und A2 schon bekannte Adjektive sind z. B. *witzig, (un)freundlich, streng, stark, schwach, rational, emotional, offen, perfekt, mutig, neugierig, lieb, ängstlich, dumm.*

1b Die beiden TN, die raten, verlassen kurz den Raum. Beide Gruppen wählen fünf Adjektive und notieren sie auf ein Blatt Papier. Achten Sie darauf, dass sich die Adjektive nicht wiederholen, und weisen Sie darauf hin, dass bei der Erklärung der Bedeutung auch keine verwandten Wörter (z. B. *Mut* bei *mutig*) verwendet werden dürfen. Schwächere TN können sich Notizen machen, wie man die Adjektive beschreiben könnte. Dann kommen die beiden TN zurück und das Ratespiel beginnt. Wenn eine Gruppe das Wort oder ein verwandtes Wort nennt, klatschen Sie und die andere Gruppe ist an der Reihe, ohne dass ein Punkt erzielt wurde. Streichen Sie die erratenen Wörter an der Tafel durch.

Alternative: Die Gruppen wählen nur jeweils ein Adjektiv. Nach beiden Raterunden verlassen zwei andere TN den Raum usw.

1c Die TN arbeiten in Gruppen zu dritt oder viert. In ca. 5 Minuten notieren die Gruppen drei Berufe und dazu passende Adjektive.

1|2 Deutsch aktiv

1 Personen beschreiben

a Wie kann eine Person sein? Sammeln Sie Adjektive zur Personenbeschreibung an der Tafel.

b Wörter raten. Arbeiten Sie in zwei Gruppen. Je eine Person aus beiden Gruppen kommt nach vorne. Gruppe 1 wählt ein Wort von der Tafel und beschreibt die Bedeutung, darf dabei aber das Wort nicht sagen. Die beiden Personen raten. Wer das Wort als Erste/r errät, bekommt einen Punkt. Dann tauschen die Gruppen die Rollen. Welche Gruppe hat gewonnen?

Die Person weiß viel.
Vielleicht hat sie auch studiert.
Ja, sie ist sehr klug.

c Ratespiel: Welcher Beruf ist das? Arbeiten Sie in Gruppen. Notieren Sie drei Berufe. Wie muss eine Person sein, die diesen Beruf gut machen möchte? Sammeln Sie zu jedem Beruf passende Adjektive. Beschreiben Sie dann die Person. Die anderen Gruppen raten den Beruf. Welche Gruppe hat die meisten Berufe erraten?

Die Person muss stark sein.   *Sie muss zuverlässig sein.*
Sie muss gern anderen helfen.   *Sie muss …*

2 Nachbarschaftshilfe. Arbeiten Sie zu viert und sprechen Sie wie im Beispiel. Tauschen Sie immer die Rollen.

Kannst du dich heute um meinen Sohn / um die Glühbirne in der Küche kümmern?
Ja klar. Das mache ich gern.
Um wen / Worum soll sich Naomi kümmern?
Um den Sohn. / Um die Glühbirne in der Küche.

👥 ▶ 👨‍👩‍👧 Alternative: In großen Kursen können die TN auch in Gruppen raten. Dazu wählen und notieren sie die Berufe und Adjektive zu zweit und beschreiben ihre Berufe dann in der Gruppe.

🟢 Stärkere TN können in der Gruppe auch *Was bin ich?* spielen. Die TN notieren einen Beruf auf einem Zettel und kleben ihn der Nachbarin / dem Nachbarn auf den Rücken. Eine/Ein TN beginnt und stellt Ja-/Nein-Fragen, z. B. *Bin ich mutig?* Die anderen TN antworten. Bei *Ja* darf die Person weiter fragen, bei *Nein* ist die/der Nächste an der Reihe. Wer seinen Beruf als Erstes errät, gewinnt und die TN können eine neue Runde spielen.

2 👥 ▶ 👨‍👩‍👧 Geben Sie passende Verben an der Tafel vor: *(aus-)leihen von, aufpassen auf, helfen bei …* Spielen Sie dann das Beispiel aus dem Buch im Kurs durch.

🟢 👤 ▶ 👨‍👩‍👧 Schwächere TN notieren zuerst Fragen.

3 👥 ▶ 👤 Zwei freiwillige TN spielen jeweils ein Beispiel für die alten und die jungen Mieter durch.

🟢 👤 ▶ 👨‍👩‍👧 Schwächere TN ergänzen zuerst nur die Präpositionen in den Schüttelkästen und vergleichen zu zweit. Dann bilden sie die Sätze mündlich, die Partnerin / der Partner kontrolliert.

4 🟢 👥 Alternative: Sie können die Kurskette auch schriftlich durchführen. Die TN notieren auf einem Papier *Ich habe Angst, …* und ergänzen den Satz sowie einen neuen Satzanfang in der zweiten Zeile. Dann geben sie das Blatt nach rechts weiter. Jetzt ergänzen sie diesen neuen Satz, schreiben einen neuen Satzanfang und geben das Blatt nach rechts weiter usw.

5a 👤 ▶ 👥 Die TN lesen die Webseite und unterstreichen, welche Tauschbeispiele genannt werden (*Werkzeug, reparieren, kochen, Auto, Mountainbike, Haus/Wohnung*). Dann notieren sie zu jedem Beispiel mindestens je einen Vorteil und Nachteil und ergänzen weitere Ideen.

5b 👨‍👩‍👧 ▶ 👥 Je zwei Paare bilden dann eine Gruppe und diskutieren. Fragen Sie nach der Gruppenarbeit: *In welchen Punkten waren Sie sich in der Gruppe einig? Wo gab es Unterschiede? Sehen Sie insgesamt mehr Vor- oder Nachteile?* Die TN berichten aus ihren Gruppen.

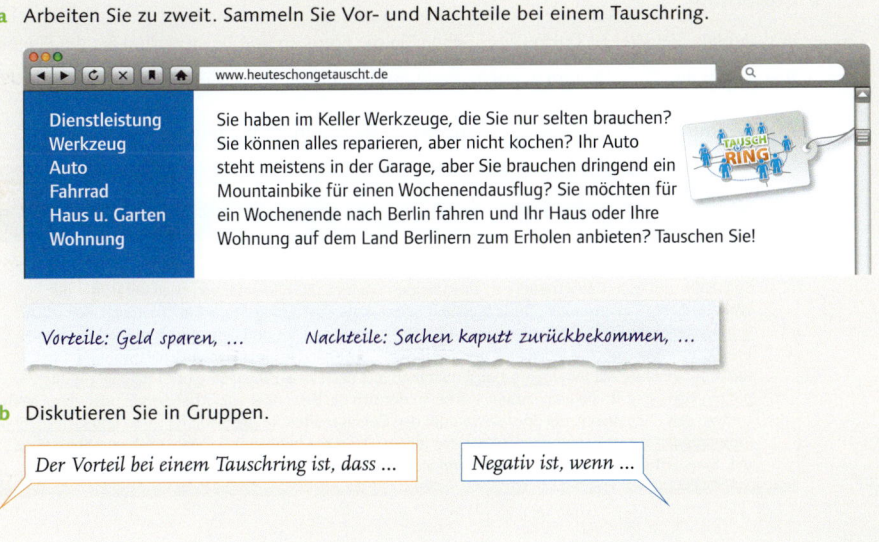

dreiundzwanzig **23**

1 Panorama

Auf einen Blick

Material: Kärtchen (2), großes Papier für Plakate (2)

Textsorten: Bildbeschreibung (1a); Info-Text aus dem Internet (1b)

Strategien: Hypothesenbildung + Bilder als Informationsquelle nutzen (1a); globales Lesen (1b); selektives Hören (1c); Notizen machen (1c); gemeinsam etwas planen + etwas präsentieren (2); Hör-Sehen (Landeskunde-AR)

Einstieg + 1a Fragen Sie: *Was sieht man auf den Bildern?* Die TN beschreiben die Bilder. Notieren Sie ggf. schwierige Wörter an der Tafel. Schreiben Sie dann das Wort *CoHousing* an die Tafel und fragen Sie: *Kennen Sie das Wort? Was fällt Ihnen dazu ein?* Notieren Sie die Ideen in einer Mindmap an der Tafel und ordnen Sie sie nach den W-Fragen in 1a:

Dann lesen die TN die Fragen und ergänzen ihre Ideen in der Mindmap.

▶ **UM:** Alternativ projizieren Sie die Fotos an die Wand.

1b 👤 ▶ 👥 ▶ 👨‍👩‍👧 Die TN lesen und unterstreichen die Antworten zu den W-Fragen in 1a im Text. Dann vergleichen sie zu zweit. Bei der Auswertung im Kurs ergänzen Sie die Mindmap.

Lösung: *s. blaue Unterstreichung im Text.*

1c 👤 ▶ 👥 Beim ersten Hören machen die TN Notizen zu diesen Fragen. Fragen Sie dann: *Was gefällt den Personen am „Lebensraum"?* Die TN hören noch einmal, ergänzen die Notizen und berichten im Kurs.

Lösung: *A. Nowak: Beruf: Koch, im Lebensraum: bietet Kochkurse an (Er findet gut, dass alle mal kochen, weil es Zeit spart und praktisch/günstig ist.);*

Das große Foto zeigt die CoHousing-Siedlung „Lebensraum" in Gänserndorf.

1 CoHousing

a Was denken Sie: Was ist CoHousing? Sehen Sie die Fotos an und beantworten Sie die Fragen.

Wer wohnt dort?   Warum wohnen die Menschen dort?   Was gibt es dort?

b Wer? Warum? Was? Lesen Sie und vergleichen Sie mit Ihren Vermutungen in a.

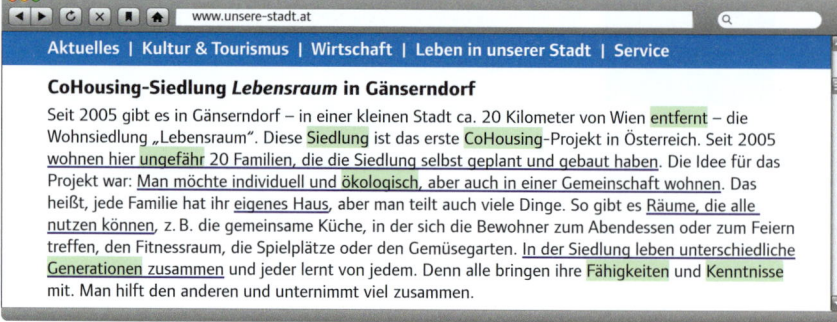

V. Bauer: _Beruf_: Musiklehrerin, _im Lebensraum_: macht Musik mit Kindern, leitet Chor, organisiert zweimal im Jahr ein Konzert (Alle freuen sich auf die Konzerte.); _J. Moser_: _Beruf_: wahrscheinlich Rentner, _im Lebensraum_: kümmert sich um Kinder: Hausaufgaben, mit ihnen backen (Er hat eine „neue Familie" gefunden. Er mag, dass man sich gegenseitig hilft, z. B. beim Einkauf.)

2 Die TN notieren auf einem Kärtchen für sich selbst oder für eine fiktive Person _Name, Alter, Beruf_ und _Hobbys_. Dann gehen die TN durch den Kursraum, stellen sich vor und suchen andere TN für die Gruppenarbeit: _Wollen wir etwas zusammen planen?_ Schreiben Sie in der Zwischenzeit Leitfragen an die Tafel: _Was braucht man (Material, Raum, …)? Wann/Wie oft … ? Vorteile für die Gemeinschaft?_ Die TN planen in den Gruppen ihr Programm mit Hilfe der Leitfragen und erstellen ein Plakat. Dann werden die Plakate aufgehängt und die Gruppen wählen eine/einen TN, die/der präsentiert. Am Ende wählen die TN das beste Programm.

Landeskunde

▶ **AR, UM:** Das Video gibt Informationen zu Hausarten in D-A-CH. Am Ende wird den TN eine Verständnisfrage gestellt (_Was ist ein Reihenhaus?_ Lösung: _mehrere Einfamilienhäuser, die in einer Reihe stehen_).

Notieren Sie mittig an der Tafel:

Die TN sammeln Komposita, die sie schon kennen. Dann sehen sie das Video und notieren die genannten Hausarten. Nach dem zweiten Sehen beantworten sie die Frage aus dem Video.

Gemeinschaftliches Wohnen
- neben CoHousing auch andere Formen, z. B. Öko-siedlungen, Mehrgenerationenhäuser, Projekthäuser und Kommunen
- in Städten und auf dem Land
- Gründe: der Wunsch gemeinsam zu leben, sich gegenseitig zu unterstützen und Dinge zu teilen
- z. T. sehr unterschiedlich: manche Gemeinschaftsprojekte haben einen politischen Anspruch und teilen fast alles (z. B. Einkommen + Besitz), in anderen gibt es mehr individuellen Raum

c Stimmen aus der Siedlung _Lebensraum_. Wer macht was? Hören Sie und machen Sie Notizen.

Andreas Nowak _Verena Bauer_ _Josef Moser_
Beruf: Koch … …
im Lebensraum: …

Andreas Nowak ist Koch von Beruf. Er findet es gut, privat nicht jeden Tag kochen zu müssen. In der Siedlung bietet er …

2 Und Sie? Was können Sie für die Gemeinschaft machen? Präsentieren Sie im Kurs.
1. Was können Sie? Welche Ideen haben Sie? Notieren Sie.
2. Suchen Sie drei Partnerinnen oder Partner und schreiben Sie ein Programm für die Gemeinschaftsräume.
3. Präsentieren Sie Ihr Programm im Kurs.

3 Von Kochboxen, Diäten und Foodies

Auf einen Blick

Material: großes Papier für Plakate (1a); Kärtchen (2d/Strukturen 3); ggf. Fotos aus Supermarktprospekten (2f); ggf. Kopien für Textpuzzle (3a); KV 3/1 (4b/Strukturen 4); KV 3/2 (5b)

Textsorten: Werbeflyer/Anzeige (2a); Radiosendung (2e); Blog (3a); Zeitschriftenartikel (7b)

Strategien: selektives Lesen (2a, 7b); detailliertes Hören (2e, 5b); einen Text anhand von W-Fragen schreiben (2f); globales Lesen (3a); selektives Lesen (3b); hypothesengeleitetes Hören (5b); Hör-Sehen (5b); hypothesengeleitetes Lesen (7b); W-Fragen zum Text formulieren (7c); detailliertes Lesen (7d)

Einstieg + 1a 👥 Die TN arbeiten zu fünft. Hängen Sie für jede Gruppe ein Plakat im Kursraum auf. Die TN schreiben die Buchstaben des Alphabets (ohne Q, X, Y und Umlaute) untereinander auf das Plakat. Dann spielen die TN „Wörterstaffel": Sie stehen in einer Reihe vor ihrem Plakat. Die/Der erste TN in jeder Gruppe läuft zum Plakat und notiert zu einem beliebigen Buchstaben ein Wort (Nomen, Verb, Adjektiv) zum Thema *Essen* mit diesem Anfangsbuchstaben. Dann übergibt sie/er den Stift an die nächste Person, die zu einem anderen Buchstaben ein Wort notiert usw. Wenn eine/ein TN keine Idee hat, kann sie/er den Stift weitergeben. Die Gruppe, die zuerst zu allen Buchstaben ein Wort geschrieben hat, ruft *Stopp*. Geben Sie den TN drei Minuten Zeit, um gemeinsam die Rechtschreibung zu überprüfen. Bei der Auswertung im Kurs lesen die Gruppen ihre Wörter vor. Für jedes korrekt geschriebene Wort gibt es einen Punkt. Die Gruppe mit den meisten Punkten gewinnt.

1b 👤▶👥▶👥 Die TN machen Notizen und sprechen dann in Gruppen zu dritt. Fragen Sie bei einer kurzen Auswertung im Kurs, welche Gemeinsamkeiten bzw. Unterschiede es gab.

2a 👥 Bevor die TN die Anzeigen lesen, fragen Sie: *Was kann man beim Lieferservice bestellen?* Die TN sammeln Ideen an der Tafel.

---

3 Von Kochboxen, Diäten und Foodies

1 Die Kochbox
Kochen wie die Profis
Bereitest du dein Essen gern selbst zu, aber du hast keine Zeit zum Einkaufen? Dann probier unsere Kochbox! Wir liefern frische Zutaten für drei verschiedene Gerichte zu günstigen Preisen.

Klassik Box
3 Gerichte mit Fleisch oder Fisch (inkl. Rezepte) für 2 bis 4 Personen
ab 39,90 €

Veggie Box
3 vegetarische Gerichte (inkl. Rezepte) für 2 bis 4 Personen
ab 29,90 €

Unser Service:
bequeme Bestellung im Internet und kostenlose Lieferung zum Wunschtermin.
Mehr Infos unter www.kochbox.de.

2 Der Pinguin – Ihr Tiefkühl-Lieferservice
Die Eiszeit steht vor der Tür!

Sie wollen ...
• sich gesund ernähren,
• schnell einkaufen,
• nicht lange kochen, braten oder backen.

Wir bieten ...
• leckere, tiefgekühlte Lebensmittel und Fertiggerichte (Eis, Torten, Suppen, Obst und Gemüse, Pizza, Soßen usw.),
• lang haltbare Lebensmittel,
• einfache und schnelle Bestellung im Internet,
• Lieferung zu Ihrem Wunschtermin,
• kostenlose Lieferung bei einer Bestellung ab 25 €.

Und hier finden Sie uns:
www.pinguin-lieferservice.de

1 Essen und Trinken von A bis Z

a Welche Wörter kennen Sie? Machen Sie eine Liste. Schreiben Sie Nomen, Verben und Adjektive. Wer ist zuerst fertig?

A: Apfel, B: backen ...   (Q, X, Y)

b Was kochen und essen Sie gern? Wie oft kochen Sie? Wo kaufen Sie ein? Sprechen Sie im Kurs.

2 Wir liefern ...

a Arbeiten Sie in drei Gruppen und wählen Sie eine Anzeige. Lesen Sie und notieren Sie die Informationen. Die Bildleiste hilft.

Was kann man bestellen? Wie bestellt man? Wann kommt die Lieferung? Wie viel kostet es?

b Bei wem und was möchten Sie bestellen? Warum? Bilden Sie neue Gruppen und stellen Sie Ihren Lieferservice vor. Wählen Sie dann den besten Lieferservice aus.

*A: der Fleischer – CH+D auch: der Metzger | A+CH: der Rahm – D: die Sahne | A: der Topfen – D+CH: der Quark | A: das Würstel – D: das Würstchen | A: die Semmel – D+CH: das Brötchen

26 sechsundzwanzig

▶ **AR, UM:** Spielen Sie das Video zur Bildleiste (Phase 1+2) ab. Die TN sprechen nach und antworten.

👤 ▶ 👥 Die TN wählen einen Text, lesen und vergleichen ihre Notizen in der Gruppe.

2b 👥 ▶ 👥 Die TN bilden Gruppen zu dritt, in denen es zu jedem Text eine Expertin / einen Experten gibt. Die TN erstellen gemeinsam eine Rangliste, welchen Lieferservice sie am besten finden, und notieren ihre Gründe. Danach stellt eine/ein TN aus jeder Gruppe den Favoriten im Kurs vor.

2c 👥 ▶ 👥 ▶ 👥 Die TN bleiben in den Gruppen aus 2b. Sie unterstreichen in den Texten die Adjektive und ergänzen den Grammatikkasten. Vergleichen Sie im Kurs und erklären Sie die Regel: *Adjektive nach dem Nullartikel (ohne Artikel) haben die gleiche Endung wie die definiten Artikel.* Schreiben Sie an die Tafel:

> 1. <u>Frischer Salat</u> schmeckt mir gut. (N)
> 2. Ich kaufe nie <u>fettes Fleisch</u>. (A)
> 3. Ich würde einen Lieferkorb mit <u>leckerem Brot</u> bestellen. (D)

Die TN schreiben zu zweit drei Sätze wie im Beispiel mit Nominativ, Akkusativ und Dativ und lesen sie im Kurs vor.

▶ **AR, UM:** Spielen Sie das Video zur Bildleiste (Phase 3) ab. Die TN bilden Fragen wie im Beispiel.

2d 👤 ▶ 👥 Die TN notieren eine Adjektiv-Nomen-Verbindung, z. B. *weiches Brot*. Eine/Ein TN kommt nach vorn. In der Kurskette versuchen die anderen die Verbindung zu erraten (*Isst du gern …?*). Wenn nur ein Wort richtig ist (z. B. *weiche Eier* statt *weichem Brot*), antwortet die/der TN „Jein". Die/Der TN, die/der die Verbindung errät, geht als Nächstes nach vorn usw.
▶ Vertiefung: S. 31/3

2e 👤 ▶ 👥 ▶ 👥 Die TN hören zweimal. Dann korrigieren sie zu zweit die falschen Aussagen und vergleichen im Kurs.

2f 👤/👥 Zielaufgabe. Die TN können allein oder zu zweit arbeiten und sie können die Anzeige auch mit Fotos gestalten. Die Anzeigen werden im Kurs aufgehängt. Im Kursspaziergang lesen die TN die Anzeigen und machen bei dem Lieferdienst, bei dem sie gern bestellen würden, ein Häkchen.

c Adjektive nach dem Nullartikel. Lesen Sie noch einmal und unterstreichen Sie die Adjektive. Ergänzen Sie den Grammatikkasten.

Adjektive nach dem Nullartikel		
Nominativ	**Akkusativ**	**Dativ**
m gesunder Fitnesskorb	frischen Fisch	leckerem Fisch
n leckeres Gemüse	frisch**es** Fleisch	frisch**em** Obst
f bequem**e** Bestellung	gesund**e** Ernährung	fettarm**er** Wurst
Pl. vegetarische Gerichte	frisch**e** Zutaten	günstig**en** Preis**en**

Der definite Artikel hilft: der Fisch → frischer Fisch; den Fisch → frischen Fisch

d Ratespiel. Schreiben Sie, was Sie gern essen. Die anderen fragen und raten.

e Was ist richtig? Hören Sie und kreuzen Sie an.
1. [x] Monika bestellt frische Lebensmittel.
2. [ ] Sie isst nicht gern alten Käse.
3. [x] Benny hat frische Zutaten für drei Gerichte bestellt.
4. [ ] In der Kochbox gab es leckeres, weiches Brot.

f Ihr Lieferdienst: Was? Wie? Wann? Wie viel? Schreiben Sie eine Anzeige.

siebenundzwanzig **27**

3 Von Kochboxen, Diäten und Foodies

3a Fragen Sie die TN bei der Auswertung im Kurs nach den lösungsrelevanten Textstellen (z. B. Zeile 4: *Die frische Luft macht gute Laune.* Zeile 10: *Bis jetzt ist es nicht so schwer, mich gesund zu ernähren.* Zeile 15: *Obwohl ich ..., fehlt mir heute nichts.* Zeile 16: *Ich fühle mich sehr gut, ...* Zeile 20: *Das war super, ...*).

● Alternative: Kopieren Sie den Blogtext und schneiden Sie die linke Spalte mit den Fotos und Uhrzeiten sowie die Textabschnitte einzeln aus. Die TN lesen und ordnen die Textteile den Uhrzeiten zu. Die Gruppen kontrollieren sich gegenseitig. Erst dann bearbeiten die TN 3a wie oben beschrieben.

3b Die TN ordnen zuerst die Sätze zu. Dann lesen sie sich zu zweit abwechselnd die Textabschnitte einzeln inklusive der ergänzten Sätze vor und überprüfen ihre Lösung. Bitten Sie die TN anschließend, den Tag nachzuerzählen. Die TN fassen die wichtigsten Informationen aus den Absätzen zusammen.
● Schwächere TN machen für die Zusammenfassung zuerst Notizen.

4a Die TN lösen die Aufgabe zu zweit und vergleichen mit einem anderen Paar. Fragen Sie dann die TN: *Wie spät ist es auf dem ersten Bild? Was macht der Mann?* Schreiben Sie die Antworten an die Tafel:

> Er steht auf. X Es ist noch früh.
> Er steht auf, <u>obwohl</u> es früh ist.

Erklären Sie, dass *obwohl* einen Gegensatz/Widerspruch ausdrückt. Dann beschreiben die TN die anderen Bilder und schreiben drei Sätze wie zum ersten Bild.

4b Vier TN lesen das Beispiel laut vor. ● Stärkere TN können mehrere Runden mit verschiedenen Satzanfängen machen.

Alternative: Die Gruppen machen die Kettenübung schriftlich. Jede Person schreibt den Satzanfang *Ich stehe früh auf, ...* oben auf ein Blatt und ergänzt den Satz in der zweiten Zeile, z. B. *obwohl ich nicht arbeiten muss.* Dann geben die TN ihr Blatt an die Person rechts von ihnen weiter. Die TN schreiben einen neuen Satzanfang (in diesem Beispiel: *Ich muss nicht arbeiten, ...*) darunter und ergänzen wieder in der nächsten Zeile (*..., obwohl ich Geld brauche.*) usw.

▶ Vertiefung: S. 31/4

28 achtundzwanzig

5a Die TN schreiben zu zweit 2–4 Sätze und lesen ihre Texte ab *Jetzt muss ich zuerst duschen …* im Kurs vor. Dann wählen die TN den Text, den sie für am wahrscheinlichsten halten.

5b Geben Sie den TN vor dem Hören den Hinweis, auf die Geräusche zu achten. Die TN machen beim Hören Notizen (z. B. *Pizza, Fußball* usw.), wobei sie auch die Geräusche notieren, die sie hören (z. B. *Uhr, Besteck*). Fragen Sie danach die TN, was sie gehört haben. Die TN rekonstruieren gemeinsam die Geschichte.

Lösung: Jannis öffnet zuerst den Kühlschrank und backt eine Tiefkühlpizza im Ofen. Dann isst er die Pizza und liest dabei die Fernsehzeitung. Er sieht ein Fußballspiel im Fernsehen, isst dabei Chips und danach auch noch Schokoladeneis.

▶ **AR, UM:** Spielen Sie das Video zum Strategietraining ab. Das Video erklärt, wie man in einem Hörtext die Situation – z. B. über Geräusche – erkennen kann. Die TN überprüfen beim Sehen ihre Lösung in 5b.

Fragen Sie am Ende, ob die TN von diesem Ende überrascht waren.

▶ **Video-DVD:** Für die Arbeit mit dem Video arbeiten die TN vor dem Sehen mit der Kopiervorlage und tauschen sich anschließend im Kurs darüber aus, was vielleicht passiert ist. Dann sehen sie das Video und überprüfen ihre Vermutungen. ▶ KV 3/2

6 Zielaufgabe/Ich-Bezug. Weisen Sie die TN darauf hin, dass sie einen tatsächlichen Tag dokumentieren können oder sich alternativ Mahlzeiten und Aktivitäten für eine fiktive Person ausdenken können. Wenn die TN Fotos mit den Smartphones machen, bietet es sich an, die Texte auch digital zu verfassen und beispielsweise per E-Mail an die anderen TN zu schicken. Alternativ können die TN auch Fotos aus Zeitschriften verwenden oder selbst etwas zeichnen. Die Blogbeiträge werden im Kursraum aufgehängt – ohne die Namen der TN. Die TN lesen die Texte und raten, wer welchen Text geschrieben hat.

▶ Vertiefung: S. 31/1

■ über Ernährung / gesunden Lebensstil sprechen – über eigene Essgewohnheiten sprechen – Nebensätze mit *obwohl*

4 Nebensätze mit *obwohl*

a Lesen Sie den Text in 3a noch einmal und unterstreichen Sie die Sätze mit *obwohl*. Ergänzen Sie den Grammatikkasten.

Nebensätze mit *obwohl*

Ich stehe auf,	obwohl	es noch sehr früh	ist .
Ich nehme aber nur einen Salat,	obwohl	ich lieber eine Currywurst	essen würde .
Ich fahre mit dem Fahrrad,	obwohl	es kalt	ist.

Obwohl-Sätze stehen oft auch am Anfang:

Obwohl es kalt ist , fahre ich mit dem Fahrrad.

b Kurskette. Arbeiten Sie zu viert. Wählen Sie einen Satz im Schüttelkasten und sprechen Sie wie im Beispiel.

Ich stehe früh auf, obwohl … – Ich fahre mit dem Fahrrad ins Büro, obwohl … – Ich fühle mich sehr gut, obwohl … – Ich esse jetzt ein großes Eis, obwohl …

> *Ich stehe früh auf, obwohl ich müde bin.*

> *Ich bin müde, obwohl ich lange geschlafen habe.*

> *Ich habe lange geschlafen, obwohl ich heute einen Termin im Büro habe.*

> *Ich habe heute einen Termin im Büro, obwohl …*

5 Gesund durch den Tag: am Abend

a Was denken Sie: Wie geht der Tag zu Ende? Schreiben Sie den letzten Absatz in 3a zu Ende und vergleichen Sie dann im Kurs.

b Was ist wirklich passiert? Hören Sie und überprüfen Sie Ihre Vermutung in a.

6 Das habe ich heute gegessen … Machen Sie an einem Tag mit Ihrem Smartphone Fotos von Ihren Mahlzeiten und schreiben Sie einen Blogbeitrag wie in 3a.

neunundzwanzig   29

3 Von Kochboxen, Diäten und Foodies

7a Schreiben Sie den Titel *Neue Trends – Foodies* an die Tafel. Erklären Sie den TN, dass auch im Deutschen für neue Trends häufig „Kunstwörter" entstehen, die man normalerweise nicht im Wörterbuch findet. Fragen Sie die TN, was *Foodies* sein könnten. Die TN schreiben zu dritt eine „Fantasiedefinition". Wenn sie den Trend kennen, können sie natürlich auch die korrekte Definition schreiben. Die TN hängen dann alle Definitionen im Kursraum auf und lesen alle anderen Texte. Die TN wählen die Definition, die sie am überzeugendsten finden und machen bei dem Text ein Kreuzchen oder einen Strich. Die Gruppe, deren Definition die meisten Stimmen erhält, gewinnt.

7b Die TN lesen und suchen die Textstelle, an der der Begriff erklärt wird. Im Plenum liest eine/ein TN den Abschnitt (bis Zeile 7) vor und die TN vergleichen mit ihren Definitionen in a.

7c Die TN lesen zu zweit, klären ggf. gemeinsam unbekannte Wörter und schreiben drei W-Fragen zum Text. Dann bilden die TN neue Paare und stellen abwechselnd ihre Fragen, die/der andere TN sucht die entsprechende Textstelle und antwortet. Dann tauschen die TN ihre Fragen, suchen eine neue Partnerin / einen neuen Partner, fragen und antworten.

Alternative: Sammeln Sie alle Fragen ein. Lesen Sie dann die Fragen nacheinander vor. Die TN suchen die Antworten im Text. Wer ist die/der Schnellste?

7d Bevor die TN die Aufgabe lösen, besprechen Sie mit den TN den Grammatikkasten. Bitten Sie die TN, die Sätze 1–4 mit *müssen* statt *brauchen ... zu* zu formulieren. Das hilft, die entsprechenden Textstellen zu finden. Erst dann lesen die TN und lösen die Aufgabe.

▶ Phonetik: S. 31

7e Fragen Sie die TN, wie sie den „Foodie-Trend" finden. Je nach Interesse der TN können Sie das Gespräch auch direkt zu anderen Trends überleiten: *Welche Trends sind im Moment aktuell? Wie finden Sie das?*

▶ Vertiefung: S. 31/2

---

3 Von Kochboxen, Diäten und Foodies
■ über Trends sprechen – seine eigene Meinung äußern – *brauchen + zu + Infinitiv*

7 Neue Trends – Foodies

a Was denken Sie: Was sind Foodies? Sammeln Sie Ideen.

b Was sind Foodies? Lesen Sie und überprüfen Sie Ihre Vermutungen in a.

Foodies – ein neuer Trend

„Oh, das sieht lecker aus! Da muss ich ein Foto machen." Fotos von Essen werden immer beliebter: Man macht ein Foto, schreibt dazu einen Kommentar, stellt es in ein soziales Netzwerk und teilt es mit Freunden überall auf der Welt. Und dann freut man sich, wenn viele Leute auf „Gefällt mir" klicken. Diese Fotos nennt man Foodies. Foodies sind also ähnlich wie Selfies. Es gibt Fotos von leckeren Salaten, saftigen Steaks, gegrilltem Fisch und frischer Pasta, von einer wunderbaren Vorspeise oder einem interessanten Nachtisch. Man macht Foodies von Gerichten im Restaurant oder aus der eigenen Küche. Für viele Menschen gehört das Smartphone zum Essen wie Messer und Gabel. Man braucht bei Instagram in der Gruppe „I ate this" („Das habe ich gegessen") nur „Berlin" einzugeben, dann findet man fast eine halbe Million Foodies aus Berlin von über 25.000 Menschen aus der ganzen Welt. Am häufigsten sieht man auf diesen Foodies natürlich die Currywurst.

Wie ist es zum Foodie-Trend gekommen? Essen zu fotografieren und zu teilen, finden viele Menschen interessant. Man fotografiert und kommentiert seinen Alltag mit dem Smartphone. Mit den Fotos wollen die Menschen sagen: „Ich war dabei und ich habe das gesehen, gemacht, gegessen oder getrunken." Mit Foodies zeigt man, dass man zu Hause etwas Leckeres gekocht hat oder auch: „Ich brauche nicht zu kochen, ich gehe essen." Der Trend heißt „POIDH" („Pics or It Didn't Happen"). Auf Deutsch heißt das ungefähr: „Wenn es kein Foto gibt, dann ist es auch nicht passiert." Man braucht also nichts mehr zu schreiben, das Foto sagt mehr als Tausend Worte. Erst das Smartphone und der Blick auf das Display machen aus dem Erlebnis eine Realität.

Obwohl das Fotografieren von Gerichten in vielen Restaurants verboten ist, gibt es immer mehr Foodies im Internet. Die Restaurantbesitzer haben Angst, ihre Gäste zu verlieren, weil die Bildqualität oft sehr schlecht ist.

c Lesen Sie noch einmal und schreiben Sie drei W-Fragen zum Text. Fragen und antworten Sie.

d Was sind die Vorteile von Foodies? Was ist richtig? Lesen Sie noch einmal und kreuzen Sie an.

	richtig	falsch
1. Man braucht keine Kommentare zu den Foodies zu schreiben.		x
2. Man braucht keine Nachrichten an Freunde zu schreiben, man schickt Foodies.	x	
3. Man braucht nur im Internet nachzusehen, was Freunde heute gegessen haben.	x	
4. Man braucht nicht zu antworten, man braucht nur auf „Gefällt mir" zu klicken.	x	

> **brauchen + zu + Infinitiv**
> Ich brauche nicht zu kochen. = Ich muss nicht kochen.
> Ich brauche keine Nachrichten zu schreiben. = Ich muss keine Nachrichten schreiben.
> Ich brauche nur „Berlin" einzugeben. = Ich muss nur „Berlin" eingeben.

e Machen Sie auch Foodies? Oder gibt es andere Trends, die Sie (nicht) gut finden? Sprechen Sie im Kurs.

Wichtige Sätze

1 über Essgewohnheiten + über Ernährung / gesunden Lebensstil sprechen
👤▶👥▶👤▶👥 Die TN schreiben eine Frage zum Thema *Essgewohnheiten, Ernährung* oder *Gesunder Lebensstil* auf ein Blatt (z. B. *Was bestellst du beim Lieferservice? Was ist dein Lieblingsgericht? Was tust du, um gesünder zu leben? Worauf kannst du nicht verzichten?* usw.). Kursspaziergang: Die TN sprechen mit möglichst vielen TN, stellen ihre Frage und notieren die Antworten. Dann fassen sie die Ergebnisse als Kursstatistik zusammen (z. B. *Die meisten Personen haben gesagt, dass … Niemand … Nur wenige …*) und stellen sie im Kurs vor.

2 über Trends sprechen
👤▶👥 Die TN suchen im Internet ein Video, das einen Trend zeigt. Sie zeigen es im Kurs, berichten über den Trend. Die anderen TN kommentieren.

Strukturen

3 Adjektive nach dem Nullartikel
👥▶👤👤 Die TN sammeln (mindestens) fünf Adjektive und (mindestens) 10 Nomen zum Thema *Essen* an der Tafel. Die TN arbeiten in zwei Gruppen: Verkäuferinnen/Verkäufer (V) auf dem Markt und Kundinnen/Kunden (K). Die TN notieren drei Lebensmittel (mit Adjektiv), die sie verkaufen bzw. kaufen wollen, auf ein Kärtchen, ohne es den anderen zu zeigen. Dann verteilen sich die V im Raum. Die K fragen bei den V nach, ob es ihr Wunschprodukt gibt (z. B. *Guten Tag, haben Sie frischen Fisch?*). Die V antworten entsprechend ihrer Kärtchen (z. B. *Tut mir leid, ich habe nur tiefgekühlten Fisch.*). So entwickeln sich kurze Einkaufsdialoge. Wenn ein Produkt erfolgreich gekauft/verkauft wurde, streichen beide TN es auf ihrem Kärtchen durch. Wer hat als Erstes alle Lebensmittel durchgestrichen?

4 Nebensätze mit *obwohl*
👤▶👤👤 Die TN arbeiten mit der Kopiervorlage und ergänzen die Sätze in der rechten Spalte. Dann schneiden Sie die Sätze aus und tauschen sie mit einer Partnerin / einem Partner. Sie/Er ordnet die Sätze wieder zu. Dann vergleichen die Paare zu zweit. ▶ KV 3/1

Phonetik

❗ Zu S. 147–148, Einheit 3: Im Deutschen behalten Fremdwörter meist ihre Schreibweise, aber die Aussprache wird angepasst, je häufiger sie in der gesprochenen Sprache verwendet werden.

Alles klar!

Wichtige Sätze

über Essgewohnheiten sprechen

Ich bereite das Essen gern selbst zu, weil ich mich gesund ernähren will / weil ich gern koche / …
Ich bestelle jede Woche / … bei einem Lieferservice, weil ich dann nicht einkaufen muss / weil es schnell geht / …

über Ernährung / gesunden Lebensstil sprechen

Ich will versuchen, gesünder zu leben und mich gesund zu ernähren.
Ich esse nur …, obwohl ich … Obwohl ich normalerweise …, fehlt mir nichts.
Es ist nicht so schwer, sich gesund zu ernähren.
Nein, heute esse ich kein/e/n … Ich verzichte auf … Nein, … ist gesünder.

über Trends sprechen

Der Trend heißt …
… wird/werden immer beliebter.
Wie ist es zum …-Trend gekommen?
Man will damit sagen: …
Man braucht also nicht mehr zu …, weil …
Obwohl … oft verboten/… ist, gibt es …

Strukturen

Adjektive nach dem Nullartikel

	Nominativ	Akkusativ	Dativ
m	gesunder Fitnesskorb	frischen Fisch	leckerem Fisch
n	leckeres Gemüse	frisches Fleisch	frischem Obst
f	bequeme Bestellung	gesunde Ernährung	fettarmer Wurst
Pl.	vegetarische Gerichte	frische Zutaten	günstigen Preisen

Der definite Artikel hilft: der Fisch → frischer Fisch; den Fisch → frischen Fisch

Nebensätze mit *obwohl*

			Satzende (Verb)
Ich stehe auf,	obwohl	es noch sehr früh	ist.
Ich nehme einen Salat,	obwohl	ich lieber eine Currywurst	essen würde.

Obwohl-Sätze stehen oft auch am Anfang:

	Satzende	Position 2	
Obwohl es kalt	ist,	fahre	ich mit dem Fahrrad.

brauchen + zu + Infinitiv

Ich brauche nicht zu kochen. = Ich muss nicht kochen.
Ich brauche keine Nachrichten zu schreiben. = Ich muss keine Nachrichten schreiben.
Ich brauche nur „Berlin" einzugeben. = Ich muss nur „Berlin" eingeben.

▶ Phonetik, S. 147

4 Wir und unsere Umwelt

Auf einen Blick

Material: Kärtchen (2d, 6c); KV 4/1 (2d/Strukturen 3 + 5b/Strukturen 4); großes Papier für Plakate (3), Ball (5b), großes Papier für Mindmap (3/Wichtige Sätze 1, 6b)

Textsorten: Stadtplan (1a); Zeitschriftenartikel (1b, 6a); Fotoalbum (4a); Zeitungsnachricht (7)

Strategien: Bilder als Informationsquelle nutzen (1a, 4a); globales Lesen (1b, 6a, 7a+b); detailliertes Lesen (1c, 6b); globales Hören (2a, 4a); detailliertes Hören (2b, 4b+c); Hör-Sehen (2a+b); gemeinsam etwas planen + präsentieren (3); Informationen zusammenfassen (6b)

Einstieg Fragen Sie: *Was gibt es in einem Garten und was kann man dort machen?* Die TN sammeln Ideen an der Tafel. Sie können auch das Wörterbuch benutzen.

1a Besprechen Sie mit den TN zuerst den Stadtplan: *Was gibt es dort? Handelt es sich eher um eine Kleinstadt oder eine Großstadt? Wie sieht es dort vielleicht aus?* Jede/Jeder TN äußert mind. eine Vermutung. Dann beschreiben die TN die Bilder in Form einer Kurskette. Eine/Ein TN sagt einen Satz zu einem beliebigen Bild, die/der nächste TN ergänzt die Äußerung bzw. nimmt darauf Bezug und gibt dann eine neue Äußerung vor, z. B. *Auf Foto 2 tragen die Leute komische Hüte. – Stimmt, ich glaube, sie haben Bienen. Auf Foto … usw.*

▶ **AR, UM:** Spielen Sie das Video zur Bildleiste (Phase 1+2) ab. Die TN sprechen nach.

1b Beim Vergleichen im Kurs begründen die TN ihre Lösung.

! Bei Interesse Ihrer TN weisen Sie sie auf die Webseite *www.prinzessinnengarten.net* hin.

1c Die TN formulieren W-Fragen zum Text. Dann tauschen sie die Fragen und notieren die Antworten. Anschließend geben sie die Fragen und Antworten an eine dritte / einen dritten TN, die/der die Fragen und Antworten kontrolliert. Zum Schluss tauschen sich die TN zu dritt aus.

4 Wir und unsere Umwelt

prinzessinnengärten

1 Der Prinzessinnengarten
a Wo ist der Garten? Was macht man dort? Sprechen Sie im Kurs. Die Bildleiste hilft.
b Welches Foto passt? Lesen Sie und ordnen Sie zu.

32 | UNSERE UMWELT III/17

Wir stellen vor:
Ein Gartenparadies in Berlin-Kreuzberg

1 Wenn man am Moritzplatz aus der U-Bahn kommt, befindet man sich in einem normalen Großstadtplatz: überall Hochhäuser, viel Verkehr, viele Menschen, viel Lärm. Nur eine Ecke ist anders – grün. Am Tor steht: *Prinzessinnengarten*. Ist das vielleicht ein Schrebergarten wie viele andere in Berlin? Nein. Auf der 6.000 m² großen Fläche wachsen und blühen auch viele Pflanzen, aber die Organisation im Garten ist anders.

5 Max, der zum Organisationsteam gehört, erklärt: „Der Prinzessinnengarten ist ein Gemeinschaftsgarten. Es gibt keine privaten Beete und alle pflegen den Garten gemeinsam." Fast 1.000 Menschen helfen hier freiwillig und es gibt ca. 20 Personen, die die Arbeit organisieren und Kurse anbieten. Die Menschen treffen sich, gießen die Pflanzen, ernten gemeinsam und feiern Feste.

3 Im Prinzessinnengarten wachsen die meisten Pflanzen in Kisten. „So ist es leichter, die Pflanzen zu pflegen und – wenn der Garten vielleicht mal umziehen muss – zu transportieren", sagt Max.

4 Mitten im Garten gibt es auch ein Café, in dem die Gäste unter hohen Bäumen sitzen, Kaffee trinken und leckere Gerichte mit dem Gemüse essen, das man geerntet hat.

2 Direkt neben dem Gartencafé gibt es Bienenstöcke. „Bienen sind für unser Obst und Gemüse und für alle Pflanzen, die blühen, sehr wichtig", sagt Max. „Wenn man Glück hat, kann man auch unseren Honig im Café kaufen, aber den gibt es nicht immer – nur dann, wenn die Bienen mehr Honig haben, als sie brauchen, dürfen wir einen Teil ernten."

32 | zweiunddreißig

2a+b 👤 ▶ 👥👥👥 Die TN lösen beim ersten Hören Aufgabe a. Dann hören die TN noch einmal, kreuzen an und notieren, wer (Stefan oder Julia) sich was wünscht. Bei der Auswertung sprechen die TN in ganzen Sätzen (*Julia und Stefan möchten einen Gemeinschaftsgarten haben.*).

▶ **Video-DVD:** Beim ersten Sehen lösen die TN Aufgabe a. Zeigen Sie dann das Video noch einmal mit Untertiteln. Die TN rufen *Stopp*, wenn eine Belegstelle für 2b kommt. Drücken Sie dann die Pausentaste, damit die TN die Lösung für b im ganzen Satz nennen können.

2c 👥👥👥 ▶ 👥👥 ▶ 👥👥👥 Schreiben Sie Sätze an die Tafel, um den Konjunktiv II für Wünsche zu verdeutlichen:

> Wir *möchten* einen Garten *haben*.
> → Wir *hätten gern* einen Garten.
> Stefan *möchte* Bienen *halten*.
> → Er *würde gern* Bienen *halten*.
> Stefan *möchte* Imker *sein*.
> → Er *wäre gern* Imker.

Erinnern Sie die TN an die schon bekannten Formen *hätte gern* und *würde gern* + Infinitiv. Dann lesen die TN den Grammatikkasten.

Bevor die TN zu zweit den Text an die Nachbarn schreiben, führen sie eine Kurskette durch, bei der sie mit den Vorgaben in b Wunschsätze formulieren (z. B. *Ich würde gern einen Gemeinschaftsgarten haben.* usw.). Je zwei Paare tauschen ihre Texte und überprüfen sie.

■ über ein Stadtgartenprojekt sprechen – über Wünsche sprechen – Natur und Umwelt – Konjunktiv II (Wunsch)

4

c Wo? Was? Wer? Wie? Warum? Lesen Sie noch einmal und machen Sie Notizen. Erzählen Sie dann.

2 Wir hätten auch gern einen Garten.

1.18 / 04 **a** Worum geht es? Was ist richtig? Hören Sie und kreuzen Sie an.
1. ☐ Julia und Stefan Bode sehen eine Sendung über den Prinzessinnengarten und möchten dort mitarbeiten.
2. ☒ Julia und Stefan Bode sehen eine Sendung über den Prinzessinnengarten und möchten einen Gemeinschaftsgarten gründen.

1.18 / 04 **b** Was möchten Julia und Stefan? Hören Sie noch einmal und kreuzen Sie an.
1. ☒ einen Gemeinschaftsgarten haben
2. ☒ hinter dem Haus aufräumen S+J
3. ☒ normale Beete haben S
4. ☒ Gemüse und Blumen pflanzen S+J
5. ☐ einen Kurs anbieten
6. ☒ Kisten mit Beeten haben J+S
7. ☒ Bienen halten S

c Konjunktiv II: Wer würde gern mitmachen? Julia und Stefan schreiben einen Zettel an die Nachbarn. Lesen Sie den Grammatikkasten und schreiben Sie den Text mit den Informationen in b.

> Liebe Nachbarn,
> mein Vater und ich *hätten gern* … Wir *würden gern* …
> Wer *würde gern* mitmachen?
> Eure Julia & Stefan Bode

Konjunktiv II (Wunsch)		sein	haben
Ich *würde gern* zum Garten *fahren*.	ich	wäre	hätte
Ich *hätte gern* einen Gemeinschaftsgarten.	du	wärst	hättest
Ich *wäre gern* Imker.	er/es/sie	wäre	hätte
	wir	wären	hätten
Normale Verben: würde- + gern + *Infinitiv*	ihr	wärt	hättet
Aber: sein → wäre gern, haben → hätte gern	sie/Sie	wären	hätten

d Was würden Sie gern tun? Was hätten Sie gern? Was wären Sie gern? Schreiben Sie drei Wünsche und hängen Sie sie im Kursraum auf. Wer hat was geschrieben? Raten Sie.

🚩 **3** Kurs-Gemeinschaftsgarten. Was würden Sie dort gern machen? Sammeln Sie Ideen, schreiben Sie einen kurzen Text und machen Sie ein Plakat. Präsentieren Sie dann Ihren Gemeinschaftsgarten im Kurs.

> 🔧 **über Wünsche sprechen**
> Wir würden (nicht) so gern … / Wir hätten gern einen/ein/eine …
> Wir wären gern … / Wir möchten (nicht) …
> Unser Wunsch ist, … zu … / Wir wünschen uns einen/ein/eine …

die Fläche, -n

das Beet, -e

die Kiste, -n

pflanzen

gießen

blühen

ernten

die Erde (Sg.)

die Biene, -n
(Bienen halten)

dreiunddreißig **33**

2d 👤 ▶ 👥👥👥 Ich-Bezug. Schreiben Sie die Fragen an die Tafel. Im Kursspaziergang gehen die TN zu dritt durch den Raum, lesen die Wünsche und raten: *Das ist sicher Hamy. Er würde bestimmt gern …* – *Ja, aber ich glaube, er wäre nicht gern …*

◐ 👤 ▶ 👥👥👥 Alternative: In großen Kursen bilden die TN zwei Gruppen. Die TN schreiben einzeln ihre Wünsche, dann tauschen die Gruppen ihre Kärtchen. Die Gruppen raten, wer die Person sein könnte.

▶ Vertiefung: S. 37/3

3 👥👥👥 ▶ 👥👥👥 ▶ 👥👥👥 Zielaufgabe. Besprechen Sie zuerst die Redemittel. Notieren Sie Leitfragen an der Tafel: *Wo? Wie groß? Wie viele Leute? Welche Pflanzen? Programm/Aktivitäten?* Die Gruppen stellen ihre Plakate vor.

▶ Vertiefung: S. 37/1

4 Wir und unsere Umwelt

4a Die TN beschreiben die Fotos mithilfe der Bildleiste. Weisen Sie auch auf die Überschrift und die Bildunterschriften hin und fragen Sie: *Wie war der Urlaub wohl?* Dann hören die TN einmal. Bei der Auswertung im Kurs begründen sie ihre Lösung.

Lösung: *Foto 2 passt nicht, weil die Gäste keinen Schnee hatten und es im Gespräch um das Thema Schneemangel in den Alpen geht.*

4b Fragen Sie vor dem zweiten Hören, wer die Personen sind (*Anna + Fabian sind Urlauber, Frau Hackl ist vermutlich die Hotelbesitzerin*). Die TN bilden nach dem Hören drei Gruppen – pro Person eine. Die Grupppen lesen nacheinander „ihre" Aussagen im Chor laut vor.

4c Die TN verbinden zuerst und überprüfen beim dritten Hören ihre Lösung. Vier TN schreiben die Sätze untereinander an die Tafel und lassen jeweils eine Zeile dazwischen Platz.

5a Markieren Sie die Verben im dritten Satz an der Tafel und ergänzen Sie die Sätze in Klammern wie folgt:

> Wenn wir am Gletscher wären, (dann) hätten wir ... Schnee.
>
> (Aber wir sind nicht am Gletscher. Wir haben ... keinen Schnee.)

Erklären sie, dass der *wenn*-Satz eine Bedingung für eine Situation ausdrückt, die nicht real ist. Weisen Sie darauf hin, dass das Wort *dann* nicht obligatorisch ist.

Die TN ergänzen zu den anderen Sätzen auch die Sätze in Klammern an der Tafel (s. rechts oben). Erinnern Sie ggf. an die Verbposition in *wenn*-Sätzen. Dann ergänzen die TN den Grammatikkasten.

> Wenn wir fliegen würden, (dann) wären wir in drei Stunden zu Hause.
> (Aber wir fahren mit dem Zug. Wir sind in acht Stunden zu Hause.)
>
> Wenn Sie später kommen würden, (dann) würde es bestimmt Schnee geben.
> (Aber Sie kommen nicht später. Es gibt keinen Schnee.)
>
> Wenn die Touristen nur im Sommer kommen würden, hätten wir nicht genug Geld.
> (Aber die Touristen kommen auch im Winter. Wir haben genug Geld.)

▶ **AR, UM:** Spielen Sie das Video zu den Bedingungssätzen ab.

4 Wir und unsere Umwelt

4 Ein Winterurlaub in Österreich

1.19 **a** Welches Foto passt nicht? Warum passt das Foto nicht? Hören Sie und sprechen Sie im Kurs. Die Bildleiste hilft.

1.19 **b** Fabian (F), Anna (A) oder Frau Hackl (H)? Wer sagt was? Hören Sie und notieren Sie.

1. [F] Fliegen wäre schneller und bequemer.
2. [H] Früher gab es mehr Schnee.
3. [A] Die Gletscher werden immer kleiner, weil die Temperaturen steigen.
4. [F] Stimmt es, dass es wenig Schnee gibt, weil das Klima sich ändert?
5. [H] Im Sommer gab es große Hitze und viele Gewitter.
6. [H] Der Wintertourismus ist für die Wirtschaft wichtig.

1.19 **c** Was passt? Hören Sie noch einmal und verbinden Sie.

1. Wenn wir fliegen würden, — a hätten wir auch im Dezember genug Schnee.
2. Wenn Sie später kommen würden, — b dann wären wir in drei Stunden zu Hause.
3. Wenn wir am Stubaier Gletscher wären, — c hätten wir nicht genug Geld.
4. Wenn die Touristen nur im Sommer kommen würden, — d dann würde es bestimmt Schnee geben.

5 Bedingungssätze

a Lesen Sie die Sätze in 4c und ergänzen Sie den Grammatikkasten.

Bedingungssätze			
Wenn	**Konjunktiv II**	**(dann)**	**Konjunktiv II**
Wenn wir am Gletscher	*wären*,	dann	*hätten* wir auch im Dezember Schnee.

b Kurskette: Wenn ich einen Winterurlaub machen würde, dann ... Sprechen Sie im Kurs.

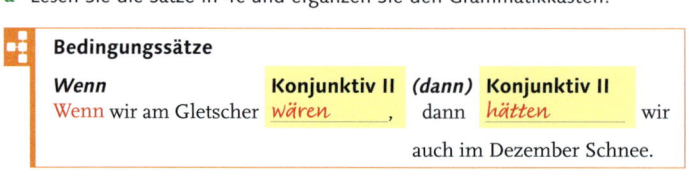

Snowboard fahren – Ski fahren – im Schnee wandern – viel fotografieren – immer frieren – viel Spaß haben – meine Freundin / meinen Freund mitnehmen – Angst vor einer Lawine haben – ...

> Wenn ich einen Winterurlaub machen würde, ...

*D+A: der Urlaub – CH: die Ferien

▶ **AR, UM:** Spielen Sie das Video zur Bildleiste auf S. 33 (Phase 3, ab 2:14) ab. Die TN bilden Bedingungssätze.

5b Sammeln Sie zuerst weitere Aktivitäten im Winterurlaub an der Tafel, sodass es mindestens so viele Aktivitäten wie TN gibt. In großen Kursen können Sie den Kurs auch in zwei Gruppen teilen. Kurskette: Beginnen Sie selbst mit einem Beispiel und werfen Sie dann einen Ball zu einer Person. Die/Der TN wiederholt Ihren Satz, bildet einen neuen und wirft den Ball zu einer/einem anderen TN usw. Wenn eine/ein TN einen Fehler macht, korrigieren Sie, indem Sie den Satz richtig wiederholen, damit die TN keine Fehler automatisieren.

🛈 Schwächere TN schreiben ihren Satz zuerst, bevor sie in der Kurskette sprechen.
▶ Vertiefung: S. 37/4

6a Die TN lesen und markieren im Text die Schlüsselwörter aus den Überschriften (*Skisaison, Skifahren, Trinkwasser, Schneetechnik*). Sie vergleichen ihre Lösung zu zweit. Fragen Sie dann: *Warum passen 1 und 3 nicht?* (zu 1: *Der Text sagt nicht, wann die Skisaison beginnt.* zu 3: *die Technik wird mehr, aber nicht besser, sie macht die Umweltprobleme schlimmer.*)
▶ Phonetik: S. 37

6b Die TN lesen noch einmal und unterstreichen wichtige Informationen zu den Kategorien *Tourismus, Natur, Landwirtschaft* im Text, bevor sie sie in die Mindmap übertragen. Die Gruppen hängen ihre Mindmaps im Kursraum auf und vergleichen sie. Sie können ergänzen oder kommentieren. Erinnern Sie auch an die Redemittel *Vor- und Nachteile nennen* aus Einheit 1.

6c Hängen Sie drei Blätter mit den Überschriften *weniger Autos, wärmeres Klima* und *kein Wintersport mehr* an die Wand. Die TN schreiben zu jedem Thema zwei Sätze auf einzelne Kärtchen und hängen sie nummeriert zum jeweiligen Thema. Dann lesen alle TN die Sätze und unterschreiben bei maximal drei Sätzen zu einem Thema oder notieren sich die Nummern. Am Ende zählen die TN die Unterschriften und schreiben die drei beliebtesten Sätze zu jedem Thema an die Tafel. Im Kursgespräch begründen die TN, warum ihnen diese Sätze besonders gefallen haben.
▶ Vertiefung: S. 37/2

■ über Klima und Umwelt sprechen – Umweltprobleme beschreiben – Umwelt – Klimawandel – Bedingungssätze

6 Klimawandel in den Alpen

a Welche Überschrift passt? Lesen Sie und kreuzen Sie an.

1. ☐ Ein früher Start in die Skisaison
2. ☒ Ohne Schnee kein Skifahren und kein Trinkwasser
3. ☐ Die Schneetechnik wird immer besser

> 8 UNSERE UMWELT III/17
>
> Es passiert immer öfter: Die Skisaison fängt an, aber die Berge sind grün und braun – sogar in den Alpen gibt es an vielen Orten keinen Schnee. Verändert sich das Klima oder ist es nur Zufall? Die Klima-Experten sagen: Die Durchschnittstemperatur in den Alpen ist in den letzten Jahrzehnten um zwei Grad Celsius gestiegen, weil die Menschen immer mehr CO₂ produzieren. Mit anderen Worten: Der Klimawandel ist die Ursache für den Schneemangel und der Mensch ist schuld.
>
> Was würde es aber für den Tourismus bedeuten, wenn es keinen Schnee im Winter geben würde? Ohne Schnee würden keine Touristen kommen. Deshalb muss die Technik helfen: Vor 25 Jahren hatten zwei Prozent von den Skipisten in den Alpen Schneekanonen und Kunstschnee, jetzt sind es fast 50 Prozent. „Wenn wir die Schneekanonen nicht hätten, dann würden wir zumachen", meint Franz Meier, Skischulleiter in Kaprun. Leider verbrauchen die Schneekanonen viel Strom und Wasser, sie machen die Umweltprobleme also nur noch schlimmer. Auch viele Pflanzen und Tiere leiden unter dem wenigen Schnee, denn sie brauchen den kalten Winter und die dicke Schneedecke.
>
> Ab 2000 Metern gibt es noch genug Schnee – meistens auch ohne Technik. Diese Gebiete sind zwischen Oktober und Mai noch schneesicher. Aber auch hier steigen langsam die Temperaturen. Die Gletscher gehen jedes Jahr um viele Meter zurück. In den letzten 40 Jahren haben sie fast 30 Prozent von ihrer Fläche verloren. Das ist schlecht für die Natur und die Menschen. In den Sommermonaten gibt es deshalb weniger Wasser zum Trinken und für die Landwirtschaft.

b Lesen Sie noch einmal und machen Sie eine Mindmap. Präsentieren Sie dann Ihre Mindmap im Kurs.

c Was denken Sie: Was wäre, wenn ...? Ergänzen Sie und schreiben Sie die Sätze auf einzelne Zettel. Hängen Sie die Sätze im Kurs auf. Welche finden Sie am besten? Unterschreiben Sie.

fünfunddreißig **35**

4 Wir und unsere Umwelt

7a Die TN sammeln zunächst bekannte Wörter zum Thema Wetter an der Tafel. Notieren Sie die Wörter an der Tafel, sodass verwandte Wörter oder Wörter mit ähnlichem Inhalt zusammen stehen, z. B. *Regen + regnen + Gewitter*. Dann lösen die TN die Aufgabe und ergänzen weitere Wetterwörter aus den Schlagzeilen an der Tafel.

7b Die TN arbeiten in drei Gruppen. Jede Gruppe liest einen Text, ordnet die Überschrift zu und unterstreicht alle Wetterwörter im Text. Eine/Ein TN aus jeder Gruppe stellt die Lösung im Plenum vor. Dann ergänzen die TN die Wetterwörter an der Tafel noch einmal.

! Weisen Sie die TN darauf hin, dass in Zeitungen oft eine bildhafte (*Temperaturen klettern*), manchmal auch übertriebene (*Sahara-Temperaturen*) Sprache verwendet wird, die man im Mündlichen normalerweise nicht benutzt.

Vertiefung: Die TN bleiben in ihren Gruppen, arbeiten jetzt aber mit einem anderen Text als zuvor. Sie lesen den Text und notieren zwei W-Fragen zum Text. Dann geben Sie ihre Fragen an eine andere Gruppe weiter, die diesen Text noch nicht gelesen hat. Die TN lesen jetzt den dritten Text und beantworten die Fragen schriftlich. Am Ende lesen zwei TN aus jeder Gruppe jeweils eine Frage und die Antwort dazu vor. Alle TN überprüfen, ob die Information richtig ist (Lösung, Beispiel: *1. Was ist bei dem Sturm passiert? Der Sturm hat Bäume entwurzelt und Dächer beschädigt. Und es hat sehr viel geregnet. – Wie beschreibt der Bürgermeister die Situation? Er sagt, dass die Landschaft wie eine Seenlandschaft aussieht. 2. Wie viel Grad werden am Wochenende? Bis 38 Grad. – Warum fährt die Straßenbahn nicht? Weil die Gleise durch die Hitze zu heiß sind. 3. Welche Probleme gab es in Hamburg? Es gab viel Schnee, deshalb sind Busse ausgefallen und es gab Unfälle. – Wovor warnt der Wetterdienst? Vor gefährlichen Straßenbedingungen.*).

8 Die TN können das Wörterbuch und die Redemittel auf S. 37 benutzen. Geben Sie den TN fünf Minuten Zeit, um sich Notizen zu machen. In heterogenen Kursen können sich die TN, die aus der gleichen Region oder Klimazone kommen, in Gruppen gemeinsam vorbereiten. Bitten Sie die TN, auch Nachfragen zu stellen.

---

4 Wir und unsere Umwelt
über extremes Wetter sprechen – Wetterberichte verstehen – Wetter

7 Extremes Wetter

a Welches Wetter passt zu welcher Überschrift? Lesen Sie und notieren Sie a, b oder c.

a Regen   b Schnee   c Hitze

1 *b* **Schneechaos** in der Stadt

2 *c* Sahara-Temperaturen und **schulfrei** in der Hauptstadt

3 *c* *Die Natur leidet unter dem heißen Mai*

4 *a* Nass und kühl: **Wo bleibt der Sommer?**

5 *a* *Sturm in NÖ:* **Land unter Wasser**

b Welche Überschriften passen? Lesen Sie und ordnen Sie zu.

1. [5] Ein schwerer Sturm mit 100 Kilometer starkem Wind hat heute Nacht in Niederösterreich viele Bäume entwurzelt und Dächer beschädigt. In einigen Orten sind bis zu 120 Millimeter Regen in zwölf Stunden gefallen. „Die Landschaft ist hier zu einer Seenlandschaft geworden", beschreibt der Bürgermeister von Ybbs an der Donau die Situation. Es ist offiziell der nasseste September seit 50 Jahren.

2. [2] Der Sommer hat Berlin im Griff: In vielen Stadtteilen sind die Temperaturen gestern auf 34 Grad gestiegen – und es wird noch heißer. Für Freitag melden die Meteorologen bis zu 35 Grad und am Sonntag kann das Thermometer sogar auf 38 Grad klettern. Bei diesen extremen Temperaturen wird das Leben in der Großstadt langsamer, die Straßenbahnen fahren teilweise nicht, weil die Gleise zu heiß sind, aber die Kinder freuen sich: Sie haben in der Schule frei bekommen.

3. [1] Der Winter ist dieses Jahr früh in Hamburg angekommen. In der Innenstadt sind in der Nacht zwei Zentimeter Schnee gefallen. Mehrere Buslinien sind ausgefallen und es gab viele kleine Autounfälle. Der Wetter- und Straßendienst warnt vor gefährlichen Straßenbedingungen.

8 Wie ist das Wetter in Ihrem Land? Was bedeutet dort „extremes" Wetter? Erzählen Sie im Kurs.

Wichtige Sätze

1 über Wünsche sprechen

 Ich-Bezug. Schreiben Sie an die Tafel: *Sie haben drei Monate frei und 3000 Euro. Was würden Sie gerne tun?* Die TN sammeln zu zweit oder in der Kleingruppe Ideen in einer Mindmap. Dann hängen sie die Mindmaps im Kursraum auf und stellen ihre Ideen vor.

2 über Klima und Umwelt sprechen / Umweltprobleme beschreiben

Besprechen Sie die Redemittel. Die TN unterstreichen Satzteile, die variiert werden können. Dann schreiben sie einen kurzen Text über das Klima oder Umweltprobleme in ihrem Heimatland. Anschließend lesen die TN ihre Texte im Kurs vor.

Alternative: Die TN bereiten eine mündliche Präsentation vor. Bitten Sie sie, auch Fotos oder andere Visualisierungen zu benutzen. Achten Sie darauf, dass die TN mithilfe von Notizen frei sprechen und keine Sätze ablesen.

Strukturen

3 Konjunktiv II (Wunsch)

Die TN arbeiten zu viert. Bereiten Sie pro Gruppe ein Bildkarten-Set von der Kopiervorlage vor. Die Karten werden gemischt, jede/jeder TN erhält vier Karten. Die/Der erste TN zeigt eine Karte den anderen und bildet passend zum Motiv einen Wunschsatz mit Konjunktiv II. Wenn der Satz richtig ist, darf sie/er die Karte ablegen. Dann ist die/der nächste TN an der Reihe usw. Wer zuerst keine Karte mehr hat, hat gewonnen.
▶ KV 4/1

4 Bedingungssätze

Jede Gruppe erhält ein Bildkarten-Set von der Kopiervorlage. Die Karten liegen offen auf dem Tisch. Die TN nehmen abwechselnd eine Karte und formulieren einen Wunsch und einen Bedingungssatz, z. B. *Ich hätte gern ein Auto. Wenn ich ein Auto hätte, könnte ich öfter in den Urlaub fahren.* ▶ KV 4/1

Phonetik

Zu S. 148, Einheit 4: Erklären Sie den TN, dass sich Komposita aus dem Grund- und dem Bestimmungswort zusammensetzen. Das Bestimmungswort definiert das Grundwort genauer. Es trägt fast immer den Wortakzent (Ausnahmen: *Jahrzehnt, Jahrhundert, Jahrtausend*).

3|4 Deutsch aktiv

Auf einen Blick

Material: Filzstifte (2a+b)

1a+b Alternative: Die TN sammeln weitere Anlässe für Menüs an der Tafel, aus denen die Gruppen wählen können, z.B. *für Genießer; für Schulkinder; für Menschen, die wenig Zeit haben; für Menschen, die Geld sparen wollen; für ein Fest; für eine Großfamilie; für ein Liebespaar* usw. Ratespiel: Die Gruppen notieren nicht das Thema ihrer Menüs. Die anderen TN raten anhand der drei Menüvorschläge aus den Optionen an der Tafel, was das jeweilige Thema ist.

2a+b Die TN können neben den Wörtern im Kasten auch andere Wörter benutzen. Die Paare schreiben ihre Schlagzeilen mit einem Filzstift groß auf ein Blatt Papier. Fordern Sie die TN auf, die Schlagzeilen besonders betont vorzulesen (wie ein „Sensationsreporter") und lesen Sie ggf. eine Schlagzeile selbst vor.

▶ **UM:** Alternativ projizieren Sie die Fotos an die Wand.

2c Die TN wählen eine Schlagzeile. Beim Schreiben dürfen die TN ein Wörterbuch benutzen. Erinnern Sie ggf. auch an die Redemittel auf S. 37. Die Wetterberichte werden zu den Schlagzeilen gehängt und die TN lesen sie im Kursspaziergang.

3|4 Deutsch aktiv

1 Gesunde Menüs für den ganzen Tag

a Was sollte man zum Frühstück, Mittagessen und Abendessen essen, wenn man sich gesund ernähren möchte? Arbeiten Sie zu dritt und notieren Sie drei Vorschläge.

Unser gesundes Fitnessfrühstück	Mittagessen für Sportler	Abendessen ...
• Müsli mit frischem Obst und süßem Honig • ein weiches Ei • grüner Tee	...	...

b Präsentieren Sie Ihre Menüs im Kurs. Welches Menü würden Sie wählen? Sprechen Sie im Kurs.

2 Extremes Wetter

a Wie war das Wetter gestern in ...? Arbeiten Sie zu zweit. Wählen Sie zwei Bilder und formulieren Sie je eine Schlagzeile.

schlecht – kalt – heiß – schwer – stark – trocken – extrem – warm – schlimm – nass – aktuell – ...

der Regen – der Schnee – die Hitze – die Kälte – der Wind – der Sturm – das Gewitter – der Schneemangel – ...

Starker Wind ...

b Welches Bild passt? Hängen Sie die Schlagzeilen auf und lesen Sie sie vor. Die anderen raten.
c Wählen Sie dann eine Schlagzeile und schreiben Sie zu zweit einen Wetterbericht.

3 Wünsche

a Arbeiten Sie zu zweit. Nennen Sie einen Wunsch, Ihre Partnerin / Ihr Partner gibt einen Tipp. Tauschen Sie dann die Rollen.

zufriedener sein – viel Zeit haben – reich sein – mehr Geduld haben – auf einer Insel sein – keine Angst vor ... haben – eine sportliche Figur haben – nicht so oft einsam sein – jetzt einen Kaffee haben – ordentlicher sein – einen Garten haben – gutes Wetter im Urlaub haben – eine gute Köchin / ein guter Koch sein

Ich hätte gern eine sportliche Figur.
Dann mach doch mehr Sport.
Du könntest dich in einem Sportverein anmelden.

👥 Alternative: Ratespiel. Die TN tauschen ihre Wetterberichte mit einem anderen Paar. Die Paare gehen durch den Kursraum, suchen die passende Schlagzeile und hängen den Wetterbericht dazu.

3a 👥 ▶ 👥 Die TN wiederholen die Formulierungen für Wünsche (*Ich hätte gern … / Ich wäre gern … / Ich würde gern* + Infinitiv) und Vorschläge (*Dann* + Imperativ + *doch …! / Du könntest/solltest* + Infinitiv) an der Tafel.

Alternative: Kugellager: Alle TN bilden einen inneren und einen äußeren Kreis, sodass sich immer zwei TN gegenüberstehen. Die TN im inneren Kreis beginnen und äußern einen Wunsch, die/der TN gegenüber gibt einen Tipp. Dann tauschen die TN die Rollen.

Wenn Sie klatschen, bewegt sich der äußere Kreis um eine Stelle weiter, sodass sich neue Paare bilden usw.

▶ UM: Projizieren Sie für das Kugellager den Schüttelkasten an die Wand, damit die TN ohne Buch arbeiten können.

3b 👥 In großen Kursen führen die TN die Kettenübung in Gruppen von 6–8 TN durch. Nach einem Durchlauf wiederholen sie die Kette mit einem neuen Satzanfang, z. B. *Wenn es morgen warm wäre, würde ich …*

4 👥 ▶ 👥 Spielen Sie je ein Beispiel im Kurs durch (*Obwohl der Gletscher zurückgeht, tun die Menschen … / Obwohl es im Sommer weniger Wasser gibt, tun die Menschen …*). Der zweite Teil des Satzes (= Hauptsatz) ist in der Sprechblase vorgegeben. Wenn eine/ein TN drei Felder nebeneinander (horizontal, vertikal oder diagonal) markiert hat, ruft sie/er *Bingo!* und ist nun an der Reihe, Sätze zu bilden.

▶ Stärkere TN können den Hauptsatz variieren.

5a 👤 Die TN bekommen ca. zehn Minuten Zeit, um sich Notizen zu machen. Helfen Sie bei Fragen. Weisen Sie die TN darauf hin, dass die Fotos zur Ideenfindung helfen.

▶ 👥 Wenn die Aufgabe für die TN schwer ist, stellen Sie Paare aus starken und schwächeren TN zusammen und fördern sie so das kooperative Arbeiten. Die TN machen zu zweit Notizen. Dann bilden sie neue Paare und berichten über ihr Thema.

5b 👥 Die TN notieren ihre Fragen während der Präsentation.

3|4

b Kurskette: Wenn ich Vegetarier wäre, dann … Sprechen Sie im Kurs wie im Beispiel.

> Wenn ich Vegetarier wäre, dann würde ich auf Fleisch verzichten.

> Wenn ich auf Fleisch verzichten würde, wäre ich immer hungrig.

> Wenn ich immer hungrig wäre, …

4 Bingo mit *obwohl*. Arbeiten Sie zu zweit. Ihre Partnerin / Ihr Partner arbeitet auf Seite 139. Bilden Sie Sätze. Ihre Partnerin / Ihr Partner kontrolliert und markiert das passende Feld auf ihrer/seiner Seite. Wenn Sie drei Felder zusammen „getroffen" haben, ist Ihre Partnerin / Ihr Partner an der Reihe.

Der Gletscher geht zurück. – Im Winter schneit es zu wenig. – Die Bauern in den Bergen verdienen weniger. – Viele Tiere und Pflanzen leiden. – Das Klima verändert sich. – Die Wassertemperatur im Meer steigt schnell. – Es gibt immer öfter schwere Stürme. – Im Frühling ist es zu heiß. – Es regnet zu selten.

> *Obwohl …, tun die Menschen zu wenig für die Natur.*

Ihre Partnerin / Ihr Partner

Obwohl die Temperaturen steigen, …	Obwohl die Luft immer schmutziger wird, …	Obwohl es im Sommer weniger Wasser gibt, …
Obwohl die Umweltprobleme zunehmen, …	Obwohl im Winter zu wenig Schnee in den Bergen liegt, …	Obwohl einige Tiere und Pflanzen sterben, …
Obwohl die Natur für die Menschen wichtig ist, …	Obwohl im Winter weniger Touristen in die Alpen kommen, …	Obwohl es immer öfter extremes Wetter gibt, …

5 Stadt- und Schrebergärten

a Arbeiten Sie zu zweit. Ihre Partnerin / Ihr Partner arbeitet auf Seite 139. Machen Sie Notizen und berichten Sie dann Ihrer Partnerin / Ihrem Partner. Dann berichtet sie/er.

Sind Stadtgärten und Schrebergärten gut für die Umwelt?
Was sind die Vor- und Nachteile?
Gibt es in Ihrem Land solche Gärten?

b Stellen Sie Fragen zur Präsentation Ihrer Partnerin / Ihres Partners.

neununddreißig 39

11 Panorama

Auf einen Blick

Material: großes Papier für Plakate (3)

Textsorten: Bildbeschreibung (1a); Speisekarte (1a); Radio-Reportage (1b, 2a)

Strategien: Bilder als Informationsquelle nutzen (1a); Hypothesenbildung (1a); detailliertes Hören (1b, 2b); globales Hören (2a); etwas planen und präsentieren (3); Hör-Sehen (Landeskunde-AR)

Einstieg +1a Wiederholen Sie Redemittel zur Bildbeschreibung (*im Vordergrund / vorne, im Hintergrund / hinten, in der Mitte, oben, unten*). Die TN beschreiben die Fotos in einer Kurskette: Jede/Jeder TN sagt einen Satz. Wenn die Fotos detailliert beschrieben wurden, weisen Sie auf die Bildunterschriften hin und fragen Sie, was für eine Veranstaltung das ist. Eine/Ein TN notiert die Ideen an der Tafel. Fragen Sie auch: *Würden Sie das Festival gern besuchen? Was würden Sie essen?* Die TN tauschen sich aus.

1b Notieren Sie die Fragewörter *Wann? Wo? Was? Wer? Warum?* an der Tafel. Die TN hören und machen Notizen. Bei Bedarf hören sie ein zweites Mal. Bei der Auswertung bildet eine/ein TN zuerst eine Frage (z. B. *Wann und wo findet das Food Truck Festival statt?*), eine andere Person antwortet. Eine/Ein TN notiert die Fragen und Antworten an der Tafel.

1c In Auslandskursen fragen sich die TN gegenseitig (z. B. *Kennst du den Imbiss in der …straße? Was gibt es dort?*) und sammeln Informationen zu lokalen Anbietern. In Inlandskursen bilden TN aus dem gleichen Land eine Gruppe und sammeln Informationen. Dann berichten sie im Kurs.

2a Fragen Sie bei der Auswertung, warum die anderen Überschriften nicht passen.

Das große Foto zeigt Food Truck Festival auf dem Spielbudenplatz in Hamburg.

Food Truck Festival auf dem Spielbudenplatz in Hamburg (2016)

1 Foodtrucks

a Was denken Sie: Wo ist das? Was machen die Menschen dort? Sehen Sie die Fotos an und sprechen Sie im Kurs.

> *Auf dem Bild links ist eine Speisekarte. Vielleicht …*

b Was sind Foodtrucks? Welche Informationen sind für Sie neu? Hören Sie und sprechen Sie im Kurs.

c Gibt es Foodtrucks oder Straßenküchen auch in Ihrer Heimat? Berichten Sie.

> *Bei uns gibt es keine Foodtrucks, aber …*

> *Vor meiner Firma steht jeden Tag zwischen … und … Uhr ein Foodtruck mit …*

2 Immer an einem anderen Platz. Foodtruck-Köche berichten.

a Welche Überschrift passt? Hören Sie und kreuzen Sie an.

1. ☐ Foodtrucks – ein neuer Trend
2. ☒ Vom Bürojob zum Foodtruck-Chef
3. ☐ Vegane Küche – eine neue Diät

* D: die Boulette / die Frikadelle – A: faschiertes Laibchen – CH: das Hackplätzchen

40 vierzig

2b Die TN vergleichen zu zweit. Spielen Sie dann den Hörtext noch einmal ab. Die TN rufen *Stopp*, wenn sie eine für die Lösung wichtige Stelle hören.

2c Die TN schreiben einen Artikel über Elke. Dann hängen sie die Artikel im Kursraum auf. Welcher Artikel ist am interessantesten?

3 Die TN sammeln zu viert Ideen und machen ein Plakat. Sie können auch Fotos einfügen oder etwas zeichnen. Die TN hängen ihre Plakate auf. Dann bilden sich neue Gruppen mit je einer/einem TN aus jeder Gruppe. Sie gehen nacheinander zu allen Plakaten, wo jeweils die Person aus der Gruppe präsentiert.

Landeskunde

AR, UM: Das Video stellt verschiedene regionale Spezialitäten aus Deutschland vor. Am Ende wird eine Verständnisfrage gestellt (*Wo isst man Handkäs mit Musik?* Lösung: *In Frankfurt am Main, Hessen*).

Nach dem ersten Sehen beantworten die TN die Frage. Schreiben Sie dann die Namen der Gerichte (s. Lösung unten) sowie Leitfragen *Wo? Zutaten? Name?* an die Tafel. Die TN arbeiten in fünf Gruppen. Beim zweiten Sehen konzentriert sich jede Gruppe auf ein Gericht und macht Notizen zu den Fragen (*Panfisch*: Norden; Fisch; Pan = Pfanne; *Himmel und Äd*: Westen; Kartoffeln, Blutwurst, Äpfel; Himmel + Erde: Äpfel am Baum, Kartoffeln in der Erde; *Handkäs mit Musik*: Frankfurt (Hessen); Käse, Soße: Zwiebeln, Essig, Öl, Salz, Pfeffer, Zucker; Zwiebeln machen „Musik im Bauch"; *Spätzle*: Süden (Baden-Württemberg); Nudeln mit Käse, als Beilage; Name unklar; *Baumkuchen*: Osten (z. B. Dresden); sieht aus wie ein Baum). Die TN vergleichen in den Gruppen und präsentieren dann im Kurs.

Die Currywurst
Als Erfinderin der Currywurst gilt Herta Heuwer, die klein geschnittene Wurst in scharfer Soße zum ersten Mal 1949 in ihrem Imbiss in Berlin angeboten hat. Currywurst ist deutschlandweit sehr beliebt, wird aber in jeder Region etwas anders zubereitet. Von Herbert Grönemeyer gibt es auch ein Lied über die Currywurst.

Foodtruck auf dem Food Truck Festival (2016)

1.21 b Was ist falsch? Lesen Sie die Notizen. Hören Sie noch einmal und korrigieren Sie.

Idee:	Job als Sekretärin zu langweilig, Hobby ~~Verkaufen~~ *Kochen* zum Beruf machen
Vorbereitung:	Truck kaufen und umbauen
Gerichte:	nur vegane Produkte, Spezialität: vegane ~~Burger~~ *Currywurst*
Einkauf:	~~auf dem Markt~~ beim Bio-Bauern
Mitarbeiter:	~~vier~~ drei (Chefin + 2)
Öffnungszeiten:	mittags von 12:00 bis ~~15:00~~ *14:30* Uhr
Ort:	jeden Tag ~~auf dem Spielbudenplatz~~ in Hamburg *an einem anderen Platz*

c Schreiben Sie mit den Informationen in b einen Text.

3 Und Sie? Was würden Sie verkaufen, wenn Sie einen Foodtruck hätten? Mit wem würden Sie gern zusammenarbeiten? Wo würden Sie den Foodtruck aufstellen? Machen Sie Notizen und erzählen Sie im Kurs.

5 Arbeitsfreude, Arbeitsstress

Auf einen Blick

Material: großes Papier für Mindmaps (1e, 3a); Kärtchen (2c, 4d/Wichtige Sätze 1, 6a/Wichtige Sätze 2); KV 5/1 (4c, 5a); KV 5/2 (5a/Strukturen 4); Ball (5b)

Textsorten: Geräuschcollage (1a); Zeitschriftenartikel (1c, 7a)

Strategien: globales Hören (1a; 4b); globales Lesen (1c, 7a); detailliertes Lesen (1d, 1e, 2a, 7b); einen Text anhand von Stichwörtern schreiben (3b); hypothesengeleitetes Hören (4b); detailliertes Hören (4c); Hör-Sehen (4b+c); eine Diskussion führen (6); Schlüsselwörter markieren + Informationen zusammenfassen (7c)

Einstieg Die TN sammeln Berufsbezeichnungen an der Tafel. Fragen Sie auch: *Wo arbeitet man in diesem Beruf? Was macht man in dem Beruf?*

> *Koch/Köchin (Restaurant; Essen kochen)*
> *Programmierer/in (Firma; programmieren)*

1a Die TN lesen zuerst die Schüttelkästen und die Bildleiste. Dann hören sie die Geräuschcollagen. Wer eine Idee hat, welcher Beruf oder an welchem Ort das ist, ruft *Stopp* und nennt den Beruf oder den Ort. Stoppen Sie nach jeder Geräuschcollage mit der Pausentaste. Die TN begründen ihre Lösung.

Lösung: *Geschäft (an der Kasse): Verkäuferin; Büro (am Computer): IT-Spezialistin; Werkstatt: Kfz-Mechatroniker; draußen: Polizist*

▶ **AR, UM:** Spielen Sie das Video zur Bildleiste ab. Die TN sprechen nach und beschreiben die Bilder.

1c Die TN markieren die lösungsrelevanten Schlüsselwörter (Arbeitsort, Tätigkeiten) im ersten Text und ordnen zu. Bei der Auswertung im Kurs begründen sie ihre Lösung mit den Schlüsselwörtern.

▶ **AR, UM:** Bevor die TN den zweiten und dritten Text lesen, spielen Sie das Video zur Lesestrategie *Schlüsselwörter im Text erkennen* ab.

Unsere Stadt 5

Menschen & ihre Berufe
Unsere Frage heute: Welche Vor- und welche Nachteile hat Ihr Beruf?

Clemens (36): Verkäufer
Ich arbeite seit zwei Jahren in einem Bioladen hier um die Ecke. Ich bediene unsere Kunden und berate sie, wenn sie über ein Produkt mehr wissen wollen. Manchmal arbeite ich an der Kasse, das kann auch mal sehr stressig sein. Viele Kunden wohnen hier in der Nähe – genauso wie ich, wir sind also Nachbarn. Die Arbeitsbedingungen bei uns sind ziemlich gut: Der Lohn ist in Ordnung und man muss nicht viele Überstunden machen. Wir sind ein kleines Team – nur vier Mitarbeiter –, aber ein internationales: eine Kollegin ist Deutsche, ein Kollege ist Pole und der Besitzer ist Italiener. Wir verstehen uns alle sehr gut.

Anja (32): Kfz-Mechatroniker
Ich bin seit zehn Jahren berufstätig. Als ich Auszubildende* war, habe ich mich auf Motorräder spezialisiert, und heute gehört es zu meinen Aufgaben, neue Aufträge von Kunden anzunehmen, aber auch die Frühjahrschecks zu machen, die Motoren zu prüfen und zu reparieren. Das finde ich interessant. Natürlich hat jeder Beruf auch seine Nachteile. Unsere Hände und Kleidung werden schnell schmutzig. Und der Beruf ist körperlich anstrengend. Viele haben Knie- und Rückenschmerzen. Die Kollegen sind aber sehr nett, auch wenn wir hier nur zwei Frauen sind. Ich würde gern mit einem Kollegen – er ist auch ein Motorrad-Spezialist – eine eigene Motorradwerkstatt eröffnen.

Matteo (29): Polizist
Was ich an meinem Beruf mag? Man arbeitet viel mit Menschen zusammen und ist auch oft draußen, unterwegs in der Stadt – man darf also viel Auto fahren! Die Arbeit ist spannend, aber auch gefährlich, weil die Menschen oft bei einer normalen Verkehrskontrolle schimpfen oder sogar Gewalt anwenden. Man ist unbeliebt und niemand von den „Kunden" sagt zu dir: „Danke, gut gemacht!" Dazu kommen schlechte Arbeitszeiten und man muss viel Büroarbeit am PC erledigen, oft an Besprechungen teilnehmen usw. Trotzdem mag ich meine Arbeit, es ist ein Beruf mit viel Verantwortung.

1 Menschen und ihre Berufe

a Ratespiel: Was denken Sie: Wo ist das? Was machen die Personen? Welcher Beruf ist das? Hören Sie und sprechen Sie im Kurs. Die Bildleiste hilft.

der Salon – das Büro – die Fabrik – das Geschäft – die Werkstatt – draußen

Polizist/in – Verkäufer/in – Kfz-Mechatroniker/in – IT-Spezialist/in – Handwerker/in – Friseur/in

> *Ich glaube, das ist in einem …*
> *Jemand … wahrscheinlich …*
> *Vielleicht ist es eine/ein …*

b Welche weiteren Berufe passen zu den Orten in a? Sammeln Sie im Kurs.

> *Zur Fabrik passt auch Direktor.*

c Welcher Beruf in a passt? Lesen Sie die Texte oben und ordnen Sie zu.
d Was mögen die Personen an ihrem Beruf? Was mögen sie nicht? Lesen Sie noch einmal und unterstreichen Sie.

*D: die/der Auszubildende – A+CH: der Lehrling

42 zweiundvierzig

1d Lösung: *s. blaue Unterstreichung im Text*

1e Die TN arbeiten zu zweit. Drei Paare – zu jedem Text je ein Paar – stellen ihre Mindmaps im Kurs vor. Die anderen TN ergänzen.

2a+b Die TN lösen die Aufgabe a und vergleichen zu zweit. Schreiben Sie dann die Sätze *Ich arbeite mit einem Kollegen zusammen. Ich kenne den Kollegen gut.* an die Tafel und erklären Sie die n-Deklination. Weisen darauf hin, dass nur maskuline Nomen (aber nicht alle) eine n-Deklination haben (Ausnahme: *das Herz*). Dann unterstreichen die TN zu zweit die Nomen in a und ergänzen den Grammatikkasten. ◐ Stärkere TN

sammeln weitere Nomen zu den Katergorien und überprüfen im Wörterbuch, ob sie zur n-Deklination gehören.

! Maskuline Nomen mit den Endungen *-and* (Doktorand), *-ant* (Praktikant), *-ent* (Präsident), *-at* (Automat), *-ist* (Tourist), *-oge* (Biologe), *-ad* (Kamerad) haben immer eine n-Deklination. Bei den Nationalitäten zählt (als Ausnahme, da nicht mit *-e* am Ende) auch *der Ungar* dazu. Auch im Genitiv (vgl. Einheit 8) behalten diese Nomen die n-Deklination und haben normalerweise kein Genitiv-s (*des Touristen, des Jungen*; Ausnahme: *des Namens, des Herzens* u.a.).

2c Passen Sie die Anzahl der Kärtchen (hier 16) an die Zahl der TN an (weitere Wörter: Tiere: *Ochse, Bulle, Schimpanse*, Berufe: *Dirigent, Produzent, Astronaut, Biologe*; Nationalitäten: *Chinese, Russe, Afghane, Grieche*). Notieren Sie die Wörter an der Tafel, damit die TN wissen, nach welchen anderen Wörtern sie suchen sollen. Dann werden die Kärtchen gemischt und verteilt.
▶ Vertiefung: S. 47/3

3a+b Zielaufgabe/Ich-Bezug. Die TN wählen zu dritt einen Beruf und erstellen eine Mindmap mit den Kategorien in 1e. Ergänzen Sie den Aspekt *Arbeitszeiten*. Dann schreibt jede/jeder TN für sich einen Text mithilfe der Mindmap. Erinnern Sie an die Redemittel zu Vor- und Nachteilen auf S.15. Die TN hängen ihre Texte im Kursraum auf und lesen die anderen Texte.

Alternative: Ratespiel. Die TN nennen den Beruf in ihrem Text nicht. Sie lesen die Texte vor, die anderen raten den Beruf.
▶ Vertiefung: S. 47/1

■ über Vor- und Nachteile von Berufen sprechen – Arbeit und Beruf – Arbeitstätigkeiten – n-Deklination

e Wählen Sie einen Beruf aus c und machen Sie eine Mindmap.

Arbeitsplatz – Aufgaben – Vorteile – Nachteile

2 n-Deklination

a Clemens (C), Anja (A) oder Matteo (M)? Zu wem passen die Aussagen? Lesen Sie noch einmal und ordnen Sie zu.

1. **C** Viele <u>Nachbarn</u> sind auch unsere <u>Kunden</u>.
2. **M** Als <u>Polizist</u> ist man nicht immer sehr beliebt.
3. **A** Ich möchte mich zusammen mit einem <u>Kollegen</u> selbstständig machen.
4. **M** Viele <u>Menschen</u> sind zu uns unfreundlich.
5. **C** Einer von meinen <u>Kollegen</u> ist <u>Pole</u>.
6. **A** Ein <u>Kollege</u> von mir ist auch <u>Motorrad-Spezialist</u>.

b Unterstreichen Sie die Nomen in a und ergänzen Sie den Grammatikkasten.

n-Deklination	Singular	Plural
Nominativ	der Mensch	die Mensch**en**
Akkusativ	den Mensch**en**	die Mensch**en**
Dativ	dem Mensch**en**	den Mensch**en**

männliche Personen: der Junge, der Student, der Herr, der **Nachbar**, der **Kunde**, der **Kollege**, der **Spezialist** ...

männliche Berufe: der Architekt, der Fotograf, der Bauer, der **Polizist** ...
männliche Tiere: der **Affe**, der Bär, der **Elefant**, der **Löwe**, der **Hase** ...
männliche Nationalitäten auf -e*: der Brite, der Franzose, der **Pole** ...
*Aber: der Deutsche, ein Deutscher = Deklination wie Adjektiv

c Kursspaziergang: Quartett. Schreiben Sie vier Nomen aus jeder Kategorie im Grammatikkasten auf Kärtchen und an die Tafel, mischen Sie die Kärtchen und ziehen Sie dann eins. Gehen Sie durch den Kursraum und suchen Sie die drei anderen Personen.

Hast du den Kunden?
Ja, ich habe den ...
Wir suchen jetzt zusammen noch den ...

3 Und Ihr Beruf?

a Machen Sie eine Mindmap über einen Beruf, den Sie gut kennen.
b Schreiben Sie einen kurzen Text über den Beruf und stellen Sie ihn im Kurs vor.

Kunden beraten und bedienen

an der Kasse arbeiten

Überstunden machen

Aufträge von Kunden annehmen

den Motor prüfen

Büroarbeit erledigen

an einer Besprechung teilnehmen

5 Arbeitsfreude, Arbeitsstress

4a 👥 Fragen Sie zuerst: *Wer sind die Personen auf den Fotos? Was wissen Sie über sie?* (Wenn Sie mit dem Video arbeiten, kennen die TN die Personen schon aus anderen Einheiten. Wenn Ihre TN die Videos nicht kennen, geben Sie die Namen vor – Stefan, Jannis und Julia – und erinnern Sie sie an die Hörtexte aus den vorherigen Einheiten.) Dann sammeln die TN Vermutungen zu den Fotos. Fragen Sie auch: *Was für einen Beruf hat Stefan vielleicht? Wie geht es ihm? In welche Reihenfolge gehören die Fotos vielleicht?*

4b 👤 ▶ 👥 Beim ersten Hören ordnen die TN die Fotos. Fragen Sie vor dem zweiten Hören: *Was machen die Personen?* Die TN notieren Stichwörter. Dann vergleichen sie zu zweit die Reihenfolge und beschreiben abwechselnd gegenseitig mithilfe ihrer Stichwörter, was auf den Fotos passiert.

▶ **Video-DVD:** Alternativ zu 4a+b arbeiten Sie mit dem Video. Die TN sehen das Video ohne Ton und notieren, was die Personen machen. Dann berichten sie im Kurs, was sie gesehen haben, und vermuten, was passiert ist. Am Ende ordnen sie die Fotos im Buch und sehen das Video mit Ton, um ihre Vermutungen zu überprüfen.

4c 👤 ▶ 👥 Die TN notieren beim Hören mit Bleistift die Namen zu den Informationen im Schüttelkasten, z. B. bei *den Prospekt ... machen: Frau Roth → Stefan*. Die Auswertung erfolgt in Form einer Kurskette.

▶ **Video-DVD:** Die TN lösen 4c wie oben beschrieben. Zur Vertiefung arbeiten sie mit der Kopiervorlage und hören Aufgabe 1. ▶ KV 5/1

4d 👥 Fragen Sie zuerst: *Warum haben sich Stefan und Julia gestritten? Wen können Sie besser verstehen: Stefan oder Julia?* Die TN fassen noch einmal zusammen. Dann sammeln sie Vorschläge, was Stefan (und Julia) tun könnten.

! Weisen Sie auf die Sprechblasen hin. Thematisieren Sie hier jedoch noch nicht die Konjunktivformen der Modalverben, sondern sagen Sie nur, dass man mit den Satzanfängen Vorschläge und Ratschläge formulieren kann.

---

5 Arbeitsfreude, Arbeitsstress

4 Stefans Arbeitstag

a Was denken Sie: Was passiert hier? Sprechen Sie im Kurs.

1.23 🎬 05 📷

b Was muss Stefan alles tun? Hören Sie, ordnen Sie die Fotos und überprüfen Sie Ihre Vermutungen in a.

> Zuerst passt Foto ... Stefan sitzt am Schreibtisch und ...

1.23 🎬 05 📷

c Frau Roth, Herr Schneider, Jannis, Stefan oder Julia? Wer will was von wem? Hören Sie noch einmal und sprechen Sie im Kurs.

> Frau Roth will, dass Stefan ...

den Prospekt bis morgen fertig machen – die Datei morgen bis 15 Uhr abgeben – die Fotos noch heute schicken – bei den Hausaufgaben helfen – auch an die Tochter denken – eine neue Hose anziehen – die Tür zumachen – den Ball mitnehmen

d Was schlagen Sie vor: Was sollte Stefan tun? Wie könnte er den Streit mit Julia lösen? Sprechen Sie im Kurs.

> Er sollte ...   Er könnte auch ...   Er müsste vielleicht ...

5a 👥 ▶ 👤 ▶ 👥 Lesen Sie die Sätze aus dem Grammatikkasten mit der entsprechenden Betonung einzeln vor, die TN sprechen nach. Dann schreiben die TN zu jeder Kategorie ein weiteres Beispiel in ihr Heft und lesen ihre Sätze im Kurs vor.

▶ **Video-DVD:** Alternativ zu 5a arbeiten die TN mit dem Video. Spielen Sie das Video mit Ton und Untertiteln ab. Die TN lösen Aufgabe 2 von der Kopiervorlage. Danach vergleichen sie ihre Lösung mit dem Grammatikkasten im Buch und schreiben zu jeder Kategorie einen weiteren Satz. ▶ KV 5/1

▶ Vertiefung: S. 47/4

5b 👥 ▶ 👤 ▶ 👥 Die TN lesen die Vorgaben im Schüttelkasten. Fragen Sie die TN: *Welche weiteren Tipps zum Deutschlernen kennen Sie?* Die TN sammeln weitere Tipps an der Tafel. Dann sortieren die TN die Tipps danach, ob sie zu ihnen passen oder nicht:

passt	passt nicht
Hausaufgaben machen	Zeitungen auf Deutsch lesen

Kurskette mit Ball: Eine/Ein TN beginnt, wirft den Ball zu einer anderen Person und gibt ihr einen Tipp. Die/Der TN antwortet je nachdem, ob der Tipp für sie/ihn passt oder nicht, wirft den Ball weiter und gibt der nächsten Person einen Tipp, die reagiert usw.

👤 ▶ 👥 Anschließend machen alle TN für sich einen Lernplan für die kommende Woche und notieren, welche Tipps sie wie oft umsetzen wollen. Die TN tauschen sich in Paaren aus und vereinbaren einen Tag (in ca. einer Woche), an dem sie über ihre Erfolge bei der Umsetzung gegenseitig berichten.

▶ Phonetik: S. 47

6a+b 👥/👥👥 ▶ 👥 Zielaufgabe. Die TN arbeiten zu zweit oder zu dritt und notieren ihre Vorschläge als Stichpunkte. Im Kursgespräch stellt jeweils ein Paar / eine Gruppe die Situation und ihre Lösungsvorschläge vor. Die anderen TN reagieren und ergänzen ggf.: *Das ist eine gute Idee. Aber man könnte auch ... / Wir finden, dass das keine gute Idee ist, weil ... Man sollte lieber ...* Am Ende stimmen die TN ab, welche Vorschläge sie am sinnvollsten finden.

◐ Schwächere TN schreiben ihre Vorschläge als Sätze.

▶ Vertiefung: S. 47/2

■ über den Arbeitsalltag sprechen – höfliche Vorschläge ausdrücken und darauf reagieren – Konjunktiv II bei Modalverben   **5**

5 Konjunktiv II bei Modalverben

a Was müsste/könnte/sollte Stefan tun? Lesen Sie den Grammatikkasten und schreiben Sie Sätze mit den Informationen in 4c.

Konjunktiv II bei Modalverben

höfliche Bitte	**Könnten** Sie den Prospekt bis morgen fertig **machen**?	ich	müss**te**
	Dürfte ich Sie **anrufen**, wenn ich noch Fragen habe?	du	müss**test**
Vorschlag	Sie **müssten** die Datei morgen bis 15 Uhr **abgeben**.	er/es/sie	müss**te**
Ratschlag	Du **solltest** auch an deine Tochter **denken**.	wir	müss**ten**
Wunsch/	Wenn ich den Prospekt nicht **abgeben müsste**,	ihr	müss**tet**
Bedingung	dann **könnte** ich dir **helfen**.	sie/Sie	müss**ten**
		genauso: können, dürfen, wollen, sollen	

b Kurskette: Vorschläge fürs Deutschlernen. Sprechen Sie wie im Beispiel.

jeden Tag zehn Minuten Vokabeln lernen – deutsche Zeitungen lesen – Filme auf Deutsch sehen – Grammatik wiederholen – mit einer Freundin / einem Freund zusammen lernen – online Übungen machen – deutsches Radio hören – Hausaufgaben machen – das Tagebuch auf Deutsch schreiben – in der Pause Deutsch sprechen – ...

Paolo, du müsstest jeden Tag zehn Minuten Vokabeln lernen.

Ja, das stimmt. Das sollte ich tun. Romana, du könntest ...

auf Vorschläge reagieren
Ja, gute Idee! Das sollte ich/man tun.
Ja, das stimmt (auf jeden Fall).
Du hast Recht. Ich könnte/müsste ...
Das ist keine gute Idee, finde ich.
Schade, / Tut mir leid, aber das geht nicht.
Vielleicht, aber ich könnte auch ...

 6 Diskussion: Stress im Alltag

a Was würden Sie empfehlen? Wählen Sie eine Situation und sammeln Sie Vorschläge.

| Sie müssen bis morgen eine wichtige Aufgabe erledigen und haben noch viel zu tun. Leider klopfen ständig Kollegen an Ihre Tür und wollen etwas von Ihnen. Auch Ihr Telefon klingelt oft. | Ihre Freundin / Ihr Freund möchte ihren/ seinen Geburtstag feiern und eine große Party machen. Sie/Er ist allerdings auf Dienstreise und kommt erst einen Tag vor der Party zurück. |

b Präsentieren Sie Ihre Vorschläge. Was denken die anderen? Diskutieren Sie im Kurs.

fünfundvierzig **45**

5 Arbeitsfreude, Arbeitsstress

7a 👥 ▶ 👤 ▶ 👥 Schreiben Sie zuerst das Wort *Brettspiele* an die Tafel und fragen Sie: *Kennen Sie Brettspiele? Was ist ein Brettspiel? Was braucht man? Welche Brettspiele kennen Sie?* Die TN sammeln Ideen an der Tafel. Wenn im Gespräch das Spiel *Siedler von Catan* genannt wird, fragen Sie nach: *Was für ein Spiel ist das? Was wissen Sie über dieses Spiel?* Dann lesen die TN und beantworten die Frage in a.

Lösung (Beispiel): *ein 20 Jahre altes Spiel mit einem Brett, Spielkarten, Würfeln, Spielfiguren; man muss bauen und mit Produkten handeln*

◐ Wenn in Ihrem Kurs Brettspiele unbekannt sind, bringen Sie ein Brettspiel mit oder zeigen Sie Fotos aus dem Internet (z. B. von berühmten Spielen wie *Monopoly* oder von Würfeln, Figuren, Karten), um die TN auf das Thema einzustimmen.

7b 👥 ▶ 👥👥 Die TN markieren die lösungsrelevanten Textstellen (= Schlüsselwörter) und lösen die Aufgabe zu zweit. Dann vergleichen sie ihre Lösung mit einem anderen Paar zusammen.

7c 👥 ▶ 👥👥 Weisen Sie die TN darauf hin, dass sie die Sätze aus b für ihre Zusammenfassung nutzen können. Dafür bringen die TN die Sätze in die richtige Reihenfolge: 6 – 5 – 4 – 1 – 2 – 3. Dann unterstreichen sie wichtige Informationen und schreiben zu jedem Satz ein bis zwei weitere Sätze zur Erklärung bzw. als Beispiel, z. B. *Deutschland ist ein Export-Land. Deutsche Produkte wie Autos oder Brettspiele sind weltweit beliebt.* Fordern Sie die TN auf, in ihren eigenen Worten zu schreiben und nicht ganze Sätze aus dem Text abzuschreiben. Notieren Sie an der Tafel Beispiele für einen Einleitungs- und Schlusssatz für die Textzusammenfassung:

> *In dem Text geht es um ein bekanntes deutsches Brettspiel.*
> *Ich finde das Spiel (nicht so) interessant und würde es (nicht) gern spielen.*

Die TN tauschen am Ende ihre Texte mit einem anderen Paar und geben Feedback.

7d 👤 ▶ 👥 Geben Sie Fragen vor: *Name? Wie viele Spieler? Ziel? Glück oder Strategie?* Weisen Sie darauf hin, dass es hier nicht nur um Brettspiele gehen muss. Die TN machen Notizen und stellen ihr Spiel vor. Die anderen können Fragen stellen.

---

5 Arbeitsfreude, Arbeitsstress
■ über Spiele sprechen – einen Text zusammenfassen

7 Ein Spiel „made in Germany"

a Was ist *Catan*? Lesen Sie und sprechen Sie im Kurs.

Ein Spiel „made in Germany"

Deutschland ist als ein Land bekannt, das viele moderne Produkte **exportiert**. Maschinen, Autos und **Technologien** „made in Germany" sind in der Welt sehr beliebt. Was aber nur wenige Menschen wissen: Auch Spiele – und v.a. **Brettspiele** – **gehören zu den erfolgreichen Exportprodukten aus Deutschland**. Eins davon ist ein **20 Jahre altes Spiel** – mit einem Brett, Spielkarten, **Würfeln** und kleinen Figuren. Es heißt *Die Siedler von Catan* oder einfach *Catan*. Die Deutschen haben schon immer gern Brettspiele gespielt, jetzt werden aber auch in anderen Ländern solche Spiele immer beliebter – sogar in dem Land, in dem man v.a. digital spielt, in den USA. Facebook-**Gründer** Mark Zuckerberg, LinkedIn-Chef Reid Hoffman und Hollywoodstars wie Mila Kunis sind **begeisterte** Fans von *Catan*. In Deutschland **verkauft sich das Spiel ca. 100.000 mal pro Jahr**, **weltweit** hat man es schon **22 Millionen** mal verkauft und **in 35 Sprachen übersetzt**.
Mit diesem Erfolg ist im Ausland auch das **Interesse** an deutschen Spielen gestiegen: „German games" gelten als eine besondere **Art** von Brettspielen, die anders sind als z. B. amerikanische Spiele. In den Spielen **geht es oft um Zusammenarbeit und eine kluge Strategie** ist wichtiger als Glück.
Worum geht es bei *Catan*? Um eine **fiktive Insel**. Die Spielerinnen und Spieler müssen auf dieser Insel **Straßen und Städte bauen**, dafür bekommen sie Punkte. Sie müssen miteinander **handeln** – z. B. Holz gegen **Wolle**, Stein oder **Getreide** tauschen. **Wer am besten handelt und baut, gewinnt**.
Die Idee für das Spiel hatte **Klaus Teuber**, ein **Zahntechniker** aus Hessen, der **13 Jahre lang neben seinem Beruf Spiele entwickelt** hat. Als *Catan* zum **Bestseller** wurde, konnte Teuber seinen Job **aufgeben** und nur noch Spiele entwickeln.
Heute gibt es einen **Roman** über *Catan* und **Hollywood** möchte gern einen **Film** machen. Und ja, *Catan* gibt es heute natürlich auch als **digitales Spiel**, das man auf seinem Computer, Tablet oder Smartphone spielen kann.

b Zu welchen Absätzen passen die Sätze? Lesen Sie noch einmal und notieren Sie die Zeilen.

1. 47–49   Catan ist ein Brettspiel, bei dem man handeln muss.
2. 52–54   Als er Catan entwickelte, war Klaus Teuber Zahntechniker von Beruf.
3. 60–66   Catan ist heute mehr als nur ein Brettspiel.
4. 34–38   Deutsche Brettspiele sind anders als amerikanische.
5. 16–20   Brettspiele sind nicht nur in Deutschland sehr beliebt.
6. 1–3   Deutschland ist ein Export-Land.

c Lesen Sie noch einmal und unterstreichen Sie die wichtigsten Informationen. Fassen Sie dann den Text kurz zusammen.

d Und Sie? Was spielen Sie gern? Was spielt man in Ihrem Land? Stellen Sie ein Spiel vor.

46 sechsundvierzig

Wichtige Sätze

1 über Vor- und Nachteile von Berufen sprechen + über den Arbeitsalltag sprechen

Die TN spielen zu viert *Was bin ich?*: Jede/Jeder TN notiert einen Beruf auf einem Kärtchen und klebt das Kärtchen seiner Nachbarin / seinem Nachbarn auf die Stirn, ohne dass sie/er es lesen kann. Die TN sollen den Beruf auf ihrem Kärtchen erraten und stellen *Ja-Nein*-Fragen, um ihn herauszufinden, z. B. *Arbeite ich in einem Büro? Muss ich oft Überstunden machen?* Die anderen TN antworten mit *Ja* oder *Nein*. Bei einem *Ja* darf die/der TN weiterfragen, bei einem *Nein* ist die nächste Person an der Reihe. Wer seinen Beruf erraten hat, nimmt das Kärtchen ab. Die anderen spielen weiter.

2 auf Vorschläge reagieren

 Geben Sie ein Thema vor, z. B. *Urlaub*. Die TN schreiben je einen Vorschlag auf ein Kärtchen (*Fahr doch mal in den Urlaub. / Du könntest Couchsurfing machen. / Du solltest unbedingt mal nach … fahren.*). Kursspaziergang: Die TN gehen durch den Kursraum, lesen ihren Vorschlag einer Partnerin / einem Partner vor. Die/Der andere reagiert. Dann tauschen die TN ihre Kärtchen, gehen weiter und sprechen mit der nächsten Person usw.

Strukturen

3 n-Deklination

Die TN arbeiten weiter in den Quartett-Gruppen und schreiben mit den Wörtern von den Kärtchen einen kurzen Text. Die Gruppen lesen ihre Texte im Kurs vor. Die anderen TN korrigieren bei Bedarf.

4 Konjunktiv II bei Modalverben

 Jede/Jeder TN notiert eine Tätigkeit, die man im Kurs ausführen kann, z. B. *das Fenster öffnen, die Tür zumachen, einen Stift geben, mit der Aufgabe helfen, sagen, wie spät es ist, den Satz vorlesen* usw. Kurskette: Die/Der erste TN bildet eine Bitte mit Imperativ, z. B. *Öffne das Fenster bitte.* Die/Der nächste TN wiederholt die Bitte – allerdings höflicher, z. B. *Könntest du das Fenster öffnen?* Die/Der dritte TN führt die Tätigkeit aus und bildet eine neue Bitte mit Imperativ usw.

Phonetik

❗ Zu S. 148, Einheit 5: Erklären Sie, dass (feste) Wortverbindungen miteinander verschmelzen und die Wortgrenzen verschwimmen. Sprechen Sie die Redemittel vor und legen Sie den Fokus auf das betonte Wort (= die wichtigste Information in der Wortverbindung) z. B. mit Gestik oder mit Klopfen.

Alles klar!

Wichtige Sätze

über Vor- und Nachteile von Berufen sprechen

Der Beruf ist spannend/anstrengend/gefährlich …
Ich mag meinen Beruf, weil man viel mit Menschen arbeitet / man oft draußen ist / …
Es ist ein Beruf mit viel Verantwortung.
Die Arbeitsbedingungen sind ziemlich gut / nicht so gut.
Wir haben gute/angenehme/schlechte Arbeitszeiten.
Der Lohn ist in Ordnung / zu niedrig / … Man muss (nicht) viele Überstunden machen.
Wir verstehen uns alle sehr gut. / Die Kollegen sind sehr nett.

über den Arbeitsalltag sprechen

Ich muss viel Büroarbeit am PC erledigen und habe sehr viel zu tun.
Das schaffe ich (nicht). / Ich muss es irgendwie schaffen.
Ich muss … bis morgen fertig machen und … bis 15 Uhr abgeben.

auf Vorschläge reagieren

Ja, gute Idee! Das sollte ich/man tun.
Ja, das stimmt (auf jeden Fall).
Du hast Recht. Ich könnte/müsste …

Das ist keine gute Idee, finde ich.
Schade. / Tut mir leid, aber das geht nicht.
Vielleicht, aber ich könnte auch …

Strukturen

n-Deklination

	Singular	Plural
Nominativ	der Mensch	die Menschen
Akkusativ	den Menschen	die Menschen
Dativ	dem Menschen	den Menschen

männliche Personen: der Junge, der Student, der Kollege, der Kunde, der Nachbar, …
männliche Berufe: der Architekt, der Fotograf, der Bauer, der Polizist …
männliche Tiere: der Affe, der Bär, der Elefant, der Löwe …
männliche Nationalitäten auf -e*: der Brite, der Franzose, der Pole …
*Aber: der Deutsche, ein Deutscher = *Deklination wie Adjektiv*

Konjunktiv II bei Modalverben

höfliche Bitte	**Könnten** Sie den Prospekt fertig **machen**?	ich	müss**te**
	Dürfte ich Sie **anrufen**, wenn ich Fragen habe?	du	müss**test**
Vorschlag	Sie **müssten** die Datei bis 15 Uhr **abgeben**.	er/es/sie	müss**te**
Ratschlag	Du **solltest** auch an deine Tochter **denken**.	wir	müss**ten**
Wunsch/	Wenn ich den Prospekt nicht **abgeben müsste**,	ihr	müss**tet**
Bedingung	dann **könnte** ich dir **helfen**.	sie/Sie	müss**ten**
		genauso: können, dürfen, wollen, sollen	

▶ Phonetik, S. 148

siebenundvierzig 47

6 Hilfe: im Krankenhaus und im Alltag

Auf einen Blick

Material: Ball (Einstieg, 5c); KV 6/1 (1d/Wichtige Sätze 1); großes Papier für Plakate (2c/Wichtige Sätze 2); ggf. Kärtchen (3c); KV 6/2 (5b); ggf. Fotos von Haustieren (6c)

Textsorten: Orientierungstafel/Etagenplan (1c); Online-Ratgeberartikel (4a); Online-Artikel (6a)

Strategien: Bilder als Informationsquelle nutzen (1a, 5a); globales Hören (1b, 4c); detailliertes Hören (1d); eine Geschichte mithilfe von Notizen nacherzählen (2c); selektives Lesen (4a); detailliertes Lesen (4b, 6b); selektives Hören (4d, 5b); Hör-Sehen (5b); globales Lesen (6a)

Einstieg 👥 Schreiben Sie an die Tafel *Im Krankenhaus*. Die TN sammeln Wörter dazu an der Tafel. Stellen Sie sicher, dass alle TN die Wörter verstehen. Kurskette: Werfen Sie den Ball zu einer/einem TN. Sie/Er bildet einen Satz mit einem Wort von der Tafel (z. B. *der Besuch – Im Krankenhaus bekommt man viel Besuch.*) und wirft den Ball zu einer anderen Person, die wieder einen Satz bildet usw.

1a 👤 Die TN lesen zuerst die Bildleiste.

▶ AR, UM: Spielen Sie das Video zur Bildleiste (Phase 1+2) ab. Die TN sprechen nach und ergänzen die Wortverbindungen.

👥 ▶ 👥👥 Die TN beschreiben zu zweit, was auf den Fotos passiert, und notieren den entsprechenden Satz. Bitten Sie die TN, wenn möglich Sätze mit *man* zu formulieren, und weisen Sie ggf. auf die n-Deklination bei *der Patient* hin. Die TN vergleichen ihre Sätze mit zwei anderen Paaren.

1b 👤 ▶ 👥👥 Schreiben Sie die Namen der Frauen (*Marianne Krüger, Alma Koslowska*) an die Tafel. Die TN hören und vergleichen dann zu viert.

Lösung: *M. Krüger: neue Krankenpflegerin. A. Koslowska: Pflegeleiterin. Sie zeigt Frau Krüger die Stationen im Krankenhaus.*

---

6 Hilfe: im Krankenhaus und im Alltag

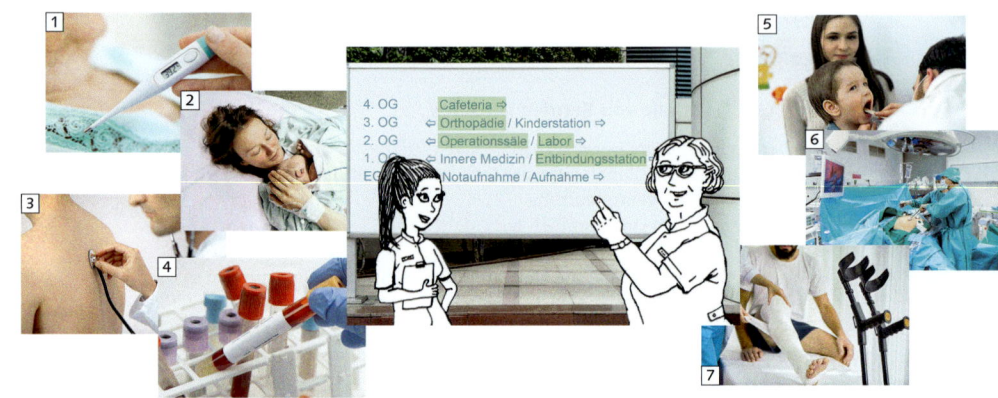

1 Im Krankenhaus

a Was macht man dort? Schreiben Sie Sätze zu den Fotos. Die Bildleiste hilft.

Auf Foto 7 hat sich der Mann das Bein gebrochen. Dort legt man einen Gipsverband an.

b Wer sind die beiden Frauen? Was machen sie? Hören Sie und sprechen Sie im Kurs.
c Welche Abteilung passt? Arbeiten Sie mit der Orientierungstafel und ergänzen Sie.

1. Hier werden Anmeldeformulare ausgefüllt. — *in der Aufnahme*
2. Hier werden Patienten am Wochenende behandelt. — *in der Notaufnahme*
3. Hier werden Kinder geboren. — *in der Entbindungsstation*
4. Hier wird das Blut untersucht. — *im Labor*
5. Hier werden Patienten behandelt, wenn sie sich ein Bein gebrochen haben. — *in der Orthopädie*
6. Hier wird etwas gegessen oder getrunken. — *in der Cafeteria*

d Hören Sie noch einmal und überprüfen Sie Ihre Lösung in c. Fragen und antworten Sie.

> Wo werden Anmeldeformulare ausgefüllt?
> In der Aufnahme. Wo werden …?

2 Passiv

a Was passt? Ordnen Sie zu.

1. Die Ärztin untersucht den Mann.
2. Die Ärztin impft das Mädchen.
3. Das Mädchen wird (von der Ärztin) geimpft.
4. Der Mann wird (von der Ärztin) untersucht.

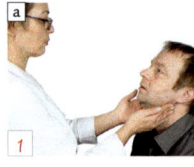 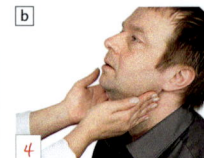  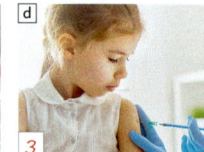

a 1   b 4   c 2   d 3

48 achtundvierzig

1c+d 👥 ▶ 👤 ▶ 👥 Besprechen Sie zuerst mit den TN die Orientierungstafel und wiederholen Sie die Abkürzungen *OG* und *EG*. Lesen Sie die Orientierungstafel vor, die TN sprechen nach. Fragen Sie: *Welche Fotos passen zu welcher Station?* (1. innere Medizin; 2. Entbindungsstation; 3. innere Medizin/Notaufnahme; 4. Labor; 5. Kinderstation; 6. Operationssäle/OPs; 7: Orthopädie). Dann lösen die TN 1c, hören und überprüfen bzw. korrigieren ihre Antworten. Die Auswertung erfolgt als Kurskette.

❗ Thematisieren Sie hier das Passiv noch nicht. Es geht zunächst um die inhaltliche Auswertung und Automatisierung.

▶ Vertiefung: S. 53/1

2a+b 👥 ▶ 👥 Die TN lösen 2a+b. Erklären Sie dann mit Hilfe der Fotos und dem ersten Regelsatz im Grammatikkasten die Funktion des Passivs. Visualisieren Sie an der Tafel die Umwandlung des Kasus. Die TN ergänzen den zweiten Satz aus a.

> Die Ärztin untersucht den Mann.
> (Akkusativ)
> Der Mann wird (...) untersucht.
> (Nominativ)

▶ **AR, UM:** Spielen Sie zuerst das Video zum Passiv und dann das Video zur Bildleiste (Phase 3) ab. Die TN bilden Passivsätze.

2c 👥 ▶ 👥 Die TN notieren zuerst das Partizip II der Verben im Schüttelkasten. Dann bilden sie abwechselnd einen Satz.

◐ Schwächere TN schreiben die Sätze in ihr Heft.

3a 👥 ▶ 👥 Ergänzen Sie ein Beispiel im Singular an der Tafel: *Hier darf nicht telefoniert werden.* Betonen Sie, dass bei Passivsätzen mit Modalverb das Verb *werden* immer im Infinitiv am Satzende steht.

3b 👤 ▶ 👥 Die TN notieren das Partizip II zu den Verben und dass jeweils passende Modalverb. Dann bilden sie Sätze und notieren sie an der Tafel. Kennen die TN weitere „Regeln"?

3c 👥 ▶ 👥 Zielaufgabe. Die TN sammeln zuerst Regeln mit *Man darf (nicht) ... / Man muss ...* Dann malen sie Schilder und schreiben die Sätze im Passiv. Sie hängen ihre Schilder und Sätze auf und präsentieren sie.

◐ 👥 ▶ 👥 Alternative: Die TN schreiben die Passivsätze auf Kärtchen, die gemischt und neu verteilt werden. Die TN suchen zu zweit die passenden Schilder zu ihren Kärtchen.

▶ Vertiefung: S. 53/3

■ sich in einem Gebäude orientieren – Vorgänge beschreiben – Krankenhaus – Passiv (Präsens) – Passiv mit Modalverben

b Unterstreichen Sie die Passiv-Formen in a und ergänzen Sie den Grammatikkasten.

Passiv (Präsens)				
	werden		**Partizip II**	
Das Mädchen	wird	(von der Ärztin)	geimpft	.
Der Mann	wird	(von der Ärztin)	untersucht	.

Im Passivsatz ist es wichtig, was man tut. Es ist nicht wichtig, wer das tut. Der Nominativ aus dem Aktivsatz entfällt. Der Akkusativ wird zum Nominativ.

c Was passiert? Erzählen Sie die Geschichte.

ins Krankenhaus* bringen (von seinen Kollegen) – untersuchen (von einer Ärztin) – operieren – (ihm) einen Verband anlegen – besuchen (von einem Freund) – anrufen (von seiner Kollegin) – (ihm) den Verband wechseln (von einer Krankenpflegerin) – nach Hause entlassen

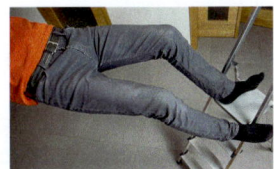

> Ein Mann ist von ...   Zuerst wird er ins Krankenhaus ...

3 Passiv mit Modalverben

a Was bedeuten die Schilder? Ergänzen Sie den Grammatikkasten.

Passiv mit Modalverben (Präsens)					
	Modalverb		**Partizip II + werden**		
Im Krankenhaus	dürfen	keine Handys	benutzt	werden	. 🚫📱
Die Hände	müssen	immer	gewaschen	werden	.

b Was muss oder darf (nicht) im Krankenhaus gemacht werden? Sprechen Sie im Kurs.

die Gesundheitskarte* zeigen – Dienstkleidung tragen – den Medikamentenschrank abschließen – Straßenschuhe tragen – Blumen mitbringen – Alkohol trinken – keine Zigaretten rauchen

> Im Krankenhaus muss Dienstkleidung ...   Dort darf (nicht) ...

🚩 **c** Und im Kurs? Was darf (nicht) / muss gemacht werden? Sammeln Sie Regeln und zeichnen Sie Schilder.

> Bei uns im Kurs darf kein Kaugummi gegessen werden.

*D: die Gesundheitskarte – A: die e-Card – CH: die Krankenkassenkarte | D+A: das Krankenhaus – CH: das Spital

neunundvierzig 49

Bildleiste rechts:
Patienten aufnehmen
untersuchen
das Herz / die Brust abhören / (tief) atmen
sich einen Knochen / das Bein brechen
einen Verband anlegen
schwanger sein
operieren
eine Spritze geben / impfen
das Fieber messen

6 Hilfe: im Krankenhaus und im Alltag

4a Stellen Sie vor dem Lesen Fragen zur Textsorte: *Für wen ist dieser Artikel? Wo erscheint dieser Text? Was sagen die Überschrift und das Foto?* Die TN wiederholen die sprachlichen Mittel für Ratschläge und Tipps (Imperativ, *man sollte* oder Passiv: *... sollten mitgenommen werden*). Dann lösen sie die Aufgabe. Bei der Auswertung versprachlichen die TN die Tipps mit *Man sollte/muss ...* und notieren die Tipps an der Tafel.

Lösung: *s. blaue Unterstreichung im Text*

4b Die TN suchen die Antworten im Text und notieren sie in Stichworten zusammen mit der jeweiligen Zeile. Dann vergleichen sie zu dritt, wobei jede/jeder TN jeweils eine Frage beantwortet und die anderen TN kontrollieren.

4c+d Die TN lösen zuerst 4c. Fragen Sie bei der Auswertung auch nach dem Grund (*Helga muss am Knie operiert werden.*). Bei der Auswertung von 4d vergleichen die TN mit den Tipps aus 4a an der Tafel.

Lösung: *Bücher mitnehmen; Geld mitnehmen; Telefonnummer notieren und allen geben; (Hilfe für danach organisieren)*

▶ Vertiefung: S. 53/2

5a Die TN sammeln bekannte Verben an der Tafel, die zu den Fotos passen, z. B. *einkaufen / den Einkauf machen, putzen/aufräumen, schneiden/kochen, (Tee) kochen/machen* und bilden dann Sätze.

5b Fragen Sie vor dem Hören: *Was ist die Situation? Mit wem telefoniert Frau Mertens?* Die TN hören einmal global und beantworten die Fragen (*Frau Mertens ist von der OP zurück zu Hause und hat Hilfe von Julia und Stefan. Sie telefoniert mit ihrer Freundin Tina.*).

Beim zweiten Hören ordnen Sie die Namen zu. Falls es ihren TN aufgefallen ist, weisen Sie zum Schluss darauf hin, dass man nicht hört, dass Julia den Tee kocht (im Video sieht man es).

▶ **Video-DVD:** Arbeiten Sie mit dem Video, wie hier beschrieben. Nachdem die TN 5b gelöst und verglichen haben, arbeiten sie zur Vertiefung mit der Kopiervorlage. ▶ KV 6/2

5c Schreiben Sie das Beispiel an die Tafel und erklären Sie den Grammatikkasten.

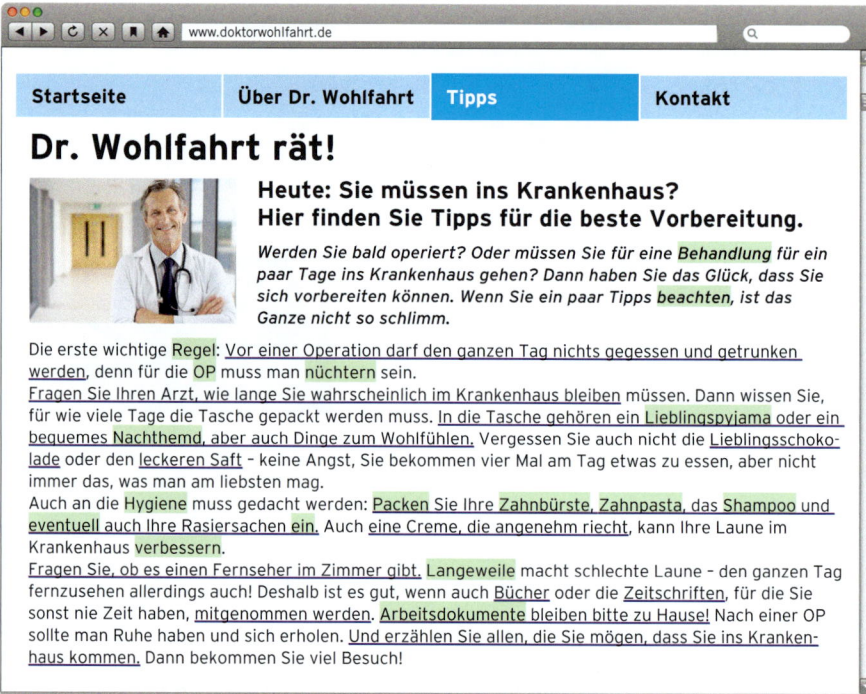

50 fünfzig

Julia kocht den Tee für Frau Mertens.
→ *Frau Mertens lässt den Tee (von Julia) kochen.*

Die TN schreiben weitere Sätze und vergleichen zu zweit. Kurskette: Werfen Sie den Ball zu einer/einem TN und fragen Sie: *Spült Helga das Geschirr?* Die/Der TN antwortet: *Nein, Helga spült das Geschirr nicht (selbst). Sie lässt das Geschirr von Julia spülen.* Dann fragt sie/er z. B. *Kauft Helga ein?* und wirft den Ball weiter. Die/Der nächste TN antwortet: *Nein, sie kauft nicht ein. Sie lässt ...*, stellt die nächste Frage usw.

Lösung: *Helga Mertens lässt das Geschirr von Julia spülen. Sie lässt den Einkauf von Stefan machen und den Teppich von Julia saugen. Sie kocht die Suppe selbst, aber sie lässt den Tee von Julia kochen.*

! An dieser Stelle wird nur die Bedeutung des Verbs *lassen* im Sinne von *etwas nicht selbst machen* vermittelt. Die Bedeutungen *etwas (nicht) erlauben* (*Ich lasse meinen Hund nicht im Bett schlafen.*) und/oder *etwas nicht mitnehmen* (*Ich lasse das Buch in der Schule.*) werden hier nicht berücksichtigt und werden in B2 noch einmal thematisiert. Achten Sie auf jeden Fall darauf, dass die TN das Verb zunächst nur im Präsens benutzen, da die Perfektform relativ komplex ist (*Sie hat den Tee von Julia kochen lassen.*).

5d Die TN notieren zu den Vorgaben im Schüttelkasten, wer das macht (z. B. *ich* oder *Handwerker*). Sie können bei Bedarf das Wörterbuch benutzen. Danach fragen und antworten die TN in Gruppen zu dritt.

● Stärkere TN sammeln weitere Ideen für den Schüttelkasten.

5e Korrigieren Sie die Sätze der TN, damit sie sich keine Fehler einprägen. Lassen Sie die TN im Kursspaziergang mit mindestens fünf anderen Personen sprechen. Sammeln Sie die häufigsten Antworten an der Tafel. Die TN wählen zum Schluss die originellste Idee.

● Stärkere TN können im Kursspaziergang auf die Ideen der anderen TN reagieren. Notieren Sie dafür Redemittel an der Tafel: *Gute Idee! Das könnte ich auch machen lassen. / Das würde ich nicht machen lassen, weil ...*

▶ Vertiefung: S. 53/4

■ über einen Krankenhausaufenthalt sprechen – Empfehlungen/Tipps geben – das Verb *lassen*

6

5 Nach der Operation

a Helga Mertens ist wieder zu Hause. Was muss alles gemacht werden? Sprechen Sie im Kurs.

 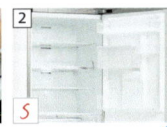   

1 J 2 S 3 J 4 H 5 J

Das Geschirr muss gespült werden.

b Julia (J), Stefan (S) oder Helga Mertens (H)? Wer macht was? Hören Sie und ordnen Sie die Namen in a zu. Erzählen Sie dann.

Julia kocht den Tee für Frau Mertens.

c Helga Mertens lässt sich helfen: Was lässt sie machen? Was macht sie selbst? Schreiben Sie Sätze zu den Bildern in a.

Helga Mertens lässt den Teppich von Julia saugen.

Das Verb *lassen*

	lassen		**Infinitiv**	ich	lasse
Helga	lässt	den Tee (von Julia)	kochen.	du	lässt
				er/es/sie	lässt
lassen ≈ jemandem erlauben, dass sie/er etwas macht				wir	lassen
				ihr	lasst
				sie/Sie	lassen

d Und Sie? Was machen Sie selbst? Was lassen Sie andere machen? Fragen und antworten Sie.

die Wohnung putzen – die Wohnung streichen – den Anzug reinigen – das Auto waschen – E-Mails ins Deutsche übersetzen – sich im Reisebüro beraten – ein Kleid nähen – die Fenster putzen – das Fahrrad reparieren – ...

Lässt du deine Wohnung putzen?

Nein, ich putze sie selbst. Und du?

Ich habe eine Putzfrau. Ich lasse sie putzen.

e Kursspaziergang: Sie haben viel Geld gewonnen. Was lassen Sie machen? Notieren Sie drei Ideen. Gehen Sie durch den Kursraum. Bei *stopp* fragen und antworten Sie.

Du hast viel Geld gewonnen. Was lässt du machen?

Ich lasse einen Swimmingpool bauen.

einundfünfzig

6 Hilfe: im Krankenhaus und im Alltag

6a Weisen Sie die TN auch auf das Logo und das Foto hin. Fragen Sie, nachdem die TN das Thema genannt haben (*Assistenzhunde, die Menschen helfen*): *Was glauben Sie: Wie kann ein Assistenzhund helfen? Was muss er können?* Die TN sammeln Vermutungen an der Tafel.
▶ Phonetik: S. 53

6b Die TN lesen und lösen dann zu zweit. Sie notieren die jeweils lösungsrelevanten Zeilen (*6–9; 11–17; 17–20; 21; 28–30*) und korrigieren die falschen Sätze (*1. Vitesse ist die dritte Assistenzhündin, … 4. Den Verein Vita e. V. gibt es seit dem Jahr 2000. 5. Anne Wittmann ist Patin geworden, weil sie sich mit Hunden nicht so allein fühlt.*). Fragen Sie die TN bei der Auswertung im Kurs auch, wie sie das Projekt finden und ob sie sich auch vorstellen könnten, Patin/Pate zu werden.

◐ Vertiefung: Schreiben Sie weitere Fragen an die Tafel: *Was genau macht ein Assistenzhund? Was macht man als Patin/Pate? Wie funktioniert das Patenprogramm?* Die TN machen Notizen und berichten mündlich im Kurs.

6c Fragen Sie die TN zuerst: *Was für Haustiere kennen Sie?* Die TN können das Wörterbuch benutzen. Notieren Sie alle Tiere an der Tafel und stellen sie sicher, dass alle sie verstehen. Alternativ bringen Sie Bilder von typischen Haustieren (z. B. *Hund, Katze, Wellensittich, Meerschweinchen, Hase; auf dem Land: Kuh, Huhn, Schwein, Schaf*) mit, um die Begriffe zu erklären. Fragen Sie die TN, was für ein Haustier sie haben oder gern hätten. Die TN mit ähnlichen Präferenzen bilden eine Gruppe. In der Gruppe sprechen sie über „ihr" Tier, ihre Erfahrungen und welche Vor- oder Nachteile dieses Tier hat und machen Notizen. Am Ende fassen ein bis zwei Personen aus jeder Gruppe das Gespräch im Plenum zusammen.

◐ Alternative: Wenn das Thema *Haustiere* für ihre TN zu unüblich oder unbeliebt ist, geben Sie einen Rechercheauftrag. Schreiben Sie Fragen an die Tafel: *Welche Haustiere gibt es in D-A-CH? Warum halten Menschen Haustiere? Welche Rolle spielen Tiere/Haustiere im Vergleich zu D-A-CH in Ihrem Land?* Die TN recherchieren zu zweit oder dritt zu den Fragen im Internet und bereiten eine kurze Präsentation vor.

Wichtige Sätze

1 sich in einem Gebäude orientieren
👥 Die TN arbeiten mit der Kopiervorlage. ▶ KV 6/1

2 über einen Krankenhausaufenthalt sprechen
👥👥 ▶ 👥 Schreiben Sie das folgende Szenario an die Tafel:

> OP am 22.03. um 14 Uhr
> Aufnahme am 22.03. um 10 Uhr – Entlassung am 26.03.?

Die TN arbeiten in zwei Gruppen. Die Gruppen notieren Tätigkeiten auf je einem Plakat, die vor der OP (Gruppe 1) bzw. nach der OP (Gruppe 2) gemacht werden müssen. Dann bilden die TN Paare (aus beiden Gruppen je eine/ein TN) und beschreiben, was gemacht werden muss. Die Partnerin / Der Partner gibt dazu Tipps.

Strukturen

3 Passiv mit Modalverben (Präsens)
👥👥👥 Die TN arbeiten zu viert. Schreiben Sie den folgenden Arbeitsauftrag an die Tafel: *Sie wollen gemeinsam eine Party für den Deutschkurs planen. Was muss organisiert/ getan werden?* Die TN sammeln Ideen und schreiben Sätze, z. B. *Getränke müssen gekauft werden. Ein DJ muss gebucht werden. Essen muss gekocht werden.* usw.

4 Das Verb *lassen*
👥👥👥 ▶ 👥👥 Die TN arbeiten in den gleichen Gruppen weiter an ihrer Partyplanung (s.o. bei 3). Schreiben Sie an die Tafel: *Was machen Sie selbst? Was lassen Sie machen?* Die TN tauschen sich aus und schreiben Sätze zu den notwendigen Aktivitäten, die sie schon notiert haben, z. B. *Die Getränke lassen wir liefern, aber das Essen kochen wir selbst. Wir lassen die Musik von einem DJ spielen* usw.

Phonetik

❗ Zu S. 149, Einheit 6: Weisen Sie ihre TN auf die verschiedenen Schreibweisen des Lautes [ts] hin (*z, ts, -ti-*). Achten Sie darauf, dass bei Wörtern mit *-ti-* die Aussprache leicht variiert: [tsj] wie in *Information*.

Alles klar! — 6

Wichtige Sätze

sich in einem Gebäude orientieren

Hier sind wir in der Aufnahme / im Labor ... Wir fahren jetzt in den ... Stock zu ...
Gegenüber von ..., hier links/rechts, ist die Notaufnahme / die Orthopädie / ...
Im ersten Stock sind die Entbindungsstation und die Innere Medizin / ...

Vorgänge beschreiben

In der Aufnahme muss man ein Anmeldeformular ausfüllen. In der Notaufnahme werden Patienten am Wochenende behandelt. In der Entbindungsstation werden jeden Tag vier bis sechs Kinder geboren. Im Labor wird das Blut untersucht.

Die Ärztin / Der Arzt untersucht zuerst die Patientin / den Patienten. Die Brust wird abgehört und die Frau / der Mann bekommt eine Spritze.

über einen Krankenhausaufenthalt sprechen

Ich werde am Knie / an ... operiert und muss eine Woche im Krankenhaus bleiben.
Vor einer OP darf nichts gegessen und getrunken werden. Man muss nüchtern sein.
Nach der OP lasse ich meine Tochter / ... für mich einkaufen / das Bad putzen / ...
Ich kann das nicht selbst machen.

Strukturen

Passiv (Präsens)

	Position 2 *werden*		Satzende Partizip II
Der Mann	**wird**	(von der Ärztin)	**untersucht**.

*Im Passivsatz ist es wichtig, was man tut. Es ist nicht wichtig, wer das tut.
Der Nominativ aus dem Aktivsatz entfällt. Der Akkusativ wird zum Nominativ.*

Passiv mit Modalverben (Präsens)

	Modalverb		Partizip II + *werden*
Im Krankenhaus	**dürfen**	keine Handys	**benutzt werden**.
Die Hände	**müssen**	immer	**gewaschen werden**.

Das Verb *lassen*

	Position 2 *lassen*		Satzende Infinitiv
Helga	**lässt**	den Tee (von Julia)	**kochen**.

lassen ≈ jemandem erlauben, dass sie/er etwas macht

ich	lasse
du	lässt
er/es/sie	lässt
wir	lassen
ihr	lasst
sie/Sie	lassen

▶ Phonetik, S. 149

dreiundfünfzig **53**

5|6 Deutsch aktiv

Auf einen Blick

Material: Kärtchen (1); Würfel (1b, 5); großes Papier für Plakate (6)

1a+b Die Gruppen sitzen möglichst weit voneinander entfernt, damit sie nicht hören können, auf welche Wörter sich die andere Gruppe einigt. Mischen Sie die Kärtchen von jeder Gruppe getrennt, d. h. Gruppe 1 bekommt die Kärtchen von Gruppe 2 und umgekehrt. Hinweis zu den Regeln: Bei der Pantomime und beim Zeichnen darf nicht gesprochen werden. Bei der Pantomime dürfen die TN Gegenstände als „Requisiten" benutzen oder eine Person aus der eigenen Gruppe als „Darsteller/in" dazu nehmen. Wenn eine/ein TN beim Beschreiben des Wortes (Würfelzahl 3) das Wort versehentlich nennt, bekommt die andere Gruppe einen Punkt. Weisen Sie darauf hin, dass die Gruppen beim Raten nur einen Versuch haben: Die ratende Gruppe bekommt dreißig Sekunden Zeit, um sich auf eine Antwort zu einigen. Schreiben Sie die erratenen Wörter nach Gruppen getrennt an die Tafel, damit die TN sehen können, was schon an der Reihe war. Achten Sie darauf, dass in jeder Runde eine neue / ein neuer TN das Wort darstellt.

○ Um das Ratespiel etwas einfacher zu machen, können die TN vor dem Darstellen des Wortes die Kategorie (Ort, Beruf, Tätigkeit) nennen.

2a+b Die TN markieren zuerst die Infinitive in ihrem Text, bevor sie ihn korrigieren.

5|6 Deutsch aktiv

1 Wörter raten: Arbeitsplätze, Berufe und Tätigkeiten

a Arbeiten Sie in zwei Gruppen. Jede Gruppe notiert fünf Arbeitsplätze, fünf Berufe und fünf Tätigkeiten im Beruf auf Karten.

| das Geschäft | die Verkäuferin / der Verkäufer | Kunden bedienen |

b Mischen Sie die Karten. Eine Person aus Gruppe 1 zieht eine Karte, würfelt und stellt das Wort dar. Gruppe 2 rät. Die Gruppen tauschen dann die Rollen.

Regeln:
1. Spielen Sie das Wort als Pantomime.  Beschreiben Sie das Wort, aber nennen Sie es nicht. Zeichnen Sie das Wort.
2. Richtig geraten? Dann bekommt Ihre Gruppe einen Punkt. Falsch geraten? Dann bekommt die andere Gruppe einen Punkt.

2 Das musste ich heute tun.

a Hier sind einige Verben falsch. Arbeiten Sie zu zweit. Ihre Partnerin / Ihr Partner arbeitet auf Seite 140. Lesen Sie und korrigieren Sie den Text. Es gibt sieben Fehler.

Heute war ein stressiger Tag. Gleich am Morgen musste ich an einer Besprechung ~~annehmen~~ *teilnehmen*. Dann musste ich viele Rechnungen ~~teilnehmen~~ *prüfen*. Ich hatte aber keine Ruhe, denn viele Kunden haben angerufen und ich musste die Kunden ~~machen~~ *beraten* oder ihre Aufträge ~~machen~~ *annehmen*. Ich musste länger im Büro bleiben und Überstunden ~~beraten~~ *machen*, weil ich noch so viel Büroarbeit ~~prüfen~~ *erledigen* musste. Und ich konnte keine Pause ~~erledigen~~ *machen*!

b Lesen Sie Ihren Text vor, Ihre Partnerin / Ihr Partner kontrolliert.

Heute war ein stressiger Tag – ich musste zwanzig Patienten untersuchen. Bei einer Patientin musste ich die Brust abhören, weil sie so viel gehustet hat. Bei einem Kind musste ich das Fieber messen und ihm eine Spritze geben. Es hat aber so geschrien, weil es Angst hatte. Dann musste ich noch einen Verband anlegen. Ich konnte keine Pause machen!

3 Kurskette: Wen haben Sie getroffen? Sprechen Sie wie im Beispiel.

der Student – der Kollege – der Kunde – der Nachbar – der Polizist – der Architekt – der Fotograf – der Junge – der Franzose – der Pole – der Grieche – der Bauer

> Auf dem Weg zum Kurs habe ich einen Kunden getroffen.

> Auf dem Weg zum Kurs habe ich einen Kunden und einen Griechen getroffen.

54 vierundfünfzig

👥 Im Anschluss können die TN eine Betonungsübung zu zweit machen. Sie lesen der Partnerin / dem Partner ihren Text mit besonderer Betonung (sehr müde/erschöpft oder sehr gestresst/hektisch) vor.

3 👥 Die Kurskette funktioniert nach dem *Ich packe meinen Koffer*-Prinzip. Weisen Sie die TN darauf hin, dass sie die Wörter aus dem Schüttelkasten in beliebiger Reihenfolge benutzen sollen. Achten Sie darauf, dass die TN keine Notizen machen, sondern aus dem Gedächtnis sprechen. ◐ In großen Kursen sammeln die TN vor der Kurskette weitere Wörter (z. B. auch Tiere) mit n-Deklination, sodass es pro TN ein Wort gibt.

◐ Vertiefung: Führen Sie eine zweite Runde mit dem Dativ durch: *Ich habe mich mit dem ... unterhalten.* Jetzt beginnt die/der TN, die/der zuletzt an der Reihe war.

4a 👥 Weisen Sie die TN darauf hin, dass die Tipps nicht unbedingt realistisch, sondern auch lustig oder kreativ sein können, z. B. *in die Sauna gehen, schlafen, singen* usw.

4b 👥/👥👥👥 ▶ 👥 Die TN gehen zu zweit oder in Kleingruppen durch den Raum und kommentieren die Tipps. Bei den Tipps, die ihnen am besten gefallen, zeichnen sie einen kleinen Smiley. Jede Gruppe darf maximal drei Smileys vergeben. Am Ende werden die Smileys ausgezählt und die im Kurs beliebtesten Tipps vorgestellt und besprochen.

5 👥 ▶ 👥 Erinnern Sie ggf. daran, dass das Passiv mit *nicht dürfen* und *müssen* Verbote und Regeln ausdrückt. Die TN sammeln zuerst zu jedem Foto passende Verben. Dann arbeiten sie zu zweit.

◐ Schwächere TN notieren vorher Sätze. Stärkere TN sprechen frei.

6 👥 ▶ 👤 ▶ 👥 ▶ 👥👥👥 Die TN einigen sich zu zweit auf die Art der Firma (z. B. *Büro, Werkstatt* etc.) und die Berufe beider Personen. Sie zeichnen eine Skizze der Firma auf ein großes Blatt Papier und notieren passende Räume. Dann notiert jede/jeder TN für sich gemäß ihrer/seiner Rolle drei Ratschläge bzw. Fragen und dann spielen beide TN zusammen einen Dialog.

◐ Alternative: Wenn es die Räumlichkeiten zulassen, können die TN den Dialog statt mit der Skizze beim Rundgang durch das Gebäude der Sprachschule durchführen.

---

4 Gesundheitstipps für den Arbeitsplatz

a Was kann man am Arbeitsplatz tun, wenn man gesund bleiben möchte? Arbeiten Sie zu zweit und schreiben Sie zwei Tipps.

> *Man sollte in der Mittagspause einen kurzen Spaziergang machen.*

b Hängen Sie Ihre Vorschläge im Kurs auf, lesen und kommentieren Sie sie.

> *Hier ist ein Vorschlag, dass man in der Mittagspause einen kurzen Spaziergang machen sollte. Das ist eine sehr gute Idee. Das könnte ich auch machen.*

5 Am Arbeitsplatz. Arbeiten Sie zu zweit. Wählen Sie ein Foto, würfeln Sie und fragen Sie. Ihre Partnerin / Ihr Partner antwortet. Tauschen Sie dann die Rollen.

  Was wird hier gemacht?   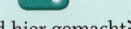 Was darf hier nicht gemacht werden?   Was muss hier gemacht werden?

6 Neu in der Firma. Arbeiten Sie zu zweit. Wählen Sie eine Rollenkarte und machen Sie Notizen. Spielen Sie zu zweit einen Dialog.

Partnerin/Partner A
Sie führen eine neue Kollegin / einen neuen Kollegen in Ihrer Firma ein.
– Zeigen Sie ihr/ihm das Gebäude.
– Geben Sie ihr/ihm Ratschläge, was sie/er heute tun sollte.

Partnerin/Partner B
Ihr erster Tag in der neuen Firma: Eine Kollegin / Ein Kollege zeigt Ihnen die Firma.
– Fragen Sie, wo welche Räume sind.
– Fragen Sie, was Sie heute alles erledigen sollten.

> *Hier an der Rezeption werden die Gäste angemeldet.*

> *Und wo finde ich die Kantine?*

> *Wann sollte ich mit dem Chef sprechen?*

III Panorama

Auf einen Blick

Material: Wörterbücher (1a, 2d)

Textsorten: Bildbeschreibung (1); Berufsbilder (2a)

Strategien: Bilder als Informationsquelle nutzen + Hypothesenbildung (1); globales Hören (2a); selektives Hören (2b+c); Hör-Sehen (Landeskunde-AR)

Einstieg +1a Schreiben Sie an die Tafel: *Was ist das Technische Hilfswerk (THW)?* Teilen Sie den Kurs in vier Gruppen. Jede Gruppe arbeitet mit einem Foto: Die TN suchen passende Wörter aus dem Schüttelkasten und notieren ggf. weitere Wörter. Sie dürfen Wörterbücher benutzen. Die Gruppen überlegen sich Ideen zur Frage an der Tafel. Dann stellen sie ihr Foto und die Ideen vor.

▶ **AR, UM:** Spielen Sie das Video ab (s. Landeskunde).

1b Die TN schreiben ihren Text mithilfe der Notizen aus der Gruppenarbeit. Dann arbeiten sie wieder in den Gruppen aus 1a, lesen ihre Texte vor und korrigieren ggf.

2a Bitten Sie die TN beim Hören auch Schlüsselwörter zu notieren, die für die Lösung helfen (z. B. *Trinkwasser, Brücke*). Beim Vergleichen begründen die TN ihre Lösung.

2b+c Die TN hören noch einmal und machen Notizen. Sie vergleichen zu zweit. Dann hören sie ein drittes Mal und notieren die Gründe der Personen. ● Stärkere TN können zusätzlich auch noch Vor- und Nachteile der Arbeit beim THW notieren.
Zwei TN fassen anschließend die Informationen aus b + c zusammen und stellen Helga Bauer bzw. Philipp da Silva vor, die anderen ergänzen. Achten Sie darauf, dass die TN in ganzen Sätzen sprechen.

Die Fotos zeigen Einsätze des THW: Bau einer Brücke (1), Bergung nach einem Sturm (2),

1 Das Technische Hilfswerk (THW)

a Was denken Sie: Was macht das THW? Sehen Sie die Fotos an und sprechen Sie im Kurs.

bei Naturkatastrophen/Hochwasser helfen – Wasseranlagen/Straßen/Brücken bauen/reparieren – für sauberes Wasser sorgen – schmutziges Wasser reinigen – entwurzelte Bäume entsorgen – Wasserpumpen ausleihen – Straßen freihalten – Menschen/Tiere retten

b Wählen Sie ein Foto und schreiben Sie fünf Sätze dazu.

2 THW-Mitglieder stellen sich vor.

a Helga Bauer (B) und Philipp da Silva (S): Welches Foto passt? Hören Sie und ordnen Sie zu.

Lösung: <u>Helga Bauer:</u> Beruf: IT-Spezialistin; Aufgaben: sich um sauberes Wasser kümmern, viel reisen, Anlagen prüfen, Ersatzteile und chemische Stoffe mitbringen, Wasseranlagen vorbereiten; Gründe: ein schönes Gefühl, Menschen zu helfen; Nachteile: Situation oft schwierig und traurig
<u>Philipp da Silva:</u> Beruf: Ingenieur; Aufgaben: Brücken- und Straßenbau, sich die Situation ansehen, Pläne für Brücken machen, schwere Sachen und Baumaterial transportieren; Gründe: wollte sich ehrenamtlich engagieren; Vorteile: kann Berufskenntnisse nutzen, Zusammenarbeit mit Kollegen toll, neue Freunde kennengelernt; Nachteile: manchmal anstrengend

Einsatz nach einem Hochwasser (3), Trinkwasseraufbereitung (4).

1.27 **b** Was machen Helga Bauer und Philipp da Silva? Hören Sie noch einmal und notieren Sie.

	Helga Bauer	Philipp da Silva
Beruf:		
Aufgaben:		

1.27 **c** Warum arbeiten die beiden beim THW? Hören Sie noch einmal und sprechen Sie im Kurs.
d Was sind typische Aufgaben in Ihrem Beruf? Welche Aufgaben haben Sie? Machen Sie Notizen und erzählen Sie dann im Kurs. Arbeiten Sie mit einem Wörterbuch.

3 Ehrenamtlich arbeiten. Was kann man ehrenamtlich machen? Wie möchten Sie sich engagieren? Wie können Sie Ihre (beruflichen) Kenntnisse nutzen? Machen Sie Vorschläge und diskutieren Sie im Kurs.

2d Die TN können auch über einen früheren Beruf oder ihren Traumberuf schreiben. Dann berichten sie in der Gruppe. Die anderen kommentieren und stellen Fragen.

3 Schreiben Sie Stichwörter an die Tafel, z. B. *Kinder, Tiere, Sport*. Die TN sammeln Ideen, wie man sich ehrenamtlich engagieren könnte. Dann machen sie allein Notizen, was zu ihnen passen könnte, berichten und diskutieren im Kurs.

Landeskunde

AR, UM: Das Video informiert über das THW. Am Ende wird eine Verständnisfrage gestellt (*Was verdienen die ehrenamtlichen Mitarbeiter und Mitarbeiterinnen des THW?* Lösung: *kein Geld*)

Beim ersten Sehen vergleichen die TN mit ihren Ideen in 1a und beantworten die Frage. Schreiben Sie Stichwörter an die Tafel: *Gründung, Mitarbeiter, Aufgaben des THW, Orte, Geld* (Gründung: 1950; mehr als 80.000 Mitarbeiter (meist ehrenamtlich, machen Grundausbildung); THW entsorgt Bäume, baut + repariert Brücken, sorgt für sauberes Wasser; hilft nach Katastrophen; in Dtl. + weltweit; Geld vom Staat, von der EU, von der UNO u. a.). Die TN machen beim zweiten Sehen Notizen und berichten dann im Kurs.

Ehrenamt in Deutschland

- 2016: fast 15 Mio. Menschen ehrenamtlich engagiert (= 16 % der Bevölkerung)
- Die meisten (25 %) engagieren sich für Kinder/Jugendliche.
- Meistens sind ehrenamtliche Helferinnen und Helfer Mitglied in einem Verein oder einer Hilfsorganisation.

siebenundfünfzig 57

7 Gut informiert

Auf einen Blick

Material: Tageszeitungen (Einstieg); Kärtchen (2b/Strukturen 4); Würfel (2b/Strukturen 4); KV 7/1 (3c, 5c+d); KV 7/2 (4b/Strukturen 5)

Textsorten: Zeitungsmeldungen (1b); Lied (2c); Zeitungsartikel (5b); Grafik (6a); Umfrage (6b)

Strategien: globales Lesen (1b); detailliertes Lesen (1c, 5b); einen Text anhand von W-Fragen zusammenfassen (1c); selektives Hören (2c, 3b); Bilder als Informationsquelle nutzen (3a); detailliertes Hören (3c); Hör-Sehen (3b+c); eine Statistik beschreiben und erstellen (6a+c)

Einstieg 👥 ▶ 👥 Bringen Sie mehrere – wenn möglich deutschsprachige – Tageszeitungen in den Kurs mit. Schreiben Sie die Rubriken von der Webseite in 1a (*Politik, Sport* usw.) an die Tafel. Die TN blättern in Gruppen zu viert in einer Zeitung, suchen die Rubriken und notieren, über welche Themen dort berichtet wird. Die Gruppen sammeln ihre Ergebnisse an der Tafel.

🔵 Bei nationalen Zeitungen identifizieren die TN die Rubriken und vergleichen sie mit den deutschen Begriffen.

1a 👤 ▶ 👥 Schreiben Sie weitere Fragen an die Tafel: *Wie oft lesen Sie Zeitung? Wo? (im Internet, auf dem Smartphone oder auf Papier)* Die TN notieren Stichwörter für die eigene Person. Kursspaziergang: Die TN gehen durch den Raum. Wenn Sie klatschen, bleiben sie stehen und sprechen mit einer Person: Sie stellen sich gegenseitig Fragen und notieren die Antwort. Nach 3–4 Runden berichten die TN im Kurs.

1b 👤 ▶ 👥 ▶ 👥 Die TN vergleichen zuerst zu zweit. Dann erklären sie, warum die anderen Überschriften nicht passen.

🔵 Weisen Sie die TN ggf. darauf hin, dass sie zuerst auf die Schlüsselwörter achten und alle Überschriften identifizieren sollen, die zu den Artikeln passen könnten. Dann lesen sie und entscheiden, welche von den ausgewählten Überschriften passt.

58

1c 👥 ▶ 👥 Lesen Sie gemeinsam die Arbeitsschritte 1–4 und stellen sie sicher, dass alle den Ablauf verstanden haben. Bei 2 und 3 tauschen die TN jeweils mit einer anderen Gruppe. Auf diese Weise haben alle Gruppen mit allen drei Artikeln gearbeitet. Bei 4 fassen die TN den Artikel zusammen, über den sie zuletzt (bei 3) die Fragen und Antworten der anderen Gruppe bekommen haben. Bei großen Gruppen (mehr als 4 TN) ist es sinnvoll, dass die TN die Arbeitsschritte 1–4 zu zweit ausführen und dann in der Gruppe vergleichen. Helfen Sie den Gruppen bei Bedarf. Am Ende liest eine/ein TN aus jeder Gruppe die Zusammenfassung vor. Die anderen Gruppen geben Feedback, ob alle wichtigen Informationen enthalten sind.
▶ Vertiefung: S. 63/1

2a+b 👥 ▶ 👥 Die TN lösen 2a zu zweit. Bei der Auswertung im Plenum lesen die TN den Grammatikkasten und sortieren die Verben an der Tafel:

regelmäßig	unregelmäßig
er verkaufte	es kam
(verkaufen)	(kommen)

Erklären Sie, dass die Endungen im Präteritum bei regelmäßigen Verben wie bei *haben* (ich hatt*e*, du hatt*est* usw.), bei unregelmäßigen Verben wie bei *sein* (ich war__, du war*st* usw.) sind. Da unregelmäßige Verben oft ihren Stamm ändern, müssen die TN sie auswendig lernen. Weisen Sie die TN auf die Liste im Anhang des Übungsbuches hin.

❗ Verben wie *wissen* (*wusste*), *bringen* (*brachte*) usw. werden auch als Mischverben bezeichnet, da der Stamm unregelmäßig, die Endung aber regelmäßig ist.

Lösung: *s. Unterstreichungen (rot in den Texten, blau in 2a)*
▶ Vertiefung: S. 63/4

2c 👤 ▶ 👥 ▶ 👤 ▶ 👥 Fragen Sie nach dem ersten Hören: *Worum geht es in den Nachrichten im Lied?* Die TN berichten und formulieren zwei passende Überschriften, z. B. *Mann vergisst Geld auf Auto. Aufzug kaputt – Journalistin verpasst Flug.* Beim zweiten Hören lösen die TN 2c. Drücken Sie die Pausentaste nach jedem Klatschen und notieren Sie die Präteritumformen an der Tafel. Am Ende hören die TN ein drittes Mal und lesen (oder singen) den Text auf S. 161 mit.

2d 👥 ▶ 👥 Zielaufgabe. Die TN wählen zu dritt eine Überschrift und schreiben mithilfe von W-Fragen (*Wer? Was? Wann? Wo?*) die Nachricht. Am Ende hängen die TN die Nachrichten im Kurs auf und lesen die anderen Texte.

■ kurze Zeitungsartikel verstehen – einen Text zusammenfassen – über Vergangenes schreiben – Zeitungsrubriken – Präteritum

c Wer? Was? Wann? Wo? Lesen Sie noch einmal und berichten Sie dann im Kurs über einen Artikel. Der Redemittelkasten hilft.

1. Arbeiten Sie in drei Gruppen. Wählen Sie einen Text und schreiben Sie W-Fragen dazu.
2. Tauschen Sie die Fragen, lesen Sie den passenden Text und schreiben Sie die Antworten.
3. Tauschen Sie die Fragen und die Antworten, lesen Sie den Text und kontrollieren Sie die Antworten.
4. Berichten Sie über den Artikel.

einen Text zusammenfassen
In dem Artikel/Text geht es um ... Der Artikel handelt von ...
Ich habe in der Zeitung einen Artikel über ... gelesen.
Ich habe in der Zeitung gelesen, dass ...
In dem Artikel wird über ... berichtet.

2 Präteritum

a Unterstreichen Sie die Verben in den Texten. Wie heißt der Infinitiv? Ordnen Sie zu.

begleiten – beleidigen – beruhigen – bestellen – bezahlen – bringen – empfehlen – fragen – geben – helfen – ~~kommen~~ – mitteilen – rufen – schaffen – schlagen – schwimmen – sein – sollen – starten – ~~verkaufen~~ – wissen – wollen

es kam: kommen
er verkaufte: verkaufen

b Regelmäßig oder unregelmäßig? Lesen Sie den Grammatikkasten und unterstreichen Sie die unregelmäßigen Verben in a.

Präteritum			
	regelmäßig	unregelmäßig	*Das Präteritum wird meistens in Zeitungen,*
	sagen	kommen	*Geschichten, Märchen und Biographien benutzt.*
ich	sagte	kam	*Bei den Modalverben und bei haben und sein*
du	sagtest	kamst	*verwendet man meistens das Präteritum.*
er/es/sie	sagte	kam	
wir	sagten	kamen	Achtung:
ihr	sagtet	kamt	bringen – br*a*chte, wissen – w*u*sste
sie/Sie	sagten	kamen	

1.28 🔊 **c** Kurznachrichten. Hören Sie das Lied, klatschen Sie, wenn Sie ein Verb im Präteritum hören, und nennen Sie den Infinitiv.
 d Kurszeitung. Wählen Sie eine Überschrift und schreiben Sie eine kurze Zeitungsnachricht.

Weltrekord mit 80 Jahren   **Kleiner Junge alarmiert Polizei**

15-jähriges Mädchen bestellt 52 Pizzen

neunundfünfzig 59

7 Gut informiert

3a 👤▶👥 Schreiben Sie die folgenden Fragen an die Tafel: *Wann und wo war das? Was machen die Leute?* Die TN lesen die Bildleiste und machen Notizen zu den Fotos. Dann tauschen sie ihre Ideen im Kurs aus. Weisen Sie auch auf die Überschrift hin und fragen Sie: *Was bedeutet Public Viewing?*

▶ **AR, UM:** Spielen Sie das Video zur Bildleiste (Phase 1+2) ab. Die TN sprechen nach und beantworten die Fragen.

3b+c 👤▶👥▶👤▶👥 Beim ersten Hören lösen die TN 3b und vergleichen dann zu zweit. Vor dem zweiten Hören lesen die TN die Sätze in c. Sie notieren ihre Korrekturen während des Hörens. Bei der Auswertung im Kurs lesen drei TN das Gespräch zwischen Helga, Stefan und Jannis auf S. 161–162 vor. Wenn ein Satz kommt, der zu 3c passt, rufen die TN *Stopp* und lesen den passenden korrigierten Satz vor.

◐ Schwächere TN markieren beim zweiten Hören die Fehler im Satz und notieren beim dritten Hören ihre Korrektur.

Lösung: *1. super; 2. zum Brandenburger Tor; 3. im Radio gehört; 4. alle Europa- und Weltmeisterschaften*

▶ **Video-DVD:** Spielen Sie das Video bis ca. 0:30 ohne Ton ab und fragen Sie: *Worüber sprechen Stefan und Jannis wohl?* Die TN sammeln Ideen. Dann bearbeiten sie 3b+c wie oben beschrieben. Für die Überprüfung der Lösung in 3c sehen die TN das Video noch einmal mit Untertiteln und rufen *Stopp*, wenn ein passender Satz kommt. Zur Vertiefung arbeiten die TN mit der Kopiervorlage (Aufgabe 1). ▶ KV 7/1

4a 👥▶👤▶👥 Visualisieren Sie die Sätze aus dem Grammatikkasten an der Tafel:

> 19 Uhr: kochen / 20 Uhr: Fußballspiel
> Bevor das Spiel anfängt, koche ich das Abendessen.
> (Vor dem Spiel koche ich das Abendessen.)
>
> 90er-Jahre: Internet erfunden → überall Fußball sehen
>
> Seitdem es das Internet gibt, kann man überall Fußball sehen.
> (Seit der Erfindung vom Internet kann man überall Fußball sehen.)

---

7 Gut informiert

3 Public Viewing früher und heute

a Was machen die Menschen? Sprechen Sie im Kurs. Die Bildleiste hilft.

b Was ist richtig? Hören Sie und kreuzen Sie an. (1.29 / 07)

1. Wo sehen Stefan und Jannis am Dienstag Fußball?
   a ☐ In der Kneipe*.
   b ☐ Zusammen mit Helga Mertens im Fernsehen.
   c ☒ Auf der Fanmeile.

2. Wo sieht Helga Mertens Fußball?
   a ☐ Auf der Fanmeile.
   b ☒ Im Fernsehen.
   c ☐ Sie sieht keinen Fußball.

c Was sagen Stefan, Jannis und Helga Mertens? Hören Sie noch einmal und korrigieren Sie die Sätze. (1.29 / 07)

1. Die **Stimmung** beim **Public Viewing** ist nicht toll.
2. Stefan geht zum Public Viewing in eine Kneipe.
3. Die Familie von Helga Mertens hat früher Fußball im Fernsehen gesehen.
4. Helga Mertens hat jede Europameisterschaft gesehen.

4 Seit(dem) und bevor

a Lesen Sie den Grammatikkasten und ergänzen Sie die Sätze mit den korrigierten Sätzen in 3c.

> **Nebensätze mit *bevor* und *seit(dem)***
>
> bevor ⬅ Bevor das Spiel anfängt, koche ich das Abendessen.
> seit(dem) ➡ Seitdem es Internet gibt, kann man überall Fußball sehen.

1. Seitdem Helga Mertens das **Finale 1954 gesehen hat**, …
2. Seitdem Stefan das erste Mal auf der Fanmeile war, …
3. Bevor die Familie von Helga Mertens einen Fernseher hatte, …
4. Bevor das Spiel anfängt, …

b Sprachschatten. Sprechen Sie zu zweit wie im Beispiel.

Seitdem ich ein Tablet/Smartphone habe, …   Bevor es Internet gab, …

> Seitdem ich ein Tablet habe, sehe ich nur dort fern.   Wie? Seitdem du ein Tablet hast, siehst du …?

*D: die Kneipe – A: das Lokal – CH: die Beiz

60 sechzig

Erklären Sie, dass *bevor* (wie die Präposition *vor*) Vorzeitigkeit ausdrückt und *seit(dem)* (wie die Präposition *seit*) etwas beschreibt, das in der Vergangenheit begonnen hat, aber immer noch andauert. Lösen Sie dann den 1. Satz in 4a gemeinsam im Kurs (..., *hat sie alle Europa- und Weltmeisterschaften gesehen.*). Dann lösen die TN die Sätze 2–4.

Lösung: 2. ..., *geht er zum Brandenburger Tor.* 3. ..., *haben sie Fußball im Radio gehört.* 4. ..., *ist die Stimmung beim Public Viewing super.*

4b Die TN notieren zu jedem Satzanfang je drei Sätze. Dann führen sie zu zweit die Aufgabe durch.

■ über Medien früher und heute sprechen – Public Viewing – Nebensätze mit *seit(dem)* und *bevor*

5 Gemeinsam jubeln

a Was passiert beim Public Viewing? Sprechen Sie im Kurs.
b Was ist richtig? Lesen Sie den Text und kreuzen Sie an.

Public Viewing: gemeinsam jubeln

Seit der Fußball-Weltmeisterschaft 2006 **herrscht** in Deutschland bei wichtigen **Fußballereignissen** – wie bei einer Welt- oder Europameisterschaft – das Fußball-Fieber. Auf vielen Plätzen in Deutschland, in Sportstadien und sogar am Brandenburger Tor in Berlin treffen sich zehntausende Fans zum gemeinsamen Fußballschauen und alle sind begeistert. Diese Art, mit vielen Menschen zusammen Fußball zu sehen, das **sogenannte** Public Viewing, ist ein neues Lieblingshobby von den Deutschen.
Beim Public Viewing erlebt man die Gemeinschaft intensiv. Man sieht die eigenen Gefühle auch bei den anderen Fans wie in einem Spiegel. Gemeinsam steigt die **Begeisterung**, die Gefühle werden stärker. Der **Sportpsychologe** Dr. Teubel meint: „Der Mensch wünscht sich eigentlich immer, zu einer Gruppe zu gehören." So hört man oft nach einem erfolgreichen Spiel: „WIR haben gewonnen!" Wenn das Team allerdings verliert, dann sagt man: „DIE haben verloren!"
Bevor man zum Public Viewing geht, ist es für viele Fans wichtig, dass man sofort erkennt, für welche Mannschaft man ist. In vielen Geschäften kann man lustige Fan-Artikel kaufen, die das Public Viewing zu einem richtigen Fest machen. Man freut sich vor der Großleinwand gemeinsam über eine gute Aktion und umarmt sich, wenn ein Spieler ein Tor schießt. Aber nicht jeder mag das. Viele Leute finden es dort zu eng oder zu laut. Nicht alle Menschen fühlen sich in großen Gruppen wohl und nicht immer ist das gemeinsame Feiern nur fröhlich.
Public Viewing gibt es nicht nur bei **Sportveranstaltungen**. In vielen Kneipen treffen sich regelmäßig Fans von beliebten deutschen Fernsehserien wie „Tatort" oder „Lindenstraße". Sie sehen die Sendung zusammen und diskutieren. Auch andere Großveranstaltungen – wie z. B. den ESC – kann man gemeinsam mit Freunden beim Public Viewing genießen.

1. In diesem Text geht es um ...
   a [x] das gemeinsame Fernsehen in Gruppen.
   b [ ] die Fußball-Weltmeisterschaft 2006.
2. Dr. Teubel sagt, dass ...
   a [x] man zu einer Gruppe gehören möchte.
   b [ ] Public Viewing gut für die Gesundheit ist.
3. Wenn man zum Public Viewing geht, ...
   a [ ] muss man lustig aussehen.
   b [x] zeigt man, zu welcher **Mannschaft** man gehört.

c Und Sie? Was denken Sie über Public Viewing? Was sind die Vor- und Nachteile? Notieren Sie und diskutieren Sie im Kurs.
d Gibt es in Ihrem Land auch Public Viewing? Haben Sie ein Public Viewing in Deutschland erlebt? Berichten Sie.

die Weltmeisterschaft, -en (WM)

das Schaufenster, -

die Fanmeile, -n

die (Groß-)Leinwand, -ä-e

der Fan, -s

(sich) umarmen

jubeln

klatschen

(ein Tor) schießen

einundsechzig **61**

Alternative: Die TN arbeiten in zwei Gruppen. Eine Gruppe schreibt 3–5 Sätze mit *seitdem*, die andere mit *bevor*. Zwei TN aus verschiedenen Gruppen spielen Sprachschatten: Sie wiederholen die Aussage der Partnerin / des Partners und reagieren spontan: *Wie? Seitdem du ein Tablet hast, siehst du nur noch dort fern? Ich habe immer noch einen Fernseher.*
▶ Vertiefung: S. 63/2+5

5a Die TN sammeln Ideen an der Tafel.

Alternative: Zeigen Sie ein *YouTube*-Video von der Fanmeile in Berlin, um ins Thema einzustimmen.

5b Die TN lesen zuerst die Aussagen. Dann lesen sie den Text und markieren die lösungsrelevanten Stellen. Sie vergleichen zu zweit. Helfen Sie nur bei Bedarf.

5c+d Die TN notieren zuerst Vor- und Nachteile, die der Text nennt. Dann diskutieren sie weitere Vor- und Nachteile in der Gruppe und ergänzen ihre Notizen. Erinnern Sie ggf. an die Redemittel auf S. 15. Im anschließenden Kursgespräch stellt eine Gruppe einen Aspekt (Vor- oder Nachteil) vor, eine andere Gruppe nimmt darauf Bezug (stimmt zu oder widerspricht) und nennt einen anderen Aspekt usw. Eine/Ein TN notiert die Vorteile, eine/ein anderer die Nachteile an der Tafel. Leiten Sie anschließend zur Frage aus 1d über. Wenn die TN wenig eigene Erfahrungen mit Public Viewing haben, fragen Sie auch: *Wie finden Sie diese Idee? Wo/Wie sehen Sie am liebsten fern?*

Video-DVD: Zur Vorbereitung auf 5c arbeiten die TN mit der Kopiervorlage (Aufgabe 2).
▶ KV 7/1

7 Gut informiert

6a Fragen Sie zuerst: *Hören Sie gern Radio? Wann haben Sie zuletzt Radio gehört? Was für Sendungen hören sie gern/oft?* Die TN tauschen sich aus. Schreiben Sie die Fragen aus 6a an die Tafel und besprechen Sie mit den TN die Grafik: *Auf welche Frage beziehen sich die Prozentzahlen bzw. die Zahlen in Klammern? (Prozent = Anteil der Menschen, die Radio hören; Zahl in Minuten = durchschnittliche Dauer pro Tag)* Die TN lesen dann die Sätze aus dem Redemittelkasten laut und ergänzen sie mit einer Information aus der Grafik. Dann stellen sich die TN zu zweit Fragen zur Grafik und beantworten sie mündlich.

UM: Als alternativen Einstieg projizieren Sie die Fotos aus dem Fragebogen (ohne die Fragen) an die Wand und fragen Sie die TN zuerst, was hier das Thema sein könnte.

▶ Phonetik: S. 63
▶ Vertiefung: S. 63/3

6b Ich-Bezug. Die TN lesen, kreuzen für sich passende Antworten an und ergänzen ggf. eine weitere Antwort. Dann fragen und vergleichen sie ihre Antworten zu zweit. Schreiben Sie in der Zwischenzeit die Fragen und Antwortoptionen einzeln auf je ein Blatt Papier und hängen Sie sie im Kursraum verteilt auf. Nach dem Austausch zu zweit gehen die TN mit ihrem Buch zu den verschiedenen Fragen im Raum und setzen einen Strich bei den Antworten, die sie angekreuzt haben.

6c Zielaufgabe. Die TN wählen zu zweit zwei Fragen und gehen zu den entsprechenden Plakaten im Kurs. Sie skizzieren zu jeder Frage ein Balken- oder Säulendiagramm und schreiben jeweils eine kurze Statistikbeschreibung mithilfe der Redemittel. Dann präsentieren die Paare ihre Statistik und lesen ihren Text vor. Die TN, die die gleichen Fragen bearbeitet haben, können ergänzen oder alternative Sätze vorlesen.

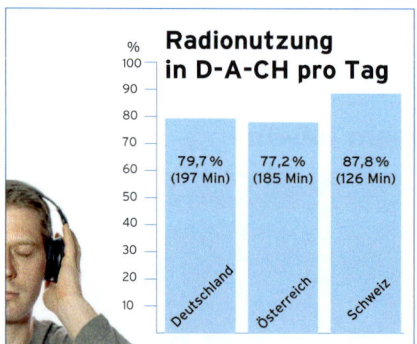

62

Wichtige Sätze

1 einen Text zusammenfassen

Die TN schreiben eine kurze Zusammenfassung (3–4 Sätze) zu einem Text ihrer Wahl aus den Einheiten 1–6. Dann lesen sie die Zusammenfassung in der Gruppe vor, die anderen raten, um welchen Text es geht.

2 über Medien früher und heute sprechen

Ich-Bezug. Die TN schreiben einen kurzen Text zu der Frage: *Wie hat sich Ihre Mediennutzung (Fernseher, Internet, Radio, Smartphone etc.) in den letzten Jahren verändert?* Die TN lesen ihre Texte im Kurs vor.

3 eine Statistik beschreiben

Die TN recherchieren eine Statistik im Internet zu einem Thema ihrer Wahl, z. B. unter *https://de.statista.com/statistik/daten/studie/165834/umfrage/taegliche-nutzungsdauer-von-medien-in-deutschland* / und beschreiben sie in 4–6 Sätzen. Die Statistiken werden im Kursraum aufgehängt. Die TN gehen zu zweit durch den Kursraum, lesen sie und tauschen sich aus, welche Statistik sie am interessantesten finden.

Strukturen

4 Präteritum

Die TN arbeiten in Gruppen zu dritt oder viert. Jede Gruppe notiert 15–20 Infinitive einzeln auf Kärtchen und legt sie offen in die Mitte des Tisches. Eine/Ein TN beginnt, wählt ein Kärtchen und würfelt. Der Würfelzahl entsprechend (*1: ich, 2: du, 3: er/es/sie* usw.) konjugiert sie/er das Verb und bildet einen Satz, z. B. *essen – sie aß – Gestern aß sie eine Pizza.* Wenn die/der TN nicht sicher ist, kann sie/er die Liste im Übungsbuch benutzen. Dann ist die/der nächste TN an der Reihe. Die TN spielen so lange, bis alle Kärtchen aufgebraucht sind.

5 Nebensätze mit *bevor* und *seit(dem)*

Die TN arbeiten mit der Kopiervorlage. ▶ KV 7/2

Phonetik

! Zu S. 149, Einheit 7: Bei der Aussprache von *r/R* werden viele regionale Varianten akzeptiert, z. B. in der Schweiz oder in Franken (Süddeutschland). In der Standardaussprache ist es wichtig, auf die Realisierung des Suffix *-er* zu achten: Hier wird kein [r] gesprochen, sondern ein [ɐ].

Alles klar!

Wichtige Sätze

einen Text zusammenfassen

In dem Artikel/Text geht es um … Der Artikel handelt von …
Ich habe in der Zeitung einen Artikel über … gelesen.
Ich habe in der Zeitung gelesen, dass …
In dem Artikel wird über … berichtet.

über Medien früher und heute sprechen

Bevor wir einen Fernseher hatten, haben wir zusammen vor dem Radio gesessen und … im Radio gehört.
Seitdem es Internet gibt, kann man überall fernsehen.
Heute hören fast 80 Prozent von den Deutschen täglich Radio. Sie hören Radio zu Hause, aber auch unterwegs – über das Internet.
Bevor es Public Viewing / … gab, habe ich … Die Stimmung beim Public Viewing ist toll. Seitdem ich das erste Mal auf der Fanmeile war, gehe ich immer zum Public Viewing zum Brandenburger Tor / in eine Kneipe / …

eine Statistik beschreiben

Die Statistik zeigt, wie viele Menschen … / wie lange die Menschen Radio hören.
… Prozent hören in Deutschland / … täglich Radio.
Die Menschen in … hören mit … (Zahl) Minuten mehr/weniger Radio als in …
(Mehr/Weniger als) die Hälfte / ein Drittel / ein Viertel von den … hört täglich Radio.
Die Zahl … liegt unter/über …

Strukturen

Präteritum

	regelmäßig sagen	unregelmäßig kommen	
ich	sagte	kam	Das Präteritum wird meistens in Zeitungen, Geschichten, Märchen und Biographien benutzt.
du	sagtest	kamst	Bei den Modalverben und bei *haben* und *sein* verwendet man meistens das Präteritum.
er/es/sie	sagte	kam	
wir	sagten	kamen	
ihr	sagtet	kamt	Achtung:
sie/Sie	sagten	kamen	bringen – brachte, wissen – wusste

Nebensätze mit *bevor* und *seit(dem)*

		Satzende	Position 2	
bevor ⬅	Bevor das Spiel	anfängt,	koche	ich das Abendessen.
seit(dem) ➡	Seitdem es Internet	gibt,	kann	man überall Fußball sehen.

▶ Phonetik, S. 149

8 Geschichte und Politik

Auf einen Blick

Material: ggf. Deutschlandkarte, Stand vor 1991 (Einstieg + 1); Smartphones der TN (3c); KV 8/1 (4c/Wichtige Sätze 2, 6d/Strukturen 5); Kärtchen (3b/Strukturen 4, 6d)

Textsorten: Infoflyer (2a); Museumsführung (2b); Zeitungsinterview (6a); Zeitungsartikel (7b)

Strategien: Bilder als Informationsquelle nutzen (1, 2c+d, 4a); detailliertes Lesen (2a, 6b, 7c); detailliertes Hören (2b+e); selektives Hören (2c, 4b+c); Informationen mithilfe von Notizen wiedergeben (2e); globales Hören (4a); Hör-Sehen (4a–c); globales Lesen (6a, 7b); eine Diskussion führen (7d)

Einstieg + 1 👥 Hängen Sie eine Deutschlandkarte (Stand vor 1990 – z. B. aus dem Internet) an die Tafel und schreiben Sie *DDR* und *BRD* dazu. Fragen Sie die TN, was die Abkürzungen bedeuten. Schreiben Sie ggf. *Deutsche Demokratische Republik* und *Bundesrepublik Deutschland* dazu und fragen Sie weiter, wo die beiden Staaten auf der Karte liegen und was die TN über sie wissen. Notieren Sie die gesammelten Informationen an der Tafel. Wenn die TN keine Ideen haben, versuchen sie die Wörter aus der Bildleiste den beiden Staaten zuzuordnen. Erklären Sie neuen Wortschatz möglichst durch Beispiele. Besprechen Sie mit den TN anschließend die Abbildungen oben: Welche Wörter aus der Bildleiste passen dazu?

▶ **AR, UM:** Spielen Sie das Video zur Bildleiste (Phase 1+2) ab. Die TN sprechen nach.

2a 👤▶👥 Die TN lesen und notieren ihre Ideen zu zweit. Bei der Auswertung im Plenum erklären die TN auch die Begriffe *Wirtschaftswunder*, *Gastarbeiter*, *Mauerbau* und *Schließung der Grenzen* mit eigenen Worten.

Lösung: BRD: eine Demokratie, das Wirtschaftswunder und die Gastarbeiter; DDR: eine Diktatur, der Mauerbau, die Schließung der Grenzen, friedliche Demonstrationen; BRD + DDR: (Gastarbeiter), die Wiedervereinigung

❗ Beide deutsche Staaten nahmen in den 1960er Jahren

Gastarbeiter unter Vertrag. In der BRD kamen die meisten Gastarbeiter v. a. aus Süd-, Südosteuropa und Nordafrika. Die in der DDR so bezeichneten Vertragsarbeiter kamen v. a. aus Osteuropa, aber auch aus Vietnam, Kuba, Angola, Mozambique und Nicaragua.

2b+c 👤 ▶ 👥 ▶ 👪 Weisen Sie die TN darauf hin, dass sie eine Museumsführung hören. Vor dem Hören unterstreichen die TN die Schlüsselwörter. Beim ersten Hören lösen sie 2b, vergleichen zu zweit und notieren dann Ideen, welche Fotos zu welchen Ereignissen passen. Beim zweiten Hören überprüfen sie ihre Lösungen und besprechen sie im Kurs.

◐ Die TN, die gut informiert sind, verbinden in 2b zuerst und hören dann zur Kontrolle.

▶ **AR, UM:** Spielen Sie das Video zum Strategietraining ab, bevor die TN 2b+c lösen. Das Video erklärt, wie man Detailinformationen in Hörtexten versteht, indem man auf Schlüsselwörter achtet.

Lösung: *1953: b; 1960er Jahre: a; 1958: d; 1961: f; 1990: e*

2d+e 👤 ▶ 👥 ▶ 👪 Die TN lösen 2d und vergleichen zu zweit. Dann wählen sie ein Kärtchen und hören den entsprechenden Text noch einmal. Nach dem Hören überprüfen bzw. ergänzen sie mithilfe des Hörtextes auf S. 162 ihre Notizen. Schreiben Sie die „Museumsschilder" jeweils auf ein Blatt und hängen Sie sie im Kursraum auf. Die TN stellen sich zum ersten Schild und die „Experten" berichten anhand ihrer Notizen. Dann gehen die TN zum nächsten Schild usw.

3a 👪 Erklären Sie den Grammatikkasten und die Genitiversatzform *von* + Dativ. Die TN unterstreichen und formulieren die Lösung als Kurskette: *das Moped des Portugiesen ... – das Moped von dem Portugiesen ...* usw.

3b 👪 ▶ 👥 Besprechen Sie ein Beispiel im Kurs. Dann sprechen die TN zu zweit.

▶ **AR, UM:** Spielen Sie das Video zur Bildleiste (Phase 3) ab. Die TN antworten mit Genitiv.
▶ Vertiefung: S. 69/4

3c 👤/👪 ▶ 👪 Zielaufgabe/ Ich-Bezug. Die TN nehmen den Audioguide allein oder in Kleingruppen mit dem Smartphone auf, verteilen die Fotos und Gegenstände im Raum und gehen von einem Gegenstand zum nächsten und hören dazu die Audioguides.

▶ Vertiefung: S. 69/1
▶ Phonetik: S. 69

■ geschichtliche Ereignisse beschreiben – Inhalte zusammenfassen – Geschichte und Politik – Genitiv

8

d Welcher Gegenstand passt? Ordnen Sie zu.

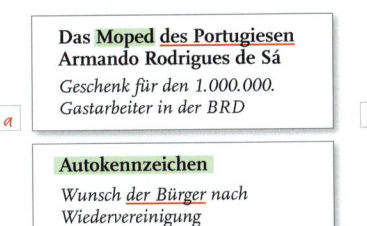

a	Das Moped des Portugiesen Armando Rodrigues de Sá Geschenk für den 1.000.000. Gastarbeiter in der BRD

f	Berliner Mauer Schließung der Grenzen und Bau der Mauer in Berlin

e	Autokennzeichen Wunsch der Bürger nach Wiedervereinigung

d	Der Trabi Wirtschaft der DDR: Geschichte eines Autos

🔊 1.30–1.35 **e** Was ist genau passiert? Wählen Sie einen Text, hören Sie noch einmal und machen Sie Notizen. Erzählen Sie dann im Kurs.

3 Genitiv

a Lesen Sie den Grammatikkasten und unterstreichen Sie die Genitiv-Formen in 2d.

> **Genitiv**
> m des/eines Staat(e)s | n des/eines Autos | f der/einer Mauer | Pl. der/- Bürger
> n-Deklination:
> des/eines Fotografen
> der Bau einer Mauer = der Bau von einer Mauer

b Was symbolisieren die Gegenstände? Sprechen Sie im Kurs.

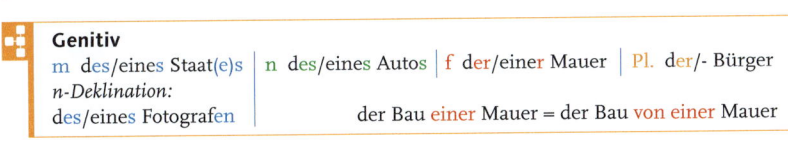

Das Moped ist ein Symbol für ...

🏁 **c** Und die Geschichte Ihres Landes? Schreiben Sie einen Audioguide-Text zu einem Foto oder Gegenstand aus der Geschichte Ihres Landes. Nehmen Sie den Text auf.

fünfundsechzig **65**

8 Geschichte und Politik

4a+b 👥 ▸ 👤 ▸ 👥 Fragen Sie die TN zuerst: *Wofür oder wogegen wird hier demonstriert? Wo ist das?* (für freie Wahlen, in der DDR; gegen Atomkraft, in Berlin) Dann hören die TN zweimal und kreuzen an.

⏺ Stärkere TN lösen 4a+b gleichzeitig.

▶ **UM:** Alternativ projizieren Sie die Fotos vergrößert an die Wand.

❗ *Stasi* ist die Abkürzung für das *Ministerium für Staatssicherheit* in der DDR, das politische Oppositionelle, aber auch viele andere Bürger überwachen und verhaften ließ.

4c 👥 ▸ 👤 ▸ 👥 ▸ 👥 Klären Sie zunächst die Bedeutung der Wörter, indem Sie sie von den TN paraphrasieren lassen, z. B. *Chancengleichheit bedeutet, dass alle die gleichen Chancen haben.* Teilen Sie den Kurs in zwei Gruppen. Eine Gruppe konzentriert sich beim Hören auf Stefan, die andere auf Julia. Beim zweiten Hören notieren die TN weitere Stichpunkte zu den jeweiligen Themen. Anschließend können die TN den Hörtext auf S. 162+163 lesen und ihre Notizen ggf. ergänzen oder korrigieren.

Dann arbeiten die TN zu zweit – je eine Person aus jeder Gruppe – und tauschen sich über die Ergebnisse aus. Im Kursgespräch fassen die TN ihre Ergebnisse mithilfe der Redemittel zusammen. Notieren Sie Stichpunkte an der Tafel. Fragen Sie die TN auch nach ihrer persönlichen Meinung: *Welche Themen finden Sie besonders wichtig?*

▶ **Video-DVD:** Alternativ arbeiten Sie mit dem Video wie hier beschrieben (4a–c).

▶ Vertiefung: S. 69/2

5a 👤 ▸ 👥 ▸ 👤 ▸ 👥 Die TN lesen den Grammatikkasten, ergänzen die Sätze und vergleichen zu zweit. Dann lesen sie den Hörtext auf S. 162+163 noch einmal und unterstreichen die Textstellen mit *wegen* und *trotz*. Anschließend sammeln sie die Stellen im Kurs und formulieren sie – wenn möglich – mit *weil* bzw. *obwohl*, z. B. *Wir haben demonstriert – trotz der Polizei und der Stasi. Wir haben demonstriert, obwohl die Polizei und die Stasi da waren.*

▶ **Video-DVD:** Alternativ spielen Sie das Video mit Untertiteln ab. Wenn ein Satz mit *trotz* oder *wegen* kommt, rufen die TN *Stopp*. Drücken Sie die Pausentaste, damit die TN den Satz umformulieren können.

---

8 Geschichte und Politik

4 Friedliche Demonstrationen

1.36 / 08 **a** Welches Foto passt nicht? Hören Sie und kreuzen Sie an.

1.36 / 08 **b** Was ist richtig? Hören Sie noch einmal und kreuzen Sie an.

1. [x] Bei den Montagsdemonstrationen haben jede Woche mehr DDR-Bürger gegen die Regierung **protestiert**.
2. [ ] Die Menschen konnten demonstrieren, weil sie keine Angst vor der Polizei und der Stasi hatten.

1.36 / 08 **c** Wer spricht über welches Thema: Stefan (S) oder Julia (J)? Hören Sie noch einmal, ordnen Sie zu und berichten Sie.

1. [J] die **Bildungspolitik**
2. [S] die Presse- und Meinungsfreiheit
3. [S] die **Chancengleichheit**
4. [J] der **Umwelt-** und **Klimaschutz**
5. [J] die **Gleichberechtigung**
6. [S] die Reisefreiheit

🔧 **Wichtigkeit ausdrücken**
Sie/Er findet … wichtig. Sie/Er findet wichtig, dass …
Sie/Er legt (sehr) großen **Wert** auf …
Es ist für sie/ihn (nicht) wichtig, dass …
Ihr/Ihm ist … besonders wichtig.
Für … hat … große **Bedeutung**.
Sie/Er **verlangt**, dass …

💬 *Stefan legt großen Wert auf die Chancengleichheit.*

5 Trotz oder wegen?

a Lesen Sie den Grammatikkasten und ergänzen Sie die Sätze.

1. *Trotz* seiner Angst hat Stefan demonstriert.
2. *Wegen* der Demonstrationen hat sich viel verändert.

📋 **trotz** und **wegen** (+ Genitiv)
wegen der Mauer = Weil es die Mauer gab.
trotz der **Kritik** = Obwohl es Kritik gab.

b Sprachschatten. Schreiben Sie Sätze und sprechen Sie wie im Beispiel.

1. Trotz/Wegen meines Hustens …
2. Trotz/Wegen meiner Angst vor …
3. Trotz/Wegen meines Hungers …
4. Trotz/Wegen meiner schlechten Laune …

💬 *Trotz meines Hustens gehe ich heute joggen.*
💬 *Was? Du gehst joggen, obwohl du Husten hast?*

5b 👤 ▶ 👥 Geben Sie ggf. auch ein Beispiel für *wegen* vor, bevor die TN schreiben.

⬤ Schwächere TN schreiben vier, stärkere TN acht Sätze (jeweils mit *trotz* und *wegen*). Achten Sie darauf, dass die TN ein Paar bilden, die gleich viele Sätze geschrieben haben.

6a 👥 ▶ 👤 ▶ 👥 Die TN lesen zunächst die Überschrift, den Einleitungstext und die Information unter dem Foto. Fragen Sie: *Wer ist Ekin Deligöz? Was für ein Text ist das? Worum geht es?* Die TN sammeln Ideen, dann lesen sie und ordnen zu. Weisen Sie die TN darauf hin, dass es hier darum geht, den Text vor allem global zu verstehen, und sie nicht jedes neue Wort nachschlagen sollen. Nach der Auswertung im Plenum sammeln die TN Wörter aus dem Text zum Wortfeld *Politik* an der Tafel.

6b+c 👤 ▶ 👥 Die TN unterstreichen die Antworten zu den Fragen in b im Text. Dann vergleichen sie die Textstellen im Kurs und ergänzen den Grammatikkasten. Schreiben Sie dann an die Tafel:

> *Wozu engagieren Sie sich?*
>
> *Ich engagiere mich.*
> → *Ich möchte etwas verändern.*
> → *Jeder soll eine Chance haben.*
>
> *Ich engagiere mich,*
> *… um etwas zu verändern.*
> *… damit jeder eine Chance hat.*
>   (Ziel)

Erklären Sie, dass Sätze mit *um … zu* bzw. *damit* ein Ziel ausdrücken und dass man mit dem Fragewort *Wozu?* (oder auch *Wofür? Mit welchem Ziel?*) danach fragen kann.

▶ **AR, UM:** Spielen Sie das Video zu *um … zu* und *damit* ab.

Lösung: *1. Sie hat gegen Atomwaffen demonstriert. 2. Sie wollte etwas verändern. 3. Für die Mitarbeit in der Partei. 4. Sie möchte, dass jeder eine Chance bekommt.*

6d ⬤ 👤 ▶ 👥 Die TN bereiten sechs Kärtchen vor. Auf eine Seite schreiben sie nur Stichwörter, z. B. *Wozu Ideen?* → *Probleme lösen*, auf die andere Seite den kompletten Satz, z. B. *Man braucht Ideen, um Probleme zu lösen.* Kursspaziergang: Die TN gehen mit den Kärtchen zu einer anderen Person. Sie fragen sich gegenseitig: *Wozu braucht man …?* Die TN bilden die Antwort mithilfe der Stichwörter. Wenn sie nicht sicher sind, lesen sie den Satz auf der Rückseite vor. Dann suchen sie eine andere / einen anderen TN, fragen und antworten usw.

▶ Vertiefung: S. 69/5

8

■ über (politisches) Engagement sprechen – Wichtigkeit ausdrücken – *trotz* und *wegen* (+ Genitiv) – *damit* und *um + zu* + Infinitiv

6 Politisch aktiv werden

a Welche Fragen passen? Lesen Sie den Artikel und ordnen Sie zu.

1. Was möchten Sie heute erreichen?
2. Warum engagieren Sie sich bei der Partei *Bündnis 90 / Die Grünen*?
3. Sind Sie deshalb Politikerin geworden?
4. Frau Deligöz, wie lange engagieren Sie sich schon politisch?

Politik heute   07/17

Deshalb bin ich Politikerin geworden

Ekin Deligöz ist Mitglied des Deutschen Bundestags. Sie ist 1971 in der Türkei geboren und lebt seit September 1979 in Deutschland. Seit Februar 1997 ist sie deutsche Staatsbürgerin.
Im Gespräch erklärt sie, warum sie sich politisch engagiert.

4 Seit meiner Schulzeit in Süddeutschland. Wir sind als Schüler auf die Straße gegangen, um gegen Atomwaffen zu demonstrieren. Und wir hatten ein Atomkraftwerk in der Nähe. Deshalb war ich schon sehr früh politisch interessiert.

3 Ja! Ich bin Politikerin geworden, um etwas zu verändern. In Deutschland ist nicht alles immer gut gelaufen – zum Beispiel bei der Integrations-, Energie- und Sozialpolitik. Ich wollte etwas tun, damit sich etwas ändert. In der Integrationspolitik war mir besonders wichtig, dass mit uns Migranten gesprochen wird und nicht über uns.

2 Bei den *Grünen* brauchte ich keinen deutschen Pass, um mitarbeiten zu können. Es hat mir sehr gefallen, dass ich sofort mitmachen durfte. Und natürlich habe ich „meine" politischen Themen vor allem bei den *Grünen* gefunden.

1 Ich engagiere mich heute, damit jeder Mensch eine Chance bekommt. Ich arbeite politisch, damit in Zukunft jedes Kind eine Chance auf eine gute Ausbildung hat.

Bündnis 90 / Die Grünen ist eine politische Partei in Deutschland, die sich v. a. für die Themen Umwelt und soziale Gerechtigkeit interessiert.

b Lesen Sie noch einmal und beantworten Sie die Fragen.

1. Mit welchem Ziel ist Ekin Deligöz als Schülerin auf die Straße gegangen?
2. Wozu ist sie Politikerin geworden? Was war ihr Ziel?
3. Wozu brauchte sie bei den Grünen keinen deutschen Pass?
4. Sie engagiert sich auch heute politisch. Wozu macht sie das?

c Lesen Sie noch einmal und ergänzen Sie den Grammatikkasten.

damit	**um + zu + Infinitiv**
Ich bin Politikerin geworden, *damit* ich etwas verändere.	Ich bin Politikerin geworden, *um* etwas *zu* verändern.
Ich engagiere mich, *damit* jeder Mensch eine Chance bekommt.	–

Das Subjekt im Haupt- und Nebensatz ist gleich: um + zu + Infinitiv *oder* damit
Das Subjekt im Haupt- und Nebensatz ist nicht gleich: damit

d Kursspaziergang: Wozu braucht man Ideen/Mut/Geduld/Geld/Hoffnung/Urlaub? Gehen Sie durch den Kursraum. Fragen und antworten Sie.

siebenundsechzig

8 Geschichte und Politik

7a Die TN lesen zu dritt die Wörter und den Infokasten. Mithilfe des Wörterbuchs klären sie unbekannte Wörter und notieren Gründe, warum welche Wörter ihrer Meinung nach zum Begriff *Demokratie* passen. In einer Kurskette nennen die TN nacheinander je ein Wort und begründen, warum es (nicht) passt. Die TN beziehen sich dabei auch auf die vorherige Aussage und stimmen zu oder lehnen sie ab.

7b Nach dem Lesen einigen sich die TN in Gruppen zu dritt auf eine Überschrift und notieren sie an der Tafel. Die TN wählen aus den Vorschlägen die beste Überschrift. Die TN fassen dann die Idee des Grundeinkommens mit eigenen Wörtern zusammen.

! Mehr Informationen zur Idee des Grundeinkommens finden Sie unter: *www.grundeinkommen.de*.

Lösung (Beispiel): *Kein Grundeinkommen in der Schweiz*

7c Die TN unterstreichen Schlüsselwörter in den Sätzen 1–4, kreuzen an und vergleichen in der Gruppe.

7d Die TN notieren die Argumente für und gegen ein Grundeinkommen aus dem Text und sammeln weitere Argumente (z. B.: *pro:* gesellschaftlicher Reichtum wird gerecht verteilt; arbeitslose oder schlecht bezahlte Menschen werden nicht mehr ausgeschlossen; stärkt die Freiheit der Menschen; unbezahlte Arbeit wie Kindererziehung, Pflege von Angehörigen wird „bezahlt"; Kaufkraft wird gestärkt → gut für die Wirtschaft; Menschen sind bei der Arbeit motivierter, da sie nicht „unter Zwang", sondern „freiwillig" arbeiten – *contra:* evtl. arbeiten die Menschen dann weniger; Finanzierung unklar → höhere Steuern nötig?; junge Menschen könnten

ihre Ausbildung vernachlässigen; unfair, wenn alle Menschen das Gleiche bekommen, obwohl einige ggf. nicht arbeiten).

Dann teilen sich die TN gemäß ihrer Haltung in zwei Gruppen auf: „Befürworter" und „Kritiker". Besprechen Sie die Redemittel auf S. 69. Danach diskutieren die Gruppen und nennen abwechselnd ihre Argumente. Moderieren Sie und achten Sie darauf, dass sich die TN auf die Beiträge der anderen Gruppe beziehen. Wenn die Diskussion ins Stocken gerät, steuern Sie, indem Sie Argumente (s. o.) einbringen und die Gruppen dazu befragen.

▶ Vertiefung: S. 69/3

8 Geschichte und Politik
■ über Demokratie sprechen – über politische Ideen diskutieren

7 Volksabstimmung in der Schweiz

a Was denken Sie: Was gehört zu einer Demokratie? Warum? Sprechen Sie im Kurs.

Anders als in Deutschland und Österreich gibt es in der Schweiz eine direkte Demokratie. Hier können die Bürger direkt über konkrete Fragen abstimmen (= die Volksabstimmung).

b Wie kann die Überschrift heißen? Lesen Sie und schreiben Sie.

Mehr als drei Viertel der Schweizer lehnten am Sonntag, dem 5. Juni 2016, das Grundeinkommen für jeden Bürger ab. Bei der weltweit ersten Volksabstimmung zu diesem Thema haben sich 76,9 % der Schweizer gegen diese Idee entschieden, 23,1 % waren dafür.
Die Idee eines Grundeinkommens ist, dass alle Bürger vom Staat Geld bekommen, auch wenn sie nicht arbeiten. In der Schweiz sollte jeder Erwachsene monatlich 2.500 Franken erhalten, jedes Kind 650 Franken.
Über diese Idee wird in vielen Ländern und politischen Parteien diskutiert. Einige sind der Meinung, dass ein Grundeinkommen fair ist, weil dadurch die Freiheit der Menschen größer wird. Wer nicht arbeiten muss, arbeitet vielleicht mit mehr Energie und Freude – und wird seltener krank. Außerdem spart der Staat Geld für die Bürokratie.
Viele zweifeln aber auch, ob der Staat das Grundeinkommen bezahlen kann. Oder sie haben Angst, dass niemand mehr arbeiten würde.
Daniel Häni, der von dem Grundeinkommen überzeugt ist, sieht vor allem die Vorteile dieser Idee. Umfragen haben gezeigt: Nur zwei Prozent der Bürger in der Schweiz würden bei einem Grundeinkommen aufhören zu arbeiten.

c Was ist richtig? Lesen Sie den Text noch einmal und kreuzen Sie an.

	richtig	falsch
1. Die Schweizer haben über ein Grundabkommen abgestimmt.	x	
2. Etwas mehr als 23 Prozent der Schweizer waren gegen die Idee.		x
3. Kritiker des Grundeinkommens glauben, dass diese Idee für den Staat zu teuer ist.	x	
4. Die meisten Menschen würden nicht mehr arbeiten, wenn sie ein Grundeinkommen vom Staat bekommen würden.		x

d Was halten Sie von der Idee eines Grundeinkommens? Ist das fair? Wie hoch soll es sein? Welche Probleme sehen Sie? Machen Sie Notizen und diskutieren Sie im Kurs.

Meiner Meinung nach ..., denn ... *Ich bin für/gegen ..., weil ...* *Ich bin davon überzeugt, dass ...*

Wichtige Sätze

1 geschichtliche Ereignisse beschreiben

Die TN recherchieren wichtige Ereignisse in der Geschichte Deutschlands, Österreichs, der Schweiz oder ihres Heimatlandes und schreiben einen kurzen Text. Die Texte können in einem „Kurs-Geschichtsbuch" gesammelt werden.

2 Wichtigkeit ausdrücken

Die TN bearbeiten Aufgabe 1 von der Kopiervorlage. ▶ KV 8/1

3 über politische Ideen diskutieren

Ich-Bezug. Die TN schreiben einen kurzen Text, in dem sie ihre Meinung zum Grundeinkommen darstellen und begründen.

Strukturen

4 Genitiv

Jede/Jeder TN bekommt vier Kärtchen und schreibt auf jedes ein beliebiges Nomen mit Artikel (auch n-Deklination). Sammeln Sie die Kärtchen ein und verteilen Sie sie neu. Die TN arbeiten in Gruppen zu viert. Jede Gruppe hat 16 Kärtchen auf dem Tisch. Die TN ziehen abwechselnd je zwei Kärtchen und bilden einen Genitiv, z. B. *Das Smartphone der Regierung* und notieren ihn auf einem Blatt. Am Ende wählt die Gruppe die beiden lustigsten Genitive und entscheiden, welcher gut als „Buchtitel" und welcher als „Filmtitel" passen würde. Am Ende stellen die TN die Ideen im Kurs vor.

5 *damit* und *um + zu* + Infinitiv

Die TN bearbeiten Aufgabe 2 von der Kopiervorlage. ▶ KV 8/1

Phonetik

! Zu S. 149 + 150, Einheit 8: Bei Aufgabe 1 gibt es keine „Lösung". Ermöglichen Sie ihren TN einen Austausch, der individuelle und kulturell geprägte Unterschiede zulässt. Weisen Sie dann darauf hin, dass es bestimmte sprachliche Mittel gibt, die das Verstehen von Sachtexten erleichtern, z. B. kurze Sätze und Wiederholungen. Lautes Lesen ist zum Üben besonders wichtig. Erklären Sie, dass nach einem Komma oder Punkt oft eine Pause kommt und erarbeiten Sie mit den TN Tricks, z. B. indem die TN beim Lesen den Blick heben oder eine Handbewegung machen, wenn eine Pause ansteht.

Alles klar!

Wichtige Sätze

geschichtliche Ereignisse beschreiben

... ist ein Symbol für ..., weil ...
Ich weiß, dass die ... eine Diktatur/Demokratie war.
Der Staat wird ... gegründet. Die Grenzen werden geschlossen/geöffnet.
Die Bürger demonstrieren für/gegen ... Der Wunsch der Bürger nach ... war groß.
In ... gab/gibt es (keine) Pressefreiheit/Meinungsfreiheit/Reisefreiheit/...

Wichtigkeit ausdrücken

Ich finde ... wichtig.
Es ist für mich (nicht) wichtig, dass ...
Mir ist ... besonders wichtig.

Ich lege (sehr) großen Wert auf ...
Für mich hat ... große Bedeutung.

über (politisches) Engagement sprechen

Ich bin Politikerin/Politiker geworden, um etwas zu verändern / damit ...
Ich engagiere mich (politisch), um ... / damit ...
Ich will etwas tun / politisch aktiv sein, damit sich etwas ändert / um ...

über politische Ideen diskutieren

Meiner Meinung nach ..., denn ...
Ich bin für/gegen ..., weil ...
Ich bin davon überzeugt, dass ...

Ich habe mich entschieden, für/gegen ... abzustimmen, weil ...
Ich zweifle, ob ...

Strukturen

Genitiv

m des/eines Staat(e)s | n des/eines Autos | f der/einer Mauer | Pl. der/- Bürger
n-Deklination:
des/eines Fotografen   der Bau einer Mauer = der Bau von einer Mauer

trotz und wegen (+ Genitiv)

wegen der Mauer = Weil es die Mauer gab.
trotz der Kritik = Obwohl es Kritik gab.

damit

Ich bin Politikerin geworden, damit ich etwas verändere.
Ich engagiere mich, damit jeder Mensch eine Chance bekommt.

um + zu + Infinitiv

Ich bin Politikerin geworden, um etwas zu verändern.
–

Das Subjekt im Haupt- und Nebensatz ist gleich: um + zu + Infinitiv oder damit
Das Subjekt im Haupt- und Nebensatz ist nicht gleich: damit

▶ Phonetik, S. 149

neunundsechzig 69

7|8 Deutsch aktiv

Auf einen Blick

Material: Kärtchen + ggf. Zeitungen (5)

1 👥 ▶ 👤 ▶ 👥👥 Weisen Sie die TN darauf hin, dass manchmal mehrere Verben passen. Nachdem die TN die Verben ergänzt und verglichen haben, schreiben sie zu jeder Nomen-Verb-Verbindung einen Satz und lesen die Sätze danach im Plenum vor.

❗ Erklären Sie, dass Wortverbindungen möglichst immer zusammen gelernt werden sollen.

2a+b 👤 ▶ 👥👥 Die TN führen das Ratespiel in Gruppen zu viert durch.

Alternative: Wettbewerb im Kurs: Die TN arbeiten in zwei Gruppen. Abwechselnd geht je eine/ein TN aus jeder Gruppe nach vorn und beschreibt das Medium anhand der Stichwörter in drei Sätzen. Die eigene Gruppe rät. Für jedes geratene Medium gibt es 1–3 Punkte: 3 Punkte, wenn nach dem ersten Satz richtig geraten wurde; 2 Punkte nach dem zweiten Satz und 1 Punkt nach dem dritten Satz. Notieren Sie die Punkte an der Tafel. Die Gruppe mit den meisten Punkten gewinnt.

⏺ Vertiefung: Die TN wählen einen Gegenstand im Kursraum (ohne zu verraten, welchen) und schreiben Sätze dazu, z. B. *Man braucht es, um Hausaufgaben zu machen und um Grammatik zu wiederholen.* (*Übungsbuch*)

3a+b 👤 ▶ 👥 Weisen Sie darauf hin, dass die Sätze gern lustig und absurd sein dürfen.

👥👥 ▶ 👥👥 Alternative: Die TN arbeiten zu viert. Jede/Jeder TN

7|8 Deutsch aktiv

1 Politik-Wörter. Arbeiten Sie zu zweit. Ihre Partnerin / Ihr Partner arbeitet auf Seite 145. Ergänzen Sie das Verb links (1–4). Ihre Partnerin / Ihr Partner kontrolliert. Tauschen Sie dann die Rollen.

1. im Krieg …
2. eine Mauer …
3. gegen die Regierung …
4. einen neuen Staat …
5. eine neue Regierung wählen
6. die Grenzen öffnen/schließen
7. sich politisch engagieren
8. für die Freiheit demonstrieren/kämpfen

2 Wozu? Um … zu …

a Wozu kann man die Medien benutzen? Wählen Sie ein Medium und schreiben Sie drei Beispiele.

um Musik zu hören, …

b Was ist das? Beschreiben Sie Ihr Medium, sagen Sie aber immer nur einen Satz. Die anderen raten.

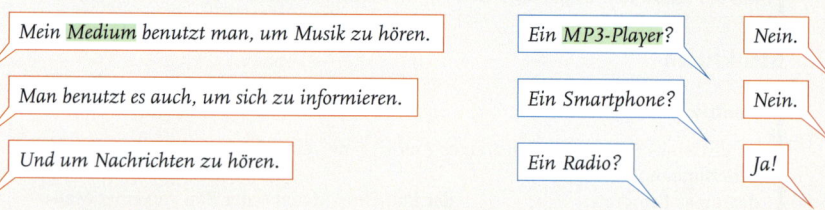

Mein *Medium* benutzt man, um Musik zu hören. — Ein *MP3-Player*? — Nein.
Man benutzt es auch, um sich zu informieren. — Ein Smartphone? — Nein.
Und um Nachrichten zu hören. — Ein Radio? — Ja!

3 *Trotz* und *wegen*

a Schreiben Sie zwei Sätze mit *trotz* und *wegen* auf je einen Zettel.

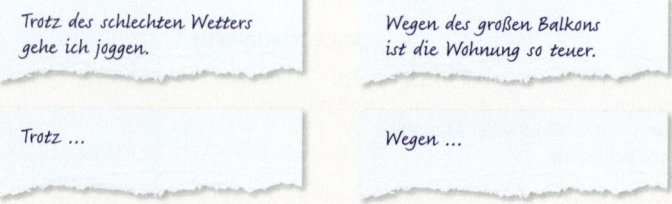

Trotz des schlechten Wetters gehe ich joggen.

Wegen des großen Balkons ist die Wohnung so teuer.

Trotz …

Wegen …

b Lesen Sie einen Satzanfang vor, Ihre Nachbarin / Ihr Nachbar wählt ein Satzende aus ihren/seinen Sätzen aus und ergänzt Ihren Satz. Das Ende muss nicht immer passen.

70 siebzig

schreibt einen Satzanfang mit *Wegen* auf ein Blatt, z. B. *Wegen des schlechten Wetters* … Dann falten die TN die Zettel so, dass die erste Zeile nicht mehr sichtbar ist, und geben ihr Blatt im Uhrzeigersinn weiter. Nun ergänzen die TN den Satz auf dem Blatt, ohne den Satzanfang zu kennen, falten es wieder und geben es weiter. In der dritten Runde schreiben alle einen Satzanfang mit *Trotz*, falten das Blatt und geben es weiter. In der letzten Runde ergänzen die TN den *Trotz*-Satz, falten das Papier auf und lesen die Sätze vor.

! Erinnern Sie die TN an die Verbstellung: Das Verb steht auf Position 2 nach dem Nomen mit *trotz/wegen*.

---

4 Mein Tag

a Notieren Sie Verben zum Thema *Tagesablauf*.
b Kurskette: Bevor ich … Sprechen Sie wie im Beispiel.

> Bevor ich ins Bett gehe, dusche ich.

> Bevor ich dusche, putze ich mir die Zähne.

> Bevor ich mir die Zähne putze, …

5 Über Nachrichten sprechen

a Welche Nachricht aus den Medien war für Sie in der letzten Zeit am interessantesten? Arbeiten Sie zu zweit. Schreiben Sie die Nachricht im Präteritum und lassen Sie drei Lücken: Wer? Wo? Wann?

> … hatte Spaß bei einem besonderen öffentlichen Termin. Am … eröffnete die 90-Jährige zusammen mit ihrem Ehemann einen Zoo nördlich von … Dabei durfte sie einen Elefanten mit Bananen füttern und lernte auch ein zehn Monate altes Elefanten-Mädchen kennen, das den gleichen Namen hat wie sie.

Lösung: Queen Elizabeth II., 11. April 2017, London

b Lesen Sie Ihre Nachricht vor. Die anderen raten und ergänzen die Lücken.

> Ich glaube, das war in …

> Das war bestimmt eine Schauspielerin – vielleicht war es …

6 Geschichte meines Landes

a Kursspaziergang. Notieren Sie drei wichtige Jahreszahlen und die Ereignisse auf die Vorder- und Rückseite eines Zettels. Gehen Sie durch den Kursraum. Zeigen Sie Ihrer Partnerin / Ihrem Partner nur die Jahreszahlen. Sie/Er fragt, Sie antworten.

> Ende des Zweiten Weltkriegs
> Start des Euros in Österreich
> Wahl des Präsidenten in Österreich

> Was ist 1945 passiert?

b Warum haben Sie diese Ereignisse gewählt? Erzählen Sie im Kurs.

4a Schreiben Sie *morgens, vormittags, nachmittags* und *abends* zur Anregung an die Tafel. Die TN sammeln zu zweit Verben. Notieren Sie währenddessen das Beispiel aus dem Buch an der Tafel und markieren Sie die Verbposition, damit die TN in der Kurskette keine Fehler machen. Weisen Sie die TN darauf hin, dass der Tagesablauf rückwärts vom Abend zum Morgen rekonstruiert wird.

5a+b Bringen Sie Zeitungen mit oder lassen Sie die TN im Internet nach Nachrichten recherchieren.

Alternative: Die TN schreiben erfundene Nachrichten und hängen sie im Kursraum auf. Im Kursspaziergang gehen sie zu zweit durch den Kursraum, lesen die Nachrichten und notieren ihre Vermutungen zu *Wer? Wo? Wann?* auf Kärtchen, die sie zu der Nachricht kleben. Am Ende sammeln die TN ihre Nachricht mit den dazugehörigen Kärtchen ein und lesen die lustigste Variante im Kurs vor.

6a+b Die TN können Informationen im Internet recherchieren. Beschränken Sie die Recherche- und Schreibzeit auf maximal zehn Minuten. Helfen Sie den TN ggf. bei der Formulierung der Stichwörter und korrigieren Sie sie bei Bedarf. Im Kursspaziergang fragen und antworten die TN zu zweit. Klatschen Sie nach ca. drei Minuten, die TN wechseln die Gesprächspartnerin / den Gesprächspartner. Nach mindestens zwei Runden berichten die TN im Kurs.

IV Panorama

Auf einen Blick

Textsorten: Bildbeschreibung (1a); Radioreportage (1d, 2a)

Strategien: Bilder als Informationsquelle nutzen (1a+b); Hypothesenbildung (1b+c); hypothesengeleitetes Hören (1d); selektives Hören (2a); detailliertes Hören (2b); einen Text anhand von Stichwörtern schreiben (2b); eine Diskussion führen (2c); Hör-Sehen (Landeskunde-AR)

Einstieg +1a
Fragen Sie: *Was ist ein Kiosk? Was wird dort verkauft? Wie sind die Öffnungszeiten?* Die TN sammeln Ideen und beschreiben das Foto.

1b Die TN schreiben zu zweit die Sätze und lesen sie in der Rolle von Frau Lehmann laut vor. Die TN wählen die originellste Idee per Applaus.

1c+d Die TN erklären mithilfe der Karte, wo das Ruhrgebiet liegt. Schreiben Sie dann die Synonyme *Kiosk, Trinkhalle, Büdchen* und *Spätkauf* an die Tafel und zeigen Sie auf der Karte, in welcher Region man sie verwendet (s. Landeskunde rechts). Dann kreuzen die TN ihre Vermutungen an und überprüfen beim Hören.

2a Die TN arbeiten in zwei Gruppen. Eine Gruppe macht beim Hören Notizen zu Herrn Schultz, die andere zu Frau Schröder. Fragen Sie auch nach dem Alter und den Berufen der Personen. Dann tauschen sich die TN zu zweit aus (aus jeder Gruppe eine / ein TN).

Lösung (Beispiel): *Herr Schultz:* 38, Designer; morgens Zeitung kaufen und Kaffee trinken; abends manchmal ein Bier trinken (um nicht allein zu sein); Nachbarn treffen, Schlüssel für Handwerker abgeben; Post abholen; *Frau Schröder:* 52, Friseurin; beim Spaziergang mit Hund eine Cola trinken + eine Zigarette rauchen; vom Tag erzählen; manchmal Zahnpasta kaufen

Das große Foto zeigt eine typische Trinkhalle in Köln.

1 Treffpunkt Kiosk

a Was sehen Sie auf dem Panorama-Foto? Beschreiben Sie das Foto in drei Sätzen.
b Was denkt Frau Lehmann vielleicht? Schreiben Sie zu zweit eine Denkblase zum Foto.
c Was denken Sie: Was ist richtig? Kreuzen Sie an.

1. In Deutschland gibt es ca. ...
   a ☐ 4.000 Kioske.
   b ☒ 40.000 Kioske.
   c ☐ 400.000 Kioske.

2. Im Ruhrgebiet steht ...
   a ☒ ein Drittel der Kioske.
   b ☐ ein Viertel der Kioske.
   c ☐ die Hälfte der Kioske.

3. Die Zahl der Kioske ist in den letzten Jahren ...
   a ☐ gestiegen.   b ☐ gleich geblieben.   c ☒ gesunken.

d Hören Sie und überprüfen Sie Ihre Antworten in c.

72 zweiundsiebzig

2b 👤 ▶ 👥 Die TN lesen ihre Texte in Gruppen zu viert vor.

Lösung (Beispiel): *Frau Lehmann ist 64 Jahre alt. Sie lebt allein, denn ihr Mann ist vor zwei Jahren gestorben. Sie arbeitet oft mehr als zwölf Stunden, weil der Kiosk von acht bis acht geöffnet hat und sie vorher noch den Einkauf beim Großmarkt macht. Deshalb steht sie oft schon um fünf Uhr auf. Sie hat schon lange keinen Urlaub gemacht und von dem Geld, das sie verdient, könnte sie keine Familie ernähren. Aber sie mag ihre Kunden und deshalb auch ihre Arbeit.*

2c 👤 ▶ 👥 Die TN notieren Argumente, bevor sie im Kurs diskutieren. Achten Sie darauf, dass die TN in der Diskussion aufeinander Bezug nehmen.

3 ◐ 👥 In Auslandskursen vergleichen die TN die Situation im Heimatland mit Deutschland. 👥 ▶ 👥 In Inlandskursen bilden die TN, die aus dem gleichen Land kommen, Gruppen und sammeln Informationen, die sie im Kurs vorstellen.

Landeskunde

▶ **AR, UM:** Das Video gibt Informationen zum Ruhrgebiet: Am Ende wird eine Verständnisfrage gestellt (*Welche Stadt gehört nicht zum Ruhrgebiet?* Lösung: *Düsseldorf*).

👤 ▶ 👥 ▶ 👤 ▶ 👥 Beim ersten Sehen beantworten die TN die Frage. Erklären Sie das Wort *Zeche* (= *Bergwerk, Mine*) und schreiben Sie weitere Fragen als Stichwörter an die Tafel: *Wie viele Menschen? Name Ruhrgebiet? Bundesland? Großstädte? Früher? Heute?* Die TN notieren beim zweiten Sehen die Antworten (*Nordrhein-Westfalen: 5,1 Mio; die Ruhr (Fluss); Dortmund, Essen, Duisburg, Bochum, Gelsenkirchen, Oberhausen; Bergbau (Kohle); alte Industrieanlagen heute Museen/ Konzerthallen etc.*).

Kioske in Deutschland
In ganz Deutschland gibt es Kioske in Form von kleinen Häuschen oder Buden, die man im Westen von Deutschland meist *Trinkhalle, Bude* oder *Büdchen* nennt. In Ostdeutschland (v. a. in Berlin) hat der *Spätkauf* oder *Späti* die gleiche Funktion. *Trinkhallen, Buden* oder *Spätis* sind kleine Läden, die jeden Tag bis spät in die Nacht, manchmal auch 24 Stunden geöffnet sind. Neben Zeitungen, Zeitschriften, Süßwaren, Getränken und Tabakwaren bekommt man hier auch Waren des täglichen Bedarfs.

2 Arbeitszeiten

1.38 **a** Warum kommen Herr Schultz und Frau Schröder zum Kiosk? Was machen sie dort? Hören Sie und machen Sie Notizen. Berichten Sie dann.

1.38 **b** Hören Sie noch einmal und machen Sie Notizen zu Frau Lehmann. Schreiben Sie ihr Porträt.

Alter:	Arbeitszeiten:	Gehalt:
Familie:	Urlaub:	Tagesablauf:

c Und Sie? Wie finden Sie die Arbeitszeiten von Frau Lehmann? Möchten Sie so arbeiten? Diskutieren Sie im Kurs.

3 Gibt es in Ihrem Land ähnliche Treffpunkte in der Stadt? Erzählen Sie.

9 Über Grenzen hinweg

Auf einen Blick

Material: politische Europakarte / Ausdrucke einer politischen Europakarte (Einstieg); pro Gruppe ein großes Papier (3); KV 9/1 (2/Strukturen 2); Kärtchen (4c, 5a); KV 9/2 (5b/Strukturen 3)

Textsorten: Info-Text (1a); Zitat (3); Zeitungsartikel (4b, 5b); literarischer Text: Interview (7b)

Strategien: Grafiken als Informationsquelle nutzen (1a; 6b); globales Hören (1b); selektives Hören (1c+d); Hör-Sehen (1b–d); einen Text anhand von Stichwörtern schreiben (3); hypothesengeleitetes Lesen (4a+b); detailliertes Lesen (4c+d; 7c); selektives Lesen (7b)

Einstieg Hängen Sie eine politische Europakarte im Kursraum auf oder legen Sie Ausdrucke aus, sodass alle TN dort nachsehen können. Die TN nennen die Mitgliedsstaaten der EU und sagen, ob in dem Land mit dem Euro bezahlt wird oder nicht (s. Liste links in der Grafik). Wenn der Euro in Ihrem Land kaum bekannt ist, können Sie ein paar Euromünzen – falls vorhanden – oder Bilder von Euromünzen und -scheinen im Kurs zeigen.

▶ **AR, UM:** Alternativ projizieren Sie die Europakarte und die Liste mit den Euro-Ländern aus dem Kursbuch an die Wand.

1a Die TN lesen den Info-Text, korrigieren die Zahlen und vergleichen zu zweit. Für die Lösung ist es nicht nötig, alle Wörter im Text zu verstehen. Dann suchen die TN Wörter aus der Bildleiste im Text, lesen den Satz laut vor und erklären das Wort. Fragen Sie die TN: *Was ist die EU? Was ist der Freiwilligendienst?* Die TN lesen noch einmal und beantworten die Fragen.

▶ **AR, UM:** Spielen Sie das Video zur Bildleiste (Phase 1+2) ab. Die TN sprechen nach und üben den neuen Wortschatz.

1b+c Alternative: Nach dem ersten Hören und dem Lösen von 1b wählen die TN ein Thema in 1b (1, 3 oder 4), hören den Text noch einmal und machen zu dem Thema Notizen. Danach bilden die TN, die das-

9 Über Grenzen hinweg

Belgien
Deutschland
Estland
Finnland
Frankreich
Griechenland
Irland
Italien
Lettland
Litauen
Luxemburg
Malta
Niederlande
Österreich
Portugal
Slowakei
Slowenien
Spanien
Zypern
(Stand: Juli 2017)

1 Europa und die EU

a Die markierten Zahlen im Text sind vertauscht. Sehen Sie die Karte an und korrigieren Sie die Zahlen. Die Bildleiste hilft.

> **EU (Europäische Union)**
> Zu Europa gehören 28 ~~47~~ Staaten, von denen aktuell 12 ~~28~~ Länder Mitglied der EU sind. Die EU ist eine Gemeinschaft von Staaten, die zusammen politische Entscheidungen treffen. Seit 1957 engagieren sich europäische Politiker und Politikerinnen dafür, dass die EU-Länder in Bereichen wie Wirtschaft, Finanzpolitik, Umweltschutz, Sicherheit und Wissenschaft enger zusammenarbeiten. Im Januar 2002 haben 19 ~~12~~ Länder den Euro als gemeinsame Währung eingeführt. Heute wird in 47 ~~19~~ Ländern mit dem Euro bezahlt.
> Es gibt viele Projekte, die die Zusammenarbeit zwischen den EU-Ländern unterstützen. Zwei wichtige Beispiele sind das Programm *ERASMUS* für Studenten und der *Europäische Freiwilligendienst* für junge Menschen zwischen 17 und 30 Jahren.

b Über welche Themen sprechen die Personen? Hören Sie und kreuzen Sie an.

1. [x] die Vor- und Nachteile der EU
2. [ ] Julias Schule
3. [x] Julias Plan: der Europäische Freiwilligendienst
4. [x] das Leben in Europa – früher und heute

* In Großbritannien hat die Mehrheit der Bürger (51,89 %) am 23. Juni 2016 für einen Austritt aus der Europäischen Union („Brexit") gestimmt. Seit März 2017 wird über den Austritt verhandelt.

74 vierundsiebzig

selbe Thema gewählt haben, eine Gruppe, vergleichen ihre Lösung und übertragen die Notizen an die Tafel. Anschließend präsentieren sie das Thema im Kurs. Die anderen TN ergänzen dann passende Stichworte aus dem Schüttelkasten in 1c.

Lösung zu 1c: _Europa früher:_ lange Kontrollen an den Grenzen, in jedem Staat eine eigene Währung; _Europa heute:_ freie Wahl des Arbeitsortes, viel Mobilität, Krankenversicherung in allen EU-Ländern

▶ **Video-DVD:** Spielen Sie das Video bis 00:53 ab. Die TN vermuten, was bei Bodes los war. Gehen Sie dann wie oben beschrieben vor.

2a Erklären Sie, dass _während_ eine zeitliche/temporale Beziehung ausdrückt. Fragen Sie: _Wann finden die Aktivitäten statt: vorher, nachher oder gleichzeitig?_ Verdeutlichen Sie die Gleichzeitigkeit mit dem folgenden Schema:

```
──── Aktivität 1 ────
        während
──── Aktivität 2 ────
```

! In der gesprochenen Sprache wird _während_ auch mit Dativ verwendet.

2b Ich-Bezug/Automatisierung. Die TN schreiben die Sätze auf einzelne Blätter. Dann hängen alle ihre Sätze an die Tafel – in Gruppen nach den Nomen sortiert. Die TN wählen eine Gruppe, lesen die Sätze und raten, wer welchen Satz geschrieben hat.
▶ Vertiefung: S. 79/2

3 Zielaufgabe/Ich-Bezug. Klären Sie den unbekannten Wortschatz und besprechen Sie mit den TN, was Angela Merkel mit der EU verbindet. Dann arbeiten die TN in Gruppen und sammeln auf einem großen Papier in einer Mindmap Ideen zum Thema „Europa".

Die TN schreiben einen Text anhand der Notizen. Kursspaziergang: Alle Texte werden im Kursraum aufgehängt. Die TN gehen durch den Raum und lesen alle Texte. Fragen Sie: _Was wird am häufigsten genannt? Warum?_ Die TN tauschen sich aus.

▶ **AR, UM:** Spielen Sie das Video zur Bildleiste (Phase 3) ab. Die TN beantworten die Fragen.
▶ Vertiefung: S. 79/1

■ über Europa und die EU sprechen – Assoziationen ausdrücken – Politik – _während_ (+ Genitiv) – Adjektivdeklination im Genitiv

c Was passt? Hören Sie noch einmal und ordnen Sie zu.

freie Wahl des Arbeitsortes – lange Kontrollen an den Grenzen – in jedem Staat eine eigene Währung – viel Mobilität – Krankenversicherung in allen EU-Ländern

Europa früher: _Europa heute:_

d Wer sagt was: Helga Mertens (H), Julia (Ju) oder Jannis (Ja)? Ordnen Sie zu und hören Sie zur Kontrolle.

Ja	Du bist **während** des Europäischen Freiwilligendienstes auch **versichert**.
Ju	Gab es während Ihrer Schulzeit auch solche Programme?
H	**Während des Studiums** hat er seine Frau kennengelernt.

2 Während + Genitiv

a Lesen Sie den Grammatikkasten und unterstreichen Sie in 1d die Genitivformen.

während + Genitiv
m während des Krieges   während des Europäischen Freiwilligendienstes
n während des Studiums   _Die Adjektivendung im Genitiv ist immer -en._
f während der Schulzeit
Pl. während der Ferien

b Ihre Träume und Wünsche. Schreiben Sie vier Sätze und sprechen Sie im Kurs.

Während der Schulzeit / der Ausbildung / des Studiums …

Während meiner Schulzeit wollte ich Arzt werden, weil …

3 Und Sie? Was verbinden Sie mit Europa? Lesen Sie das Zitat und sammeln Sie Ideen. Machen Sie dann eine Mindmap und schreiben Sie einen Text.

Ich möchte […] an ein **Grundmotiv** […] der europäischen **Einigung** erinnern: an die Freiheit, die ein Leben in **Frieden** und **Wohlstand** erst möglich macht. […] Ohne Freiheit gibt es keine **Vielfalt** und keine **Toleranz**.

(Quelle: Rede von Angela Merkel am 7. November 2012 im Europäischen Parlament in Brüssel
www.bundeskanzlerin.de)

🔧 **Assoziationen ausdrücken**
Mit Europa verbinde ich …   Bei Europa denke ich an …
Europa ist für mich (nicht) …   Meiner Meinung nach steht Europa für …

die Gemeinschaft, -en
die Zusammenarbeit (Sg.)
die Wissenschaft, -en
die Wirtschaft (Sg.)
die Finanzpolitik (Sg.)
die Sicherheit (Sg.)
die Mobilität (Sg.)
die Währung, -en
die Bürokratie (Sg.)

fünfundsiebzig 75

9 Über Grenzen hinweg

4a Schreiben Sie das Thema *Migration nach/aus Deutschland* an die Tafel. Die TN vermuten und nennen Gründe dafür und notieren sie an der Tafel. Dann schätzen sie, ob mehr Menschen nach Deutschland einwandern oder aus Deutschland auswandern.

4b Die TN lesen den Artikel und unterstreichen die Zahlen und Gründe (s. 4a). Dann vergleichen sie mit den Gründen an der Tafel und ergänzen sie ggf.

4c Die TN lesen noch einmal und markieren, was sie überraschend finden, und tauschen sich mit ihrer Partnerin / ihrem Partner aus. Achten Sie darauf, dass die TN die im Kasten vorgegebenen Redemittel verwenden.

Bereiten Sie mehrere Kärtchen mit den Satzanfängen aus dem Redemittelkasten vor (pro TN ein Kärtchen). Die TN ziehen jeweils ein Kärtchen und formulieren einen Satz mit dem entsprechenden Redemittel.
▶ Phonetik: S. 79

4d+5a Die TN lösen 4d zu zweit und vergleichen dann mit einem anderen Paar.

Währenddessen schreiben Sie auf jeweils ein Blatt die folgenden Wörter: *Einwanderungsland, Auswanderungsland, das Leben in den USA, Englischkenntnisse, Schweiz, Polen, im Ausland bleiben, zurückkommen.* Visualisieren Sie dann die Bedeutung der Doppelkonjunktionen wie folgt: Acht TN bekommen jeweils ein Blatt und kommen nach vorne. Eine andere / Ein anderer TN liest den ersten Satz in 4d laut vor, die TN mit den passenden Wörtern stellen sich vorne nebeneinander (*nicht nur ... sondern auch*). Beim Vorlesen des zweiten Satzes stellen sich die TN mit dem Rücken zu den TN (*weder ... noch*), beim dritten Satz wie beim ersten (*sowohl ... als auch*) und beim vierten dreht sich eine/ein TN um (*entweder ... oder*). Klären Sie dann gemeinsam mit den TN mithilfe der grafischen Zeichen im Grammatikkasten die Bedeutung der Konjunktionen. Die TN ergänzen den Grammatikkasten in 5a.

5b Automatisierung. Kursspaziergang: Die TN schreiben zwei Sätze mit unterschiedlichen Konjunktionen. Sie gehen durch den Raum, lesen ihre Sätze mehreren Partnerinnen/Partnern vor und suchen eine/einen TN mit derselben oder einer ähnlichen Aussage.

---

9 Über Grenzen hinweg

4 Ein- oder Auswanderungsland?

a Was denken Sie: Wandern mehr Menschen nach Deutschland ein oder aus Deutschland aus? Warum wandern Deutsche aus? Sprechen Sie im Kurs.

b Lesen Sie den Text und überprüfen Sie Ihre Vermutungen in a.

PANORAMA 09/17

Auswanderer aus einem Einwanderungsland

Ist Deutschland ein Einwanderungsland? 2015 hat man über zwei Millionen Einwanderer gezählt. Tatsächlich verlassen aber auch jedes Jahr ca. 140.000 Deutsche ihre Heimat und ca. 3,4 Millionen Deutsche leben zurzeit im Ausland.

Geschichten von deutschen Auswanderern sind vor allem aus der TV-Doku „Goodbye Deutschland!" bekannt. Seit zehn Jahren begleitet der private Fernsehsender VOX Deutsche bei ihren
5 Abenteuern in der neuen Heimat. Oft kämpfen sie mit unrealistischen Vorstellungen und verrückten Ideen. Der Hamburger Konny Reimann, ein berühmter deutscher Auswanderer, ging zum Beispiel mit seiner Familie nach Texas, obwohl er kein Wort
10 Englisch konnte. Roland und Steffi Bartsch zogen von Wuppertal nach Mallorca, um auf der Sonneninsel ein Sonnenstudio zu eröffnen.
In „Goodbye Deutschland!" ziehen die Auswanderer meist in Urlaubsregionen mit Strand und Meer
15 um: Mallorca, Gran Canaria, Ko Samui. Doch laut Statistik sind die beliebtesten Ziele deutscher Auswanderer die Schweiz, die USA, Österreich und Polen. Unter den ersten zehn Zielländern sind nur zwei nicht-europäische Staaten: die USA und
20 Kanada.
Die meisten Auswanderer verlassen Deutschland nicht, um mehr Geld zu verdienen. Viele suchen bessere Arbeitsbedingungen. Und ihr Wunsch ist vor allem, neue Berufs- und Lebenserfahrungen
25 zu sammeln.
Allerdings will nur ein Drittel der Auswanderer für immer in der neuen Heimat bleiben. 41 Prozent planen, nach Deutschland zurückzukommen. Konny Reimann lebt übrigens zurzeit auf Hawaii.
30 Das Ehepaar Bartsch ist wieder in Wuppertal: Sie wollen in ihrer alten Heimat ein Fish-Spa eröffnen.

c Was hat Sie überrascht? Lesen Sie noch einmal und sprechen Sie im Kurs.

> 🔧 **Erstaunen ausdrücken**
> Wirklich?/Echt? Ich habe (nicht) erwartet, dass ...
> Ich bin überrascht, dass ...
> Ich finde es selbstverständlich/spannend, dass ...
>
> Das war für mich neu: ...
> Mich wundert, dass ...
> Ich hätte nicht gedacht, dass ...

d Wo steht das im Text? Lesen Sie den Text noch einmal, ergänzen Sie die Sätze und markieren Sie die Stellen, an denen Sie die Information gefunden haben.

Englischkenntnisse – Einwanderungsland – im Ausland – Polen

1. Deutschland ist nicht nur ein *Einwanderungsland*, sondern auch ein Auswanderungsland.
2. Konny Reimann kannte weder das Leben in den USA, noch hatte er *Englischkenntnisse*.
3. Sowohl die Schweiz als auch *Polen* gehören zu den beliebtesten Zielen der deutschen Auswanderer.
4. Die Auswanderer wollen entweder für immer *im Ausland* bleiben oder nach einer bestimmten Zeit nach Deutschland zurückkommen.

Sprachschatten: Die TN arbeiten mit dieser Partnerin / diesem Partner weiter. Sie bilden weitere Sätze mit den Vorgaben im Schüttelkasten mündlich und reagieren wie im Beispiel.

◐ Schwächere TN notieren zuerst die Sätze schriftlich, bevor sie zu zweit den Sprachschatten durchführen.

▶ Vertiefung: S. 79/3

6a Die TN sehen sich die Gründe an der Tafel (s. 4a) an und sammeln weitere Gründe für das Auswandern. Fragen Sie dann die TN: *Aus welchem Grund würden Sie auswandern?* Machen Sie entsprechend der Antworten der TN Striche zu den Gründen an der Tafel. Diese Kursstatistik kann später mit den beiden Grafiken im Buch verglichen werden (s. 6b).

◐ In Inlandskursen können Sie fragen: *Aus welchem Grund sind Sie ausgewandert?*

❗ Wenn in Ihrem Kurs TN anwesend sind, die ggf. unter traumatischen Umständen nach Deutschland gekommen sind, stellen Sie keine Fragen nach persönlichen Gründen.

6b Notieren Sie die Prozentzahlen und die Gründe aus der linken Grafik getrennt an der Tafel. Die TN vermuten und notieren zu zweit, welche Gründe und welche Prozentzahlen zusammengehören. Dann überprüfen sie ihre Lösung mit der Grafik im Buch. Wer hat am besten/genauesten geraten? Dann vergleichen sie die beiden Grafiken im Buch und kommentieren sie mit den Redemitteln in 4c. Anschließend können sie die Gründe mit der Kursstatistik vergleichen.

6c Die TN schreiben Sätze zu zweit. Dann bilden sie Gruppen zu viert und überprüfen gegenseitig, ob die Aussagen richtig sind. Anschließend lesen die TN die Redemittel auf S. 79 und schreiben einen Text zu den Gründen für die Ein- und Auswanderung in Deutschland anhand der eigenen Sätze. Sammeln Sie die Texte ein und korrigieren Sie sie.

◐ Stärkere TN schreiben einen Text zu den Gründen für die Ein- und Auswanderung in ihrem Land.

■ über (Gründe für) Migration sprechen – Erstaunen ausdrücken – eine Grafik beschreiben – Migration – Doppelkonjunktionen

9

5 Doppelkonjunktionen: *nicht nur …, sondern auch – weder … noch – entweder … oder – sowohl … als auch*

a Lesen Sie die Sätze in 4d noch einmal und ordnen Sie die Doppelkonjunktionen zu.

Doppelkonjunktionen	
nicht nur …, sondern auch	beides (+ +)
sowohl … als auch	beides (+ +)
weder … noch	beides nicht (– –)
entweder … oder	eins von beiden (+ – / – +)
Diese Konjunktionen verbinden Sätze oder Satzglieder in einem Satz.	

b Was möchten Sie? Schreiben Sie Sätze und sprechen Sie im Kurs.

reisen / auswandern – in Deutschland / in … leben – im Ausland studieren / arbeiten – eine fremde Kultur / neue Menschen kennenlernen – eine Sprache lernen / im Ausland leben

> *Ich möchte sowohl in Deutschland als auch in Frankreich leben.*

> *Wirklich? Ich möchte weder in Deutschland noch in Frankreich leben. Ich möchte …*

6 Migration und Rückkehr

a Welche Gründe gibt es, in ein anderes Land auszuwandern? Sammeln Sie im Kurs.

> *Ein Grund kann ein besserer Arbeitsplatz sein.*

> *Viele Menschen fliehen vor dem Krieg.*

b Welche Gründe stehen bei deutschen Auswanderern für die Auswanderung und die Rückkehr auf den ersten drei Plätzen? Sehen Sie die Grafiken an und sprechen Sie im Kurs.

Gründe für die **Auswanderung**	
Quelle: Studie International Mobil 2015	
neue Erfahrungen	72,2 %
Beruf	64,9 %
Partner/Familie	50,9 %
Einkommen	46,9 %
Unzufriedenheit mit dem Leben in Deutschland	41,4 %
Ausbildung/Studium	17,1 %

Gründe für die **Rückkehr**	
Quelle: Studie International Mobil 2015	
Partner/Familie	63,9 %
Beruf	54,5 %
Unzufriedenheit mit dem Leben im Ausland	40,4 %
befristeter Auslandsaufenthalt	39,7 %
Einkommen	29,7 %
Ausbildung/Studium	22,2 %

c Schreiben Sie fünf Sätze zu den Grafiken. Nutzen Sie dafür die Doppelkonjunktionen.

> *Nicht nur Auswanderer, sondern auch Rückkehrer finden …*
> *Partner und Familie spielen sowohl für … als auch für … eine … Rolle.*
> *Die Auswanderer wollen entweder … oder …*

siebenundsiebzig 77

9 Über Grenzen hinweg

7a 👥 ▶ 👤 ▶ 👥 Klären Sie die Bedeutung von dem Wort *Integration*. Die TN tauschen sich dann aus, welche der Themen zur Integration für Einwanderer wichtig sind.

Kurskette: Die TN notieren jeweils das bei der Integration für sie wichtigste Thema und ein Thema, das keine oder sehr geringe Bedeutung für sie hat. Die/Der erste TN nennt beide Themen (z. B. *Für mich ist die Sprache am wichtigsten. Das Essen finde ich nicht wichtig.*). Die/Der nächste TN kommentiert und nennt seine Themen (z. B. *Ich finde auch/nicht, dass das Essen nicht wichtig ist. Ich finde am wichtigsten …*) usw.

7b 👤 ▶ 👥 Weisen Sie die TN darauf hin, dass die Begriffe in 7a als Schlüsselwörter fungieren und lassen Sie sie im Text suchen. Die TN vergleichen im Kurs.

👤 ▶ 👥 Dann wählen die TN ein Thema, zu dem der Vater etwas sagt, lesen noch einmal und machen Notizen dazu. Die TN erzählen nach, was der Vater sagt. Fragen Sie die TN nach ihrer Meinung dazu. Bei Bedarf klären Sie unbekannten Wortschatz.

❗ Nicol Ljubić (*15.11.1971 in Zagreb) ist ein in Berlin lebender deutscher Schriftsteller und Journalist. Er hat eine deutsche Mutter und einen kroatischen Vater. Seine Kindheit verbrachte er in Griechenland, Schweden und Russland (wo er jeweils deutsche Schulen besuchte) und schließlich in Bremen. Dort machte er das Abitur, studierte Politikwissenschaften und machte eine journalistische Ausbildung. Für seine Reportagen bekam er mehrere Preise und auch sein 2010 erschienener Roman *Meeresstille* wurde mehrfach ausgezeichnet. Zuletzt erschien 2017 der Roman *Ein Mensch brennt*.

◐ 👥 Bei Interesse der TN fragen Sie im Kurs: *Was ist eine Satire? Welche Elemente sind typisch für diese Textsorte?* (Lösung: *Sie ist lustig, sie übertreibt, sie ist ironisch, sie versteckt Kritik in Komik*.) Dann suchen die TN Stellen im Text, die sie als „satirisch" empfinden.

7c 👤 ▶ 👥 Die TN markieren die Stelle im Text und spielen dann den Vater, indem sie die Stelle vorlesen – mit möglichst viel schauspielerischem Elan. Um den TN Mut zu geben, spielen Sie Ihre Lieblingsäußerung vor. Die TN sollen ihre Auswahl nicht begründen, denn dies ist beim Thema „Humor" eher hinderlich.

---

9 Über Grenzen hinweg
■ über Integration sprechen – über kulturelle Unterschiede sprechen

7 Was ist Integration?

a Was denken Sie: Welche Themen gehören zur Integration? Sprechen Sie im Kurs.

1. [x] Rechte
2. [x] Sprache
3. [ ] Musik
4. [ ] Sport
5. [x] Freunde
6. [x] Pflichten
7. [ ] Politik
8. [x] Essen
9. [x] Arbeit/Studium

b Über welche Themen spricht der Autor mit seinem Vater? Lesen Sie, kreuzen Sie in a an und sprechen Sie im Kurs.

Der folgende Text spielt mit Klischees zur Frage „Was ist Integration?". Nicht alles ist ernst gemeint!

INTEGRATIONSCHECK mit dem VATER
von Nicol Ljubić

Es gibt einen Fragebogen, mit dessen Hilfe sich untersuchen lässt, wie gut Migranten in Deutschland integriert sind. Ich würde mit dir gern zum Spaß ein paar Fragen durchgehen …

5 Ich bin integriert, sehr gut sogar. […] Ich lebe seit über 50 Jahren in diesem Land. Ich habe auch einen deutschen Pass. […]

Kennst du deine Rechte als Immigrant?

Ich habe alle Rechte. Ich bin schließlich Deutscher,
10 waschechter Deutscher. […]

Kennst du deine Pflichten?

Pünktlichkeit ist das A und O. Und dich an die Regeln halten. Zwischen ein und drei Uhr wird kein Rasen gemäht. Früher haben sich die Nachbarn
15 auch daran gehalten, aber seit hier die ersten Ausländer wohnen, wird darauf nicht mehr geachtet. Die mähen, wann sie wollen. […]

Müssen Migranten, die sich entscheiden, in Deutsch-
20 *land zu wohnen, die deutsche Sprache lernen?*

Die Sprache ist das A und O. Wenn du die Sprache nicht kannst, behandeln sie dich wie einen Idioten. Deshalb habe ich von klein auf zu dir gesagt: Lern Deutsch! Das ist das Wichtigste. Und sei gut in der
25 Schule! […]

Müssen Migranten, die sich entscheiden, in Deutschland zu wohnen, deutsche Freunde haben?

Ja. Ich habe nur deutsche Freunde. […] Bernd, Klaus, Gustav und die anderen
30 Kegelbrüder.

Sollen Migranten, die sich entscheiden, in Deutschland zu bleiben, ihre eigenen Sitten und Gebräuche behalten?

Besser nicht. Stell dir mal vor, die Griechen, die sagen
35 gern *Avrio*, wenn sie etwas tun sollen. *Avrio* heißt morgen, […] so kommt man aber in Deutschland nicht weit. Gehört Essen auch zu Gebräuchen?

Ich denke schon.

Das ist schon wichtig, ich meine, Eis-
40 bein und Labskaus, das ist nichts für mich. Ich vermisse die Palatschinken von meiner Schwester. […]

Müssen Migranten, die sich entscheiden, in Deutschland zu bleiben, die deutsche Kultur kennenlernen?
45 Das mache ich doch jeden Tag vor dem Fernseher. […]

Welche Erwartungen hattest du an Deutschland?

Ich wollte arbeiten. Sonst nichts. So ist das eben, wenn man in ein Land kommt und nichts hat, dann muss man bei Null anfangen. Aber ich
50 habe was aus meinem Leben gemacht. Und sieh dich um: Wir haben ein eigenes Haus, ein Auto, wir sind immer in Urlaub* gefahren, du hast studiert. Du hast alles. Und keiner behandelt dich wie
55 einen Idioten, weil du die Sprache nicht kannst. […]

Dafür spreche ich kein Kroatisch. […]

Ich wollte, dass du Deutsch sprichst, wir leben in Deutschland und werden auch in Deutschland bleiben und in Deutschland wird Deutsch gesprochen.
60 Was sollst du hier mit Kroatisch? […]

Quelle: Magazin #26 der Kulturstiftung des Bundes
www.kulturstiftung-des-bundes/cms/de/mediathek/magazin

> Der Vater sagt, dass er die gleichen Rechte wie ein Deutscher hat.

c Welche Antwort des Vaters finden Sie am lustigsten? Lesen Sie noch einmal und sprechen Sie im Kurs.

*D: in Urlaub – A: auf Urlaub – CH: in die Ferien

78 achtundsiebzig

Wichtige Sätze

1 über Europa und die EU sprechen / Assoziationen ausdrücken

Ratespiel: Schreiben Sie an die Tafel: *Mit Europa verbinde ich ... / Bei Europa denke ich an ...* Eine/Ein TN überlegt sich einen Begriff, den sie/er mit Europa verbindet. Sie/Er nennt diesen Begriff nicht, sondern versucht ihn zu beschreiben (z. B. bei *Freiheit* sagt sie/er: *Bei Europa denke ich an ein Leben, das ich selbst bestimmen kann.*). Die anderen TN raten, um welchen Begriff es sich handelt. Die/Der TN, die/der den Begriff errät, wählt einen neuen Begriff usw.

Strukturen

2 *während* + Genitiv

Kurskette: Die TN arbeiten in Gruppen zu viert. Kopieren Sie die Kopiervorlage einmal pro Gruppe und schneiden Sie die Kärtchen aus. Die/Der erste TN zieht ein Kärtchen und bildet mit dem Wort und der Präposition *während* einen Satz (z. B. *Während meines Urlaubs habe ich viele Bücher gelesen.*). Die/Der nächste TN fragt nach und ergänzt ein Adjektiv (z. B. *Du hast während deines kurzen Urlaubs viele Bücher gelesen? Toll.*). Dann zieht sie/er ein Kärtchen und bildet einen Satz. Die/Der nächste TN fragt nach usw.

● Für schwächere TN können Sie ein paar passende Adjektive an die Tafel notieren (z. B. *kurz, lang, schön, interessant, langweilig, stark, lecker, spannend*). ▶ KV 9/1

3 Doppelkonjunktionen

Die TN arbeiten zu zweit. Kopieren Sie die Kopiervorlage, jedes Paar bekommt ein Kärtchen-Set. Die Kärtchen werden verdeckt in zwei Stapeln auf den Tisch gelegt: links Kärtchen mit den grafischen Zeichen, rechts Kärtchen mit den Wörtern. Eine/Ein TN zieht jeweils ein Kärtchen und fragt entsprechend den Kärtchen, z. B. *Theater/Oper mögen* und – – *Magst du weder Theater noch Oper?* Die/Der andere TN antwortet. ▶ KV 9/2

Phonetik

❗ Zu S. 150, Einheit 9: Weisen Sie Ihre TN darauf hin, dass „Erstaunen" in dieser Übung eine Nachfrage beinhaltet, daher muss die Satzmelodie deutlich nach oben gehen. Unterstützen Sie mit Gestik.

Alles klar!

Wichtige Sätze

über Europa und die EU sprechen

Meiner Meinung nach steht Europa für die Zusammenarbeit vieler Länder / für ...
Die Länder arbeiten in verschiedenen Bereichen zusammen. Es ist heute einfacher als früher, in einem anderen EU-Land zu studieren oder zu arbeiten.
Früher gab es in Europa viele unterschiedliche Währungen, heute haben viele EU-Länder den Euro. Früher gab es an den Grenzen in Europa lange Kontrollen.

Assoziationen ausdrücken

Mit Europa verbinde ich ... Bei Europa denke ich an ...
Europa ist für mich (nicht) ... Meiner Meinung nach steht Europa für ...

über (Gründe für) Migration sprechen

Viele Menschen wandern aus, weil sie mit den Arbeitsbedingungen in ihrer Heimat unzufrieden sind / weil sie im Ausland studieren wollen / weil ...
Ihr Wunsch ist vor allem, neue Berufs- und Lebenserfahrungen zu sammeln / ...
Die meisten Auswanderer verlassen ihre Heimat (nicht), um mehr Geld zu verdienen.
Die Familie spielt auch eine Rolle. Nur die Hälfte / ... Prozent der Auswanderer will/wollen in der neuen Heimat bleiben. / Viele Menschen fliehen vor dem Krieg.

Erstaunen ausdrücken

Wirklich?/Echt? Ich habe (nicht) erwartet, dass ... Das war für mich neu: ...
Ich bin überrascht, dass ... Mich wundert, dass ...
Ich finde es selbstverständlich/spannend, dass ... Ich hätte nicht gedacht, dass ...

Strukturen

während + Genitiv

m	während des Krieges	während des Europäischen Freiwilligendienstes
n	während des Studiums	*Die Adjektivendung im Genitiv ist immer -en.*
f	während der Schulzeit	
Pl.	während der Ferien	

Doppelkonjunktionen

nicht nur ..., sondern auch beides (+ +)
sowohl ... als auch beides (+ +)
weder ... noch beides nicht (– –)
entweder ... oder eins von beiden (+ – /– +)

Nicht nur die Sprache, sondern auch die Kultur gehört zu Integration.
Die Familie ist sowohl für die Auswanderer als auch für die Rückkehrer ein Grund.
Weder das Einkommen noch das Studium spielen bei der Migration die größte Rolle.
Ich möchte im Ausland entweder studieren oder arbeiten.

▶ Phonetik, S. 150

10 Der neue Job

Auf einen Blick

Material: Kopiervorlage 10/1 (2b+c); Kopiervorlage 10/2 + pro Gruppe einen Würfel und Spielfiguren (3e/Strukturen 4); Rollenkarten (6c/Wichtige Sätze 3)

Textsorten: Stellenanzeigen (1a); Vorstellungsgespräch (3c); Lebenslauf (3d); Online-Artikel (6a)

Strategien: globales Lesen (1a); detailliertes Lesen (1b, 6b); globales Hören (2a); detailliertes Hören (2b, 3d); Hör-Sehen (2b); Bilder als Informationsquelle nutzen (3a); hypothesengeleitetes Hören (3c); Informationen anhand von Notizen wiedergeben (5); selektives Lesen (6a)

Einstieg Die TN sehen sich die Texte im Buch an (lesen sie aber noch nicht). Fragen Sie: *Was sind das für Texte? Wo findet man sie? Welche Informationen findet man dort?* Die TN sammeln wichtige Wörter an der Tafel.

▶ **AR, UM:** Alternativ projizieren Sie die Stellenanzeigen aus dem Kursbuch an die Wand.

1a Schreiben Sie die Berufe an die Tafel. Die Paare wählen einen Beruf und notieren, welche Eigenschaften und welche Ausbildung für diesen Beruf nötig sind. Die TN dürfen mit einem Wörterbuch arbeiten. Die Paare präsentieren ihre Vermutungen im Kurs. Dann lesen die TN die Anzeigen, ergänzen die Berufe und vergleichen mit ihren Notizen.

1b Notieren Sie an der Tafel:

> *Ausbildung*
> *Eigenschaften*
> *Tätigkeiten*

Die TN arbeiten in drei Gruppen. Jede Gruppe wählt eine Anzeige, notiert Informationen zu den Kategorien an der Tafel und stellt ihre Ergebnisse vor. Im Anschluss lösen die TN die Aufgabe und vergleichen zu zweit. Greifen Sie nur bei Bedarf ein.

1c Die TN tauschen sich zu zweit aus: Eine/Ein TN nennt die Eigenschaften, die/der andere empfiehlt einen Beruf.

10 Der neue Job

1 Stellenanzeigen

a Welche Berufe passen? Lesen Sie die Stellenanzeigen und ergänzen Sie.

Trainerin/Trainer – Grundschullehrerin/Grundschullehrer* – Musikerin/Musiker – Lehrerin/Lehrer – Erzieherin/Erzieher – Tänzerin/Tänzer – Krankenschwester/Krankenpfleger

b Welche Sätze passen zu welchen Anzeigen? Ordnen Sie zu.

1. *a* *b* Ich mag es, anderen Leuten Dinge zu erklären und zu unterrichten.
2. *a* *c* Ich habe viel Erfahrung mit ganz kleinen Kindern.
3. *a* *c* Ich arbeite gern im Team und übernehme auch gern Verantwortung.
4. *a* *c* Ich mag Musik und arbeite gern mit Kindern und Jugendlichen.
5. *b* *c* Ich organisiere gern und kann gut mit Menschen kommunizieren.

c Und Sie? Welche Eigenschaften aus den Anzeigen passen zu Ihnen? Machen Sie Notizen und erzählen Sie.

*D: die Grundschullehrerin / der Grundschullehrer – A: die Volksschullehrerin / der Volksschullehrer – CH: die Primarlehrerin / der Primarlehrer

80 achtzig

2a ▶ **AR, UM:** Zur Vorbereitung auf 2a spielen Sie das Video (Phase 1) zur Bildleiste ab. Die TN sprechen nach.

👤▶👥 Nachdem die TN die Aufgabe gelöst haben, fragen Sie die TN, welche Wörter/Informationen für die Lösung wichtig waren (*Bewerbung an den Kindergarten; du Kinder liebst; Gruppe von elf Kindern auf dem Spielplatz* usw.).

2b 👤▶👥▶👥▶👥 Die TN ordnen die Bilder und machen dazu Notizen. Fordern Sie die TN beim Nacherzählen der Geschichte auf, die Wörter *zuerst* und *danach* zu verwenden. Dann schreiben die TN zu zweit drei Satzpaare mit *zuerst* und *danach* und lesen sie vor.

▶ **Video-DVD:** Alternativ arbeiten die TN mit der Kopiervorlage zum Video. ▶ KV 10/1

2c 👥▶👤 Schreiben Sie zur Verdeutlichung der Zeitenfolge zunächst an die Tafel: *Zuerst hat Jannis einen Anruf bekommen. Dann freut er sich.*

Lösung: *Nachdem Julias Handy geklingelt hat, erzählt Jannis vom Vorstellungsgespräch. Nachdem er einen Anruf bekommen hat, freuen sich Julia und Jannis.*

▶ **Video-DVD:** Alternativ schreiben die TN Sätze zur Kopiervorlage. ▶ KV 10/1

▶ **AR, UM:** Spielen Sie das Video zur Bildleiste (Phase 2) ab. Die TN ergänzen die Sätze.

2d 👥▶👥 Ändern Sie an der Tafel zuerst den zweiten Satz (s. 2c): *Dann hat er sich gefreut.* Schreiben Sie darunter:

> *Nachdem er einen Anruf , hat er sich gefreut.*

Ergänzen Sie das Verb im Plusquamperfekt und erklären Sie, dass in der Vergangenheit für die Zeit „davor/zuerst" diese Form benutzt wird. Die TN ergänzen zu zweit die Sätze.

▶ **AR, UM:** Spielen Sie das Video zu Nebensätzen mit *nachdem* ab.
▶ Vertiefung: S. 85/1

2e 👥▶👥 Automatisierung. Die TN sammeln Alltagstätigkeiten als Stichwörter an der Tafel. Dabei verbinden sie je zwei Tätigkeiten mit einem Pfeil (*zuerst → danach*), z. B. *heute morgen geduscht → Zähne geputzt.* Dann führen die TN den Sprachschatten durch.

🛈 Alternativ bilden die TN zuerst Sätze mit Perfekt + Präsens und erst in der zweiten Runde mit Plusquamperfekt + Perfekt.

■ Stellenanzeigen verstehen – über Bewerbungen sprechen – Berufe – Bewerbung – Plusquamperfekt – Nebensätze mit *nachdem*

2 Jannis hatte ein Vorstellungsgespräch.

2.03 **a** Auf welche Anzeige hat sich Jannis beworben? Hören Sie und kreuzen Sie an.
2.03 **b** Was ist passiert? Hören Sie noch einmal, ordnen Sie die Bilder und erzählen Sie.

 vom Vorstellungsgespräch erzählen **2**
 sich freuen **4**
 einen Anruf bekommen **3**
 klingeln **1**

> *Zuerst hat Julias Handy geklingelt. Dann hat Jannis ...*

c Nebensätze mit *nachdem*. Lesen Sie den Grammatikkasten und schreiben Sie Sätze zu den Bildern in b.

Nebensätze mit *nachdem*		
zuerst		**danach**
	Perfekt/Präteritum	Präsens
Nachdem Jannis einen Anruf	bekommen hat,	freut er sich.

Das Verb im Nebensatz mit nachdem *steht in einer Zeitform vor dem Hauptsatz.*

> *Nachdem Julias Handy geklingelt hat, ...*

d Was hat Jannis dann gemacht? Lesen Sie den Grammatikkasten und ergänzen Sie die Sätze. Die Bildleiste hilft.

1. Nachdem Jannis die Anzeige* gelesen hatte, hat er ...
2. Nachdem er die Bewerbung geschickt hatte, ...
3. Nachdem er die Einladung bekommen hatte, ...
4. Nachdem er mit der Leiterin gesprochen hatte, ...

Nebensätze mit *nachdem*		
zuerst		**danach**
	Plusquamperfekt	Perfekt/Präteritum
Nachdem er die Ausbildung	abgeschlossen hatte,	ist er in den Verlag gegangen.

Plusquamperfekt: haben/sein *im Präteritum + Partizip II*

e Sprachschatten: Was haben Sie heute zuerst und was danach gemacht? Sprechen Sie wie im Beispiel.

> *Nachdem ich heute geduscht hatte, habe ich meine Zähne geputzt.*

> *Ah, nachdem du heute ... Nachdem ich heute ...*

*D: die Anzeige – A+CH: das Inserat

einundachtzig **81**

10 Der neue Job

3a Nachdem die TN die Bilder beschrieben haben, fragen Sie nach deren eigenen Erfahrungen bei Vorstellungsgesprächen: *Wie haben Sie sich gefühlt? Was war angenehm? Was nicht?*

◐ Wenn die TN noch keine Vorstellungsgespräche geführt haben, stellen sie Vermutungen an oder beschreiben eine ähnliche Situation – z. B. bei einer mündlichen Prüfung.

3b Die TN wählen eine Rolle – Arbeitgeberin/Arbeitgeber oder Bewerberin/Bewerber – und notieren Fragen. Dann vergleichen sie mit einer Partnerin / einem Partner und ergänzen die eigenen Fragen. Zum Schluss sammeln die TN die Arbeitgeber-Fragen an der Tafel.

3c Die TN hören und vergleichen mit den Fragen an der Tafel. Beim zweiten Hören notieren sie Fragen, die neu sind (Fragen aus dem Hörtext: *Möchten Sie etwas trinken? Warum haben Sie denn nicht als Erzieher gearbeitet? Warum wollen Sie jetzt als Erzieher arbeiten?*).

3d Die TN lesen zuerst den Lebenslauf von Jannis und ergänzen die Wörter. Sie hören noch einmal und überprüfen ihre Lösungen. Dann spielen sie das Gespräch nach: Eine/Ein TN übernimmt die Rolle von Frau Krüger, eine/ein TN von Jannis. Die Fragen an der Tafel und der Lebenslauf von Jannis helfen.

◐ Wenn das Thema für die TN interessant ist, können sie den Aufbau des Lebenslaufs von Jannis mit den Konventionen in ihrem Land vergleichen. Besprechen Sie mit den TN, wie man Lebensläufe in Ihrem Land (tabellarisch oder ausformuliert) schreibt, welche Informationen wichtig sind und wie man die Informationen anordnet.

3e Automatisierung. Weisen Sie darauf hin, dass die TN von unten (Zeile *Schulausbildung*) nach oben (Zeile *2007 – jetzt*) fragen müssen. Kurskette: Die TN arbeiten in Gruppen zu viert.

◐ Wenn die TN Probleme mit der Bildung der Nebensätze haben, schreiben sie die Sätze zuerst zu zweit und führen erst dann die Kurskette durch.
▶ Vertiefung: S. 85/4

4a+b Nachdem die TN die Sätze verbunden haben, lesen sie sie laut vor. Fragen Sie dann, wann Jannis studiert hat und wann er in einem Verlag gearbeitet hat. Die TN suchen die Informationen im Lebenslauf von Jannis. Erklären Sie dann die Bedeutung

---

10 Der neue Job

3 Das Vorstellungsgespräch

a Was denken Sie: Was passiert auf den Fotos? Wie fühlen sich die Personen? Sprechen Sie im Kurs.

> *Die Frau und Jannis begrüßen sich.*

> *Jannis sieht sehr ernst aus. Er fühlt sich ...*

b Welche Fragen stellt man in einem Vorstellungsgespräch? Notieren Sie und vergleichen Sie im Kurs.

> **Arbeitgeberin/Arbeitgeber**
> Welche Erfahrungen haben Sie?

> **Bewerberin/Bewerber**
> Wie groß ist das Team?

2.04 **c** Welche Fragen stellt Frau Krüger? Hören Sie und vergleichen Sie mit Ihren Vermutungen in b.
2.04 **d** Der Lebenslauf von Jannis. Hören Sie noch einmal und ergänzen Sie.

Praktikum – Abitur* – *Volontariat* – Ausbildung

Lebenslauf

persönliche Daten	Tel.: +491738546678 jannispassadakis@web.de geboren am 22.03.1982 in Köln
Berufserfahrung	
2007 – jetzt	Redakteur* (Verlag *Publisher*, Redaktion Grundschule)
2006 – 2007	*Volontariat* (Verlag *Publisher*, Redaktion Grundschule)
2004 – 2005	studentische Nebentätigkeit (Verlag *Publisher*)
1999 – 2000	*Praktikum* (Kindergarten *Il Sole*, Italien)
Berufsausbildung	
2003 – 2006	Fachhochschulstudium Pädagogik (Fachhochschule Berlin)
2000 – 2003	*Ausbildung* zum Erzieher (Berufsschule, Berlin)
Schulausbildung	
1999	*Abitur* (Albert-Einstein Gymnasium, Köln)
Fremdsprachen	Englisch B2, *Italienisch*

e Kurskette. Beschreiben Sie den Lebenslauf von Jannis wie im Beispiel.

> *Nachdem Jannis 1999 das Abitur gemacht hatte, ...*

> *... hat er ein Praktikum in Italien gemacht. Nachdem ...*

*D: das Abitur – A + CH: die Matura | D+A: der Redakteur – CH: der Redaktor

von *während*. Erinnern Sie die TN an *während* als Präposition und formulieren den ersten Satz um: *Während des Studiums hat Jan in einem Verlag gejobbt.* Die TN formulieren die anderen beiden Sätze um (*Während der Arbeit im Kindergarten hat Jannis sein Italienisch verbessert. Während der Arbeit als Redakteur hat er viel über Sprachförderung gelernt.*). Weisen Sie aber darauf hin, dass diese Umformulierung nicht immer möglich ist.

Zeichnen Sie dann eine Treppe (mit zwei Stufen) und zwei parallele Linien an die Tafel. Fragen Sie: *Welche Skizze passt zu den Nebensätzen mit* während? *Welche zu* nachdem? Die TN ergänzen dann den Grammatikkasten.

! Thematisieren Sie hier nicht die Nebensätze mit *während* als konzessive Konjunktion (Ausdruck eines Gegensatzes: *Während Jannis Abitur hat, habe ich nur einen Realschulabschluss.*). Dieses Thema wird in der Mittelstufe behandelt.

4c Automatisierung. Nachdem die TN die Sätze geschrieben haben, vergleichen sie zu zweit.

Alternative: Kurskette: Die TN bilden die Sätze noch einmal mündlich. Die/Der erste TN liest den Beispielsatz vor, die/der nächste TN fragt nach (*Wie bitte? Nachdem du viel gelernt hast, hast du die Prüfung bestanden? Ach so, klar.*) und bildet den nächsten Satz usw.

Lösung: *Während ich im Team gearbeitet habe, habe ich viele Erfahrungen gesammelt. Während ich im Ausland studiert habe, habe ich mein Englisch verbessert. Nachdem ich ein Praktikum gemacht hatte, habe ich gute Jobangebote bekommen. Nachdem ich die Zusage bekommen hatte, habe ich mich sehr gefreut. Während ich das Vorstellungsgespräch hatte, war ich sehr nervös.*

▶ Phonetik: S. 85

5 Zielaufgabe/Ich-Bezug. Die TN wählen jeweils drei Satzanfänge aus dem Redemittelkasten und notieren drei Aussagen. Dann lesen sie ihre Aussagen nacheinander vor, wobei nach jeder Aussage eine Pause gemacht wird. Die TN, die glauben, dass die Aussage falsch ist, stehen auf. Die/Der TN, die/der vorgelesen hat, löst auf. Wer ist „eine gute Lügnerin / ein guter Lügner"?

▶ Vertiefung: S. 85/2

■ über seinen Lebenslauf sprechen – Nebensätze mit *nachdem* und *während*

10

4 Nebensätze mit *während*

a Was passt zusammen? Verbinden Sie.

1. Während Jannis studiert hat, — a hat er sein Italienisch verbessert.
2. Während er im Kindergarten gearbeitet hat, — b hat er in einem Verlag gejobbt.
3. Während er als Redakteur gearbeitet hat, — c hat er viel über Sprachförderung gelernt.

b Was passt? Vergleichen Sie die Sätze und ordnen Sie die beiden Wörter im Grammatikkasten zu.

gleichzeitig – nacheinander

> **Nebensätze mit *nachdem* und *während***
>
> nacheinander:
>
> | | Plusquamperfekt | | Perfekt |
> |---|---|---|---|
> | Nachdem Jannis das Abitur | gemacht hatte, | hat | er in Italien ein Praktikum gemacht. |
>
> *Das Verb im Nebensatz mit* nachdem *steht in einer Zeitform vor dem Hauptsatz.*
>
> gleichzeitig:
>
> | | Perfekt | | Perfekt |
> |---|---|---|---|
> | Während er im Kindergarten | gearbeitet hat, | hat | er sein Italienisch verbessert. |
>
> *Das Verb im Nebensatz mit* während *steht in derselben Zeitform wie das Verb im Hauptsatz.*

c Nacheinander oder gleichzeitig? Schreiben Sie Sätze mit *während* oder *nachdem*.

viel lernen / die Prüfung bestehen – im Team arbeiten / viel Erfahrung sammeln – im Ausland studieren / Englisch verbessern – ein Praktikum machen / gute Jobangebote bekommen – die Zusage bekommen / sich sehr freuen – das Vorstellungsgespräch haben / nervös sein

> *Nachdem ich viel gelernt hatte, habe ich die Prüfung bestanden.*

5 Mein Lebenslauf. Notieren Sie zwei richtige und eine falsche Information aus Ihrem Lebenslauf. Lesen Sie vor, die anderen raten: Was ist falsch?

> **über seinen Lebenslauf sprechen**
> Während ich die Ausbildung gemacht habe, …
> Nachdem ich das Studium / die Ausbildung / das Praktikum / … beendet hatte, …
> Nachdem ich das Abitur / meinen Abschluss / das Diplom / … gemacht hatte, …
> Ich habe die Prüfung am … gemacht. Ich habe die Prüfung in … mit … bestanden.
> Während ich … gemacht habe, konnte ich viel Berufserfahrung sammeln.
> Während ich für einen Monat / … Monate/Jahre im Ausland war, …
> Von … bis … habe ich bei … gearbeitet / ein Praktikum / ein Volontariat gemacht.

dreiundachtzig **83**

10 Der neue Job

6a Schreiben Sie *Pannen im Vorstellungsgespräch* an die Tafel. Fragen Sie: *Welche Fehler kann man in einem Vorstellungsgespräch machen?* Die TN sammeln Ideen und notieren Stichwörter an der Tafel. Dann lesen die TN den Text, ordnen zu und vergleichen zu zweit. Anschließend vergleichen sie die Ideen an der Tafel mit dem Text: *Welche Pannen werden im Text beschrieben, welche Pannen nicht?*

Vertiefung: Die TN fassen den Inhalt der einzelnen Absätze in einem Satz zusammen (z. B. *Es ist peinlich, wenn man sofort nach dem Gehalt fragt. Es ist peinlich, wenn man die Adressen der Firmen verwechselt. Man sollte eine eine falsche Anrede vermeiden. Man sollte nicht zu schüchtern oder zu arrogant wirken. Es ist peinlich, wenn man zu spät kommt.*).

6b Wenn sich Ihre TN mit Pantomime schwer tun, fangen Sie an. Bitten Sie eine spielfreudige / einen spielfreudigen TN nach vorne und spielen Sie eine kleine Pantomime zum ersten Absatz vor: Sie stehen sich gegenüber, Sie machen die Geste für Geldzählen oder zeigen der/dem TN ein Blatt Papier mit der Aufschrift *3000 Euro*. Sie/Er drückt die Irritation und eine leichte Ablehnung mimisch aus. Geben Sie den Paaren ca. fünf Minuten Zeit für die Vorbereitung.

6c Wiederholen Sie zunächst mit den TN die Redemittel für *Tipps geben: Man sollte ...; Es ist wichtig, dass ...; Vielleicht kann man ...* oder die Imperativ-Form (z. B. *Achten Sie auf ...*).

Kursspaziergang: Die TN gehen durch den Raum und lesen ihre Tipps gegenseitig vor und reagieren (z. B. *Das ist eine gute Idee. ... Ja, das finde ich auch. ... Stimmt, aber vielleicht könnte man auch ...*).
▶ Vertiefung: S. 85/3

6d Ich-Bezug. Die TN tauschen sich in Gruppen über ihre Erfahrungen aus. Dann entscheiden sie gemeinsam, welche Erfahrungen sie im Kurs erzählen möchten, und notieren dazu Stichpunkte. Sie dürfen Wörterbücher benutzen. Dann berichtet jeweils eine/ein TN über die Erfahrungen im Kurs.

Wichtige Sätze

1 über Bewerbungen sprechen
👥 Ich-Bezug. Die TN erzählen, wie es war, als sie sich beworben haben. Zur Vorbereitung notieren sie sich jeweils einen Nebensatz mit *nachdem*, den sie in ihrer Erzählung verwenden.

2 über seinen Lebenslauf sprechen
👤 ▶ 👥 Ich-Bezug. Die TN schreiben ihren Lebenslauf wie im Kursbuch auf Seite 82. Wenn die TN keine persönlichen Informationen geben wollen, können sie sich auch einen Lebenslauf ausdenken. Die TN arbeiten zu zweit und führen Vorstellungsgespräche: Eine/Ein TN stellt Fragen zum Lebenslauf der/des anderen TN, sie/er antwortet. Die Redemittel im Buch helfen.

3 über Fehler beim Vorstellungsgespräch sprechen
👥/👥 ▶ 👥 Bereiten Sie folgende Rollenkarten vor (pro Paar eine Karte): *falsche Kleidung – keine Ahnung von der Firma – unhöflich: falscher Ton („du" statt „Sie") – rauchen.* Die TN arbeiten zu zweit. Verteilen Sie die Rollenkarten. Die Paare bereiten in ca. fünf Minuten eine kurze Szene aus einem Vorstellungsgespräch entsprechend der Rollenkarte vor und spielen ihr Gespräch im Kurs vor. Die anderen TN geben anschließend Tipps, wie man sich in einer solchen Situation anders verhalten sollte.

Strukturen

4 Nebensätze mit *nachdem*
👥 Bereiten Sie je eine Kopiervorlage sowie einen Würfel und Spielsteine (z. B. kleine Münzen) pro Gruppe vor. Eine/Ein TN würfelt und bildet den vorgegebenen Nebensatz mit *nachdem*. Die anderen TN kontrollieren. War der Satz richtig, darf die/der TN auf dem Feld stehen bleiben. War der Satz falsch, muss sie/er zurück. Die/Der nächste TN ist an der Reihe usw. ▶ KV 10/2

Phonetik

❗ Zu S. 150 + 151, Einheit 10: Weisen Sie die TN darauf hin, dass es bei dieser Übung darum geht, dass Wortgrenzen miteinander verschmelzen können. Unterstützen Sie die Satzmelodie mit Gestik.

Alles klar!

Wichtige Sätze

über Bewerbungen sprechen

Nachdem ich die Stellenanzeige gelesen hatte, habe ich eine Bewerbung geschrieben / habe ich mich um die Stelle beworben. Und dann habe ich eine Einladung zum Vorstellungsgespräch bekommen. Ich habe eine Zusage/Absage bekommen.

über seinen Lebenslauf sprechen

Während ich die Ausbildung gemacht habe, …
Nachdem ich das Studium / die Ausbildung / das Praktikum / … beendet hatte, …
Nachdem ich das Abitur / meinen Abschluss / das Diplom / … gemacht hatte, …
Ich habe die Prüfung am … gemacht. Ich habe die Prüfung in … mit … bestanden.
Während ich … gemacht habe, konnte ich viel Berufserfahrung sammeln.
Während ich für einen Monat / … Monate/Jahre im Ausland war, …
Von … bis … habe ich bei … gearbeitet / ein Praktikum gemacht.

über Fehler beim Vorstellungsgespräch sprechen / Tipps geben

Es ist peinlich, wenn die Bewerbung bei einer anderen Firma ankommt / wenn man die Person mit einem falschen Namen anspricht / wenn …
Es ist wichtig, die Namen/Adressen nicht zu verwechseln / pünktlich zu kommen.
Man sollte sicher auftreten / keine Fragen nach dem Gehalt stellen / …

Strukturen

Nebensätze mit *nachdem*

zuerst		danach	
	Satzende Perfekt/Präteritum	Position 2 Präsens	
Nachdem Jannis einen Anruf	bekommen hat,	freut	er sich.
	Plusquamperfekt	Perfekt/Präteritum	
Nachdem er die Ausbildung	abgeschlossen hatte,	ist	er in den Verlag gegangen.

Das Verb im Nebensatz mit nachdem *steht in einer Zeitform vor dem Hauptsatz.*
Plusquamperfekt: haben/sein *im Präteritum + Partizip II*

Nebensätze mit *während*

	Satzende	Position 2	
Während er mit den Kindern	gearbeitet hat,	hat	er sein Italienisch verbessert.

Das Verb im Nebensatz mit während *steht in derselben Zeitform wie das Verb im Hauptsatz.*

▶ Phonetik, S. 150

fünfundachtzig **85**

9|10 Deutsch aktiv

Auf einen Blick

Material: ggf. Kärtchen (1a); große Papiere für Plakate und Filzstifte (5a+b)

1a+b 👤▶👥 Wenn nötig, schreiben Sie für jedes Foto einen Titel an die Tafel (z. B. 1. *Arbeit*, 2. *Politik*, 3. *Europa/Migration*), damit die TN an die Wortfelder aus den Einheiten 9 und 10 erinnert werden. Die TN notieren ca. drei Minuten Wörter und bilden dann abwechselnd Sätze. ◐ Schwächere TN schreiben Sätze zu zweit.

👥 **Alternative:** Die TN arbeiten in drei Gruppen, jede Gruppe wählt ein Bild und notiert dazu Wörter auf Kärtchen und bestimmt je eine „Wortexpertin" / einen „Wortexperten". Dann tauschen die Gruppen ihre Kärtchen-Sets. Die TN ziehen Kärtchen und bilden mit den Wörtern Sätze. Versteht eine/ein TN ein Wort nicht, erklärt die „Wortexpertin" / der „Wortexperte" aus der ursprünglichen Gruppe das Wort.

2a 👥▶👤▶👥 Die TN sammeln zuerst Eigenschaften an der Tafel (Adjektive oder auch Verbgruppen, wie z. B. *viel reden, immer helfen, laut telefonieren,* usw.). Anschließend schreiben die TN zu jeder Doppelkonjunktion einen Satz, tauschen zu zweit die Sätze und überprüfen sie.

◐ Bei Bedarf erinnern Sie an die Bedeutung der Konjunktionen:

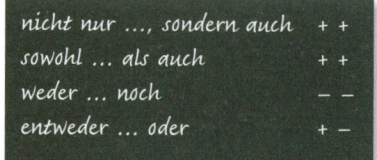

9|10 Deutsch aktiv

1 Assoziationen

a Woran denken Sie bei …? Notieren Sie zu den Bildern jeweils vier Wörter.

1. die Bewerbung, sich vorstellen …

b Arbeiten Sie zu zweit. Nennen Sie Ihre Wörter aus a. Ihre Partnerin / Ihr Partner bildet mit den Wörtern einen Satz. Tauschen Sie nach jedem Satz die Rollen.

Mit Bild 1 verbinde ich das Wort „die Bewerbung".   *Ich muss heute eine Bewerbung schreiben.*

2 Kurskette: Wie sollte die ideale Kollegin / der ideale Kollege sein?

a Schreiben Sie vier Sätze.

nicht nur …, sondern auch … – sowohl … als auch … – weder … noch … – entweder … oder …

b Sprechen Sie zu viert. Für jede Konjunktion gibt es eine Runde.

86 sechsundachtzig

9|10

2b 👥 ▶ 👥👥👥 Automatisierung/Kurskette: Geben Sie zuerst ein Beispiel zum Ablauf: Eine/Ein TN liest einen Satz vor. Wiederholen Sie den Satz und ergänzen Sie einen zweiten Satz mit derselben Konjunktion. Deuten Sie dann an, dass eine dritte / ein dritter TN beide Sätze wiederholt und einen dritten Satz ergänzt usw. Dann führen die TN die Kurskette in Gruppen zu viert.

Alternative: Die TN wechseln nach jeder Runde die Gruppe.

3 👥👥 Erklären Sie zuerst, dass die schwarzen Vorgaben immer für die gerade sprechende / den gerade sprechenden TN („ich") gelten, die blauen dienen der Kontrolle der Partnerin / des Partners. Bilden Sie den ersten Satz, indem Sie beide Rollen – dazu wechseln Sie die Position und variieren die Stimme – übernehmen.
🔵 Starke Paare führen die Übung mündlich durch. Schwächere Paare schreiben ihre (Halb)Sätze zuerst.

4a+b 👤 ▶ 👥👥👥 Kursspaziergang: Wenn Ihre TN noch kein Vorstellungsgespräch hatten, geben Sie Alternativen an der Tafel vor, z.B. *Während ich eine Prüfung geschrieben habe, ... Während ich auf dem Weg zum Kurs war, ...* Die TN schreiben je einen Satz und führen den Kursspaziergang durch.

Alternative: Kugellager: Die TN bilden zwei Kreise (einen Innen- und einen Außenkreis), sodass sich jeweils zwei TN gegenüberstehen, fragen und antworten. Nach jeder Antwort bewegen sich die TN im Außenkreis eine Person weiter, bis sie wieder bei der/dem ersten TN angekommen sind.

5a 👤 Schreibwerkstatt: Die TN gehen einzeln von Tisch zu Tisch (die Reihenfolge ist egal) und notieren Antworten in Stichworten. Geben Sie je nach ca. zwei Minuten ein Zeichen (z.B. klatschen Sie), dann wechseln die TN den Tisch.

5b 👥👥👥 Die TN bilden Gruppen und wählen einen Tisch bzw. eine Frage. Die Gruppen schreiben die Texte selbstständig, vereinbaren Sie aber vorher ein Symbol (z.B. ein rotes Tuch oder einen Schlüssel o.ä.), das die Gruppe gut sichtbar auf ihren Tisch legt, wenn sie Hilfe braucht. Je eine/ein TN aus jeder Gruppe liest zum Schluss den Text im Kurs vor.

👤 Alternative: Die Gruppen hängen ihre Texte im Kursraum auf. Die TN laufen durch den Kursraum und lesen die Texte.

9|10

3 Fakten zur EU. Arbeiten Sie zu zweit. Ihre Partnerin / Ihr Partner arbeitet auf Seite 140. Fangen Sie einen Satz an, Ihre Partnerin / Ihr Partner beendet den Satz. Dann tauschen Sie die Rollen. Kontrollieren Sie sich gegenseitig.

1. viele Politiker – sich für mehr Zusammenarbeit in Europa engagieren
   | ..., haben sechs Staaten 1957 die EWG gegründet.
2. Nachdem man 1989 die Grenzen geöffnet hatte, ...
   | die Zahl der EU-Mitglieder – wachsen
3. die EU-Staaten – den Vertrag in Schengen unterschreiben
   | ..., hat man die Kontrollen an den Grenzen abgeschafft.
4. Nachdem die Länder lange diskutiert hatten, ...
   | sie – den Vertrag von Maastricht im Februar 1992 unterschreiben und die EU gründen
5. elf Länder – den Euro im Jahr 2002 einführen
   | ..., haben acht weitere Länder später den Euro übernommen.
6. Nachdem sich die Menschen in Großbritannien gegen die EU entschieden hatten, ...
   | die Verhandlungen über den Austritt – anfangen

> *Nachdem sich viele Politiker für mehr Zusammenarbeit ...*

> *... haben sechs Staaten 1957 ...*

4 Kursspaziergang: Während ich das Vorstellungsgespräch bei einer Firma hatte, ...
a Schreiben Sie einen Satz auf einen Zettel.
b Gehen Sie durch den Kursraum. Fragen und antworten Sie. Tauschen Sie dann Ihre Zettel. Suchen Sie eine neue Partnerin / einen neuen Partner.

> *Was hast du schon einmal während eines Vorstellungsgespräch erlebt?*

> *Während ich das Vorstellungsgespräch bei ...*

5 Migration
a Gehen Sie von Tisch zu Tisch und notieren Sie Antworten und Ideen zu den Fragen.

1. Warum wandern Menschen aus?
2. Welche Erfahrungen können die Auswanderer machen?
3. Warum kehren Auswanderer wieder in ihr Heimatland zurück?
4. Warum bleiben Auswanderer im fremden Land?

b Arbeiten Sie in vier Gruppen. Wählen Sie eine Frage und fassen Sie alle Antworten und Ideen zusammen. Schreiben Sie gemeinsam einen kurzen Text.

siebenundachtzig

V Panorama

Auf einen Blick

Material: großes Papier für Plakate (2b+c)

Textsorten: Bildbeschreibung (1a); Info-Text (1b)

Strategien: Bilder als Informationsquelle nutzen (1a); selektives Lesen (1b); globales Hören (2a); detailliertes Hören (2b); anhand von Notizen ein Thema präsentieren (2c); Hör-Sehen (Landeskunde-AR)

Einstieg Die TN sehen sich die Fotos an. Fragen Sie: *Von welcher Organisation ist das Emblem? Was wissen Sie von der UNO?* Legen Sie ein Wörternetz zur UNO an der Tafel an, die TN ergänzen Wörter und Wortverbindungen.

! Wenn sich Ihre TN für das Thema der Menschenrechte interessieren, spielen Sie das im Internet frei zugängliche Video *WissensWerte: Menschenrechte* ab, das in ca. 15 Minuten in einfacher Sprache über die Menschenrechte informiert.

▶ **AR, UM:** Spielen Sie das Video bis 00:30 ab (s. Landeskunde Teil 1).

1a Die TN sammeln verschiedene Berufe, die man bei der UNO ausüben kann, und notieren dazu Tätigkeiten. Dann vergleichen sie im Kurs.

1b Die TN tauschen ihre Sätze mit einer Partnerin / einem Partner und vergleichen ihre Lösungen. Dann lesen sie die Sätze im Kurs vor.

◑ Stärkere TN notieren nur Stichwörter und formulieren dann die Sätze mündlich.

Lösung: *s. blaue Markierungen im Text*

▶ **AR, UM:** Spielen Sie das Video ab (s. Landeskunde Teil 2).

2a Klären Sie zuerst die unbekannten Berufsbezeichnungen. Die TN hören dann und vergleichen zu zweit ihre Lösungen.

Das große Foto zeigt den Saal der Menschenrechte in Genf.

1 Der Saal der Menschenrechte in Genf

a Was denken Sie: Wer arbeitet hier? Was machen die Menschen hier? Sprechen Sie im Kurs.
b Welche Informationen gibt es zu den Zahlen? Lesen Sie und notieren Sie.

19 – 1.400 – 35.000 – 2008 – 30 Millionen – 13

19: Barceló hat mit 19 Assistenten zusammen gearbeitet.

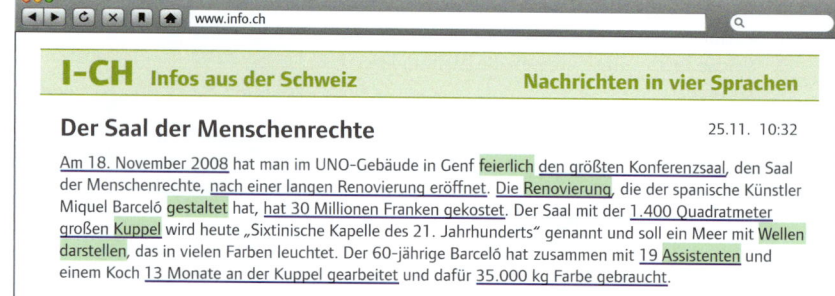

I-CH Infos aus der Schweiz — Nachrichten in vier Sprachen

Der Saal der Menschenrechte 25.11. 10:32

Am 18. November 2008 hat man im UNO-Gebäude in Genf feierlich den größten Konferenzsaal, den Saal der Menschenrechte, nach einer langen Renovierung eröffnet. Die Renovierung, die der spanische Künstler Miquel Barceló gestaltet hat, hat 30 Millionen Franken gekostet. Der Saal mit der 1.400 Quadratmeter großen Kuppel wird heute „Sixtinische Kapelle des 21. Jahrhunderts" genannt und soll ein Meer mit Wellen darstellen, das in vielen Farben leuchtet. Der 60-jährige Barceló hat zusammen mit 19 Assistenten und einem Koch 13 Monate an der Kuppel gearbeitet und dafür 35.000 kg Farbe gebraucht.

2b+c 👤▸👥▸👥 Die TN wählen eine Person (einen Beruf) und notieren beim nochmaligen Hören die Tätigkeiten. Danach bilden sie vier Gruppen nach den gewählten Personen/Berufen, vergleichen ihre Notizen und ergänzen weitere Tätigkeiten. Die Gruppen gestalten je ein Plakat mit dem entsprechenden Berufsportrait und präsentieren den Beruf im Kurs.

Lösung: *Übersetzerin: fünf Sprachen sprechen, bei vielen Konferenzen dabei sein*; *IT-Spezialist: drei Sprachen sprechen, Probleme am Computer lösen*; *Pressesprecher: früh kommen, Überstunden machen, viel schreiben*; *Event-Managerin: sich um die Leute, die Räume, die Gästelisten und um das Essen kümmern, ein Team leiten, Verantwortung haben*

2d 👥▸👥 Schreiben Sie folgende Fragen an die Tafel: *Woher kommen die Menschen? Wie arbeiten die Menschen dort zusammen? Wer macht was? Was ist wichtig?* Die TN überlegen einen Ort / eine Firma, wo man international arbeitet, und machen Notizen zu den Fragen. Dann tauschen sie sich im Kurs aus. Fragen Sie: *Wo würden Sie gern arbeiten?*

Landeskunde

▶ **AR, UM:** Das Video informiert über die UNO und über Genf. Am Ende wird eine Verständnisfrage zum Video gestellt (*Wie viele Einwohner in Genf sind Schweizer?* Lösung: *etwas mehr als 50 Prozent*).

👤▸👥 Teil 1: Die TN sehen das Video bis 00:30 und notieren drei Stichwörter zur UNO, die sie am wichtigsten finden. Dann vergleichen sie im Kurs.

👤▸👥 Teil 2: Die TN sehen das Video noch einmal ganz. Schreiben Sie *Einwohner – Stadt* an die Tafel. Die TN wählen ein Stichwort und machen dazu Notizen. Dann tauschen sie die Notizen zu zweit, sehen noch einmal und überprüfen. Danach schreiben sie zu zweit einen Info-Text über Genf.

2 Berufe bei der UNO

2.05 **a** Wen kennt der Pförtner? Hören Sie und kreuzen Sie an.

1. ☐ Sekretär/in
2. ☒ Übersetzer/in
3. ☒ Pressesprecher/in
4. ☐ Hausmeister/in
5. ☐ Praktikant/in
6. ☐ Elektriker/in
7. ☒ IT-Spezialist/in
8. ☐ Diplomat/in
9. ☒ Event-Manager/in

2.05 **b** Was machen die Personen in ihrem Beruf? Hören Sie noch einmal und notieren Sie.
c Was denken Sie: Was müssen die Personen noch tun? Ergänzen Sie Ihre Notizen aus b und sprechen Sie dann im Kurs.

> *Übersetzer/in:*
> *viele Sprachen sprechen, Texte übersetzen, dolmetschen, an Konferenzen teilnehmen ...*

d Wo arbeiten Menschen aus vielen verschiedenen Ländern? Was ist dabei wichtig? Sprechen Sie im Kurs.

Palais des Nations (Völkerbundpalast)
- seit 1966 der europäische Hauptsitz der Vereinten Nationen (UNO) und der zweitwichtigste Sitz nach New York
- enthält 34 Konferenzräume und ca. 2.800 Büros
- beherbergt eine große Kunstsammlung, die aus Geschenken der Mitgliedstaaten entstanden ist
- Teile des Gebäudes dürfen besichtigt werden

11 Dienstleistungen

Auf einen Blick

Material: KV 11/1 (2b/Strukturen 4); ggf. Kärtchen (1a/Wichtige Sätze 1); Ball (4c), Papier für Plakate (5c)

Textsorten: Geschichte (1e); Internetseite (4b, 5a), Cartoon (6)

Strategien: Wörter mit Bildern lernen (1a); globales Hören (1b); selektives Hören (1c); detailliertes Hören (1d); Hör-Sehen (1b–d); eine Geschichte anhand von Stichwörtern erzählen (1e); gemeinsam etwas planen (3); selektives Lesen (4b); Notizen machen (5a); detailliertes Lesen (5a+b); Fragen formulieren (2b, 6d)

Einstieg + 1a 👥 ▶ 👥 Fragen Sie zuerst: *Kennen Sie die Orte? An welchem dieser Orte sind Sie oft oder gern?* Die TN sehen die Fotos an und berichten mithilfe der Bildleiste. Dann arbeiten die TN zu zweit und bilden Sätze zu 1a. Erinnern Sie ggf. an die richtigen Präpositionen (*in der Bibliothek/ Reinigung*, *beim Schlüsselservice/ Friseur*, *am Automaten*) und an das Verb *lassen* (vgl. Einheit 6).

◐ 👥 Alternative: Kurskette: Eine/Ein erste TN sagt einen Satz (*In der Reinigung kann man ...*), die/der nächste ergänzt eine Information zum gleichen Ort und bildet einen neuen Satz zu einem anderen Ort (*Stimmt, und man kann dort auch ... Beim Friseur kann man ...*) usw.

▶ **AR, UM:** Spielen Sie das Video zur Bildleiste ab. Die TN sprechen nach und ergänzen.
▶ Vertiefung: S. 95/1

1b 👤 ▶ 👥 Schreiben Sie vor dem Hören Fragen an die Tafel: *Warum ist Helga Mertens gestresst? Was schlägt Julia vor?* Dann hören die TN bis 1:51, machen Notizen und vergleichen im Kurs.

Lösung (Beispiel): *Helga Mertens muss noch viel erledigen. Sie fährt morgen zum Geburtstag ihrer Tochter. Julia schlägt vor, ihr zu helfen.*

1c 👤 ▶ 👥 Die TN hören komplett und lösen 1c. Sie vergleichen zu zweit.

◐ Stärkere TN notieren auch, was Helga Mertens an den Orten machen will.

90 neunzig

1d Die TN hören und machen Notizen. Dann vergleichen sie im Kurs.

Alternative: Die TN hören gemeinsam. Wenn sie eine lösungsrelevante Stelle hören, rufen sie *Stopp*. Drücken Sie die Pausentaste. Die TN nennen den Satz. Schreiben Sie die korrekten Sätze an die Tafel.

Lösung: 1. ..., dass Helga zum Geburtstag kommt. 2. Sie hat sich überlegt, ob sie alles schafft. 3. Sie hat sich den Termin notiert. 4. Sie will sich zwei Romane ausleihen. 5. Sie zieht sich den Mantel an.

! Thematisieren Sie hier noch nicht die reflexiven Verben mit Dativ. Das kommt in Aufgabe 2.

▶ **Video-DVD:** Arbeiten Sie mit dem Video (ohne Untertitel) wie hier (1b–d) beschrieben.

1e Fragen Sie: *Was ist am Ende passiert?* (*Helga Mertens hat den Schlüssel in der Wohnung vergessen*). Die TN wählen zu dritt ein Ende und erzählen die Geschichte, indem sie abwechselnd einen Satz sagen. Zwei Gruppen präsentieren ihr Ende im Kurs. Fragen Sie dann: *Was würden Sie in dieser Situation machen?* Die TN tauschen sich aus.

● Schwächere TN schreiben das Ende und lesen es vor. Stärkere TN erfinden ein eigenes Ende.

■ über Dienstleistungen sprechen – etwas aushandeln / etwas planen – Dienstleistungen – reflexive Verben mit Dativ

2 Reflexive Verben mit Dativ

2.07 **a** Was hat Helga Mertens gesagt? Ergänzen Sie die Sprechblasen. Der Grammatikkasten hilft. Hören Sie dann zur Kontrolle.

Ich habe **mir** *gerade* **überlegt** *, ob ich das alles schaffe.*

Ich habe **mir** *den Termin* **notiert** *.*

Ich würde **mir** *gern auch noch zwei neue Romane* **ausleihen** *.*

Dann **ziehe** *ich* **mir** *schnell den Mantel* **an** *.*

Reflexive Verben mit Dativ	Reflexivpronomen im Dativ	
Ich notiere mir den Termin.	mir	dir	sich
Ich wünsche mir, dass du kommst.	uns	euch	sich
genauso:	*Die Pronomen im Akkusativ und Dativ*	
sich überlegen, sich merken,	*sind gleich, nur* mich/mir *und* dich/dir	
sich ausleihen, sich aussuchen ...	*sind anders.*	

Reflexive Verben mit Akkusativ oder mit Akkusativ und Dativ		
Akkusativ	**Dativ**	**Akkusativ**
Ich ziehe mich schnell an.	Ich ziehe mir schnell den Anzug an.	

Wenn es eine Akkusativergänzung gibt, steht das Reflexivpronomen im Dativ.
genauso: sich waschen, sich kämmen, sich ausziehen, sich verletzen ...

b Kursspaziergang. Schreiben Sie eine Frage und eine Antwort auf die Vorder- und Rückseite eines Zettels. Zeigen Sie Ihrer Partnerin / Ihrem Partner nur die Antwort. Sie/Er fragt, Sie antworten. Kontrollieren Sie sich gegenseitig.

sich die Hände waschen – sich die Jacke ausziehen –
sich die Hand verletzen – sich ein Auto kaufen –
sich die Vokabeln merken – sich den Termin notieren – ...

Hast du dir die Hände gewaschen?

⚑ **3** Es ist Samstag und Sie feiern am Nachmittag eine Party. Es gibt noch viel zu tun. Planen Sie zu zweit. Arbeiten Sie auf Seite 141, Ihre Partnerin / Ihr Partner auf Seite 143.

einundneunzig

die Bibliothek, -en

ein Buch / eine DVD ausleihen

die Reinigung, -en / etw. zur Reinigung bringen

etwas reinigen lassen

der Friseur, -e / die Friseurin, -nen

sich die Haare machen/schneiden lassen

die Bahn (Sg.)

sich beraten lassen / sich nach etwas erkundigen

die Fahrkarte am Automaten kaufen

der Schlüsseldienst, -e

die Tür öffnen lassen

2a Die TN lösen zu zweit und hören dann zur Kontrolle. Schreiben Sie die Sätze aus 1d und 2a paarweise an die Tafel:

> Sie hat sich den Termin notiert.
> Ich habe mir den Termin notiert.

▶ **AR, UM:** Spielen Sie das Video zu reflexiven Verben ab.

Dann lesen die TN den Grammatikkasten und notieren zu jedem Verb einen Beispielsatz an der Tafel.

2b Automatisierung. Die TN sprechen mit mindestens fünf Partnerinnen/Partnern. Nach jeder Frage-Antwort-Runde tauschen sie ihre Zettel.

▶ Vertiefung: S. 95/4

3 Zielaufgabe. Die TN lesen die Redemittel auf S. 141 bzw. 143 und ergänzen Beispiele. Dann sprechen sie zu zweit und notieren ihren Plan in Stichwörtern.

▶ Vertiefung: S. 95/2

11 Dienstleistungen

4a 👥 ▶ 👥 Schreiben Sie die Fragen aus der Aufgabenstellung an die Tafel. Die TN notieren zu zweit Ideen. Sie haben zwei Minuten Zeit. Dann sammeln die TN ihre Ideen an der Tafel.

▶ **UM:** Projizieren Sie als Anregung das Foto von der Bibliothek (von S. 90) an die Wand.

4b 👤 ▶ 👥 Geben Sie den TN maximal drei Minuten Zeit, damit sie nicht detailliert lesen, sondern die Informationen gezielt suchen. Die TN markieren die Antworten im Text und vergleichen dann im Kurs.

Lösung: *1. am Automaten neben dem Haupteingang; 2. auf der Internetseite (Link); 3. per E-Mail; 4. telefonisch oder online bestellen*

◐ 👥 ▶ 👥 Vertiefung: Die TN notieren zu zweit weitere Fragen zum Text, tauschen sie mit einem anderen Paar und beantworten die neuen Fragen schriftlich. Dann tauschen sie zurück und kontrollieren die Antworten.

4c 👤 ▶ 👥 Die TN vergleichen im Kurs. Besprechen Sie den Grammatikkasten, visualisieren Sie die Präpositionen an der Tafel und erklären Sie die Bedeutung: „Innerhalb" bedeutet „in". „außerhalb" bedeutet „nicht in".

👤 ▶ 👥 Vertiefung/Automatisierung: Schreiben Sie *Freitag, 15 Uhr* an die Tafel. Die TN notieren nach diesem Beispiel drei Wochentage mit Uhrzeit. Kurskette mit Ball: Fragen Sie: *Freitag, 15 Uhr – ist das innerhalb oder außerhalb der Öffnungszeiten?* Werfen Sie einer/einem TN den Ball zu, sie/er antwortet mithilfe der Informationen in 4b, liest eine andere Zeitangabe vor, wirft den Ball weiter. Die/Der Nächste antwortet usw.

5a 👥 ▶ 👤 ▶ 👥 Fragen Sie die TN: *Gehen Sie oft in eine Bibliothek? Wie sind Bibliotheken heute? Wie waren sie früher? Haben sich die Bibliotheken verändert?* Die TN tauschen sich aus und sammeln erste Ideen an der Tafel.

| Bibliotheken früher | Bibliotheken heute |

Dann lesen die TN und machen Notizen. Für die Auswertung im Kurs schreiben sie ihre Stichwörter an die Tafel. Achten Sie darauf, dass die TN in ganzen Sätzen sprechen.

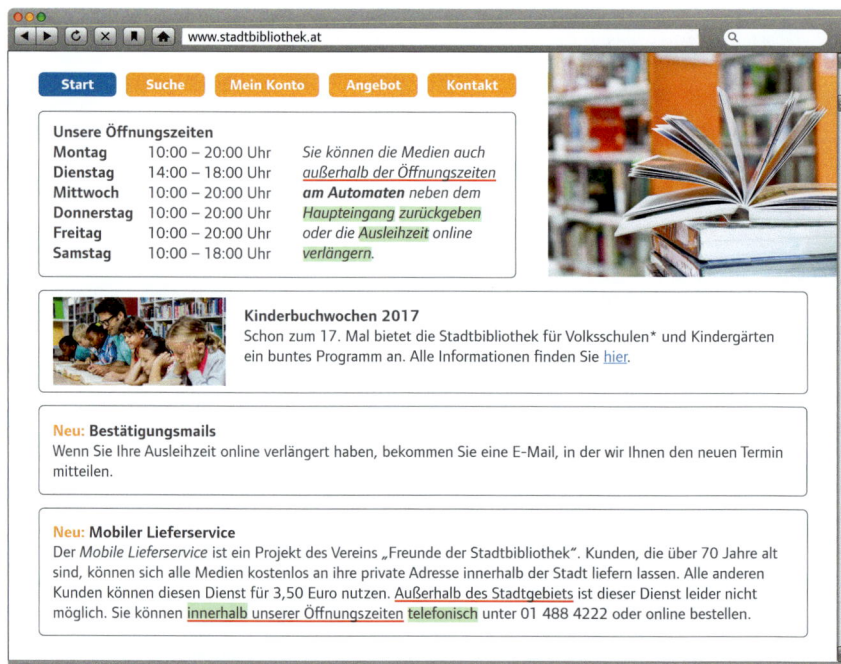

Lösung: _früher_: nur Bücher/CDs/DVDs ausleihen, Essen und Trinken verboten, still sein;
heute: Computerarbeitsplätze, freies WLAN, Kulturveranstaltungen, öffentliche Diskussionen, Kurse zur Weiterbildung, Treffpunkt für Austausch und Integration

5b Die TN überfliegen die Absätze 2 bis 4 und wählen ein Projekt aus. Dann finden sie sich in 3er- oder 4er-Gruppen zum gleichen Projekt zusammen. Sie lesen in der Gruppe noch einmal ihren Abschnitt und notieren Informationen zum Projekt (_Wo? Wer? Was?_) und Gründe, warum dieses Projekt interessant ist. Am Ende präsentiert jeweils eine Gruppe „ihr" Projekt.

◐ Alternative: Stärkere TN bilden eine Gruppe. Sie lesen alle Absätze, notieren Informationen und vergleichen die Projekte. Bei der Auswertung im Kurs können diese TN die Präsentationen der anderen Gruppen ergänzen.

❗ Weisen Sie Ihre TN auf die „gegenderten" Pluralformen, z. B. _Student/innen_, im Text hin. In manchen Zeitschriften oder auf Internetseiten wird diese Schreibweise verwendet, um auch auf die feminine Form zu verweisen, die im normalen Plural (_Studenten_) nicht sichtbar ist. Manchmal gibt es auch alternative Schreibweisen: _StudentInnen, Student_innen, Student*innen_.
▶ Phonetik: S. 95

5c Zielaufgabe/Ich-Bezug. Die TN sammeln zuerst Leitfragen oder Stichwörter an der Tafel, z. B. _Wo liegt die Bibliothek? Wie groß ist sie? Wer besucht die Bibliothek? Welche besonderen Angebote gibt es? Wie sind die Räume/Öffnungszeiten/...?_ Schreiben Sie zwei Themen an die Tafel:

> 1. Bibliotheken in Ihrer Heimat
> 2. Die perfekte Bibliothek

Die TN wählen ein Thema und bilden je nach Thema Gruppen zu viert. In der Gruppe diskutieren sie, notieren ihre Ideen und gestalten ein Plakat. Die Plakate werden im Kursraum aufgehängt. Je zwei TN aus jeder Gruppe stellen sich zu ihren Plakaten, um die Ideen vorzustellen und Fragen der anderen TN zu beantworten. Die anderen TN gehen durch den Raum, lesen die Plakate und stellen Fragen. Nach fünf Minuten wechseln die TN, sodass nun die anderen herumgehen bzw. bei den Plakaten stehen.

11 Dienstleistungen

6a 👥 Die TN beschreiben das Bild und wiederholen dabei auch Personenbeschreibungen, z. B. *Die junge Frau mit der gelben Bluse ...*

▶ **UM:** Projizieren Sie das Bild an die Wand.

6b 👥 ▶ 👥 Die TN lösen die Aufgabe zu zweit. Sie unterstreichen Schlüsselwörter in den Denkblasen. Beim Vergleichen im Kurs lesen die TN die Denkblasen mit einer passenden emotionalen Betonung vor, z. B. verärgert (1), genervt (2), besorgt (3), nachdenklich (4), froh (5), müde (6).

⏺ 👥 Vertiefung: Ich-Bezug. Fragen Sie die TN: *Was denken Sie an der Supermarktkasse?* 5–8 TN gehen nach vorn und stellen sich wie in einer Schlange an der Supermarktkasse auf. Jeder/Jede TN nimmt eine Haltung ein, die zu ihr/ihm in dieser Situation passt, z. B. entspannt, nervös usw. Tippen Sie den TN nacheinander auf die Schulter und die jeweilige Person sagt, was sie gerade denkt. Dann geht eine andere Gruppe nach vorn.

6c+d 👤 ▶ 👥 ▶ 👥 Die TN vergleichen im Kurs. Danach sammeln sie weitere Fragen und Sätze.

Lösung: *1. Kann ich ihn auch später noch umtauschen? 2. Vielleicht liefern sie auch nach Hause? 3. Gibt es solche Angebote jede Woche? 4. Warum gibt es Süßigkeiten immer direkt an den Kassen? 5. Kann man nicht noch eine Kasse aufmachen? 6. Kann man hier auch mit EC-Karte bezahlen?*

6e 👥 ▶ 👥 Die TN wählen zu zweit zu jedem Thema eine Frage und schreiben eine Antwort. Sie üben ihre Minidialoge, bis sie sie ohne ihre Notizen spielen können. Einige freiwillige TN präsentieren ihre Dialoge im Kurs.

⏺ 👥 Alternative: Stärkere und kreative TN spielen die Situation wie auf dem Bild in 6a. Eine/Ein TN ist an der Kasse, die anderen sind Kundinnen und Kunden. Wer an der Reihe ist, stellt ihre/seine Frage (z. B. *Kann man hier mit Karte zahlen?*) Die/Der TN an der Kasse antwortet (*Leider erst ab 20 Euro*). Die Kundin / Der Kunde reagiert (*Oh, Moment, dann muss ich noch mehr kaufen.*) und geht weiter, sodass die/der nächste an der Reihe ist.

6f 👥 ▶ 👥 Die TN sprechen in Gruppen zu dritt und machen Notizen zu ihren Wünschen. Dann präsentieren sie ihre Wünsche mithilfe der Redemittel im Kurs.
▶ Vertiefung: S. 95/3

---

11 Dienstleistungen
■ über guten Service nachdenken – Servicewünsche äußern

6 Gedanken beim Einkaufen

a Wo ist das? Was wollen die Personen? Sprechen Sie im Kurs.

b Zu welcher Person passen die Denkblasen? Ordnen Sie zu.

1 *Ach, dieses Theater! Warum gibt es Süßigkeiten immer direkt an den Kassen? Ich muss mich jedes Mal mit der Kleinen streiten. Das ist wirklich ärgerlich!*

2 *Das kann doch nicht wahr sein! Kann man nicht noch eine Kasse aufmachen? Ich habe es eilig!*

3 *Ich glaube, mein Bargeld reicht nicht. Kann man hier auch mit EC-Karte* bezahlen? Hoffentlich!*

4 *Hm, wenn der Topf aber nicht zu dem Herd von meiner Mutter passt? Kann ich ihn später auch noch umtauschen?*

5 *Der Kaffee ist wirklich günstig. Gibt es solche Angebote jede Woche? Das wäre toll. Ich muss die Verkäuferin fragen.*

6 *Mein Rücken tut mir schon wieder weh. Vielleicht liefern sie auch nach Hause? Dann müsste ich nur anrufen oder im Internet bestellen.*

c Welche Fragen in b passen zu den Wörtern? Ordnen Sie zu und notieren Sie.

1. der Umtausch: Kann ich ...
2. der Lieferservice:
3. das Sonderangebot:
4. die Produktpräsentation:
5. genug Personal:
6. die Bezahlung:

d Was kann man noch fragen oder sagen? Sammeln Sie im Kurs und ergänzen Sie in c.
e Was kann die Verkäuferin / der Verkäufer in c antworten? Notieren Sie. Fragen und antworten Sie dann.
f Der ideale Service. Was für einen Service wünschen Sie sich? Erzählen Sie.

> 🔧 **Servicewünsche äußern**
> Ich finde es wichtig, dass es günstige Sonderangebote / gute Kundenberatung / ... gibt.
> Bei uns gibt es keinen/kein/keine ... Es wäre besser, wenn man ... könnte.
> Wenn ..., dann kaufe ich dort nicht ein.

*D+CH: die EC-Karte – A: die Bankomatkarte

11

Wichtige Sätze

1 über Dienstleistungen sprechen

👥 ▶ 👤 ▶ 👥 Die TN sammeln Orte an der Tafel, an denen man Dienstleistungen ausführen kann, z. B. *Autowerkstatt, Reisebüro, Lieferservice, Reinigung* etc. Dann schreiben sie jeweils drei Sätze zu einem Ort, ohne den Ort zu nennen, z. B. *Hier kann man ... machen (lassen). Hier wird/werden ...* Die TN lesen nacheinander ihre Sätze vor. Die anderen raten, welcher Ort gemeint ist.

⏺ 👥 Alternative: Die TN spielen zu viert „Wo bin ich?" (Ablauf s. S. 47/1).

2 etwas aushandeln / etwas planen

👥 ▶ 👥 Die TN schreiben einen Dialog mit den Redemitteln, ohne zu verraten, was sie planen. Dann tauschen sie den Dialog mit einem anderen Paar. Die TN lesen den Dialog und raten, was geplant wird.

3 Serviceleistungen beschreiben / Servicewünsche äußern

👥 ▶ 👥 Die TN wählen ein Geschäft oder eine Dienstleistung und machen in der Gruppe eine Statistik zur Frage: *Welche fünf Serviceleistungen von ... sind dir besonders wichtig?* Die Gruppen stellen ihre Statistik im Kurs vor.

Strukturen

4 Reflexive Verben mit Akkusativ und Dativ

👥 Die TN spielen zu zweit Domino. Jedes Paar bekommt ein Set Dominokarten aus der Kopiervorlage. Eine Karte liegt auf dem Tisch und beide TN ziehen je vier Karten, die anderen liegen verdeckt auf dem Tisch. Die TN versuchen abwechselnd, eine passende Karte anzulegen. Wer eine Karte anlegt, ergänzt mündlich das Reflexivpronomen im Dativ. Wenn eine/ein TN keine passende Karte hat, muss sie/er eine neue ziehen. Wer zuerst keine Karten mehr hat, hat gewonnen. ▶ KV 11/1

Phonetik

❗ Zu S. 151, Einheit 11: Wiederholen Sie ggf. das Alphabet, damit die TN die einzelnen Buchstaben möglichst korrekt aussprechen. Vor allem die Fortis-Plosive [p], [t], [k] und die langen Vokale eignen sich zur Wiederholung. Zur Vertiefung sammeln die TN internationale Abkürzungen (z. B. *MP3, www* usw.) und vergleichen die Aussprache.

Alles klar!

Wichtige Sätze

über Dienstleistungen sprechen

Hier kann man seine Hemden waschen lassen / sich die Haare machen lassen / eine Fahrkarte am Automaten kaufen / sich beraten lassen / sich nach ... erkundigen.

etwas aushandeln / etwas planen

Du könntest zuerst ... und ich ... dann ...
Wenn du ..., dann ...
Könntest du das machen?
Wir können zusammen ...

Okay, das mache ich.
Aber ich kann besser ...
Es ist besser, wenn ...

Serviceleistungen in der Bibliothek beschreiben

In der Stadtbibliothek kann man Bücher/CDs/... ausleihen, aber auch Menschen treffen / Kurse besuchen / am Computer arbeiten / ...
Man kann die Medien außerhalb der Öffnungszeiten am Automaten zurückgeben.
Man kann die Ausleihzeit online verlängern.

Servicewünsche äußern

Ich finde es wichtig, dass es gute Sonderangebote / gute Kundenberatung / ... gibt.
Bei uns gibt es keinen/kein/keine ... Es wäre besser, wenn man ... könnte.
Wenn ..., dann kaufe ich dort gern/nicht ein.

Strukturen

Reflexive Verben mit Dativ

Ich *notiere mir* den Termin.
Ich *wünsche mir*, dass du kommst.
genauso:
sich überlegen, sich merken,
sich ausleihen, sich aussuchen ...

Reflexivpronomen im Dativ

mir   dir   sich
uns   euch   sich
Die Pronomen im Dativ und Akkusativ sind gleich, nur mich/mir *und* dich/dir *sind anders.*

Reflexive Verben mit Akkusativ oder mit Akkusativ und Dativ

Akkusativ		
Ich *ziehe* *mich*	schnell	*an*.

	Dativ		Akkusativ	
Ich *ziehe*	*mir*	schnell	den Anzug	*an*.

Wenn es eine Akkusativergänzung gibt, steht das Reflexivpronomen im Dativ.
genauso: sich waschen, sich kämmen, sich ausziehen, sich verletzen ...

Präpositionen *innerhalb* und *außerhalb* (+ Genitiv)

⊖ *außerhalb* des Stadtgebiets (Ort)   ⊕ *innerhalb* des Stadtgebiets (Ort)
außerhalb der Öffnungszeiten (Zeitraum)   *innerhalb* der Öffnungszeiten (Zeitraum)

▶ Phonetik, S. 151

fünfundneunzig

12 Das ist aber ein gutes Angebot!

Auf einen Blick

Material: Papier für Plakate (1d/Wichtige Sätze 1); KV 12/1 (2a+b); Kärtchen (2c); vergrößerte Kopien des Fotos (3a); Ball (4c)

Textsorten: Werbeprospekt (1b); Überweisungsformular (3c); E-Mail (4b); Zeitungsartikel (6b)

Strategien: detailliertes Lesen (1b, 6b); Fragen formulieren (1c, 6a); selektives Hören (2a, 3b); Hör-Sehen (2a+b); globales Hören (2c); Hypothesenbildung (3a); detailliertes Hören (3c); eine Geschichte mithilfe von Stichwörtern nacherzählen (4c); eine einfache Statistik erstellen (6a); eine Diskussion führen (6c)

Einstieg + 1a Die Bücher sind noch geschlossen. Schreiben Sie den Begriff *Hausarbeit* an die Tafel und fragen Sie die TN: *Was muss man im Haushalt machen? Was machen Sie gern? Was machen Sie nicht gern?* Die TN sammeln Ideen an der Tafel. Dann öffnen sie die Bücher und ergänzen mit Hilfe der Bildleiste.

▶ **AR, UM:** Spielen Sie das Video zur Bildleiste (Phase 1+2) ab. Die TN sprechen nach und ergänzen.

1b Fragen Sie zuerst: *Was für Haushaltsgeräte sind das?* Die TN suchen die Namen und notieren sie an der Tafel. Dann lösen sie die Aufgabe. Weisen Sie die TN darauf hin, dass es darum geht, die Wörter aus dem Kontext zu verstehen und sie daher möglichst ohne Wörterbuch arbeiten sollten. Sie vergleichen zuerst zu zweit. Bei der Kontrolle im Kurs lesen die TN die Anzeigen komplett vor. Erklären Sie ggf. die Aussprache der Abkürzungen.

▶ **UM:** Projizieren Sie für die Kontrolle die Prospekte an die Wand.

1c Die TN schreiben jeweils fünf Fragen und die passenden Antworten. Sie vergleichen mit den Redemitteln auf S. 101. Dann fragen sie ihre Partnerin / ihren Partner, sie/er sucht die Information im Prospekt und antwortet. Danach spielen die TN einige Beispiele in einer Kurskette durch.

1d Die TN wählen ein Gerät und machen Notizen. Dann begründen sie ihre Wahl im Kurs.
▶ Vertiefung: S. 101/1

2a Alternative: Für eine vertiefende Arbeit mit dem Hörtext fragen Sie die TN vor dem ersten Hören: *Was passiert? Worum geht es?* (*Julia und Stefan diskutieren über eine Spülmaschine.*) Nach dem Hören berichten die TN und lösen anschließend 2a aus dem Gedächtnis. Beim zweiten Hören überprüfen sie ihre Lösung in 2a und notieren Julias Argumente für eine Spülmaschine (*Zeit sparen, kostet fast nichts, sehr praktisch*).

Video-DVD: Für die Arbeit mit dem Video bearbeiten die TN zuerst Aufgabe 1 von der Kopiervorlage. Dann lösen sie 2a im Buch und machen danach Aufgabe 2 von der Kopiervorlage. ▶ KV 12/1

2b Die TN lösen zu zweit. Stoppen Sie bei der Kontrolle die CD nach jedem Satz. Die TN sprechen die Sätze in der gleichen Betonung nach.

! Erklären Sie, dass man oft nicht genau sagen kann, welche Bedeutung eine Modalpartikel hat. Das hängt auch von der Betonung des Satzes ab. Verdeutlichen Sie das, indem Sie *Wann kommst du denn?* in verschiedenen Stimmungen sprechen (freundlich, überrascht, genervt, drohend, ...). Weisen Sie auch darauf hin, dass die Modalpartikeln im Satz stets unbetont sind.
▶ Vertiefung: S. 101/3

Video-DVD: Nach dem Lösen von 2b bearbeiten die TN Aufgabe 3 von der Kopiervorlage. ▶ KV 12/1

2c+d Die TN übertragen die Emoticons auf einzelne Kärtchen und halten beim Hören das passende Kärtchen hoch.

AR, UM: Spielen Sie das Video zur Bildleiste (Phase 3) ab. Die TN antworten. Animieren Sie die TN, mit viel Emotion zu sprechen. Sprechen Sie das Beispiel vor: (neutral) *Wischst du heute den Fußboden?* – (genervt) *Ich? Du kannst doch auch den Fußboden wischen.*

2e Schreiben Sie Fragen an die Tafel: *Was kann das Gerät? Wie finden Sie es? Würden Sie es kaufen? Warum (nicht)?* Die TN machen Notizen. Dann sprechen sie im Kursspaziergang mit verschiedenen Personen.

■ Informationen erfragen – Angebote beschreiben und bewerten – Tätigkeiten im Haushalt – Modalpartikeln

🔧 Angebote bewerten
Ich finde die Waschmaschine / ... (sehr) praktisch/günstig/sparsam ...
Ich halte den Staubsauger für besonders gut, weil ich mit ihm Zeit sparen kann / weil er eine große Hilfe ist / weil ...
Mich überzeugt das Angebot für ..., weil der Preis stimmt / weil ...
Insgesamt gefällt mir die Spülmaschine am besten, weil sie einen geringen Stromverbrauch hat / umweltfreundlich ist.

2 Endlich eine Spülmaschine?

a Julia (J) oder Stefan (S)? Hören Sie und ordnen Sie zu.

1. [S] sucht das Portemonnaie*.   4. [J] hat heute noch eine Verabredung.
2. [J] muss heute spülen.   5. [S] telefoniert mit Bea.
3. [J] war vor Kurzem bei Bea.   6. [S] dachte, dass Spülmaschinen teuer sind.

b Modalpartikeln. Welche Modalpartikel passt? Lesen Sie den Grammatikkasten und ergänzen Sie. Hören Sie dann zur Kontrolle.

1. Dein Portemonnaie lag *doch* im Flur. Ich habe es dort gesehen.
2. Du kannst *mal* Bea fragen. Natürlich nur, wenn du Zeit und Lust hast.
3. Oh, du siehst *aber* toll aus! Du überraschst mich immer wieder.
4. Wie viel hast du *denn* bezahlt?
5. Und wie wir wissen, es ist *ja* bald Weihnachten.

Modalpartikeln
denn	eine Frage wird freundlicher	ja	man bestätigt etwas
mal	ein Satz wird unverbindlich/vage	doch	etwas ist schon bekannt oder
aber	man ist erstaunt oder überrascht		man macht einen Vorwurf

Modalpartikeln wie denn, doch, aber, ja, mal drücken Gefühle aus.
Sie können auch noch andere Bedeutungen haben.

c Was passt? Hören Sie und zeigen Sie, welches Bild passt.

freundlich *1+3* – überrascht *2* – bestätigend *4*

d Hören Sie noch einmal und sprechen Sie nach.

e Kursspaziergang: Würden Sie dieses Gerät kaufen? Fragen und antworten Sie.

Auf jeden Fall! Das ist ...

Nein, das brauche ich doch nicht.

*D+A: den Fußboden wischen – CH: (feucht) aufwischen | D+CH: das Portemonnaie – A: die Geldtasche

den Teppich saugen

den Fußboden wischen*

Staub wischen

die Wäsche waschen

die Wäsche bügeln

das Geschirr spülen/ abwaschen

die Fenster putzen

den Müll wegbringen

die Blumen gießen

siebenundneunzig

12 Das ist aber ein gutes Angebot!

3a 👥▶👥 Die TN schreiben zu dritt zwei oder drei alternative Sprechblasen für Stefan und lesen sie danach im Kurs vor. Die TN wählen die witzigsten bzw. überzeugendsten Ideen.

3b 👤▶👥▶👤▶👥 Spielen Sie den Hörtext bis ca. 0:30 ab und fragen Sie: *Mit wem telefoniert Stefan? Worum geht es?* (*mit dem Kundenservice; Stefan hat eine Spülmaschine gekauft*). Bevor die TN das Gespräch komplett hören, unterstreichen sie die Schlüsselwörter in den Sätzen.

3c 👥▶👤▶👥 Vor dem zweiten Hören lesen die TN die Sätze und das Überweisungsformular. Klären Sie ggf. unbekannten Wortschatz, indem Sie das Formular beispielhaft ausfüllen.

❗ IBAN ist die Abkürzung für die englische Bezeichnung *International Bank Account Number* (= Internationale Bankkontonummer). Die IBAN ersetzt seit Februar 2016 in der EU die nationalen Kontonummern. Die IBAN ist unterschiedlich lang: Deutschland: 22 Stellen, Österreich: 20 Stellen, Schweiz: 21 Stellen. Sie beginnt mit einem Ländercode (DE, AT oder CH) und enthält die Bankleitzahl und Kontonummer.

4a 👥▶👤 Verdeutlichen Sie das Passiv Präteritum an der Tafel:

> Präsens → Passiv Präsens
>
> Ich überweise das Geld heute.
> → Das Geld wird heute überwiesen.
>
> Perfekt/Präteritum
> → Passiv Präteritum
>
> Ich habe das Geld gestern überwiesen.
> Ich überwies das Geld gestern.
> → Das Geld wurde gestern überwiesen.

Dann ergänzen die TN die Regel.

👥 Vertiefung/Automatisierung: Die TN lesen noch einmal zu zweit die Sätze in 3c. Sie formulieren abwechselnd Fragen mit Passiv Präteritum, z. B. *Wurde das Gerät an die falsche Adresse geliefert?* und antworten mit der Lösung in 3c: *Nein, das Gerät wurde nicht ...*

4b 👥▶👥▶👥 Die TN schreiben zu zweit und vergleichen (und korrigieren ggf.) mit einem anderen Paar. Einige freiwillige TN lesen ihre E-Mail im Kurs vor.

---

12 Das ist aber ein gutes Angebot!

3 Gekauft, bezahlt – und dann?

a Was glauben Sie: Mit wem telefoniert Stefan? Was sagt er? Schreiben Sie Sprechblasen zum Foto und vergleichen Sie im Kurs.

2.11 **b** Was ist passiert? Hören Sie und ordnen Sie die Informationen.

- [2] Stefan hat die Spülmaschine nicht mit der EC-Karte bezahlt, weil das Kartenlesegerät kaputt war.
- [5] Stefan hat zusammen mit Frau Kaminski das Missverständnis geklärt.
- [4] Die Firma hat keinen Termin für die Lieferung vorgeschlagen.
- [1] Stefan hat die Spülmaschine im Geschäft ausgesucht.
- [6] Stefan hat mit Frau Kaminski einen Liefertermin vereinbart.
- [3] Stefan hat mit dem Verkäufer vereinbart, dass er das Geld überweist.

2.11 **c** Was ist richtig? Hören Sie noch einmal und kreuzen Sie an.

1. ☐ Das Gerät wurde an eine falsche Adresse geliefert.
2. ☐ Der Liefertermin wurde von der Firma geändert.
3. ☒ Das Geld wurde noch nicht überwiesen.
4. ☐ Das Gerät wurde von einem anderen Kunden bezahlt.
5. ☒ Die IBAN wurde von Stefan falsch notiert.

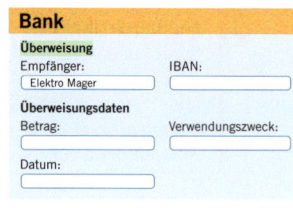

4 Passiv Präteritum

a Lesen Sie den Grammatikkasten und ergänzen Sie die Regel.

Passiv (Präsens)				**werden im Präteritum**	
Das Geld	wird	(heute)	überwiesen.	ich	wurde
				du	wurdest
				er/es/sie	wurde
Passiv (Präteritum)				wir	wurden
Das Geld	wurde	(gestern)	überwiesen.	ihr	wurdet
				sie/Sie	wurden

Passiv Präteritum: werden im Präteritum + Partizip II

98 achtundneunzig

Lösung (Beispiel): *Es wurde nicht mit EC-Karte bezahlt, weil das Kartenlesegerät im Geschäft kaputt war. Deshalb wurde vereinbart, dass der Kunde das Geld überweist. Ein Liefertermin wurde noch nicht vorgeschlagen. Der Kunde sollte den Termin vereinbaren, nachdem er das Geld überwiesen hatte. Es gab ein Missverständnis und das Geld wurde noch nicht überwiesen. Aber jetzt ist alles in Ordnung und ein Liefertermin wurde vereinbart. Viele Grüße, ...*

4c Kurskette mit Ball: Die/Der erste TN sagt einen Satz (z. B. *Das Missverständnis wurde am Telefon geklärt und das Geld wurde überwiesen.*) und wirft den Ball weiter. Die/Der Nächste wiederholt die letzte Information und ergänzt eine weitere (z. B. *Das Geld wurde überwiesen und ein Termin wurde vereinbart.*) usw.

● Schwächere TN schreiben die Sätze zuerst. Stärkere TN überlegen sich, wie die Geschichte weitergehen könnte: *Was wurde am Abend getan? (z. B. Am Abend wurde gefeiert und Bier getrunken. Dann wurde ...)*
▶ Vertiefung: S. 101/4

5a+b Zielaufgabe. Die TN lesen die Texte und wählen eine Situation aus. Dann verteilen sie sich, je nach ihrer Wahl, in einer von drei Ecken im Raum („Fernseher", „Waschmaschine", „Staubsauger"). In den Gruppen finden sich die TN zu Paaren zusammen. Dann verteilen sie die Rollen, erarbeiten zu zweit den Dialog und üben ihn, sodass sie ihn möglichst frei vorspielen können.

● Stärkere TN schreiben den Dialog nicht komplett, sondern besprechen den Inhalt und machen Notizen für ihre Rolle. Schwächere TN schreiben den Dialog komplett.

● Kreative TN lesen die Texte und skizzieren zu zweit eine eigene Situation und arbeiten dann wie beschrieben.

5b Einige freiwillige Paare spielen ihren Dialog vor.

● Stärkere TN können im Anschluss ihre Notizen tauschen und nochmal die andere Rolle spielen. Besonders mutige und kreative TN können im Anschluss spontan einen Dialog ohne Vorbereitung spielen. Dabei sollten die TN jeweils aus der gleichen Gruppe (z. B. „Fernseher") kommen, um die Situation ausreichend zu kennen.
▶ Phonetik: S. 101
▶ Vertiefung: S. 101/2

12

■ ein Missverständnis klären – Passiv (Präteritum)

b Frau Kaminski schreibt ihrem Chef. Schreiben Sie die E-Mail zu Ende. Die Sätze in 3b helfen.

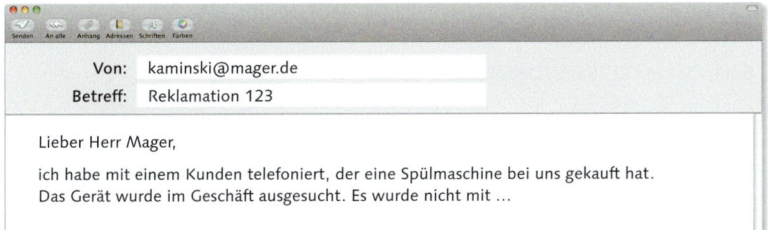

Von: kaminski@mager.de
Betreff: Reklamation 123

Lieber Herr Mager,
ich habe mit einem Kunden telefoniert, der eine Spülmaschine bei uns gekauft hat.
Das Gerät wurde im Geschäft ausgesucht. Es wurde nicht mit ...

c Wie geht die Geschichte weiter? Sprechen Sie im Kurs.

das Missverständnis klären – das Geld überweisen – einen Termin vereinbaren – die Spülmaschine liefern – die Spülmaschine anschließen – das Geschirr einräumen und spülen – am Abend feiern

Das Missverständnis wurde am Telefon geklärt und ...

5 Und was machen Sie jetzt?

a Wählen Sie eine Situation und schreiben Sie einen Dialog.

> Sie haben telefonisch einen Fernseher bestellt. Leider wurde ein falsches Modell geliefert (F340 statt S340). Am Telefon hört man den Unterschied zwischen S und F schlecht.

> Sie haben eine Waschmaschine gekauft und telefonisch den Liefertermin vereinbart (Donnerstag sieben Uhr). Es ist acht Uhr und die Maschine wurde noch nicht geliefert. Sie rufen bei der Firma an und erfahren, dass die Maschine um 19 Uhr kommt.

> Sie haben einen Staubsauger gekauft. Im Geschäft hat man Ihnen gesagt, dass Sie Ihr Geld zurückbekommen, wenn Sie nicht zufrieden sind. Nach zwei Wochen bringen Sie das Gerät zurück. Der Verkäufer sagt, dass Sie den Staubsauger nur eine Woche nach dem Kauf zurückbringen können.

ein Missverständnis klären
Das habe ich aber anders verstanden. / Da habe ich Sie falsch verstanden.
Oh, das ist/war ein Missverständnis.
Haben Sie denn nicht gesagt, dass ...?
Ich dachte ja, Sie meinen ... / Was meinten Sie denn genau?
Das habe ich doch gesagt!

b Spielen Sie den Dialog im Kurs.

12 Das ist aber ein gutes Angebot!

6a 👤 ▸ 👥👥 Die TN lesen die Sätze und überlegen, wie sie Fragen dazu stellen können. Kursspaziergang: Die TN gehen durch den Kursraum und stellen den anderen TN jeweils eine Frage. Wer mit *Ja* antworten kann, unterschreibt. Weisen Sie darauf hin, dass jede/jeder TN nur einmal pro Liste unterschreiben darf. Gewonnen hat, wer zuerst in jeder Zeile eine Unterschrift hat.

◐ Schwächere TN können die Fragen für den Kursspaziergang notieren.

👥👥 ▸ 👤 ▸ 👥👥 Für die Kursstatistik stellen die TN abwechselnd nochmal die Fragen im Plenum: *Wer hat eine EC-Karte/Debitkarte? Wer hat …?* usw. Die TN, die zustimmen, heben die Hand. Eine/Ein TN zählt die Stimmen und notiert sie an der Tafel.

```
1. EC-Karte/Debitkarte: ||||| 
2. Kreditkarte: |||||
3. bar bezahlen: ||||  …
```

Danach schreiben die TN einen kurzen Text, in dem sie die Ergebnisse zusammenfassen. Erinnern Sie an die Redemittel „eine Statistik beschreiben" auf S. 63. Einige freiwillige TN lesen ihren Text vor.

6b 👤 ▸ 👥👥 ▸ 👤 ▸ 👥👥 ▸ 👥👥
Fragen Sie vor dem Lesen: *Was für ein Text ist das?* (*Zeitungsartikel*) Fragen Sie dann: *Worum geht es in dem Text? Was ist das Thema?* (*Bezahlen mit dem Handy*) Die TN lesen den Text global und berichten. Dann lesen sie noch einmal und lösen die Aufgabe zu zweit. Fragen Sie die TN bei der Auswertung, welche Wörter ihnen beim Lösen geholfen haben und wie sie mit unbekannten Wörtern umgehen: *Was machen Sie, wenn Sie ein Wort im Text nicht verstehen?* Die TN tauschen sich aus. Notieren Sie die Ideen an der Tafel.

▶ **AR, UM:** Spielen Sie das Video zur Lesestrategie „Unbekannte Wörter im Text verstehen" ab. Anschließend vergleichen die TN die Tipps mit ihren eigenen Ideen und tauschen sich darüber aus, welchen Tipp sie besonders hilfreich finden.

6c ◐ 👥👥 ▸ 👥👥👥 ▸ 👥👥 Die TN sammeln zu zweit Vor- und Nachteile. Dann gehen zwei Paare zusammen, tauschen sich aus und bereiten eine Diskussion vor: Je zwei TN sehen eher die Vor- bzw. Nachteile. Einige freiwillige Gruppen diskutieren dann im Kurs. Ein oder zwei stärkere TN übernehmen die Moderation.

---

12 Das ist aber ein gutes Angebot! ■ über das Bezahlen sprechen – über Vor- und Nachteile sprechen

6 Wie wir in Zukunft bezahlen.

a Wie bezahlen Sie? Fragen Sie und sammeln Sie Unterschriften. Machen Sie eine Kursstatistik.

1. Ich habe eine EC-Karte/Debitkarte.
2. Ich habe eine Kreditkarte. — *Nadja*
3. Ich bezahle im Supermarkt oder im Restaurant am liebsten bar.
4. Ich ärgere mich, wenn ich im Geschäft nicht mit Karte zahlen kann.
5. Ich habe schon einmal mit einem Scheck bezahlt.
6. Ich bezahle im Internet meistens per paypal.
7. Ich kaufe online auf Rechnung (ich überweise, wenn das Paket da ist).
8. Wenn ich etwas vorher bezahlen muss (Vorkasse), kaufe ich es nicht.

Hast du eine Kreditkarte? — *Ja.* — *Dann unterschreib hier bitte.*

b Was passt? Lesen Sie den Text und ordnen Sie die Wörter zu.

1. automatisch – 2. Bargeld – 3. Daten – 4. Chip – 5. Handy – 6. Unsicherheit – 7. Zeit

Wie wir in Zukunft bezahlen

Zurzeit bezahlen die Deutschen an der Kasse am liebsten mit Bargeld. Aber wie lange noch?

An den Kassen in deutschen Geschäften zahlt man bald nicht mehr mit **2** oder Karte, sondern mit dem Smartphone. Und das geht dann so: Wenn die Verkäuferin den Preis nennt, sucht der Kunde nicht sein Portemonnaie, sondern zeigt sein **5**. Bei Preisen bis zu 25 Euro ist der Kauf dann erledigt. Wenn die Ware mehr kostet, wird die Zahlung mit einer PIN-Nummer oder mit einem Fingerabdruck bestätigt.

Das Zahlen über eine App wird in Zukunft sogar **1** möglich sein. Dann muss der Kunde nichts mehr tun. Ein Chip im Handy merkt, wenn man an der Kasse angekommen ist. Diesen **4** enthalten fast alle neuen Smartphones.

Studien zeigen: Wenn es einfach ist, dann sind die Kunden in Deutschland schnell bereit, auf Bargeld zu verzichten. Schon heute werden in Deutschland viele Produkte – zum Beispiel Bus- und Bahntickets – über eine Smartphone-App bezahlt. Und 30 Prozent der Deutschen haben schon mindestens einmal mobil gezahlt.

Mehr als die Hälfte der Deutschen findet das mobile Bezahlen unkompliziert. Allerdings ist auch die **6** noch groß: 85 Prozent machen sich Sorgen um die Sicherheit. Sie fürchten, dass ihre persönlichen **3** missbraucht werden. Für die Geschäfte hat das Bezahlen mit dem Smartphone große Vorteile. Es spart viel **7** an der Kasse und es gibt weniger Sicherheitsprobleme als mit Bargeld.

c Und was denken Sie? Sammeln Sie Vor- und Nachteile zum Bezahlen mit dem Handy. Diskutieren Sie dann im Kurs.

100 einhundert

12

Wichtige Sätze

1 Informationen erfragen + Angebote bewerten

👤 ▶ 👥👥👥 Die TN recherchieren im Internet ein Angebot zu einem Haushaltsgerät oder „erfinden" ein Haushaltsgerät (wie in 2e) und gestalten ein Plakat mit den technischen Informationen in Stichpunkten. Dann gehen die TN in 4er-Gruppen zusammen und stellen in der Gruppe ihr Gerät vor. Die anderen TN stellen Fragen. Am Ende tauschen sich die TN darüber aus, welches Gerät sie am besten, praktischsten etc. finden.

12

Alles klar!

Wichtige Sätze

Informationen erfragen

Wie hoch ist der Stromverbrauch bei der Küchenmaschine / …?	Der Stromverbrauch ist gering/hoch.
Wie lang ist die Garantie/Ladezeit?	Die Garantie/Ladezeit ist kurz/lang.
Wie hoch sind die Zinsen?	Die Zinsen sind günstig/niedrig/hoch.
Ist die Waschmaschine/der Staubsauger/… sparsam/günstig?	Ja, sie/er ist sehr günstig und der Wasserverbrauch / … ist niedrig.
Gibt es auch einen Rabatt?	Ja, Sie sparen bis zu 18 Prozent.

Angebote bewerten

Ich finde die Waschmaschine / … (sehr) praktisch/günstig/sparsam …
Ich halte den Staubsauger für besonders gut, weil ich mit ihm Zeit sparen kann /…
Mich überzeugt das Angebot für …, weil der Preis stimmt / weil …
Insgesamt gefällt mir die Spülmaschine am besten, weil sie einen geringen Stromverbrauch hat / umweltfreundlich ist.

ein Missverständnis klären

Das habe ich aber anders verstanden. / Da habe ich Sie falsch verstanden.
Oh, das ist/war ein Missverständnis. / Haben Sie denn nicht gesagt, dass …?
Ich dachte ja, Sie meinen … / Was meinten Sie denn genau?
Das habe ich doch gesagt!

Strukturen

Modalpartikeln

denn	eine Frage wird freundlicher	ja	man bestätigt etwas
mal	ein Satz wird unverbindlich/vage	doch	etwas ist schon bekannt oder man macht einen Vorwurf
aber	man ist erstaunt oder überrascht		

Modalpartikeln wie denn, doch, aber, ja, mal drücken Gefühle aus.
Sie können auch noch andere Bedeutungen haben.

Passiv Präsens

	Position 2 *werden*		Satzende Partizip II
Das Geld	wird	(heute)	überwiesen.

Passiv Präteritum

Das Geld	wurde	(gestern)	überwiesen.

werden im Präteritum

ich	wurde
du	wurdest
er/es/sie	wurde
wir	wurden
ihr	wurdet
sie/Sie	wurden

Passiv Präteritum: werden *im Präteritum +* Partizip II

▶ Phonetik, S. 151

---

2 ein Missverständnis klären

👥 Jede/Jeder TN bekommt einen Satz aus der Kopiervorlage. Kursspaziergang: Die TN sprechen zu zweit. Sie lesen ihren Satz vor, z. B. *Morgen ist kein Deutschkurs.* Die andere Person reagiert, z. B. *Ja, das habe ich doch gesagt.* oder *Das habe ich aber anders verstanden. Ich dachte, übermorgen ist kein Kurs.* Dann tauschen sie die Sätze und gehen weiter zur nächsten Person, lesen ihren neuen Satz vor und reagieren usw. Die TN sprechen mit mindestens fünf verschiedenen Personen. ▶ KV 12/2

Strukturen

3 Modalpartikeln

👥👥👥 Die TN hören noch einmal den Hörtext aus 2a (Track 2.08). Immer wenn sie eine Modalpartikel hören, heben sie die Hand und rufen die Partikel.

4 Passiv Präteritum

👥 Die TN sehen sich noch einmal das Gerät in 2e an und schreiben in Stichwörtern, was das Gerät kann (z. B. *die Wäsche bügeln, den Tee kochen* usw.). Dann schreiben sie mit diesen Verben einen „Test-Bericht" über das Haushaltsgerät und benutzen dazu das Passiv Präteritum, z. B. *Das Gerät funktioniert sehr gut: Der Tee wurde in nur zwei Minuten gekocht. Die Wäsche wurde …*

Phonetik

❗ Zu S. 151, Einheit 12: Weisen Sie ihre TN darauf hin, dass Freundlichkeit nicht nur mit der Wortwahl, sondern auch mit der Sprechmelodie zu tun hat. Diskutieren Sie mit den TN das Sprichwort „Der Ton macht die Musik!". Gilt das auch in anderen Sprachen und Kulturen?

11|12 Deutsch aktiv

Auf einen Blick

Material: ggf. Kärtchen (1)

1 👥 Weisen Sie die TN darauf hin, dass sie fünf beliebige Tätigkeiten ankreuzen können, auch wenn das nicht der Wahrheit entspricht.

👤 ▶ 👥👥👥 Alternative: Die TN schreiben drei Tätigkeiten auf ein Kärtchen. Die Kärtchen werden gemischt und neu verteilt. Dann arbeiten die TN in 4er-Gruppen. TN 1 beginnt und befragt TN 2 (*Hast du gestern ...?*). TN 2 antwortet entsprechend ihrer/seiner Kärtchen. Bei der Antwort *Ja, ...* darf TN 1 weiterfragen (und fragt nun TN 3), bei der Antwort *Nein, ...* ist TN 2 an der Reihe und befragt TN 3 usw. Das Spiel endet, wenn die TN alle Tätigkeiten erraten haben.

2 👥 Die TN sprechen abwechselnd zu dritt. Erinnern Sie die TN daran, dass das Reflexivpronomen im Dativ steht, wenn es eine Akkusativergänzung gibt.

👥👥👥 Alternative: Die/Der erste TN wählt eine beliebige Wortverbindung aus dem Schüttelkasten und formuliert den Satz. Die Nachfrage *Wie bitte? Was ...?* sprechen alle TN im Chor. Die/Der erste TN antwortet und bestimmt die nächste Person, die an der Reihe ist.

3 👥 Zwei TN lesen das Beispiel vor. Dann arbeiten die TN zu zweit. Achten Sie darauf, dass die TN für die letzte Information (*heute*) das Passiv Präsens benutzen: *Was wird heute dort gemacht? – Heute werden dort Kinder betreut.*

102

11|12

👥 Automatisierung: Nach der Partnerarbeit bilden die TN 5er-Gruppen. Schreiben Sie an die Tafel: *Was wurde in dem Haus gemacht?* Die Bücher sind geschlossen. Kurskette: Die/Der erste TN sagt einen Satz (z. B. *In dem Haus wurde Essen gekocht.*), die/der Nächste wiederholt den Satz und ergänzt einen weiteren Satz (z. B.: *In dem Haus wurde Essen gekocht und Kunden wurden bedient.*) usw. Welche Gruppe erinnert sich an die meisten Informationen?

🔵 In stärkeren Gruppen können die TN auch weitere Aktivitäten (die nicht in der Übung vorkommen) ergänzen.

4a+b 👤 ▶ 👥 ▶ 👨‍👩‍👧 Die TN wiederholen bei Bedarf die Redemittel zu „Wichtigkeit ausdrücken" auf S. 69. In der Frage-Antwort-Runde begründen sie auch ihre Antworten. Am Ende erstellen die TN eine Kursstatistik. Welche fünf Punkte sind im Kurs am wichtigsten?

🔵 Schwächere TN machen Notizen zu ihren Gründen, stärkere TN sprechen frei. Stärkere TN können auch spezifische Fragen stellen (z. B. *Findest du eine gute Beratung wichtig?*), die Partnerin / der Partner antwortet und begründet spontan.

👤 ▶ 👨‍👩‍👧 Alternative: Die TN kreuzen fünf Punkte an und schreiben zu jedem Punkt eine kurze Begründung (z. B. *kostenloser Lieferservice: Ich habe keine Lust, ins Geschäft zu gehen.*) In 4er-Gruppen lesen die TN abwechselnd ihre Begründungen vor, ohne den entsprechenden Punkt aus 4a zu nennen. Die anderen TN raten, was sie/er angekreuzt hat: *Du hast keine Lust ins Geschäft zu gehen? Dann ist dir bestimmt ein kostenloser Lieferservice wichtig!*

5a 👥 ▶ 👨‍👩‍👧 Teilen Sie den Kurs in zwei Gruppen: Die TN einer Gruppe schreiben Fragen zur Spülmaschine, die anderen arbeiten auf S. 143 und schreiben Fragen zur Kaffeemaschine. Die TN kontrollieren ihre Fragen in der Gruppe mithilfe der Redemittel auf S. 101. Dann bilden die TN Paare (je eine/ein TN aus jeder Gruppe) und fragen und antworten zu den Produkten.

5b 👥 ▶ 👨‍👩‍👧 Die TN wählen in Gruppen zu dritt ein Gerät aus und einigen sich auf ihre Rollen und Stimmungen. Sie machen Notizen, üben den Dialog und spielen ihn dann vor. Die anderen TN raten, in welcher Stimmung die Personen waren.

11|12

4 Service-Wünsche äußern

a Sie möchten eine Kaffeemaschine kaufen. Was ist Ihnen besonders wichtig? Kreuzen Sie fünf Punkte an.

1. ☐ hohe Rabatte
2. ☐ Sonderangebote
3. ☐ Ratenkauf ohne Zinsen
4. ☐ gute Beratung
5. ☐ einfacher Umtausch
6. ☐ kostenloser Lieferservice
7. ☐ angenehme Präsentation der Produkte
8. ☐ große Auswahl
9. ☐ lange Öffnungszeiten
10. ☐ keine Wartezeit
11. ☐ gute Qualität
12. ☐ umweltfreundliche Produkte
13. ☐ keine langen Wege

b Fragen und antworten Sie. Einigen Sie sich auf drei Stichpunkte.

> Was ist dir besonders wichtig?

> Mir ist gute Beratung sehr wichtig. Und dir?

5 Informationen erfragen und beantworten

a Arbeiten Sie zu zweit. Ihre Partnerin / Ihr Partner arbeitet auf Seite 143. Fragen Sie und ergänzen Sie die fehlenden Informationen. Tauschen Sie dann die Rollen.

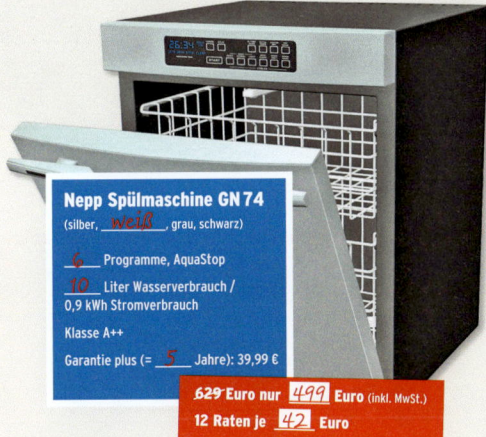

Nepp Spülmaschine GN 74
(silber, _weiß_, grau, schwarz)
_4_ Programme, AquaStop
_10_ Liter Wasserverbrauch /
0,9 kWh Stromverbrauch
Klasse A++
Garantie plus (= _5_ Jahre): 39,99 €
629 Euro nur _499_ Euro (inkl. MwSt.)
12 Raten je _42_ Euro

Profi Kaffeemaschine ES 2010
(weiß oder silber)
für 21 Kaffeespezialitäten
(Espresso bis Latte Macchiato)
mit automatischer Reinigung
Wasserbehälter: 2 Liter
1.899 Euro nur 1.599 Euro
24 monatliche Raten je 67 €

b Einkaufsdialog. Wählen Sie eine Rolle (eine Verkäuferin / ein Verkäufer, zwei Kundinnen/Kunden), eine Situation und ein Gerät in a. Spielen Sie zu dritt einen Dialog.

Verkäuferin/Verkäufer
– Sie müssen heute unbedingt noch etwas verkaufen und Sie sind erkältet.
– Sie haben keine Lust, etwas zu verkaufen. Sie sind verliebt.

Kundinnen/Kunden
– Sie finden das Gerät toll und wollen es unbedingt kaufen. Sie sind nervös.
– Sie finden das Gerät okay, aber sind noch nicht überzeugt. Sie sind müde.
– Sie wollten eigentlich diesen Monat nichts mehr kaufen. Sie reden gern.

einhundertdrei **103**

VI Panorama

Auf einen Blick

Material: Klebezettel (1a); vergrößerte Kopien des Fotos (1 pro Gruppe) (1b)

Textsorten: Bildbeschreibung (Einstieg); Anzeigen (2a); Berufsbilder (2b)

Strategien: Bilder als Informationsquelle nutzen (Einstieg); selektives Hören (2b); Notizen machen (2b); detailliertes Hören (2c); Hör-Sehen (Landeskunde-AR)

Einstieg Fragen Sie zuerst: *Was sieht man auf dem Foto? Was glauben Sie: Wo ist das?* Die TN beschreiben das Bild und sammeln Ideen. Notieren Sie ggf. Redemittel zur Bildbeschreibung und neue Wörter (z. B. *die Kutsche*) an der Tafel. Dies dient den TN als Hilfestellung für 1c.

▶ UM: Projizieren Sie das Foto an die Wand.

1a+b Die TN schreiben ihre Denkblasen einzeln auf Klebezettel. Bilden Sie 4er- oder 5er-Gruppen. Jede Gruppe erhält eine Kopie des Fotos. Nacheinander lesen die TN eine Denkblase vor. Die anderen raten, welche Person auf dem Foto gemeint ist (z. B. *Meinst du die Radfahrerin mit dem weißen Hut?*). Die Gruppe hat fünf Versuche, die Person zu raten. Danach verrät die/der TN die Lösung und klebt den Zettel zu der passenden Person. Am Ende hängen die Gruppen ihr Foto im Raum auf.

1c Die TN sprechen in ihrer Gruppe aus 1b: Sie stellen sich gegenseitig Fragen und nehmen auch aufeinander Bezug (z. B. *Also ich fahre nie mit dem Taxi. Das ist mir zu teuer. Nur einmal, als ich …*)

2a Die TN vergleichen und diskutieren die Angebote zu dritt.

2b Bei der Auswertung im Kurs sprechen die TN in ganzen Sätzen.

Das Foto zeigt den Albertinaplatz im Zentrum von Wien.

die Kutsche / der Fiaker

1 Unterwegs in der Stadt

a Was denken die Leute auf dem Foto? Wählen Sie drei Personen und schreiben Sie Denkblasen.
b Wer denkt das? Lesen Sie Ihre Denkblasen vor, die anderen raten.
c Mit welchem Verkehrsmittel fahren Sie gern in einer Stadt? Warum und zu welcher Gelegenheit? Sprechen Sie im Kurs.

Zu meiner Hochzeit möchte ich mit … fahren, weil ich das romantisch finde.

Zum Einkaufen fahre ich mit …, weil das … ist.

2 Fiaker, Fahrrad-Rikscha oder Taxi?

a Was ist ein günstiges Angebot? Lesen Sie und vergleichen Sie.

Wiener Radtaxi	**Im traditionellen Fiaker durch Wien!**	**Taxitarife für Wien**
Fahrrad-Rikschas für zwei Personen und Gepäck 3 Euro pro Kilometer	45 Min durch die Innenstadt 90 Euro pro Kutsche (bis 4 Personen + Kinder)	<u>Werktags 6 - 23 Uhr:</u> Grundpreis 3,80 € 1,08 € pro km; ab 9 km 1,05 €
<u>Spezialtour durch die Innenstadt</u> Fahrt (20 Minuten): 28 Euro	Reservierungen unter: +43 (0)1 255 10 56 oder office@fiakerwien.at	<u>Nachts und am Wochenende:</u> Grundpreis: 4,30 € 1,28 € pro km; ab 9 km 1,18 €

104 einhundertvier

Lösung (Beispiel): <u>Paul Kaiser</u>: Fiaker-Kutscher; seit 14 Jahren; vor allem Touristen, Madonna – <u>Gaby Faistauer</u>: Taxifahrerin; seit 25 Jahren; Touristen, Wiener, die nachts ausgehen – <u>Georg Bach</u>: Rikscha-Fahrer, Fahrradtaxifahrer; seit einem Jahr; Touristen, Leute nach dem Shopping

2c Die TN formulieren die Lösungen in ganzen Sätzen, z. B. *Herr Kaiser findet es gut, dass er mit Tieren arbeitet. / ... mit Tieren zu arbeiten. / Herr Kaiser mag die Arbeit mit Tieren.*

Vertiefung: Teilen Sie den Kurs in drei Gruppen. Fragen Sie: *Was finden die Personen negativ an ihrer Arbeit?* Jede Gruppe konzentriert sich auf eine Person. Die TN hören ein drittes Mal und machen Notizen. Die Gruppen vergleichen untereinander. Im Plenum stellen drei TN je eine Person vor, indem sie alle Informationen aus 2b+c zusammenfassen.

3a+b Schwächere TN machen vor dem Kursgespräch Notizen.

Landeskunde

AR, UM: Das Video gibt Informationen über Wien. Am Ende wird den TN eine Verständnisfrage zum Video gestellt (*Was besuchen die meisten Besucher in Wien am liebsten?* Lösung: *Schloss Schönbrunn.*)

Nach dem ersten Sehen beantworten die TN die Frage aus dem Video. Schreiben Sie Stichwörter an die Tafel: *Einwohner – Touristen – Museen – Donau-City – UNO-City.* Beim zweiten Sehen notieren die TN Informationen zu den Wörtern. Einige TN stellen die Informationen im Kurs vor.

die Fahrrad-Rikscha

2.12 b Was erzählen die Personen? Hören Sie und ergänzen Sie die Tabelle.

	Was?	Wie lange schon?	Welche Kunden?
Paul Kaiser			
Gaby Faistauer			
Georg Bach			

2.12 c Paul Kaiser (K), Gaby Faistauer (F) oder Georg Bach (B)? Wer findet was positiv? Hören Sie noch einmal und notieren Sie. Nicht alles passt.

1. Arbeit mit Tieren *K*
2. netter Chef
3. körperliche Aktivität *B*
4. gut für die Umwelt *B*
5. guter Lohn
6. Arbeit draußen *K*
7. Selbstständigkeit *K*
8. Kontakt zu Menschen *K*
9. Arbeitszeiten

3 Zufrieden?

a Vergleichen Sie die Arbeit auf der Kutsche, im Taxi und auf der Fahrrad-Rikscha. Wo würden Sie lieber arbeiten? Warum? Sprechen Sie im Kurs.
b *Es ist kein Traumjob, aber ich habe Arbeit.* Was denken Sie darüber? Diskutieren Sie im Kurs.

! *Rad-Rikscha* und *Radtaxi* bezeichnen dasselbe Verkehrsmittel. *Taxler* ist in Österreich ein umgangssprachliches Wort für Taxifahrer. Ein *Fiaker* ist eine Kutsche mit zwei Pferden. Auch der Kutscher selbst heißt *Fiaker*. *Fiaker* werden in Wien seit ca. 1670 für den Verkehr genutzt. Ein *Fiaker* ist in Österreich aber auch eine Kaffeespezialität mit Sahne (Schlagobers), Zucker und etwas Alkohol (Sliwowitz oder Rum).

einhundertfünf

13 Auf vier Rädern

Auf einen Blick

Material: Kärtchen (4c, 4c/Wichtige Sätze 2, 6c); KV 13/1 (5c/Strukturen 5)

Textsorten: Bildbeschreibung (1a); Streitgespräch (1b); Lied (2b); Anzeigen (4a, 6c); Ratgeber-Text (4a); Verkaufsdialog (6a); Magazintext (7a)

Strategien: globales Hören (1b, 2b); detailliertes Hören (1c+d, 3c, 6a+b); Hör-Sehen (1b–d); selektives Hören (2c); Bilder als Informationsquelle nutzen (2c, 4a); detailliertes Lesen (4c, 7a); globales Lesen (4b); einen Dialog anhand von Stichwörtern führen (6c); sich im Text orientieren (7a)

Einstieg + 1a

Fragen Sie: *Was passiert auf dem Bild?* Die TN erzählen und beantworten anschließend die Fragen aus dem Buch. Notieren Sie neue Wörter an der Tafel. Dann wählen die TN eine Person auf dem Bild und überlegen einen Satz, den die Person vielleicht denken oder sagen könnte. Die TN lesen ihren Satz vor, die anderen raten, welche Person gemeint ist.

▶ **UM:** Alternativ projizieren Sie das Bild an die Wand.

Die TN arbeiten in drei Gruppen: Gruppe 1 hat keinen Führerschein; Gruppe 2 hat einen Führerschein, aber kein Auto; Gruppe 3 hat einen Führerschein und ein Auto. Schreiben Sie die folgenden Fragen an die Tafel: *Wozu braucht man einen Führerschein / ein Auto? Funktioniert ein Leben ohne Auto?* Die TN tauschen sich entsprechend der Rollen aus, einigen sich auf eine gemeinsame Antwort und präsentieren diese im Kurs.

1b

Die TN lesen die Situationen. Fragen Sie, welche Situation die TN für wahrscheinlicher halten. Die TN überprüfen beim Hören ihre Vermutungen.

1c

Die TN bearbeiten die Aufgabe zu zweit aus der Erinnerung und kontrollieren dann beim zweiten Hören.

▶ **Video-DVD:** Arbeiten Sie mit dem Video wie hier beschrieben.

▶ Vertiefung: S. 111/1

13 Auf vier Rädern

1 Ein eigenes Auto?

a Haben Sie einen Führerschein? Haben Sie ein Auto? Warum nicht? Wozu benutzen Sie das Auto? Sehen Sie sich das Bild an und sprechen Sie im Kurs.

b Was ist richtig? Hören Sie und kreuzen Sie an.

1. ☐ Julia macht bald ihre Fahrprüfung. Sie möchte, dass Stefan und sie beim Carsharing mitmachen, wenn sie den Führerschein hat.
2. ☒ Julia geht zur Fahrschule und möchte, dass Stefan ein eigenes Auto kauft. Sie möchte nach der Prüfung viel fahren. Stefan findet ein Auto unnötig.

c Welche Argumente gibt es für und welche gegen ein eigenes Auto? Hören Sie noch einmal und kreuzen Sie an.

Nachteile: ☒ zu teuer (Versicherung, Reparaturen), ☐ nicht gut für die Umwelt, ☒ keine Parkplätze, ☐ oft im Stau stehen

Vorteile: ☒ viel fahren, ☐ schnell im Büro sein, ☒ flexibel sein, ☒ spontan ans Meer fahren

d Wie reagieren Julia und Stefan? Hören Sie noch einmal und verbinden Sie.

1. Wir können ab und zu Carsharing machen. — a Sag mal, das geht jetzt zu weit.
2. Dann mieten wir eine Garage. — b Oh, Mann!
3. Es gibt hier auch keine freien Garagen. — c Das geht nicht!
4. Nein, ein Auto kommt nicht in Frage. Fertig. — d Du siehst immer nur das Negative!

e Spielen Sie den Dialog nach. Arbeiten Sie mit den Argumenten in c.

Verärgerung ausdrücken

Bist du verrückt?
Du siehst immer nur das Negative!
Das geht jetzt zu weit.
Oh, Mann! Das reicht jetzt, okay?

Quatsch*! Das geht so nicht.
Das regt mich auf.
Das ist ausgeschlossen.
Das kommt nicht in Frage.

*D+CH: Quatsch! – A: Blödsinn!

1d Die TN verbinden beim Hören und markieren, ob Julia oder Stefan spricht. Dann lesen sie die Satzpaare zu zweit. Ermutigen Sie sie, die Sätze mit Emotionen zu lesen.

1e Schwächere TN arbeiten zur Vorbereitung des Dialogs mit dem Hörskript auf Seite 168.

Alternative: Die TN arbeiten in zwei Gruppen. Gruppe 1 übernimmt die Rolle von Julia, Gruppe 2 die Rolle von Stefan. Die Gruppen notieren Argumente für die eigene Rolle und stellen sich dann jeweils paarweise gegenüber. Das erste Paar beginnt mit dem Streitgespräch. Klatschen Sie nach ca. 20 Sekunden, dann streitet das nächste Paar weiter.

! Da es sich bei den Redemitteln um starke emotionale Ausdrücke handelt, kann man sie nicht immer verwenden. Sammeln Sie Situationen, in denen diese Ausdrücke angemessen sind.
▶ Phonetik: S. 111

2a+b Schreiben Sie nach dem Wörtersammeln an die Tafel: *Die Deutschen und ihre Autos*. Fragen Sie die TN nach deren Meinung dazu und sammeln Sie die Assoziationen an der Tafel. Es können auch lustige und nicht ganz ernst gemeinte Ideen sein. Die TN hören dann das Lied und vergleichen mit ihren Ideen.

2c Die TN hören noch einmal und vergleichen ihre Lösungen zu zweit.

2d Die TN notieren in Gruppen zu viert ihre Meinungen. Anschließend präsentieren sie sie im Kurs.

3a Die TN lösen die Aufgabe zu zweit, dann suchen sie sich eine neue Partnerin / einen neuen Partner und vergleichen.

3b Die TN ergänzen. Schreiben Sie dann an die Tafel *Ich fahre lange. Ich verbrauche viel.* → *Ich fahre länger. Ich verbrauche mehr.* und erklären Sie die Bedeutung von *je …, desto*. Weisen Sie darauf hin, dass der Nebensatz mit *je* + Komparativ immer am Anfang steht.

◐ Wiederholen Sie ggf. die Bildung von Komparativen.

3c Wer nicht singen möchte, liest den Text laut mit.

3d Die TN schreiben in Gruppen zu viert. Wenn die TN je drei Sätze geschrieben haben, lesen sie die Sätze im Kurs vor.

Alternative: Für eine zweite Runde können Sie einen Satz mit *desto* vorgeben (z. B. *…, desto schöner wird das Leben.*).
▶ Vertiefung: S. 111/4

■ über Vor- und Nachteile von Autos diskutieren – Verärgerung ausdrücken – Auto – Vergleich mit *je … desto*

13

2 Die Deutschen und ihre Autos

a Auto-Wörter. Welche Wörter kennen Sie? Sammeln Sie im Kurs.

> Teile: der Reifen, die Bremse …
> Verben: Gas geben, bremsen …
> Adjektive: schnell …

b *In Deutschland musst du Auto fahren.* Worum geht es in dem Lied? Hören Sie und sprechen Sie im Kurs. (2.14)

c Welches Bild passt? Hören Sie noch einmal und ordnen Sie die Bilder. (2.14)

 4    1    3    2

d Was denken Sie: Sind Sie damit einverstanden, was in dem Lied gesagt wird? Sprechen Sie im Kurs.

3 Vergleich mit *je …, desto*

a Was passt zusammen? Verbinden Sie und hören Sie dann noch einmal zur Kontrolle. (2.14)

1. Je mehr Gas ich gebe,   a desto mehr verbraucht es.
2. Je länger ich fahre,   b desto mehr Leute hören mich.
3. Je lauter ich hupe,   c desto mehr raucht es.
4. Je lauter die Musik ist,   d desto cooler werde ich.

b Unterstreichen Sie die Komparative in a und ergänzen Sie den Grammatikkasten.

Vergleich mit *je …, desto …*	
Nebensatz	**Hauptsatz**
je + Komparativ	*desto* + Komparativ
Je länger ich fahre,	desto mehr verbraucht das Auto.

c Hören Sie das Lied noch einmal, lesen Sie auf Seite 169 und singen Sie mit. (2.14)

d *Je älter man wird, desto …* Ergänzen und schreiben Sie den Satz auf einen Zettel. Falten Sie den Zettel, sodass man immer nur den letzten Satz sehen kann, und geben Sie den Zettel weiter. Schreiben Sie Sätze, bis Ihr Zettel wieder bei Ihnen ist. Lesen Sie alle Sätze vor.

> Je älter man wird, desto schöner ist das Leben.
> Je schöner das Leben ist, desto mehr freut man sich.
> Je mehr man sich freut, desto …

einhundertsieben **107**

13 Auf vier Rädern

4a 👥 ▶ 👤 ▶ 👥 Fragen Sie zuerst: *Was macht man, wenn man einen (gebrauchten) Wagen kaufen möchte? Worauf muss man achten?* Die TN erzählen. Dann erklären sie zu zweit die Zahlen auf dem Foto und schreiben zu jeder Zahl einen Satz. (Lösung z. B. *Das Auto wurde im September im Jahr 2010 zum ersten Mal zugelassen. Das Auto ist 90.000 Kilometer gefahren. Der Motor hat eine Leistung von 44 Kilowatt. Das sind 60 Pferdestärken. Das Auto kostet 5.900 Euro.*)

4b ▶ **AR, UM:** Zur Vorbereitung spielen Sie das Video zur Bildleiste (Phase 1+2) ab. Die TN sprechen nach und antworten.

👤 ▶ 👥 ▶ 👥 Die TN überprüfen ihre Lösungen zu zweit. Fragen Sie dann, welchen Tipp die TN am wichtigsten bzw. am wenigsten wichtig finden.

4c 👥 ▶ 👥 Die TN notieren die Fragen jeweils auf ein Kärtchen und sammeln weitere Fragen. Welches Paar hat die meisten Fragen?
▶ Vertiefung: S. 111/2

5a 👤 ▶ 👥 Die TN ergänzen den Grammatikkasten. Fragen Sie dann: *Was ist der Unterschied? Was bedeuten die beiden Sätze?* Schreiben Sie an die Tafel:

> *Passiv mit werden*
> *Das Auto wird beschädigt.* →
> *Das passiert gerade. (Prozess)*
>
> *Passiv mit sein*
> *Das Auto ist beschädigt.* →
> *So ist die Situation (der Zustand) jetzt.*

5b 👤 ▶ 👥 Sammeln Sie die Sätze an der Tafel. Die TN bilden anschließend auch die Passivformen mit *werden* dazu.

Lösung: s. blaue Unterstreichung im Text

▶ **AR, UM:** Spielen Sie das Video zur Bildleiste (Phase 3) ab. Die TN antworten.

5c 👥 ▶ 👥 Die TN wählen zu zweit zwei Wortverbindungen aus der Bildleiste und überlegen, welche Passivform (mit *werden* oder *sein*) passt und wie sie sie darstellen wollen. Dann präsentieren die Paare hintereinander je eine Szene, die anderen raten.

◐ Stärkere TN können auch zu anderen Passivsätzen Pantomime spielen. In diesem Fall besprechen Sie mit ihnen die Passivsätze vor der Präsentation, damit keine „falschen" Passivformen gebildet werden.
▶ Vertiefung: S. 111/5

---

13 Auf vier Rädern

4 Einen Gebrauchtwagen kaufen

a Was bedeuten die Zahlen? Sehen Sie das Foto an und sprechen Sie im Kurs.

Autokauf – ohne böse Überraschungen

Wichtige Tipps, die man beim Kauf eines Gebrauchtwagens beachten sollte.

[x] **1** Entscheiden Sie zuerst: Wie viel Geld wollen Sie ausgeben? Welche Marke/n finden Sie gut? Wie alt darf der Wagen maximal sein? Vergleichen Sie alle Angebote und wählen Sie nicht unbedingt den günstigsten Wagen.

[ ] **2** Haben Sie ein passendes Auto gefunden? Nehmen Sie mit der Verkäuferin / dem Verkäufer Kontakt auf. Wie lange hat sie/er das Auto? Wie viele Besitzer gab es? Wann muss der Wagen zur technischen Kontrolle (TÜV*)? Sie sollten auch überprüfen, ob der Wagen angemeldet und versichert ist. Haben Sie ein gutes Gefühl, dass Sie der Verkäuferin / dem Verkäufer vertrauen können? Wenn nicht: Weitersuchen!

[x] **3** Sehen Sie sich den Wagen gründlich an – am Tag und bei gutem Wetter, nicht bei Regen. Das ist ganz wichtig, wenn man z.B. den Lack überprüfen will: Ist der Lack beschädigt? Gibt es Roststellen? Sehen Sie die Reifen an: Sind sie stark abgenutzt? Gibt es Unfallschäden?

[x] **4** Bitten Sie um die Fahrzeugpapiere: Sind alle TÜV-Kontrollen eingetragen? Gibt es keine Papiere? Dann Finger weg von dem Wagen!

[x] **5** Erst nachdem Sie das Auto und die Papiere überprüft haben, sollten Sie eine Probefahrt mit der Verkäuferin / dem Verkäufer vereinbaren: Geht der Motor sofort an? Gibt es ungewöhnliche Geräusche? Wie fährt der Wagen? Funktionieren alle Lichter?

[x] **6** Wenn es Probleme gibt oder der Wagen beschädigt ist, haben Sie die Wahl: nicht kaufen oder den Preis verhandeln. Eine gute Regel ist: Bei einem Gebrauchtwagen sind 10 Prozent weniger gut möglich.

b Welche Überschrift passt zu welchem Tipp? Lesen Sie und ordnen Sie zu. Die Bildleiste hilft.

a [6] Verhandeln Sie den Preis.   d [3] Machen Sie eine Besichtigung.
b [5] Vereinbaren Sie eine Probefahrt.   e [4] Überprüfen Sie die Papiere.
c [2] Fragen Sie den Verkäufer aus.   f [1] Überlegen Sie, was Sie wollen.

c Lesen Sie noch einmal und schreiben Sie Fragen zu den folgenden Punkten.

1. der Zustand   2. die Geschichte des Autos   3. die Papiere

> *1. Ist der Lack …*

*D: der TÜV – A: wiederkehrende Begutachtung – CH: z.B. die Fahrzeugprüfung

6a 👥 ▶ 👤 ▶ 👥 ▶ 👥 Fragen Sie die TN vor dem Hören: *Wie geht die Geschichte mit Julia und Stefan weiter?* Sammeln Sie die Ideen an der Tafel und machen Sie eine Abstimmung: *Wer glaubt, dass Stefan ein Auto kauft? Wer, dass er kein Auto kauft?* Dann hören die TN und überprüfen ihre Vermutungen: Wer lag richtig? Beim zweiten Hören bearbeiten sie die Aufgabe zu zweit.

6b 👥 ▶ 👥 Lösung: *eine Taschenlampe mitnehmen, damit man das Auto auch von unten genau ansehen kann* (Hörtext: … *Ich schau noch unter das Auto.* … *Ich habe extra eine Taschenlampe mitgebracht.*).

■ über einen Autokauf sprechen – Gebrauchtartikel beschreiben – etwas verhandeln – Zustandspassiv

5 Zustandspassiv

a Welcher Satz passt? Lesen und ergänzen Sie den Grammatikkasten.

Das Auto ist beschädigt. – Das Auto wird beschädigt.

> **Passiv mit *werden*** *werden* + Partizip II → **Passiv mit *sein* (Zustandspassiv)** *sein* + Partizip II
>
>
>
> Das Auto wird beschädigt.   Das Auto ist beschädigt.
>
> *Passiv mit sein beschreibt einen neuen Zustand (Zustandspassiv).*

b Suchen Sie Sätze mit Zustandspassiv im Text in 4a und unterstreichen Sie sie.
c Alles ist erledigt! Spielen Sie Pantomime zu den Wörtern in der Bildleiste. Die anderen bilden passende Sätze.

Der Preis wird verhandelt.   Jetzt ist der Preis verhandelt.

6 Beim Autokauf

2.15 a Welche Tipps aus dem Text passen? Hören Sie und kreuzen Sie in 4a an.
2.15 b Welchen Tipp gibt es noch? Hören Sie noch einmal und notieren Sie.
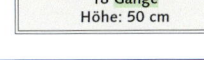 c Können Sie gut verhandeln? Wählen Sie eine Anzeige und schreiben Sie einen Verhandlungsdialog. Benutzen Sie die Fragen in 4c.

Mountainbike 180 €	Motorroller 1.600 €	Wohnwagen 13.900 €
18 Gänge	Kilometerstand: 2.880 km	Erstzulassung: 2013
Höhe: 50 cm	Erstzulassung: 2015	2 Betten, Küche, TV, WC

> **etwas verhandeln**
> **Käuferin/Käufer**
> Was kostet …? / Was wollen Sie für …?
> Hmm, aber der Lack / … ist beschädigt/kaputt/abgenutzt.
> … funktioniert nicht.
> Das finde ich immer noch zu viel.
> Ich biete … Euro (an).
>
> **Verkäuferin/Verkäufer**
> … Euro. Das ist ein sehr guter Preis!
> Ja, das stimmt. Ich mache Ihnen einen Sonderpreis: … Euro!
> Das ist zu wenig. … Euro – das ist mein letztes Angebot.

einhundertneun 109

👥 ▶ 👥 Vertiefung: Die TN arbeiten in Gruppen zu viert und überlegen, ob Stefan ein guter Gebrauchtwagenkäufer ist oder nicht. Schreiben Sie dafür folgende Fragen an die Tafel:

> Was macht Stefan gut/richtig?
> Was macht Stefan falsch / nicht so gut?
> Was sollte Stefan noch machen?

Die TN diskutieren die Fragen in der Gruppe und machen dazu Notizen. Dann präsentieren sie ihre Ergebnisse im Kurs und begründen ihre Überlegungen. Sind die Überlegungen der Gruppen sehr unterschiedlich?

6c 👥 ▶ 👥 Zielaufgabe/ Ich-Bezug. Schreiben Sie folgende Fragen an die Tafel:

> Alter?   Charakter?
> Beruf?   Laune?

Die TN wählen zu zweit eine Anzeige aus, eine/ein TN übernimmt die Rolle der Käuferin / des Käufers, die/der andere die Rolle der Verkäuferin / des Verkäufers. Dann überlegen sie zu zweit, wie die Personen sind, und schreiben einen Dialog, den sie anschließend im Kurs vorspielen: stärkere TN frei, schwächere TN dürfen ihre Notizen nutzen.

Alternative: Bereiten Sie Kärtchen mit Redemitteln von Seite 106 (*Verärgerung ausdrücken*) vor, wobei alle TN jeweils ein Kärtchen bekommen. Während ein Paar seinen Dialog präsentiert, können die anderen TN passende Ausdrücke hineinrufen. Die spielenden TN müssen den Ausdruck aufnehmen und in ihren Dialog einbauen.

▶ Vertiefung: S. 111/3

13 Auf vier Rädern

7a 👥 Fragen Sie die TN zuerst: *Was ist gerade Trend in Ihrem Land / bei Ihnen persönlich?* Geben Sie vielleicht ein Beispiel aus Ihrem eigenen Leben (z. B. Yoga, Smoothies, eine besondere TV-Serie …). Gibt es einen gemeinsamen Trend im Kurs? Die TN tauschen sich im Kurs aus.

Alternative: Fragen Sie die TN: *Was verbinden Sie mit der Schweiz?* Eine/Ein TN sammelt die Ideen an der Tafel.

👥 ▶ 👥 ▶ 👤 ▶ 👥 Die TN lesen die Überschrift, überlegen, welche Informationen sie im Text erwarten, und notieren zu zweit Fragen an den Text. Sammeln Sie die Fragen anschließend an der Tafel. Die TN lesen den Text und suchen Antworten auf ihre Fragen: Welche Antworten wurden beantwortet, welche nicht?

👤 ▶ 👥 ▶ 👥 Die TN bearbeiten die Aufgabe und lesen dann den Text zu zweit abwechselnd nach Abschnitten vor und überprüfen so zu zweit ihre Lösung. Besprechen Sie danach mit den TN, woran sie erkannt haben, welche Sätze wohin gehören (*1. Geschwindigkeit begrenzt – bei 25 km/h schaltet … aus; 2. wird … immer beliebter – Dieser Trend …; 3. Wie weit …? (= Frage) – Diese Frage …; 4. bis 45 km/h fahren – Das ist schnell …; 5. alle Vorteile – Wenn der Berg aber zu hoch* (= Nachteil).

◐ 👥 ▶ 👥 Vertiefung: Die TN arbeiten in vier Gruppen. Jede Gruppe liest einen Abschnitt noch einmal, fasst die Informationen zusammen und erfindet eine falsche Information. Dann präsentieren die Gruppen ihre Zusammenfassung. Die anderen raten, welche Information falsch ist.

7b 👥 Machen Sie eine Umfrage im Kurs. Schreiben Sie die folgenden Fragen an die Tafel:

> *Wer hat ein Fahrrad?* *Wer ist schon einmal mit einem E-Bike gefahren?*
> *Wer hat ein E-Bike?* *Wer möchte ein E-Bike haben?*

👥 ▶ 👥 Alternative: Die TN arbeiten zu dritt. Sie notieren Pro- und Contra-Argumente zur Frage: *Ist das E-Bike nur ein kurzer Trend in bestimmten Ländern?* Dann stellt jede Gruppe ihre Argumente in einer Fernsehdiskussion mit einer Moderatorin / einem Moderator vor. Die zuschauenden TN dürfen weitere Fragen stellen.

13

Wichtige Sätze

1 Vor- und Nachteile von Autos diskutieren
👥 ▶ 👤 Die TN einigen sich zu zweit, ob sie über Vor- oder Nachteile schreiben. Sie sammeln Argumente, schreiben einen Text und hängen ihn im Kursraum auf. Zum Schluss lesen alle die Texte und machen ein Häckchen/Smiley bei den Texten, die sie überzeugen konnten.

2 den Zustand eines Gebrauchtartikels beschreiben
👥 ▶ 👥👥 Die TN schreiben auf die Rückseite der Kärtchen aus 4c eine passende Antwort. Dann arbeiten sie zu viert. Alle Kärtchen liegen mit der Antwort nach oben auf dem Tisch. Nacheinander bilden die TN eine passende Frage. Wer die richtige Frage gebildet hat, behält die Karte.

3 etwas verhandeln
👤 ▶ 👥👥 Die TN schreiben eine Anzeige zu einem Gegenstand, den sie verkaufen möchten, und verhandeln dann mit drei TN, wobei sie versuchen, einen möglichsten hohen Preis zu erzielen. Die TN müssen sich auf einen Preis einigen. Die Verkäuferin / Der Verkäufer notiert den Preis. Wer erzielt den besten Preis?

Strukturen

4 Vergleich mit *je …, desto …*
👥 ▶ 👥👥 Die TN schreiben zu zweit einen Satz mit *je …, desto …* auf zwei Kärtchen: den Nebensatz mit *je* auf ein Kärtchen, den Hauptsatz mit *desto* auf ein zweites. Mischen Sie die Kärtchen und verteilen Sie sie neu. Eine/Ein TN liest einen Satz mit *je* vor. Die TN, die einen Satz mit *desto* haben und glauben, dass er passt, lesen ihn laut vor. Welche *desto*-Sätze passen, welche nicht?

5 Passiv mit *sein*
👥 Die TN spielen zu zweit. Jedes Paar erhält ein Kärtchen-Set von der Kopiervorlage. Die TN ziehen abwechselnd ein Kärtchen und bilden einen Satz mit Passiv (z.B. *Der Kaffee wird gerade gekocht.*). Die Partnerin / Der Partner antwortet mit einem Passiv-Satz mit *sein* (z.B. *Oh, ich dachte, der Kaffee ist schon gekocht.*). ▶ KV 13/1

Phonetik

❗ Zu S. 152, Einheit 13: Achten Sie vor allem auf Wort- und Satzakzente. Weisen Sie die TN darauf hin, dass die Ausdrücke in dieser Übung sehr stark sind und eine deutliche Ablehnung ausdrücken.

Alles klar! 13

Wichtige Sätze

Vor- und Nachteile von Autos diskutieren

Mit einem eigenen Auto ist man flexibel und schneller.
Wenn man ein Auto hat, dann kann man spontan ans Meer / nach … / in … fahren.

Ein Auto kostet viel Geld und man muss auch die Versicherung, Reparaturen und eine Garage bezahlen. Carsharing ist billiger. In der Stadt gibt es wenige Parkplätze.
In der Stadt braucht man kein Auto. Man kann mit dem Zug/Bus / … fahren.

Verärgerung ausdrücken

Bist du verrückt?	Quatsch! Das geht so nicht.
Du siehst immer nur das Negative!	Das regt mich auf.
Das geht jetzt zu weit.	Das ist ausgeschlossen.
Oh, Mann! Das reicht jetzt, okay?	Das kommt nicht in Frage.

den Zustand eines Gebrauchtartikels beschreiben

Der Lack / … ist beschädigt/kaputt. Das Licht / … funktioniert nicht.
… ist/sind abgenutzt. Das Auto / Das Fahrrad macht ungewöhnliche Geräusche.
Man sieht noch die Stelle, die repariert wurde.

etwas verhandeln

Käuferin/Käufer	Verkäuferin/Verkäufer
Was kostet …? / Was wollen Sie für …?	… Euro. Das ist ein sehr guter Preis!
Hmm, aber der Lack / … ist beschädigt/kaputt/abgenutzt. / … funktioniert nicht.	Ja, das stimmt. Ich mache Ihnen einen Sonderpreis: … Euro!
Das finde ich immer noch zu viel.	Das ist zu wenig. … Euro – das ist mein letztes Angebot.
Ich biete … Euro (an).	

Strukturen

Vergleich mit *je …, desto …*

Nebensatz			Hauptsatz		
je + Komparativ		Satzende	*desto* + Komparativ		Position 2
Je	länger	ich	fahre,	desto	mehr	verbraucht	das Auto.

Passiv mit *sein* (Zustandspassiv)

werden + Partizip II → sein + Partizip II

 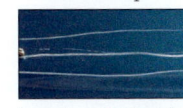

Das Auto **wird** beschädigt.   Das Auto **ist** beschädigt.
Passiv mit sein *beschreibt einen neuen Zustand (Zustandspassiv).*

▶ Phonetik, S. 152

14 Überzeugende Geschäftsideen

Auf einen Blick

Material: KV 14/1 (2b/Wichtige Sätze 1); großes Papier für Plakate (4b, 7c); KV 14/2 (7a/Strukturen 4)

Textsorten: Zeitschriftenartikel (2a, 8b); statistische Informationen (5a); Radiointerview mit einem Experten (6b)

Strategien: Hypothesenbildung (1a); Bilder als Informationsquelle nutzen (1a); selektives Hören (1b, 6b+c); detailliertes Hören (1c, 6d); Hör-Sehen (1b+c); globales Lesen (2a, 5a); selektives Lesen (2b, 5b, 8b); Wörter mit Bildern lernen (5b); Fragen zu einem Thema notieren (6a); Notizen machen (8b); eine Diskussion führen (8c)

Einstieg + 1a

Fragen Sie: *Welche fünf Fragen haben Sie zu den Fotos?* Die TN notieren zu zweit Fragen. Sammeln Sie die Fragen an der Tafel. Dann arbeiten die TN in Gruppen zu viert. Sie überlegen, was passiert sein könnte, beantworten dabei die Fragen von der Tafel und präsentieren ihre Ergebnisse. ◐ Schwächere TN beantworten nur die Fragen, stärkere TN erzählen eine zusammenhängende Geschichte.

▶ **Video-DVD:** Spielen Sie das Video bis 00:42 ab und arbeiten Sie wie oben beschrieben.

1b
Beim ersten Hören überprüfen die TN ihre Vermutungen. Beim zweiten Hören kontrollieren sie ihre Lösungen.

▶ **AR, UM:** Spielen Sie das Video zum Strategietraining ab. Das Video erklärt, warum es wichtig ist, auf Emotionen (Interjektionen/Ausrufewörter) zu achten. Fragen Sie: *Welche „kleinen" Wörter kennen Sie noch, die die Stimmung ausdrücken?*

1c
Die TN hören noch einmal und rufen *Stopp*, wenn ein Punkt genannt wird. Fragen Sie, wie die TN Drohnen finden.

▶ **Video-DVD:** Arbeiten Sie mit dem Video wie oben beschrieben.

2a
Die TN arbeiten zu zweit. Eine/Ein TN liest den ersten Abschnitt, die/der andere den zweiten Abschnitt. Beide fassen ihren Abschnitt in zwei Sätzen zusammen. Erklären Sie ggf. die unbekannten Wörter.

---

14 Überzeugende Geschäftsideen

die **Drohne**

1 Im Flug?

a Was denken Sie: Was ist passiert? Sammeln Sie Vermutungen im Kurs.

b Was passt? Verbinden Sie. Hören Sie und kontrollieren Sie Ihre Lösung.

1. Helga hat sich **erschrocken**, — a weil Drohnen sehr viel können.
2. Jannis ist begeistert, — b weil Arbeitsplätze **wegfallen** können.
3. Helga sieht die Entwicklung **kritisch**, — c weil auf ihrem Balkon eine Drohne **gelandet** ist.

c Was erklärt Jannis: Was können Drohnen tun? Hören Sie noch einmal und kreuzen Sie an.

1. ☐ einkaufen   3. ☒ aus der Luft fotografieren   5. ☐ ein Haus bauen
2. ☒ Pakete liefern   4. ☐ den Rasen mähen   6. ☒ Städte kontrollieren

2 Immer mehr Pakete, immer schnellere Lieferung

a Was passt? Lesen Sie und ergänzen Sie die Überschrift.

Handel & Wirtschaft   6

L i e f e r u n g am selben Tag – neue H e r a u s f o r d e r u n g für die Logistik

Immer mehr Kunden kaufen immer mehr Waren im Internet und die Zahl der Pakete, die den Kunden geliefert werden müssen, wächst. Die **Logistikunternehmen** in Deutschland **rechnen deswegen** damit, dass sich die Zahl der Pakete in den nächsten fünf Jahren fast **verdoppelt** – auf 5 Milliarden pro Jahr. Schon heute transportiert die Deutsche Post DHL täglich rund 3,9 Millionen Pakete.

Das neue Verhalten der Kunden bringt auch neue **Herausforderungen** für die Logistikunternehmen. Immer mehr Pakete sollen in immer kürzerer Zeit geliefert werden, **daher** müssen sich Unternehmen wie UPS, Hermes oder DHL neue Lösungen **einfallen** lassen. So sollen in Zukunft nicht nur Menschen, sondern auch Roboter und Drohnen Pakete zu den Kunden bringen.

Die Kunden **fordern** mehr Service und eine höhere Geschwindigkeit. **Darum** bietet DHL schon heute in 50 deutschen Städten die Lieferung am selben Tag an. Und die Kunden möchten nicht zu Hause auf den **Paketboten** warten oder von den Öffnungszeiten der Post abhängig sein. Deshalb gibt es immer mehr **Packstationen**, an denen man die Pakete Tag und Nacht abholen kann. Oder man bestellt gleich einen **Paketkasten** für das eigene Haus, in den die Pakete gelegt werden. Die Unternehmen **testen** auch die Möglichkeit, Pakete in die **Kofferräume** von privaten Autos zu liefern.

112   einhundertzwölf

Dann lesen die TN zu zweit den dritten Abschnitt, fassen ihn zusammen und lesen die Zusammenfassungen vor. Fragen Sie nach der Überschrift: Wer weiß die Lösung zuerst?

● Alternative: Mit schwächeren TN können Sie zur Lösung der Aufgabe das Buchstabenspiel „Galgenmännchen/Hangman" spielen.

2b Die TN ergänzen die Tabelle in Gruppen zu dritt. Sammeln Sie die Ergebnisse an der Tafel.

Lösung: _Forderungen der Kunden:_ immer mehr Waren im Internet bestellen, mehr Service und eine höhere Geschwindigkeit fordern, nicht zu Hause warten und von Öffnungszeiten abhängig sein; _Reaktion der Logistikunternehmen_: schnelle Lieferungen, neue Wege suchen, um Pakete zu liefern, Lieferung am selben Tag und Lieferung in Packstationen oder Paketkästen (= 24 Stunden offen), Tests: Lieferungen in den Kofferraum
▶ Vertiefung: S. 117/1

2c Die TN kennen bereits das Wort _deshalb_. Erklären Sie, dass _daher, darum_ und _deswegen_ die gleiche Bedeutung haben. Weisen Sie darauf hin, dass diese Wörter sowohl am Anfang als auch in der Mitte eines Satzes stehen können. Die TN schreiben die Sätze zu zweit und vergleichen mit einem anderen Paar.

Vertiefung: Die TN variieren bei den Sätzen die Stellung von _daher, darum_ usw.

● Schwächere TN unterstreichen zuerst im Text in 2a die Wörter _darum, daher_ und _deshalb_ (Z. 6, 18, 27, 33).

3a+b Automatisierung. Achten Sie darauf, dass die TN möglichst alle vier Ausdrücke (_daher, darum, deshalb, deswegen_) benutzen.
▶ Vertiefung: S. 117/3

4a+4b Zielaufgabe. Besprechen Sie zuerst mit den TN die Illustration: _Was passiert dort? Welche Dienstleistungen werden hier angeboten?_ Dann arbeiten die TN zu viert. Jede Gruppe wählt ein Unternehmen und notiert auf einem Plakat mindestens zehn Forderungen, die Kunden an ein solches Unternehmen haben können. Es dürfen auch absurde Forderungen gestellt werden. Die Gruppen tauschen ihre Plakate und notieren dann zu den Forderungen passende Angebote. Anschließend präsentieren sie ihr Plakat im Kurs und wählen, welches Unternehmen die besten Angebote hat.

14

■ über Entwicklungen sprechen – Forderungen verstehen – Konsequenzen beschreiben – _daher, darum, deshalb, deswegen_

b Lesen Sie den Artikel noch einmal und ergänzen Sie die Tabelle.

Was machen und fordern die Kunden?	Wie reagieren die Logistikunternehmen?

c _Daher, darum, deshalb, deswegen._ Lesen Sie den Grammatikkasten und schreiben Sie Sätze mit den Informationen in b.

> **daher, darum, deshalb, deswegen**
> Die Kunden bestellen immer mehr Waren im Internet.
>
> Daher **wächst** die Anzahl der Pakete.
> Die Logistikunternehmen **suchen** daher neue Wege, Pakete zu liefern.
>
> _genauso:_ darum, deshalb, deswegen
> Daher, darum, deshalb, deswegen _verbinden zwei Hauptsätze. Der erste Satz nennt den Grund für den zweiten Satz._

3 SMS, E-Mail, Postkarte, Brief, Paket: Wie und warum nutzen Sie diese Dienste (nicht)?

a Schreiben Sie vier Sätze mit _daher, darum, deshalb_ und _deswegen_.

> 1. Eine Postkarte kommt erst nach ein bis zwei Tagen an.
>   Darum schreibe ich keine Postkarten mehr, sondern schicke lieber eine SMS.

b Lesen Sie jeweils Ihren ersten Satz aus a vor. Die anderen ergänzen einen möglichen Satz mit _daher, darum, deshalb_ und _deswegen_. Lesen Sie dann Ihren Satz vor.

> Eine Postkarte kommt erst nach ein bis zwei Tagen an.

> Deshalb rufst du lieber an.   Deswegen schreibst du keine ...   Ja, darum schreibe ich keine ...

⚑ **4** Forderungen von Kunden

a Was fordern die Kunden? Wählen Sie ein Unternehmen und sammeln Sie Forderungen.

> Reinigungsfirma – Hotel/Restaurant – Bäckerei – Friseursalon – Autowerkstatt – ...

b Tauschen Sie die Forderungen und notieren Sie dazu passende Angebote des Unternehmens. Präsentieren Sie dann die Angebote im Kurs.

einhundertdreizehn 113

14 Überzeugende Geschäftsideen

5a Fragen Sie die TN, welche Wörter in der Bildleiste für sie neu sind und klären Sie die Bedeutung.

▶ **AR, UM:** Spielen Sie das Video zur Bildleiste (Phase 1) ab. Die TN sprechen nach.

👥 ▶ 👤 ▶ 👥 ▶ 👥👥 Die TN fassen zu zweit die einzelnen Abschnitte in jeweils zwei bis drei Wörtern als Stichpunkte zusammen (z. B. *30.000 neue Unternehmen pro Jahr, fast 70% im Dienstleistungsbereich usw.*). Dann formulieren sie einzeln eine Überschrift, vergleichen zu zweit und einigen sich auf eine Überschrift, die sie dann im Kurs präsentieren.
◐ Mit schwächeren TN können Sie zunächst im Plenum alle Wörter im Schüttelkasten streichen, die nicht passen.

Lösung z. B. *Unternehmensgründungen in Deutschland; Zahlen zu Selbstständigen und Unternehmensgründungen in Deutschland*

5b 👥 ▶ 👥👥 Die TN arbeiten zu zweit und kontrollieren dann mit einem anderen Paar.

5c 👤 ▶ 👥👥 ▶ 👥 Die TN unterstreichen in den Sätzen in 5b die Verben und suchen dann passende Stellen im Text in 5a. Fragen Sie: *Was ist im Text anders? Welche Funktion haben dort die Verben?* Erklären Sie die Bildung und Bedeutung von Partizip I und notieren Sie an der Tafel:

> *Partizip I:*
> *aktiv, Gegenwart/Präsens*
> *Infinitiv + d + Adjektivendung*

Dann suchen die TN weitere Partizip-I-Formen im Text und formulieren sie als Relativsätze um, z. B. *Neu startende Unternehmen sind Unternehmen, die erst ihre Produktion/Tätigkeit starten.*

Lösung: *s. blaue Unterstreichung im Text*

❗ Wiederholen Sie an dieser Stelle die Adjektivdeklination noch nicht.

▶ **AR, UM:** Spielen Sie das Video zum Partizip I als Adjektiv ab. Dort wird die Bildung des Partizips I visualisiert und die Bedeutung erläutert.

5d 👥 Automatisierung. Die TN bearbeiten die Aufgabe. ◐ Schwächere TN schreiben die Sätze zuerst.

👥👥 Alternative: Kurskette: Die TN fragen und antworten in Gruppen der Reihe nach.

5e 👥👥 Sammeln Sie die Antworten der TN an der Tafel und machen Sie eine Abstimmung: Welche Information ist die interessanteste, welche die langweiligste?

---

14 Überzeugende Geschäftsideen

5 Ein Unternehmen gründen

a Lesen Sie den Text und schreiben Sie mit den Wörtern eine Überschrift. Nicht alle Wörter passen.

der **Handel** – die Zahl – der Grund – neue Geschäftsideen – die Unternehmensgründung – in Deutschland – in Europa – **die/der Selbstständige**

▶ In Deutschland werden jährlich rund 300.000 Unternehmen gegründet. Dazu kommt eine **steigende** Zahl von Selbstständigen, die **freiberuflich** arbeiten.

▶ 69 Prozent aller neu **startenden** Unternehmen gehören zum **wachsenden** Dienstleistungsbereich. Auf Platz 2 folgt der Handel mit 12 Prozent.

▶ 32 Prozent der Gründerinnen und Gründer haben einen **Hochschul**abschluss.

▶ Die meisten (49 Prozent) machen sich selbstständig, weil sie eine viel **versprechende** Geschäftsidee **realisieren** möchten. Ein weiterer wichtiger Grund sind **fehlende** Jobangebote – viele finden nach einer **Kündigung** keine neue Arbeit (27 Prozent).

▶ 52 Prozent der Gründerinnen und Gründer **benötigen** einen **unterstützenden** Kredit. Sie müssen eine Bank davon überzeugen, ihre Geschäftsidee zu **finanzieren**.

▶ Nur 16 Prozent der neu **startenden** Gründerinnen und Gründer kommen mit einem neuen Produkt auf den Markt. Der größte Teil macht **existierenden**, erfolgreich **arbeitenden** Unternehmen **Konkurrenz**.

▶ Nicht alle Firmen haben aber **ausreichenden** Erfolg: 2015 wurden 299.000 Unternehmen gegründet und 328.000 geschlossen.

(Quelle: www.bmwi.de)

b Lesen Sie noch einmal und ergänzen Sie die Zahlen. Die Bildleiste hilft.

1. *49* Prozent der Unternehmen wollen eine Idee realisieren, die viel **Gewinn verspricht**.
2. *69* Prozent der neuen Unternehmen starten im Bereich der Dienstleistungen.
3. Die Banken unterstützen *52* Prozent der Gründerinnen und Gründer mit einem Kredit.
4. Jedes Jahr werden in Deutschland *300.000* neue Firmen gegründet.
5. Bei *328.000* Unternehmen hat der Erfolg nicht ausgereicht, sie mussten schließen.

c Partizip I. Lesen Sie den Grammatikkasten. Unterstreichen Sie in a die Partizip-I-Formen.

> **Partizip I**
> eine **steigen**de Zahl = eine Zahl, die steigt
> viel **versprechen**de Ideen = Ideen, die viel versprechen
> Partizip I:
> Infinitiv + d + Adjektivendung

d Sprachschatten. Fragen und antworten Sie wie im Beispiel.

Zahlen: sinken – Kredite: unterstützen – Idee: überzeugen – Mitarbeiter: fehlen – Arbeit: **anstrengen** – Bedingungen: sich ändern – Werbung: **auffallen** – Unternehmen: produzieren/exportieren – Preise: steigen

> *Wie nennt man Zahlen, die sinken?* — *Zahlen, die sinken? Das sind sinkende Zahlen.*

e Welche Information aus dem Text finden Sie interessant, welche langweilig? Markieren Sie. Vergleichen Sie dann im Kurs.

6a+b 👥 ▶ 👤 ▶ 👥 Die TN arbeiten zu dritt und notieren je drei Fragen. Sammeln Sie die Fragen an der Tafel. Beim Hören markieren zwei TN die beantworteten Fragen an der Tafel und zwei TN notieren Fragen aus dem Hörtext, die nicht an der Tafel stehen.

Lösung (Fragen aus dem Interview): *Was ist für den Erfolg eines Unternehmens besonders wichtig? Welche Rolle spielt die Konkurrenz? Wie muss eine erfolgreiche Gründerin bzw. ein erfolgreicher Gründer sein? Wo finde ich das passende (= zuverlässige, engagierte) Personal?*

6c 👥 ▶ 👥 Die TN arbeiten zu zweit und notieren in Stichworten die Antworten zu ihren Fragen in 6a.

6d 👥 ▶ 👥 Die TN bearbeiten die Aufgabe zu zweit und vergleichen ihre Lösung mit einem anderen Paar.

6e 👥 Sammeln Sie Ideen für Antworten zu den nicht beantworteten Fragen an der Tafel. Fragen Sie dann nach den Erfahrungen der TN: *Arbeitet jemand als Selbstständige/Selbstständiger? Oder waren Sie früher mal selbstständig? Welche Erfahrungen haben Sie gemacht?*

7a 👤 ▶ 👥 ▶ 👥 Die TN vergleichen ihre Lösungen zu zweit. Besprechen Sie dann die Unterschiede in der Bedeutung zwischen Partizip I und II und notieren Sie an der Tafel:

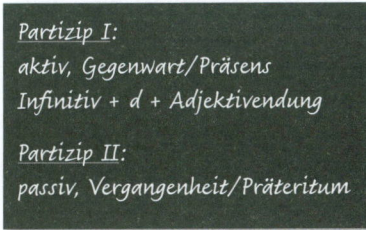

Partizip I:
aktiv, Gegenwart/Präsens
Infinitiv + d + Adjektivendung

Partizip II:
passiv, Vergangenheit/Präteritum

❗ Wiederholen Sie bei Bedarf die Adjektivdeklination.

▶ **AR, UM:** Spielen Sie das Video zur Bildleiste (Phase 2) ab. Die TN ergänzen die Sätze.
▶ Vertiefung: S. 117/4

7b+c 👤 ▶ 👥 ▶ 👥 Schreiben Sie an die Tafel: *Catering-Service – Büro für Übersetzungen*. Die TN wählen eine Geschäftsidee und bearbeiten die Aufgabe b allein. Dann bilden die TN vier Gruppen: zwei zum *Catering-Service* und zwei zum *Büro für Übersetzungen*. Die Gruppen einigen sich auf eine Rangliste ihrer Punkte, notieren sie auf einem Plakat und präsentieren sie im Kurs. Die TN vergleichen dann die Listen, fragen Sie: *Haben Sie das erwartet? Was überrascht Sie?*
▶ Vertiefung: S. 117/2

■ über Geschäftsideen sprechen – über Selbstständigkeit sprechen – Firma – Partizip I – Partizip I und II als Adjektiv

6 Sich selbstständig machen – aber wie?

a Sie überlegen, sich selbstständig zu machen. Welche Fragen haben Sie? Notieren Sie drei Fragen an eine Expertin / einen Experten.

2.17 b Welche von Ihren Fragen hat Erwin Lojewski beantwortet? Hören Sie und kreuzen Sie bei Ihren Fragen in a an.

2.17 c Hören Sie noch einmal und notieren Sie die Antworten zu Ihren Fragen.

2.17 d Was ist richtig? Hören Sie noch einmal und kreuzen Sie an.

1. [x] Am Anfang ist eine viel versprechende Geschäftsidee sehr wichtig.
2. [x] Für die geplante Gründung sollte man die Konkurrenz analysieren.
3. [ ] Die Kollegen sollten überzeugende Ideen haben.
4. [x] Für den Erfolg braucht man gut ausgebildetes Personal.
5. [ ] Es ist einfach, engagierte Mitarbeiterinnen und Mitarbeiter zu finden.

e Welche von Ihren Fragen hat Erwin Lojewski nicht beantwortet? Beantworten Sie die Fragen gemeinsam im Kurs.

7 Partizip I und Partizip II als Adjektiv

a Lesen Sie und ergänzen Sie den Grammatikkasten.

Partizip I als Adjektiv	Partizip II als Adjektiv
passendes Personal = Personal, das passt	(gut) ausgebildete Mitarbeiter = Mitarbeiter, die (gut) ausgebildet wurden
eine überzeugende Idee = eine Idee, die überzeugt	ein 2015 gegründetes Unternehmen = ein Unternehmen, das 2015 gegründet wurde

Das Partizip I und II dekliniert man vor dem Nomen wie ein Adjektiv.

b Catering-Service oder Büro für Übersetzungen? Wählen Sie eine Geschäftsidee und kreuzen Sie an, was für diese Idee wichtig ist. Ergänzen Sie drei weitere Punkte.

- [ ] ein/eine engagierte/r Chef/in
- [ ] gut ausgebildetes/informiertes Personal
- [ ] ein renoviertes Büro
- [ ] eine gut gemachte Internetseite
- [ ] auffallende Werbung
- [ ] schnell reagierende Mitarbeiter/innen
- [ ] funktionierende Computer
- [ ] ein geputzter Lieferwagen
- [ ] ein organisiertes Team
- [ ] perfekt geplante Arbeitstage
- [ ] gut aussehende Prospekte
- [ ] passende Aufträge
- [ ] überzeugendes Essen
- …

c Arbeiten Sie in Gruppen. Was ist für Ihre Geschäftsidee am wichtigsten? Ordnen Sie die Punkte in b und präsentieren Sie sie im Kurs.

Am wichtigsten ist …   *Wir finden auch … besonders wichtig.*   *Weniger wichtig ist …*

---

der Handel (Sg.)
die Gründerin, -nen / der Gründer, -
das Produkt, -e
die Konkurrenz (Sg.)
der Plan, -̈e
das Personal (Sg.)
analysieren
Businessplan finanzieren

einhundertfünfzehn 115

14 Überzeugende Geschäftsideen

8a 👤 ▶ 👥👥 Die TN markieren Eigenschaften, die sie für wichtig halten, und begründen dann ihre Auswahl. Machen Sie eine kleine Kursstatistik an der Tafel: Welche Eigenschaften werden am häufigsten genannt?

▶ **UM:** Alternativ projizieren Sie die Wörter-Cloud an die Wand.

👥👥 ▶ 👥👥👥 Vertiefung: Die TN machen zu zweit eine eigene Wörter-Cloud, in der nur die aus ihrer Sicht wichtigen Eigenschaften stehen. Sie können Adjektive ergänzen, austauschen und/oder streichen und sie dürfen ein Wörterbuch benutzen. Dann hängen sie ihre Wörter-Clouds im Kurs auf. Kursspaziergang: Die TN gehen durch den Raum und sehen sich die Wörter-Clouds an. Gibt es ein Adjektiv, das nur einmal genannt wird?
▶ Phonetik: S. 117

8b 👥👥 ▶ 👥👥👥 Die TN haben ihre Bücher geschlossen. Schreiben Sie die Überschrift des Artikels wie folgt an die Tafel:

> Unternehmer des Monats
> Es gibt im Leben nichts
> Wichtigeres als …

Fragen Sie: *Was glauben Sie: Wie geht das Zitat weiter?* Sammeln Sie die Ideen an der Tafel. Dann wählen die TN ein Thema im Buch und arbeiten in drei Gruppen. Anschließend bilden die TN Gruppen zu dritt, sodass in jeder Gruppe jeweils eine/ein TN ein anderes Thema vorbereitet hat. Die TN berichten in der Gruppe über das eigene Thema.

👤 ▶ 👥👥👥 Vertiefung: Kursspaziergang: Die TN lesen den Text noch einmal und markieren Textstellen, die sie nicht genau verstehen. Dann gehen sie durch den Kursraum und bitten eine andere / einen anderen TN um

Hilfe beim Verständnis des Textes. Wenn nach fünf Minuten noch Fragen offen sind, klären Sie diese im Plenum.

8c 👥👥👥 ▶ 👥👥👥 Die TN diskutieren zuerst in Gruppen zu viert und sammeln Argumente. Dann präsentieren sie ihre Argumente.

👥👥 ▶ 👥👥👥 Vertiefung: Die TN bearbeiten zu zweit die Frage: *Wie würden Sie als Chef/Chefin leben? Was wäre Ihnen in Ihrem Unternehmen wichtig?* Die TN schreiben ein kurzes Porträt (maximal fünf Sätze) und präsentieren es im Kurs.

---

14 Überzeugende Geschäftsideen
■ über Verantwortung sprechen – einen Text zusammenfassen – Charaktereigenschaften

8 Unternehmer des Monats

a Welche Eigenschaften braucht eine Chefin / ein Chef? Warum? Diskutieren Sie im Kurs.

Ein guter Chef sollte klug sein.

Ja, das ist wichtig, um gute Entscheidungen zu treffen.

b Wählen Sie ein Thema aus. Lesen Sie und machen Sie Notizen. Berichten Sie dann im Kurs.

1. Der Unternehmer Heini Staudinger   2. Seine Firma   3. Sein Finanzierungsmodell

Handel & Wirtschaft

Unternehmer des Monats: Heini Staudinger
„Es gibt im Leben nichts Wichtigeres als das Leben."

Heinrich „Heini" Staudinger wurde 1953 in Vöcklabruck geboren. Vor über 30 Jahren eröffnete er seinen ersten Schuhladen in Wien. Heute ist er Geschäftsführer der Waldviertler Werkstätten GmbH / GEA und einer der ungewöhnlichsten Unternehmer Österreichs.

52 GEA-Läden (die Abkürzung steht für „Gesunde Alternative") gibt es in Österreich, Deutschland und der Schweiz. Hier werden umweltbewusst produzierte Möbel und Taschen verkauft – und natürlich Schuhe der Marke „Waldviertler". Denn Mitte der 1990er Jahre übernahm Heini Staudinger eine Schuhfabrik in Schrems (Niederösterreich). Er startete dort mit zwölf Mitarbeitern neu, um Öko-Schuhe in hoher Qualität herzustellen.

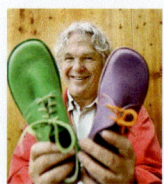

Heute sind 250 Mitarbeiter bei „Waldviertler" beschäftigt und bekommen neben ihrem Lohn jede Woche kostenlos Gemüse, Eier und Käse vom Bauern im Ort. Zusätzlich gibt es zwei Masseure, die von der Firma bezahlt werden. Und alleinerziehende Mütter werden besonders unterstützt.

Seitdem Staudinger sein ganzes Geld in die Firma investiert hat, lebt er von ca. 1000 Euro im Monat. Er hat weder ein großes Auto noch eine schicke Wohnung. Er wohnt in der Werkstatt. Wenn er Vorträge hält, nimmt er dafür kein Geld, sondern sammelt Spenden für Projekte in Tansania.

Zwei Prinzipien sind ihm wichtig: Es darf nicht mehr verbraucht werden, als in der Natur wieder nachwachsen kann. So wird in der Werkstatt nur mit Solarstrom produziert. Staudinger will aber auch unabhängig bleiben – zum Beispiel von Banken. Als die Banken ihm keinen Kredit für eine neue Lagerhalle geben wollten, sammelte er Geld bei Freunden und Kunden – zusammen etwa drei Millionen Euro. Staudinger zahlte dafür auch Zinsen. Doch dann musste er vors Gericht, weil lange Zeit nur Banken Kredite geben durften. Staudinger hat für sein Recht gekämpft – und auch deswegen gibt es heute in Österreich ein Gesetz zum Crowdfunding.

c Was denken Sie: Ist Staudinger ein guter Unternehmer? Diskutieren Sie im Kurs.

116 einhundertsechzehn

14

Wichtige Sätze

1 Forderungen verstehen

👥 Die TN arbeiten in Gruppen. Bereiten Sie pro Gruppe ein Karten-Set vor. Die Karten liegen auf dem Tisch verdeckt. Eine/Ein TN zieht eine Karte und begründet, warum sie/er diese Forderung wichtig oder unwichtig findet, z. B.: *Es soll einen Abholservice geben, wenn etwas nicht gefällt. – Ich finde es wichtig, dass es einen Abholservice gibt, wenn mir die Lieferung nicht gefällt, weil ich das Paket nicht selbst zur Post zurückbringen will."* ▶ KV 14/1

2 über Selbstständigkeit sprechen

👥 ▶ 👥 Die TN schreiben zu zweit einen Online-Artikel *Experten raten – Die besten Tipps* zum Thema *Sich selbstständig machen*. Freiwillige Paare präsentieren ihren Text im Kurs.

Strukturen

3 daher, darum, deshalb, deswegen

👤 ▶ 👥 Schreiben Sie die folgenden Sätze an die Tafel: *Ich möchte mich gesund ernähren. Ich räume überhaupt nicht gern auf. Ich habe keine Lust, im Stau zu stehen.* Die TN spielen zu viert. Alle TN schreiben die Sätze von der Tafel auf je eine Karte und zu jedem Satz eine Ergänzung mit *daher, darum, deshalb, deswegen* auf je eine andere Karte. Danach werden die Karten gemischt und die Gruppe spielt mit den Karten Domino.

4 Partizip I und II als Adjektiv

👥 Die TN spielen zu viert. Jede Gruppe bekommt ein Karten-Set. Die Karten liegen verdeckt auf dem Tisch. Dann spielen die TN im Uhrzeigersinn. Eine/Ein TN deckt eine Karte auf und bildet einen Satz mit den Wörtern auf der Karte und dem Partizip I oder II als Adjektiv. Wenn der Satz richtig ist, darf sie/er die Karte behalten. Ist der Satz nicht korrekt, muss sie/er die Karte zurücklegen. Dann ist die/der nächste TN an der Reihe. Wer am Ende die meisten Karten hat, hat gewonnen. ▶ KV 14/2

Phonetik

❗ Zu S. 152, Einheit 14: Weisen Sie Ihre TN darauf hin, dass der Buchstabe *v* entweder wie ein [f] oder wie [v] gesprochen wird. Das [f] ist stimmlos (wie in *kreativ*), [v] ist stimmhaft (wie in *nervös*).

---

14 Alles klar!

Wichtige Sätze

Forderungen verstehen

Immer mehr Kunden kaufen immer mehr Waren im Internet. Deshalb wächst die Zahl der Pakete, die den Kunden geliefert werden müssen.
Immer mehr Pakete sollen in immer kürzerer Zeit geliefert werden. Die Kunden fordern mehr Service / eine höhere Geschwindigkeit / …
Die Kunden möchten nicht zu Hause auf den Paketboten warten / von den Öffnungszeiten der Post abhängig sein / …

über Selbstständigkeit sprechen

Eine viel versprechende/überzeugende Geschäftsidee / Ein unterstützender Kredit / … ist am Anfang sehr wichtig.
Für den Erfolg braucht man gut ausgebildetes/engagiertes Personal.
Eine Gründerin / Ein Gründer sollte die Konkurrenz analysieren. Sie/Er sollte realistisch/verantwortungsvoll/kreativ/… sein. Sie/Er sollte die Mitarbeiterinnen/Mitarbeiter überzeugen und begeistern.
Es ist nicht einfach, gut organisierte Mitarbeiterinnen und Mitarbeiter zu finden / passende Aufträge zu bekommen / …

Strukturen

daher, darum, deshalb, deswegen

Die Kunden bestellen immer mehr Waren im Internet.

Position 1	Position 2	
Daher	wächst	die Anzahl der Pakete.
Die Logistikunternehmen	suchen	daher neue Wege, Pakete zu liefern.

genauso: darum, deshalb, deswegen
Daher, darum, deshalb, deswegen *verbinden zwei Hauptsätze. Der erste Satz nennt den Grund für den zweiten Satz.*

Partizip I

eine steigende Zahl = *eine Zahl, die steigt*
viel versprechende Ideen = *Ideen, die viel versprechen*

Partizip I:
Infinitiv + d + Adjektivendung

Partizip I als Adjektiv

passendes Personal =
Personal, das passt

eine überzeugende Idee =
eine Idee, die überzeugt

Partizip II als Adjektiv

(gut) ausgebildete Mitarbeiter =
Mitarbeiter, die (gut) ausgebildet wurden

ein 2015 gegründetes Unternehmen =
ein Unternehmen, das 2015 gegründet wurde

Das Partizip I und II dekliniert man vor dem Nomen wie ein Adjektiv.

▶ Phonetik, S. 152

einhundertsiebzehn 117

13|14 Deutsch aktiv

Auf einen Blick

Material: ggf. Ball (1b); Kärtchen (2a+b)

1a+b Die TN schreiben zehn Wortverbindungen auf ein Blatt Papier. Kursspaziergang: Die TN gehen durch den Raum. Sie stellen eine Frage zur ersten Wortverbindung, eine Partnerin / ein Partner antwortet und stellt danach selbst eine Frage, die/der erste TN antwortet. Dann suchen die TN eine neue Partnerin / einen neuen Partner usw.

Alternative: Die TN stehen in einem Kreis. Eine/Ein TN stellt die erste Frage und wirft den Ball zu einer/einem anderen TN, die/der antwortet, eine Frage stellt und den Ball wirft usw.
◐ Damit die Frage- und Antwortrunde flüssig und fehlerfrei abläuft, können Sie für schwächere TN die benötigten Partizipien II an der Tafel notieren.

2a Die TN bearbeiten die Aufgabe in Gruppen zu viert.

❗ Damit die Lösung später nicht an der Schrift erkannt werden kann, kann jede Gruppe eine Schreiberin / einen Schreiber wählen, die/der alle Sätze aufschreibt.

2b Vertiefung: Nach der Zuordnung lesen die TN die Sätze ca. eine Minute lang. Dann werden die Kärtchen mit den *desto*-Sätzen verdeckt. Eine/Ein TN liest einen *je*-Satz vor, die/der nächste TN ergänzt den Satz auswendig.

Alternative: Die Kärtchen liegen verdeckt auf dem Tisch. Eine/Ein TN deckt zwei Kärtchen auf. Falls es zwei unterschiedliche

---

13|14 Deutsch aktiv

1 Autokauf

a Was passt zusammen? Notieren Sie zehn Wortverbindungen. Es gibt mehrere Möglichkeiten.

das Auto – den Schaden – die Papiere – den Termin – den Preis – eine Garage – die Versicherung – eine Probefahrt – den Führerschein – die Konkurrenz

anmelden – reparieren – überprüfen – eintragen – verhandeln – vereinbaren – bezahlen – mieten – kontrollieren – analysieren – machen

b Fragen und antworten Sie wie im Beispiel.

> Hast du das Auto schon angemeldet?

> Ja, das Auto ist angemeldet.

2 Je …, desto …

a Arbeiten Sie in Gruppen. Wählen Sie ein Thema und notieren Sie fünf Sätze mit *je …, desto …* Schneiden Sie die Sätze (nach dem Komma) in zwei Teile und mischen Sie die Zettel.

1. ein Unternehmen gründen
2. Fahrrad fahren
3. einen gebrauchten Gegenstand kaufen
4. online einkaufen

b Welche Satzteile passen zusammen? Tauschen Sie die Zettel mit einer anderen Gruppe und ordnen Sie zu.

> Je mehr Angestellte ich habe,

> desto mehr Verantwortung habe ich.

3 Kurskette

a Notieren Sie zum Thema *Auto* zwei Sätze mit *weil*.

> Ich habe kein Auto, weil ich mitten in der Stadt wohne.

> Man kann in der Stadt schlecht parken, weil es zu wenig Parkplätze gibt.

b Kurskette. Lesen Sie einen Satz vor. Die/Der Nächste formuliert den Satz mit *daher*, *darum*, *deshalb* oder *deswegen* und liest dann ihren/seinen Satz vor.

> Ich habe kein Auto, weil ich mitten in der Stadt wohne.

> Du wohnst mitten in der Stadt. Daher hast du kein Auto. Man kann in der Stadt schlecht parken, weil es zu wenig …

> Es gibt zu wenig Parkplätze. Darum …

Satzteile sind, stimmt die Gruppe darüber ab, ob der Satz sinnvoll ist. Falls ja, darf die/der TN die Karten behalten. Falls nein, werden sie wieder umgedreht. Danach ist die/der nächste TN an der Reihe usw.

3a+b 👤 ▶ 👥 Die TN dürfen *daher, darum, deshalb* und *deswegen* nur je einmal benutzen.
◐ 👥 Stärkere TN führen die Kurskette nach der Runde im Plenum zu viert durch.

4a+b 👥 Die TN notieren für sich den maximalen Preis (= Kundin/Kunde) bzw. den Mindestpreis (= Verkäuferin/Verkäufer) und zeigen den Preis der/dem anderen TN nicht. Dann führen sie einen Verhandlungsdialog, wobei sie sich auf einen Preis einigen müssen. Wer hat besser verhandelt und ist dem eigenen Wunschpreis am nächsten?

👥 Alternative: Die TN stellen sich in zwei Reihen (nach Rollen: Verkäuferinnen/Verkäufer links, Kundinnen/Kunden rechts) auf. Die Kundinnen/Kunden wählen je einen Gegenstand und verhandeln mit der/dem TN gegenüber. Nach ca. 30 Sekunden klatschen Sie, die TN notieren schnell den aktuellen Preis und wechseln zur/zum nächsten TN weiter, mit der/dem sie wieder 30 Sekunden verhandeln, dann den Preis notieren usw. Wer hat den besten Preis erzielt?

👥 Alternative: Die TN arbeiten in Gruppen zu viert. Zwei TN verhandeln, die anderen raten, um welchen Gegenstand es geht.

4c 👥 ▶ 👥 Die TN wählen eine Situation, machen Notizen und üben ihren Dialog, den sie dann im Plenum präsentieren.

◐ Vertiefung/Improvisation: Während zwei TN ihren Dialog spielen, können die anderen durch Klatschen die Szene einfrieren, die präsentierenden TN sprechen nicht weiter. Die/Der TN, die/der geklatscht hat, gibt der Kundin / dem Kunden einen Rat. Die/Der TN in der Kunden-Rolle nimmt den Rat an und die beiden TN spielen entsprechend weiter.

5a 👥 Die TN machen Notizen. ◐ Schwächere TN schreiben ganze Sätze.

5b 👥 Drei TN sitzen an einem Tisch. Die anderen TN aus deren Gruppen stellen sich hinter sie. Die TN am Tisch fangen an, klatschen Sie nach einer Minute, die/der nächste TN aus jeder Gruppe kommt an den Tisch und diskutiert.

❗ Der Wechsel bringt zwar Unruhe, aber auch Bewegung in die Diskussion. Die TN sind deutlich aktiver, weil sie immer damit rechnen müssen, auch an die Reihe zu kommen.

---

4 Etwas verhandeln

a Arbeiten Sie zu zweit. Wählen Sie eine Rolle (Kundin/Kunde, Verkäuferin/Verkäufer). Die Kundin / Der Kunde wählt zwei Gegenstände, die sie/er kaufen möchte. Verhandeln Sie den Preis.

b Tauschen Sie die Rollen und verhandeln Sie den Preis für die beiden anderen Gegenstände.
c Bilden Sie neue Paare. Wählen Sie eine Situation und spielen Sie einen Verhandlungsdialog mit einem Gegenstand in a.

> Auch nach einer langen Verhandlung können Sie sich nicht einigen. Sie verabschieden sich wütend.

> Nach einer langen Verhandlung einigen Sie sich und sind zufrieden. Zum Schluss trinken Sie noch ein Getränk zusammen.

> Sie merken während der Verhandlung, dass Sie sich kennen. Aber woher?

> Während der Verhandlung ruft die Frau / der Mann der Kundin / des Kunden an. Das ändert alles.

5 Fernsehdiskussion: selbstständig sein

a Arbeiten Sie in drei Gruppen. Gruppe A notiert Fragen zum Thema Selbstständigkeit, Gruppe B notiert Vorteile, Gruppe C notiert Nachteile.
b Spielen Sie eine Diskussion im Fernsehen. Eine Moderatorin / Ein Moderator (aus Gruppe A) leitet die Diskussion, zwei Gäste (aus Gruppe B und C) tauschen sich aus. Alle 30 Sekunden wechseln die Personen.

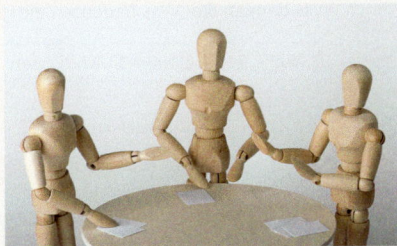

einhundertneunzehn

VII Panorama

Auf einen Blick

Material: Kärtchen (Landeskunde-AR)

Textsorten: Bildbeschreibung (1a); Info-Text (1c); Radio-Interview (2a)

Strategien: Bilder mit Emotionen verknüpfen (1a); Bilder als Informationsquelle nutzen (1a); hypothesengeleitetes Hören (1c); selektives Hören (1c, 2b); detailliertes Hören (2a); Hör-Sehen (Landeskunde-AR)

Einstieg Die TN sehen sich das Foto an. Fragen Sie: *Kennen Sie den Tunnel? Was wissen Sie darüber? Wie fühlen Sie sich, wenn Sie das Foto sehen?* Alle TN sollen ihren Eindruck äußern.

▶ **UM:** Alternativ projizieren Sie das Foto an die Wand, die TN haben die Bücher geschlossen. Fragen Sie: *Was denken Sie: Was ist das für einen Tunnel? Wo ist er? Was passiert in dem Tunnel?* Sammeln Sie die Ideen. Die TN suchen die Lösung im Buch. Fragen Sie dann nach dem Eindruck der TN.

1a Die TN tauschen sich über den Tunnel als Arbeitsort aus und sammeln Argumente an der Tafel.

1b+c ▶ **AR, UM:** Spielen Sie zuerst das Video ab (s. Landeskunde).

▶ ▶ Die TN lösen die Aufgabe zu zweit und hören zur Kontrolle. Schwächere TN hören zweimal. Fragen Sie dann: *Welche Zahl hat Sie überrascht?*

2a ▶ ▶ ▶ Fragen Sie: *Was machen die Menschen auf den Fotos beruflich?* Sammeln Sie die Ideen an der Tafel. Beim ersten Hören vergleichen die TN ihre Ideen mit dem Text (Lösung: C. Hägi: Ingenieur, M. Simoni: Bauarbeiter, A. Jolanda: Lokführerin). Dann hören die TN zum zweiten Mal, kreuzen an und überprüfen ihre Lösungen mit einer Partnerin / einem Partner. Beim dritten Hören sagen die TN *Stopp*, wenn im Text eine für die Lösung wichtige Stelle kommt.

Das große Foto zeigt den Gotthard-Basistunnel.

1 Gotthard-Basistunnel – der längste Eisenbahntunnel der Welt

a Wie fühlen Sie sich, wenn Sie das Foto sehen? Können Sie sich vorstellen, hier zu arbeiten? Sprechen Sie im Kurs.

> Mir gefällt das Foto, obwohl es sehr kalt wirkt.

> Ich möchte hier nicht arbeiten, weil …

b Was denken Sie: Was bedeuten die Zahlen zum Gotthard-Basistunnel? Ordnen Sie zu.

17 – 57 – 325 – 2.300 – 11 Milliarden

__57__ Kilometer lang __17__ Jahre Bauzeit __325__ Züge täglich
__11 Milliarden__ Euro Baukosten __2.300__ Bauarbeiter

2.18 c Hören Sie und überprüfen Sie Ihre Lösung in b.

> Der Bau des Tunnels hat … Euro gekostet.

2b 👤▸👥▸👪 Die TN lesen die Fragen und machen beim erneuten Hören Notizen dazu und vergleichen ihre Ergebnisse in drei Gruppen, wobei jede Gruppe eine Frage übernimmt. Die Gruppen präsentieren dann die Antwort auf eine Frage, die anderen ergänzen ggf.

Lösung: *1. 9 Arbeiter gestorben, in seinem Team kein Unfall; 2. die Sonne; 3. davor, dass der Zug im Tunnel kaputtgehen könnte*

2c 👤▸👪 Kursspaziergang: Die TN überlegen sich jeweils zwei Arbeitsorte: einen, an dem sie gern arbeiten möchten, und einen, an dem sie nicht arbeiten könnten. Dann gehen sie durch den Kursraum und tauschen sich aus. Anschließend schreiben alle TN ihre beiden Arbeitsorte an die Tafel (☺/☹). Gibt es Orte, die sowohl ein ☺ als auch ein ☹ haben?

Landeskunde

▶ **AR, UM:** Das Video gibt Informationen zum Gotthardmassiv, zum Pass (der Straße über den Berg) und zu den Tunneln. Am Ende wird den TN eine Verständnisfrage zum Video gestellt (*Wie lange dauerte früher die Zugfahrt durch das Gotthardmassiv?* Lösung: *Mehr als eine Stunde. [ca. 75 Minuten]*).

👤▸👥▸👤▸👪 Notieren Sie folgende Fragen an der Tafel:
1. Wo ist das Gotthardmassiv?
2. Wie viele Tunnel gibt es?
3. Wann wurden die Tunnel gebaut?
4. Wie lange fährt man dadurch?
Beim ersten Sehen machen die TN Notizen zu den Fragen und vergleichen ihre Lösungen zu viert (Lösung: *1. in der Schweiz; 2. drei: alter Eisenbahntunnel, Autotunnel, Gotthard-Basistunnel; 3. ab 1872, 1980 (Eröffnung), ab 1999; 4. 75 Minuten, eine Stunde, weniger als 20 Minuten*). Danach notieren die TN je eine (neue) Frage auf ein Kärtchen. Sammeln Sie die Kärtchen und mischen Sie sie. Dann bekommen die TN je ein Kärtchen und notieren beim zweiten Sehen die Antwort. Danach werden die Fragen und Antworten im Plenum besprochen.

Bau des Gotthard-Basistunnels

- die ersten Baupläne: 1947; Anfang des Baus: 4.11.1999
- Zwei der Bohrmaschinen hießen *Heidi* und *Sissi* und beide waren über 400 Meter lang.
- 28,2 Millionen Tonnen Erde/Stein wurden bewegt.
- die tiefste Stelle: 2.300 Meter unter der Erde

2 Ungewöhnliche Arbeitsorte

a Arbeitsort Tunnel. Wer sagt was? Hören Sie und kreuzen Sie an. (2.19)

	C. Hägi	M. Simoni	A. Jolanda
1. Wenn der Tunnel fertig ist, freue ich mich, dass ich daran mitgearbeitet habe.		x	
2. Wenn man etwas baut, gibt es immer Risiken.	x		
3. Es ist sehr spannend, an einem Tunnel zu bauen.	x		
4. Im Tunnel ist meine Arbeit besonders anstrengend.			x
5. Man darf nicht darüber nachdenken, wie gefährlich die Arbeit ist.		x	
6. Jetzt kommen viele Menschen schneller zur Arbeit.			x

b Hören Sie noch einmal und beantworten Sie die Fragen. (2.19)
1. Was sagt der Ingenieur über Unfälle beim Tunnelbau?
2. Was hat der Bauarbeiter bei der Arbeit im Tunnel vermisst?
3. Wovor hat die Lokführerin Angst?

c Und Sie? Wo würden Sie am liebsten arbeiten? Wo könnten Sie überhaupt nicht arbeiten? Diskutieren Sie im Kurs.

einhunderteinundzwanzig

15 Wilde Nachbarn

Auf einen Blick

Material: Papier für Plakate (1c/Wichtige Sätze 1, 6d); Kärtchen (2b/Strukturen 3, 4a); Ball (2b); KV 15/1 (3b); KV 15/2 (5c/Strukturen 4)

Textsorten: Grafik (1a); Rezension (1b); Leserbewertungen (1d); Zeitungsartikel (5a), Online-Artikel (6a)

Strategien: globales Lesen (1b, 6a); detailliertes Lesen (1c+d); selektives Lesen (5a+b); eine Rezension schreiben (2c); hypothesengeleitetes Hören (3b); detailliertes Hören (3c, 6c); Hör-Sehen (3b+c); einen Blogeintrag schreiben (5e); einen Text mithilfe von W-Fragen zusammenfassen (6b); etwas planen (6d)

Einstieg + 1a

Schreiben Sie das Thema an die Tafel: *Landschaften in Deutschland* und besprechen Sie mit den TN die Bildleiste. Dann arbeiten die TN zu viert: Sie wählen zwei Fotos und notieren passende Wörter auf einem Zettel. Danach beschreiben die Gruppen ihre Fotos in Form einer Kurskette im Plenum: Die/Der erste TN sagt einen Satz mit einem Wort auf dem Zettel (z. B. *Auf dem Foto sieht man einen Wald.*) und streicht das Wort durch. Die/Der nächste TN wiederholt den Satz und fügt einen neuen hinzu (*Auf dem Foto sieht man einen Wald. Und es gibt auch viele Bäume.*) usw. Die anderen TN raten, um welches Bild es geht. Nachdem alle Fotos vorgestellt wurden, sammeln die TN Ideen zur Frage aus 1a an der Tafel.

◉ **UM:** Projizieren Sie die Fotos an die Wand.

◉ **AR, UM:** Spielen Sie das Video zur Bildleiste ab, bevor die TN in die Gruppenarbeit gehen. Die TN sprechen nach und antworten.

1b

Fragen Sie zuerst: *Was für eine Internetseite ist das?* (*Hier werden Bücher vorgestellt.*) Dann bearbeiten die TN die Aufgabe und vergleichen zu zweit. Erklären Sie die neuen Wörter erst nach dem Lesen.

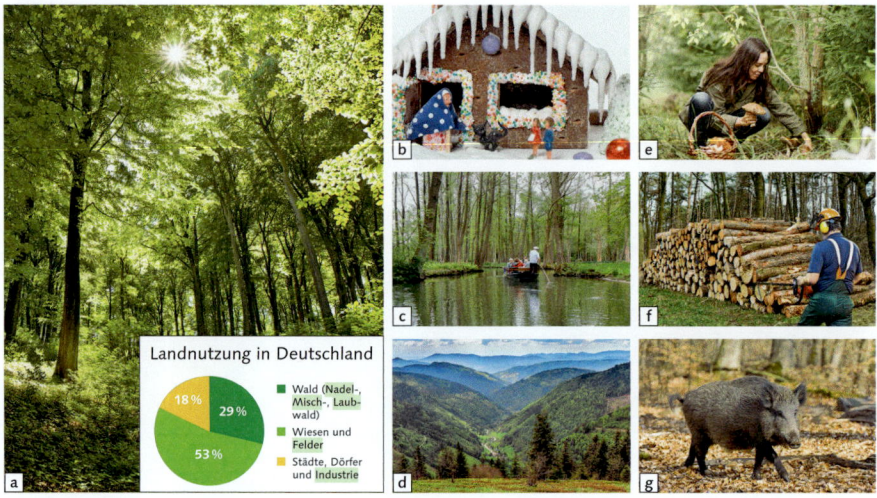

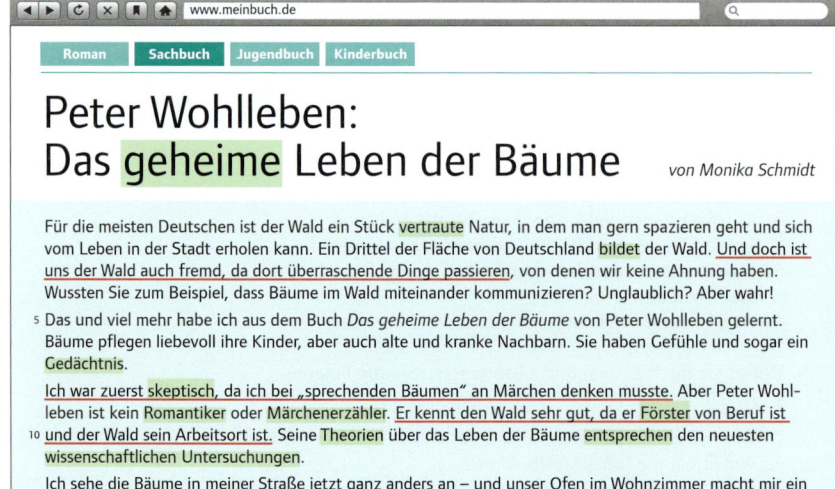

1c Die TN arbeiten zu dritt. Jede/Jeder TN bearbeitet eine Frage und schreibt eine Antwort mit eigenen Worten. Die TN präsentieren ihre Antworten in der Gruppe. Dann stellt eine Gruppe vor.

🔴 Schwächere TN markieren die Antwort zuerst im Text.

Lösung (Beispiel): *1. Die meisten Deutschen kennen den Wald, weil sie dort spazieren gehen und sich erholen. Doch im Wald passieren auch viele überraschende Dinge, von denen die meisten Menschen keine Ahnung haben. Deshalb ist der Wald ihnen fremd. 2. Sie hat überrascht, dass Bäume miteinander kommunizieren, dass sie Gefühle und ein Gedächtnis haben. 3. Der Autor ist Förster von Beruf. Deshalb kennt er den Wald sehr gut.*

1d Die TN diskutieren zu zweit. Dann stellen die Paare im Kurs ihre Lösung vor und begründen sie.

Lösung: keine eindeutige Lösung – zur Orientierung: s. Sterne in 1d

Vertiefung: Die TN wählen zu zweit eine Bewertung aus und schreiben sie um, sodass sie deutlich besser oder schlechter wird. Die TN lesen ihre geänderte Bewertung vor. Die anderen TN vergeben Sterne dafür.

1e 🔴 Schwächere TN machen zuerst Notizen.

▶ Vertiefung: S. 127/1

2a Weisen Sie die TN auf den Satz aus 1d hin: *Ich fand das Buch spannend, da es sehr gut geschrieben ist.* Fragen Sie die TN, was *da* im Satz bedeutet (*da = weil*). Dann lösen die TN 2a.

❗ *Da* ist etwas formeller als *weil*. In der gesprochenen Sprache verwendet man eher *weil* als *da*.

2b Schreiben Sie an die Tafel: *Wie finden Sie den Wald? Warum?* Kurskette mit Ball: Die TN stehen im Kreis. Die/Der erste sagt einen Satz mit *da* und wirft den Ball weiter. Die/Der Nächste reagiert mit *weil* und ergänzt die eigene Meinung mit *da* usw.

🔴 Schwächere TN notieren ihren Satz zunächst.

▶ Vertiefung: S. 127/3

2c Zielaufgabe/ Ich-Bezug. Die TN sammeln Leitfragen für die Rezension (z. B. *Wer ist der Autor? Worum geht es?* usw.). Dann schreiben sie mithilfe der Redemittel auf S. 127 eine kurze Rezension und hängen sie im Raum auf. Kursspaziergang: Die TN lesen die Rezensionen und notieren die Titel der Bücher, die sie interessieren.

▶ Vertiefung: S. 127/2

■ Landschaften beschreiben – Buchrezensionen verstehen – etwas begründen – Natur – Nebensätze mit *da*

c Lesen Sie noch einmal und beantworten Sie die Fragen.

1. Warum ist der Wald den Deutschen vertraut, aber auch fremd?
2. Was hat Monika Schmidt überrascht?
3. Warum sollte man dem Autor des Buches glauben?

d Wie viele Sterne haben die Personen gegeben? Lesen Sie und markieren Sie.

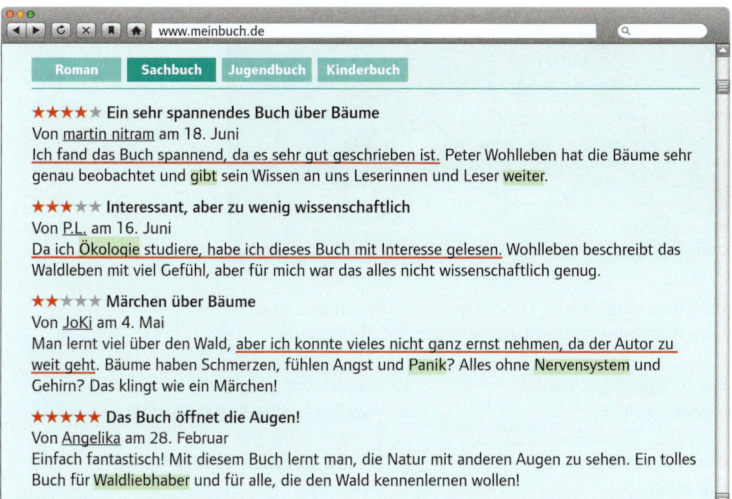

e Und Ihre Meinung? Möchten Sie das Buch lesen? Sprechen Sie im Kurs.

2 Nebensätze mit *da*

a Unterstreichen Sie die Sätze mit *da* in 1b und 1d und ergänzen Sie.

> **Nebensätze mit *da***
>
> Er kennt den Wald sehr gut, da er Förster von Beruf ist.
> Da ich Ökologie studiere, habe ich dieses Buch mit Interesse gelesen.
> Warum? Da … / Weil … Nebensätze mit *da* (und *weil*) drücken einen Grund aus.

b Kurskette: Ich finde den Wald …, da … Sprechen Sie wie im Beispiel.

> Ich finde den Wald langweilig, da es dort nur viele Bäume gibt.

> Was? Du findest den Wald langweilig, weil es dort nur viele Bäume gibt? Ich finde den Wald …

🚩 **c** Und Ihr Buchtipp? Welches Buch empfehlen Sie? Schreiben Sie eine Rezension.

das Ufer, -
der Laubbaum, -äu-e
der Nadelbaum, -äu-e
einen Baum fällen
die Wiese, -n
das Gras, -ä-er
der Boden, -ö-
die Luft (Sg.)
der Pilz, -e

einhundertdreiundzwanzig 123

15 Wilde Nachbarn

3a+b 👥 ▸ 👥 ▸ 👤 ▸ 👥 Zuerst sammeln die TN zu zweit mithilfe des Wörterbuchs Wörter zur Bildbeschreibung. Im Plenum beschreiben sie das Bild, indem jede/jeder TN ein Detail nennt. Notieren Sie neue Wörter an der Tafel. Danach tauschen sich die TN darüber aus, was im Hof passiert sein könnte. Am Ende hören sie und vergleichen mit ihren Ideen.

▶ **Video-DVD:** Die TN sehen das Video zur Kontrolle (3b). Dann arbeiten sie mit der Kopiervorlage. ▸ KV 15/1

3c 👤 ▸ 👥 ▸ 👥 Vor dem Hören lesen die TN die Fragen 1–6. Beim Hören machen sie Notizen und vergleichen danach zu zweit, indem sie abwechselnd eine Frage vorlesen und die/der andere antwortet. Am Ende fassen die TN im Kurs noch einmal die Handlung zusammen, indem sie die Information aus c verknüpfen (z. B. mit *zuerst, dann, danach, aber, trotzdem* usw.).

Lösung (Beispiel): *1. Jemand hat wieder Müll auf den Boden geworfen. 2. Janis hat den Hof aufgeräumt. 3. Stefan hat schon mit den Nachbarn über den Hof gesprochen. 4. Durch das Loch im Zaun oder durch die Haustür. 5. Sie will nachts den Hof beobachten. 6. Sie hat einen Fuchs gesehen.*

▶ **Video-DVD:** Die TN arbeiten wie hier beschrieben.

4a 👤 ▸ 👥 Die TN vergleichen im Kurs, indem sie die Sätze aus 3c mit Pfeilen an die Tafel schreiben. Dann formulieren sie je einen Relativsatz mit Präposition (*Aus unserem Haus, in dem … / … die Ecke, in der …*) und schreiben die Sätze in ihr Heft.

4b (+c+d) 👥 ▸ 👤 ▸ 👥 Besprechen Sie die Beispielsätze für beide Partnerinnen/Partner im Plenum. Die TN notieren zunächst ihre Antworten

(Nebensätze mit *wo*), bevor sie zu zweit sprechen. ◐ Stärkere TN antworten frei, ohne vorher Sätze zu schreiben.

Lösung: *A: 2. In der Ecke, wo die Treppe ist. 3. Dort, wo das Fahrrad steht. 4. Dort, wo das Fenster offen ist. – B: 2. In dem Fenster, wo es rote Gardinen gibt. 3. Dort, wo der kaputte Stuhl steht. 4. Dort, wo die alte Zeitung liegt.*

◐ 👤 ▸ 👥 Vertiefung/Automatisierung: Schreiben Sie an die Tafel:

---

15 Wilde Nachbarn

3 Ein Problem im Hof

a Was denken Sie: Was ist passiert? Sammeln Sie Vermutungen im Kurs.

2.20 / 15

b Hören Sie und vergleichen Sie mit Ihren Vermutungen in a.

2.20 / 15

c Hören Sie noch einmal und beantworten Sie die Fragen.

> *Das war im Hinterhof, wo die Mülltonnen* stehen.*

1. Was ist dort passiert?
2. Was hat Jannis dort gemacht?

> *Vielleicht war es jemand aus unserem Haus?*

3. Was hat Stefan schon gemacht?

> *Aus unserem Haus, wo sich alle kennen?*

4. Wie ist die Person wahrscheinlich ins Haus gekommen?

> *Ich sehe aus meinem Fenster genau die Ecke, wo die Mülltonnen stehen.*

5. Was will Julia in ihrem Zimmer machen?
6. Was hat sie in der Nacht gesehen?

4 Nebensätze mit *wo*

a Lesen Sie die Sätze in 3c noch einmal und vergleichen Sie mit dem Grammatikkasten. Ergänzen Sie die Pfeile in c wie im Grammatikkasten.

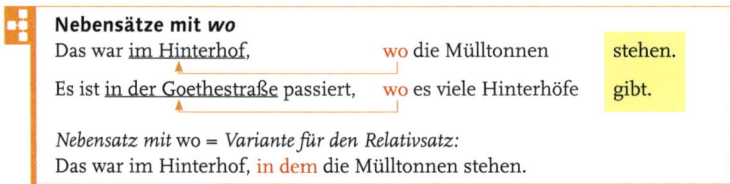

Nebensätze mit *wo*

Das war im Hinterhof,	wo die Mülltonnen	stehen.
Es ist in der Goethestraße passiert,	wo es viele Hinterhöfe	gibt.

Nebensatz mit wo = Variante für den Relativsatz:
Das war im Hinterhof, in dem die Mülltonnen stehen.

b Wo …? Arbeiten Sie auf Seite 142, Ihre Partnerin / Ihr Partner arbeitet auf Seite 144. Fragen und antworten Sie.

*D: die Mülltonne – A: der Mistkübel – CH: der Abfallcontainer

Wohin fahren Sie gern / nicht gern in den Urlaub?
→ Ich fahre gern dorthin, wo es Berge gibt.
→ Ich fahre nicht gern dorthin, wo es regnet.

Die TN schreiben zwei Sätze wie im Beispiel auf ein Kärtchen. Im Kursspaziergang fragen und antworten sie zu zweit. Die TN sprechen mit mindestens fünf Personen.

5a Die TN lesen die Überschrift und sehen das Foto an. Fragen Sie: *Was für ein Text ist das?* (Zeitungsartikel) *Was ist das Thema?* (wilde Tiere in Berlin). Dann lesen die TN die Fragen in 1a und sammeln weitere Fragen, die zum Text passen könnten, z. B. *Welche / Wie viele Tiere gibt es? Was essen sie? Wo leben sie?* ○ Geben Sie schwächeren TN als Hilfe die Fragewörter vor.

Dann lesen die TN den Text und beantworten die Fragen (aus 5a und von der Tafel) in Gruppen zu dritt. Die Gruppen vergleichen im Kurs. Klären Sie dabei auch unbekannte Wörter.
▶ Phonetik: S. 127

5b Zum Vergleichen schreiben die TN die Sätze an die Tafel. Erklären Sie dann den Grammatikkasten und ergänzen Sie die entsprechenden Pfeile in den Sätzen 1d und 4b. Dann zeichnen zwei TN die Pfeile in den Sätzen 2c und 3a ein.

5c Automatisierung. Die TN notieren drei Sätze. Kugellager (Ablauf s. S. 39/3a): Die TN sprechen zu zweit mit verschiedenen Partnerinnen/ Partnern.

○ Schwächere TN benutzen nur die Sätze aus der Satzschalttafel. Stärkere TN können auch die Satzanfänge variieren, z. B. *Auf dem Land … / Im Wald …*
▶ Vertiefung: S. 127/4

5d Ich-Bezug. Fragen Sie auch: *Halten die Menschen in Ihrem Heimatland Haustiere?* Die TN tauschen sich aus.

5e Zielaufgabe/ Ich-Bezug. Weisen Sie die TN darauf hin, dass sie sich auch eine Geschichte ausdenken können und dass sie auch über „menschliche Nachbarn" schreiben können. Die TN lesen ihren Blogeintrag in 4er-Gruppen vor. Die anderen raten, ob die Geschichte wahr ist oder nicht.

■ über (Wild)Tiere in der Stadt sprechen – Tiere – Nebensätze mit *wo* und *was*

5 Wilde Berliner

a Warum leben viele wilde Tiere in Berlin? Wie reagieren die Menschen darauf? Lesen Sie und sprechen Sie im Kurs. Die Bildleiste hilft.

Berliner Nachrichten   Freitag, 29. Juni

Wilde Berliner

„Das ist das Schönste, was ich hier in den letzten Jahren erlebt habe," sagt Rüdiger Dittloff, 71, und meint die Rehe in seinem Garten in Berlin Grunewald. „Aber meine Frau ärgert sich nur, weil sie die Pflanzen in unserem Garten fressen." Seit Wochen kommen die scheuen Nachbarn jeden Abend aus dem nahen Wald.

Ja, in der Großstadt findet man alles, was man braucht. Das gilt nicht nur für Menschen, sondern auch für wilde Tiere. In Berlin gibt es große Parks und viel Wald und auf die 800 Quadratkilometern (so groß ist unsere Stadt) wohnen nur 3,5 Millionen Menschen. Es bleibt also auch noch viel Platz für wilde Tiere übrig. Aber das ist nicht der einzige Grund, warum es den Tieren in Berlin gut geht. Sie finden fast an jeder Ecke essbaren Müll: in den überfüllten Mülltonnen, aber auch direkt auf den Straßen oder in den Parks. Sie lassen nichts übrig, was man fressen kann.

In Berlin sind insgesamt 53 Säugetier- und 180 Vogelarten bekannt und so gehört die Stadt zu den artenreichsten Städten der Welt. Füchse gibt es fast überall – rund 2.000. In den Parks leben 3.000 Kaninchen und am Rand der Hauptstadt 5.000 Wildschweine. Unter den Wildtieren findet man auch exotische Einwanderer, wie z. B. die Waschbären. Sie fressen alles, was sie finden.
Wildtiere sind aber nicht immer bequeme Nachbarn. Die Wildschweine können für den Verkehr und für Spaziergänger gefährlich sein. Und die Waschbären ziehen Müll aus den Mülltonnen und machen Dächer kaputt. Auch wenn das Zusammenleben manchmal kompliziert ist, mögen die meisten Menschen die „wilden Berliner".

die Katze, -n

der Hund, -e

der Vogel, -ö-

das Reh, -e

das Kaninchen, -

das Wildschwein, -e

der Fuchs, -ü-e

der Hase, -n

der Waschbär, -en

b Was passt? Lesen Sie noch einmal und verbinden Sie.

1. Die Rehe im Garten sind das Schönste,   a was essbar ist.
2. Wildtiere finden in der Großstadt alles,   b was sie finden.
3. Die Tiere lassen nichts übrig,   c was sie brauchen.
4. Waschbären fressen alles,   d was Herr Dittloff erlebt hat.

> **Nebensätze mit *was***
>
> Sie fressen alles*,   was sie   finden.   *genauso: etwas/nichts
> Das ist das Schönste,   was ich hier erlebt   habe.

c Was finden Sie in der Großstadt gut/schlecht? Fragen und antworten Sie.

| In der Großstadt gibt es | alles, nichts, | was mir Spaß macht. was ich brauche. was mich interessiert. was ich gut/schlecht finde. … |

d Gibt es auch in Ihrem Heimatland in der Großstadt wilde Tiere? Erzählen Sie.

e Hatten Sie auch schon mal einen „wilden" oder ungewöhnlichen Nachbarn? Schreiben Sie einen Blogeintrag.

einhundertfünfundzwanzig

15 Wilde Nachbarn

6a 👥 ▶ 👥👥 Die TN arbeiten zu zweit und vergleichen mit einem anderen Paar.

6b 👥👥 Weisen Sie darauf hin, dass die TN den Text zusammenfassen sollen und erinnern Sie an die Redemittel auf S. 63. Schreiben Sie die Fragewörter *Wann? Warum?* an die Tafel und bitten Sie die TN, auch zu diesen Fragen Informationen im Text zu suchen.

▶ **AR, UM:** Spielen Sie das Video zur Lesestrategie „*Einen Text zusammenfassen*" bis zu den Tipps (bei 3:00) ab.

👥 ▶ 👥👥 ▶ 👥 Die TN unterstreichen zu zweit Schlüsselwörter im Text und formulieren zu jedem Absatz 1–2 Sätze. Dann gehen jeweils zwei Paare zusammen. Sie lesen ihre Zusammenfassungen vor und geben sich gegenseitig Feedback. Bei Bedarf lesen einige TN ihre Zusammenfassung anschließend noch einmal im Kurs vor.

▶ **AR, UM:** Spielen Sie zum Vergleich noch einmal das Video ab 2:05 ab. Die TN hören und lesen die Zusammenfassung. Zur Vertiefung bearbeiten die TN die Aufgabe aus dem Video und schreiben – ggf. als Hausaufgabe – eine Zusammenfassung zum Zeitungsartikel in 5a.

6c 👤 ▶ 👥 Beim ersten Hören kreuzen die TN an. Beim zweiten Hören korrigieren sie die falschen Sätze. Sie vergleichen zu zweit und kontrollieren dann beim dritten Hören.

6d 👥👥 ▶ 👥👥 ▶ 👥👥 Die TN sammeln zuerst weitere Fragen an der Tafel, z. B.:

> *Wo beobachten wir?*
> *Wie fahren dorthin?*
> *Wo treffen wir uns?*
> *Wie lange beobachten wir?*
> *Was machen wir noch?*

In 3er- oder 4er-Gruppen planen die TN den Tag und gestalten ein Plakat mit den Informationen. Sie hängen die Plakate im Kursraum auf. Expertengruppen: Die TN bilden neue Gruppen, in denen jeweils eine/ein TN aus jeder vorherigen Gruppe ist. Jede Gruppe stellt sich zu einem anderen Plakat. Die/Der TN, die/der an diesem Plakat mitgearbeitet hat, stellt es vor, die anderen stellen Fragen und kommentieren. Nach fünf Minuten wechseln die Gruppen zum nächsten Plakat, bis alle Plakate vorgestellt wurden. Im Plenum stimmen die TN darüber ab, welcher Tag am interessantesten geplant ist.

Wichtige Sätze

1 Landschaften beschreiben

👤/👥 ▶ 👥 Ich-Bezug. Die TN arbeiten allein oder in Gruppen und gestalten ein Plakat zu einer typischen Landschaft in ihrer Heimat. Sie suchen Fotos und notieren Informationen (*Wo ist das? Wie sieht es dort aus? Was gibt es da? Was kann man dort machen?*). Die TN hängen ihre Plakate auf und präsentieren sie im Kurs.

2 Buchrezensionen verstehen

👥 ▶ 👤 ▶ 👥 ▶ 👥 Die TN notieren zu zweit fünf Fragen für ein Interview (z. B. *Worum geht es in dem Buch? Wer ist der Autor? Wem würden Sie das Buch empfehlen?* usw.). Dann notieren sie jeweils für sich in Stichworten die Antworten zu einem Buch, das sie kennen oder zu einem fiktiven Buch. Danach führen sie Radio-Interviews. Eine/Ein TN ist Moderatorin/Moderator, die/der andere ist Literaturexpertin/-experte. Anschließend tauschen sie die Rollen. Die TN nehmen die Interviews mit dem Smartphone auf. Einige freiwillige Paare spielen ihre Interviews im Kurs – live oder mit dem Smartphone – vor.

Strukturen

3 Nebensätze mit *da*

👤 ▶ 👥 Die TN schreiben je fünf Satzanfänge mit *da* auf Kärtchen (z. B. *Da ich viel arbeiten muss, …*). Dann sprechen sie zu zweit und lesen abwechselnd ihre Satzanfänge vor. Die Partnerin / der Partner reagiert spontan (z. B. *…, bin ich abends oft müde.*).

◐ Schwächere TN tauschen ihre Kärtchen und ergänzen die Sätze schriftlich auf der Rückseite und lesen sie dann zu zweit vor.

4 Nebensätze mit *wo* und *was*

👥 ▶ 👥 Die TN arbeiten mit der Kopiervorlage. ▶ KV 15/2

Phonetik

❗ Zu S. 152+153, Einheit 15: Wiederholen Sie schwierige Laute und Lautverbindungen sowie Wortakzente:
- lange/kurze Vokale: *Vogel* [oː] / *Fuchs* [ʊ]
- Fortis-Plosive: *Katze, Kuh*
- Umlaute: *Bär* [ɛː]
- Auslautverhärtung: *Hund* [hʊnt]
- stimmhaftes/stimmloses *s*: *Hase* [z] / *Fuchs* [s]
- Konsonantenverbindungen *ts, chs, ch, sch*: *Katze* [ts], *Fuchs* [ks], *Kaninchen* [ç], *Waschbär* [ʃ]
- *h* im Anlaut: *Hase, Hund*
- Wortakzent in Komposita: *Waschbär, Wildschwein*

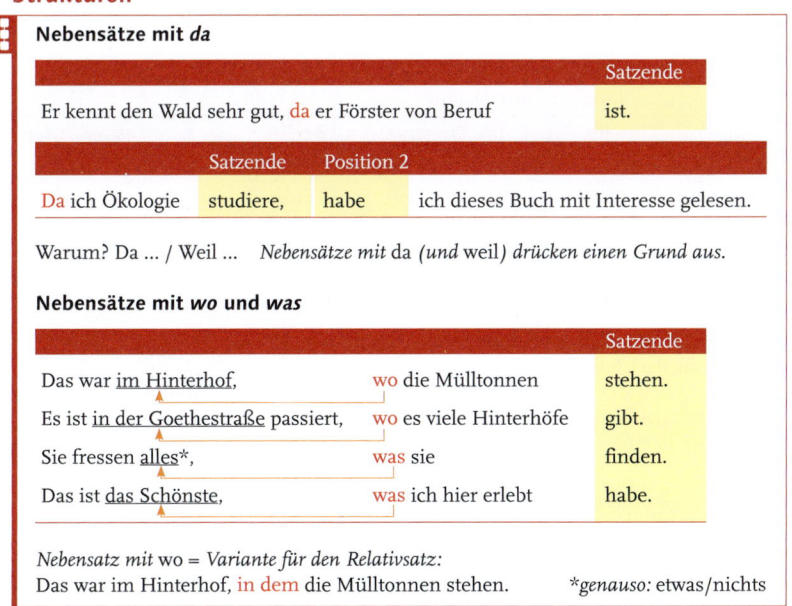

16 Was bringt die Zukuft?

Auf einen Blick

Material: KV 16/1 (1a+b, 2a); Ball (4b); Kärtchen (5b+c); KV 16/2; (5b+c/wichtige Sätze 3); Papier für Plakate (6c)

Textsorten: Filmbeschreibung (4a); Tagebucheintrag (5a); Kursstatistik (5b); Zeitschriftenartikel (6a)

Strategien: hypothesengeleitetes Hören (1b); Hör-Sehen (1b–d); selektives Hören (1c+d); Notizen machen (1c); globales Lesen (4a, 6a); selektives Lesen (4b, 5a, 6b); detailliertes Hören (4c); eine Statistik erstellen und beschreiben (5b+c, 5b/Wichtige Sätze 3); sich in Texten orientieren (6a)

Einstieg + 1a Fragen Sie die TN: *Was kann man feiern?* Die TN sammeln Ideen an der Tafel. Danach sprechen sie über das Foto.

▶ **UM:** Projizieren Sie das Foto an die Wand.

▶ Vertiefung: Die TN arbeiten in 4er-Gruppen. Jede/Jeder TN übernimmt die Rolle einer Person auf dem Foto. Die TN bereiten ein kurzes Rollenspiel zum Foto vor und präsentieren es im Kurs.

! Falls die Zahl der TN nicht durch vier teilbar ist, können die Gruppen auch größer sein. Dann werden noch weitere Rollen (z. B. Erzählerin/Erzähler, Nachbarin/Nachbar usw.) vergeben.

1b Die TN hören bis zum Ende von Stefans Rede (bei 0:42) und vergleichen mit ihren Vermutungen bzw. ihren Rollenspielen. Welche Vermutungen waren richtig?

▶ **Video-DVD:** Für die Arbeit mit dem Video bearbeiten die TN alternativ zu 1a+b Aufgabe 1 sowie vertiefend Aufgabe 2 von der Kopiervorlage. ▶ KV 16/1

1c Die TN hören den Hörtext komplett und ergänzen die Tabelle. Sie vergleichen ihre Notizen zu zweit.

16 Was bringt die Zukunft?

1 Auf das Neue!

a Was denken Sie: Was feiern die Personen? Worüber sprechen sie? Sehen Sie das Bild an und sammeln Sie Ideen.

b Hören Sie und überprüfen Sie Ihre Vermutungen in a.

c Welche Pläne haben die Personen? Hören Sie noch einmal und ergänzen Sie die Informationen.

	Was?	Wohin?	Wie lange?
Julia	Europ. Freiwilligendienst Arbeit im Naturpark	Irland (Dublin)	ein Jahr
Stefan	Sport (Volleyball, Fußball), Tanzkurs mit Susanne	Berlin	?
Jannis	neue Arbeit im Kindergarten	Berlin	ab nächster Woche bis …?
Helga Mertens	Senioren-Experten-Service Ausbildung von Lehrerinnen/Lehrern	Kenia	einen Monat

d Wer …? Hören Sie noch einmal und schreiben Sie die Antworten.

1. Wer <u>wird</u> hoffentlich nette Leute <u>kennenlernen</u>? *Julia*
2. Wer hofft, dass Julia gute Erfahrungen <u>machen</u> wird? *Stefan*
3. Wer <u>wird</u> sich zu Hause bestimmt komisch <u>fühlen</u>? *Stefan*
4. Wer hofft, dass es nicht viel Streit am ersten Tag <u>geben</u> wird? *Jannis*
5. Wer <u>wird</u> in einem Monat ein neues Projekt <u>anfangen</u>? *Helga Mertens*

1. Julia wird hoffentlich nette Leute kennenlernen.

e Fragen und antworten Sie mit den Sätzen in d.

Wer <u>wird</u> hoffentlich nette Leute <u>kennenlernen</u>?   *Julia. Sie <u>wird</u> hoffentlich …*

128 einhundertachtundzwanzig

AR, UM: Spielen Sie das Video zur Strategie „Beim Hören Notizen machen" ab. Die TN kontrollieren ihre Lösung aus 1c zu Helga Mertens mit dem Video.

👥 Dann berichten die TN über die Zukunftspläne der Personen, indem sie die Informationen aus der Tabelle in ganzen Sätzen zusammenfassen. Fragen Sie am Ende: *Welchen Zukunftsplan finden Sie besonders interessant?* Die TN tauschen sich aus.

1d 👤 Die TN lesen zuerst die Fragen. Während des Hörens notieren sie die Namen und schreiben danach die Antworten in ganzen Sätzen in ihr Heft.

▶ **Video-DVD:** Gehen Sie wie in 1c+d beschrieben vor.

1e 👥 Die TN fragen und antworten zu zweit und vergleichen dabei ihre Lösungen.

2a 👥 ▶ 👤 ▶ 👥 Zeigen Sie die Funktion des Futur I an der Tafel:

> *Julia lernt neue Leute kennen. (heute)*
> *Sie wird bestimmt neue Leute kennenlernen. (nächsten Monat)*

Fragen Sie: *Welches Verb gibt es im zweiten Satz? (werden).* Dann bearbeiten die TN die Aufgabe und vergleichen im Kurs.

▶ **Video-DVD:** Zur Vertiefung bearbeiten die TN Aufgabe 3+4 von der Kopiervorlage. ▶ KV 16/1

2b 👥 Sprachschatten. Eine/Ein TN äußert eine Vermutung im Präsens. Die/Der andere kommentiert mit Futur I und nennt eine neue Vermutung im Präsens usw.

◉ 👤 ▶ 👥 Schwächere TN schreiben zuerst Sätze.
▶ Phonetik: S. 133

3a+b 👤 ▶ 👥 Zielaufgabe/Ich-Bezug. Die TN sammeln zuerst Fragen zu den vier Punkten (z. B. *Welche Sprache wirst du sprechen? Wie wird das Wetter sein? Wird es viel regnen?* usw.) an der Tafel. Dann machen sie Notizen. Im Kursspaziergang sprechen die TN zu zweit, stellen Fragen und antworten mithilfe ihrer Notizen. Sie sprechen mit mindestens fünf verschiedenen Personen.

◉ Schwächere TN schreiben ganze Sätze für den Kursspaziergang. Kreative TN können auch Ideen zu weiteren Aspekten (z. B. *Arbeit, Wohnen*) notieren.
▶ Vertiefung: S. 133/2

16

■ über Veränderungen und Pläne sprechen – Vermutungen äußern – Futur I

2 Futur I

a Lesen Sie und ergänzen Sie den Grammatikkasten.

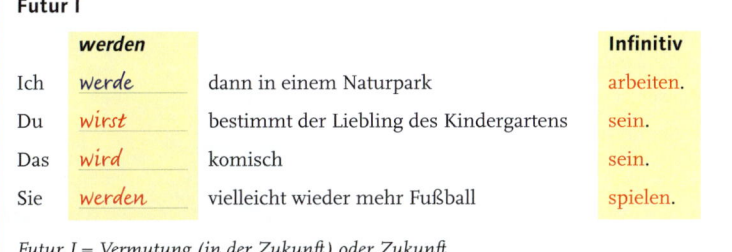

Futur I	**werden**		Infinitiv
Ich	werde	dann in einem Naturpark	arbeiten.
Du	wirst	bestimmt der Liebling des Kindergartens	sein.
Das	wird	komisch	sein.
Sie	werden	vielleicht wieder mehr Fußball	spielen.

Futur I = Vermutung (in der Zukunft) oder Zukunft
Die Wörter wohl, vielleicht, wahrscheinlich … betonen die Vermutung.
In der gesprochenen Sprache benutzt man für die Zukunft meistens das Präsens:
Ich werde dann in einem Naturpark arbeiten. = Ich arbeite dann in einem Naturpark.

b Wie wird Julias Jahr in Irland wahrscheinlich sein? Sprechen Sie wie im Beispiel.

Heimweh haben – viele neue Freunde finden – nach einem Monat keine Lust mehr haben – viele spannende Abenteuer erleben – das Wetter doof finden – nach drei Monaten perfekt Englisch sprechen – sich verlieben – …

> *Ich glaube, dass Julia in Irland bestimmt Heimweh hat.*

> *Das glaube ich nicht. Julia wird kein Heimweh haben.*

3 Sie gehen für ein halbes Jahr ins Ausland. In welches Land gehen Sie? Wie wird es wohl sein?

a Wählen Sie ein Land. Notieren Sie zu jedem Punkt etwas Positives und/oder etwas Negatives.

1. Sprache 2. Kollegen 3. Essen 4. Wetter

> *Deutschland*
> *1. Sprache:* ☺ *neue Sprache lernen* ☹ *schwer sein*
> *2. Kollegen:* ☺ *nett* ☹ *– –*
> *…*

b Kursspaziergang. Gehen Sie durch den Kursraum. Fragen und antworten Sie.

> *Wie werden wohl die Kollegen sein?*

> *Ich glaube, die Kollegen werden nett sein.*

einhundertneunundzwanzig **129**

16 Was bringt die Zukunft?

4a Die TN lesen und beantworten die Frage in 2 bis 3 Sätzen zu zweit. Sammeln Sie die Antworten im Kurs. Klären Sie dann neue Wörter durch Paraphrasierung (z. B. *sich betrinken = sehr/zu viel Alkohol trinken*).

4b Die TN sammeln weitere W-Fragen an der Tafel (z. B. *Worum geht es in dem Film? Wer spielt die Hauptrollen? Wie heißt der Film?* usw.). Die TN notieren die Antworten in Stichwörtern. Kurskette mit Ball: Die/Der erste TN stellt eine Frage und wirft den Ball zu einer/einem anderen TN. Sie/Er antwortet, wirft den Ball weiter und stellt die nächste Frage usw.

4c Fragen Sie: *Zwei Freunde unterhalten sich über den Film. Worüber könnten sie sprechen?* Die TN sammeln Ideen und vergleichen beim Hören. Dann lesen sie die Sätze und hören noch einmal. Die TN vergleichen zu zweit.

4d Die TN lesen die Bildleiste und die Sätze in der Satzschalttafel. Dann sprechen sie zu viert: TN 1 beginnt einen Satz (z. B. *Alle Menschen ...*), TN 2 ergänzt (z. B. *... gehen gern ins Kino.*). TN 3 kommentiert den Satz (z. B. *Nein, das glaube ich nicht. Manche Menschen gehen überhaupt nicht gern ins Kino.* oder: *Ja, ich denke auch, dass alle Menschen Kino mögen.*). TN 4 beginnt einen neuen Satz, TN 1 ergänzt, TN 2 kommentiert usw.

4e Die TN sprechen zuerst in der 4er-Gruppe über die Fragen. Dann tauschen sie sich im Plenum aus. Öffnen Sie die Diskussion dann zu anderen Filmen: *Welchen Film sollten Ihrer Meinung nach alle Menschen sehen?* Die TN machen Vorschläge und begründen sie.

◐ Schwächere TN machen zuerst Notizen.
▶ Vertiefung: S. 133/4

5a Die TN haben das Buch geschlossen. Schreiben Sie die Überschrift an die Tafel: *Dinge, die man im Leben tun sollte*. Fragen Sie: *Was könnten das für Dinge sein?* Die TN notieren zu zweit möglichst viele Ideen. Geben Sie ihnen dafür maximal fünf Minuten Zeit. Dann kommen die Paare nach vorn, präsentieren ihre Ideen und notieren sie an der Tafel. Die anderen TN kommentieren. Welche Gruppe hat die meisten und interessantesten Ideen?

---

16 Was bringt die Zukunft?

4 Film *Knockin' on Heaven's Door*

a Was ist das Thema des Films? Lesen Sie und sprechen Sie im Kurs.

Knockin' on Heaven's Door
Drama, 1997
Regie: Thomas Jahn
mit Til Schweiger und Jan Josef Liefers

Der coole Martin Brest (Til Schweiger) erfährt, dass er einen Tumor im Kopf hat, und kommt ins Krankenhaus. Dort trifft er den schüchternen Rudi Wurlitzer (Jan Josef Liefers), der an Knochenkrebs leidet. Wie lange sie noch leben werden, können ihnen die Ärzte nicht sagen. Sie wissen nur, dass sie wohl bald sterben werden, ja, dass der Tod sogar jeden Tag kommen kann.

Moritz Bleibtreu, Til Schweiger und Jan Josef Liefers bei der Premiere in Essen

Deshalb beschließt Martin, die letzten Tage seines Lebens auf jeden Fall zu genießen und alles zu tun, wozu er Lust hat. Gemeinsam brechen Martin und Rudi in die Krankenhausküche ein und betrinken sich. Als Rudi dann erzählt, dass er in seinem Leben noch nie das Meer gesehen hat, ist es für Martin klar, dass er ihm das Meer zeigen wird. Sofort fahren sie mit einem gestohlenen Auto los und erleben ihr letztes großes Abenteuer. Dabei passieren einige ungeplante Dinge ...

b Filmfragen: Was? Wann? Wer? Lesen Sie noch einmal. Fragen und antworten Sie.

> *Was für ein Film ist das?*   *Wann wurde er gedreht?*   *Wer ist der Regisseur?*

c 2.23 Ein Gespräch über den Film. Was ist richtig? Hören Sie und kreuzen Sie an. Die Bildleiste hilft.

	richtig	falsch
1. Jonas findet nur wenige deutsche Filme gut.	x	
2. Im Film passieren viele verrückte Sachen.	x	
3. Wenn alle Menschen tun, was sie wollen, gibt es keine Probleme.		x
4. Manche Filme sollten alle Menschen einmal sehen.	x	
5. Einige Filme könnte man verbieten.		x

d Was denken Sie? Sprechen Sie wie im Beispiel. Die Bildleiste hilft.

| Alle/Viele/ Manche/ Einige/ Wenige | Menschen/ Zuschauer | finden Filme/Schauspieler/Regisseure interessant/... möchten auch einen (spannenden/...) Film drehen. würden gern als Schauspieler/Regisseur arbeiten. mögen keine anspruchsvollen/lustigen/... Filme. gehen gern / nicht so gern / überhaupt nicht gern ins Kino. |

> *Viele Menschen finden Schauspieler interessant.*   *Ja, das stimmt. Einige Menschen möchten auch ...*

e Und Sie? Haben Sie den Film *Knockin' on Heaven's Door* gesehen? Hat er Ihnen gefallen? Oder möchten Sie ihn sehen? Warum (nicht)? Sprechen Sie im Kurs.

👤 ▶ 👥 Dann bearbeiten die TN 5a. Sie lesen den Tagebucheintrag und vergeben Punkte von 1–5 für Irinas Pläne. Schreiben Sie als Erklärung an die Tafel:

1 Punkt	2 Punkte	3 Punkte	4 Punkte	5 Punkte
Das finde ich überhaupt nicht gut/wichtig.				Das finde ich sehr gut/wichtig.

Die TN präsentieren nacheinander jeweils ein Beispiel, das ihnen auch wichtig ist, und eins, das ihnen gar nicht wichtig ist, im Plenum. Die anderen TN kommentieren.

5b+c 👤 ▶ 👥 ▶ 👥 ▶ 👤 ▶ 👥 Zielaufgabe/Ich-Bezug. Die TN schreiben fünf Zukunftswünsche einzeln auf Kärtchen. Sie können sich dabei von den in 5a an der Tafel gesammelten Ideen inspirieren lassen. Kursspaziergang: Die TN sprechen zu zweit. Sie stellen sich gegenseitig ihre Ideen vor und kommentieren sie. Klatschen Sie nach etwa zwei Minuten, die TN wechseln zu einer/einem anderen Partnerin/Partner. Die TN sollten mit mindestens vier verschiedenen Personen sprechen. Sammeln Sie nach dem Kursspaziergang alle Kärtchen ein und legen Sie sie offen auf einen Tisch. Die TN ordnen die Kärtchen nach Themen, d.h. sie legen dieselben bzw. sehr ähnliche Wünsche zusammen (z.B. *eine lange Reise machen, mindestens zwei Monate durch Afrika und Asien reisen*). Dann notieren zwei freiwillige TN die Wünsche an der Tafel und notieren, wie viele TN diesen Wunsch haben. Dann fassen die TN mithilfe der Redemittel die Ergebnisse der Kursstatistik schriftlich zusammen.

👤 ▶ 👥 ▶ 👤 ▶ 👥 Alternative: Autogrammjagd. Die TN notieren fünf Zukunftswünsche auf einem Blatt. Im Kursspaziergang sammeln sie Autogramme: Sie stellen der/dem anderen TN einen ihrer Wünsche vor. Sie/Er unterschreibt, wenn sie/er auch diesen Wunsch hat. Dann gehen die TN zur nächsten Person. Weisen Sie die TN darauf hin, dass sie mit jeder Person nur über einen Wunsch sprechen, aber dass sie zu jedem Wunsch mehrere Unterschriften sammeln sollen. Am Ende fassen die TN ihre Statistik schriftlich zusammen. Einige freiwillige TN lesen ihre Zusammenfassung vor.

▶ Vertiefung: S. 133/1
▶ Vertiefung: S. 133/3

■ über Filme sprechen – über Lebenswünsche sprechen – eine Grafik beschreiben – Indefinitartikel

5 Dinge, die man im Leben tun sollte

a Das Tagebuch von Irina. Was möchte Irina tun? Wie finden Sie ihre Pläne? Lesen Sie und berichten Sie.

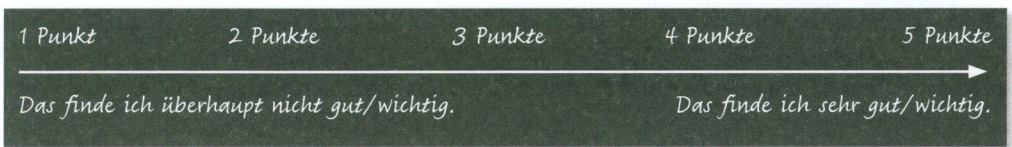

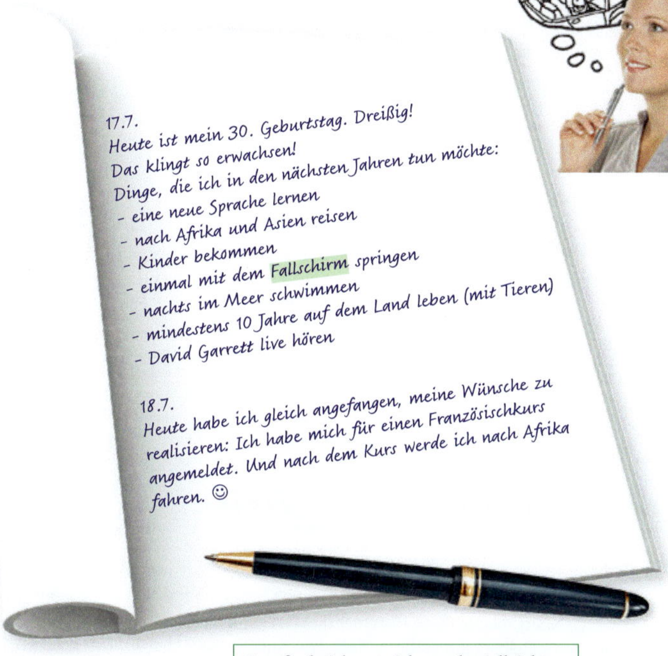

17.7.
Heute ist mein 30. Geburtstag. Dreißig!
Das klingt so erwachsen!
Dinge, die ich in den nächsten Jahren tun möchte:
- eine neue Sprache lernen
- nach Afrika und Asien reisen
- Kinder bekommen
- einmal mit dem Fallschirm springen
- nachts im Meer schwimmen
- mindestens 10 Jahre auf dem Land leben (mit Tieren)
- David Garrett live hören

18.7.
Heute habe ich gleich angefangen, meine Wünsche zu realisieren: Ich habe mich für einen Französischkurs angemeldet. Und nach dem Kurs werde ich nach Afrika fahren. 😊

Irina möchte eine neue Sprache lernen.

Das finde ich gut, ich werde vielleicht auch noch eine weitere Sprache lernen.

Ich finde andere Dinge viel wichtiger.

b Und Sie? Was möchten Sie in den nächsten zehn Jahren tun? Notieren Sie fünf Dinge und machen Sie eine Kursstatistik.

- neue Sprache lernen |||| ||
- heiraten ||||
- eine große Reise machen |||

c Beschreiben Sie die Kursstatistik in b. Benutzen Sie die Wörter in der Bildleiste.

🔧 **eine Grafik beschreiben**
Alle/Manche Personen im Kurs wollen/möchten …
Viele/Manche Personen wünschen sich, … zu …
Für viele/einige Personen ist sicher wichtig, … zu …, aber für mich …
Interessant ist, dass nur wenige Leute / niemand … möchte/will.

kein-
wenig-
manch-/einig-
viel-
all-

16 Was bringt die Zukunft?

6a Fragen Sie die TN: *Würden Sie mit dem Fahrrad um die Welt reisen?* Die TN tauschen sich aus und begründen ihre Meinung. Dann lesen und ordnen sie die Absätze. Für die Auswertung im Kurs lesen vier TN den Text abschnittweise in der richtigen Reihenfolge vor. Fragen Sie nach jedem Abschnitt, welche Wörter bzw. Informationen für die Lösung geholfen haben. Klären Sie dann neue Wörter an der Tafel.

! Beim Sortieren der Abschnitte geht es um das Verständnis von Textkohärenz. Geben Sie den TN Hinweise, worauf sie achten können: Layout (z. B. Überschrift Layout (z. B. Überschrift im 1. Abschnitt); inhaltliche Bezüge (z. B. *Heike Pirngruber* am Ende des 1. Abschnitts – *Sie war ... am* Anfang des 2. Abschnitts; *Freiheit* im 2.+3. Abschnitt); Chronologie der Geschichte (*Aktuell fährt sie ... im 4. Abschnitt*)

6b Die TN lesen noch einmal zu zweit und unterstreichen die Informationen zu den W-Fragen im Text. Dann machen sie zu jeder Frage Notizen. Im Kurs fragen und antworten sie gegenseitig.

Lösung (Beispiel): *Was?* Heike Pirngruber reist mit dem Fahrrad um die Welt. – *Mit wem?* Allein. – *Wohin?* Bis jetzt in 32 Länder. – *Wie lange?* Sie ist seit 46 Monaten unterwegs. – *Wo?* Im Moment ist sie in Mexiko. – *Warum?* Sie war schon immer Sportlerin und wollte reisen. Sie findet andere Länder spannend und es ihr wichtig, Freiheit und Ruhe zu haben und allein zu entscheiden.

Vertiefung: Die Antworten werden im Kurs noch nicht verglichen. Die Paare schreiben mithilfe ihrer Notizen eine kurze Textzusammenfassung. Einige TN lesen ihre Zusammenfassung vor.

Die anderen TN geben Feedback, ob alle wichtigen Informationen enthalten sind bzw. ergänzen. Fragen Sie dann die TN: *Welche Informationen aus dem Text fanden Sie besonders interessant oder überraschend?* Die TN tauschen sich aus.

6c Ich-Bezug. Die TN haben fünf Minuten Zeit, um sich Notizen zu ihrer Traumreise zu machen. Kursspaziergang: Geben Sie einen Arbeitsauftrag vor: *Finden Sie eine Reisepartnerin / einen Reisepartner (oder mehrere)*. Die TN gehen herum und stellen sich ihre Ideen gegenseitig vor. So finden sich Paare oder Kleingruppen, die gemeinsam eine Reise planen möchten. In der Gruppe gestalten die TN ein Plakat zu ihrer Traumreise. Sie hängen die Plakate im Kursraum auf und präsentieren ihre Reisepläne im Kurs.

---

16 Was bringt die Zukunft?
■ über Reisen sprechen – Textzusammenhänge verstehen

6 Neue Perspektiven: Mit dem Fahrrad um die Welt

a Wie ist die Reihenfolge der Absätze? Lesen Sie und ordnen Sie sie.

2 Sie war schon immer Sportlerin und wollte reisen, da sie fremde Länder spannend fand. Heike Pirngruber ist seit 46 Monaten unterwegs, ist schon 48.800 km gefahren und hat 32 Länder besucht. Es ist ihr aber nicht wichtig, jeden Tag möglichst viele Kilometer zu fahren. Sie sagt: „Je länger ich nun unterwegs bin, desto mehr merke ich, dass ich eigentlich noch immer zu schnell unterwegs bin." Wenn man langsam fährt, erlebt man mehr. Man hat mehr Zeit für die Natur und die Landschaft, durch die man fährt, aber auch für Gespräche mit Menschen, die man unterwegs trifft. Und das ist wichtiger als die Zahl der Kilometer oder der Länder. Daher ist ein Fahrrad auch das bessere Verkehrsmittel als ein Auto. Es bietet mehr Freiheit.

4 Aktuell fährt Heike Pirngruber mit ihrem Fahrrad durch Mexiko. Wie soll ihre Reise weiter gehen? Welche Pläne hat sie noch? Wie sie sagt, ist das Ende offen. Es gibt noch viele Länder, die sie gern sehen und erleben möchte. Und daher will sie Fahrrad fahren, so lange sie gesund ist, es ihr Spaß macht und sie dafür genug Geld hat. Zurück nach Hause will sie – noch – nicht. Dafür ist sie auf die noch unbekannten Länder, neue Menschen und Abenteuer zu neugierig. Wir wünschen ihr viel Glück und freuen uns auf ihre weiteren Reiseberichte!

Mein Fahrrad | Menschen & ihr Fahrrad 07/17

Mit dem Fahrrad um die Welt

1 Als sie vor ca. zwanzig Jahren einen Radreiseführer gelesen hat, waren ihre Zukunftspläne klar: mit dem Fahrrad in fremde Länder reisen. Es hat aber noch ein bisschen gedauert, bis sie ihren Plan realisieren konnte. Im Mai 2013 ist sie dann endlich in Heidelberg losgefahren. Nach zweieinhalb Jahren hat sie ihr erstes Ziel – Australien – erreicht und hat sich spontan entschieden, ihre Reise zu verlängern, weiter nach Amerika zu fahren und aus ihrer Radreise eine richtige Weltreise zu machen: Heike Pirngruber.

3 Und Freiheit ist für Heike Pirngruber sehr wichtig. Deswegen ist sie auch alleine unterwegs, legt ihre Grenzen und Ziele nach ihren Wünschen fest und entscheidet alles selbst. Sie liebt die Ruhe und kann sehr gut mit sich alleine sein. Die praktischen Dinge des Lebens – wie die Unterkunft oder das Essen – hängen von dem Land ab, wo sie gerade ist. In muslimischen Ländern wurde sie oft nach Hause eingeladen, wo sie die heimischen Gerichte genießen und manchmal auch übernachten konnte. In einigen Ländern hat sie sehr oft gezeltet oder in billigen Hostels geschlafen und sich etwas Einfaches auf dem Campingkocher gekocht.

(Zitat aus: http://www.woman.at/a/frau-fahrrad-weltreise)

b Lesen Sie noch einmal, machen Sie Notizen und beantworten Sie die Fragen.

Warum? Wohin? Wie lange? Wo? Was? Mit wem?

c Und Sie? Welche Reise würden Sie gern machen? Sprechen Sie im Kurs.

Wichtige Sätze

1 über Veränderungen, Pläne und Lebenswünsche sprechen

👤 ▶ 👥 Ich-Bezug. Schreiben Sie an die Tafel: *Wie werden Sie in zehn Jahren vielleicht leben?* Die TN schreiben 5 bis 8 Sätze gut lesbar auf ein Blatt. Sammeln Sie die Texte ein, mischen Sie sie und verteilen Sie sie neu. Die TN lesen den Text und korrigieren ggf. Fehler mit Bleistift. Dann lesen sie nacheinander die Texte vor, ohne den Namen der Person zu nennen. Die anderen raten, wer den Text geschrieben hat, indem sie Vermutungen mit Futur I formulieren, z. B. *Das wird bestimmt … sein.*

2 Vermutungen äußern

👤 ▶ 👥 Schreiben Sie an die Tafel: *Was wird wohl nach Ende unseres Kurses passieren?* Die TN notieren eine Antwort, in der *bestimmt, wahrscheinlich, vielleicht* oder *wohl* vorkommt. Kurskette: Die/Der erste TN liest ihren/seinen Satz vor (z. B. *Nach dem Kurs werden wohl alle gut Deutsch sprechen.*). Die/Der nächste wiederholt den Satz und ergänzt einen zweiten (z. B. *… Und wir werden bestimmt keine Hausaufgaben mehr haben.*) usw.

3 über Filme sprechen / eine Grafik beschreiben

👥 ▶ 👤 ▶ 👥 Die TN arbeiten mit der Kopiervorlage. ▶ KV 16/2

Strukturen

4 Indefinitartikel.

👥 Fragen Sie: *Was mögen Sie?* Die TN sammeln Ideen und schreiben 6 bis 8 Begriffe (z. B. *Pizza, Hausaufgaben, klassische Musik* etc.) groß und gut lesbar jeweils auf ein Blatt Papier. Hängen Sie die Blätter gut verteilt im Kursraum auf. Die TN verteilen sich im Raum. Sagen Sie einen Satz (z. B. *Alle mögen Pizza!*) Die TN (alle!) gehen so schnell wie möglich zum passenden Blatt. Eine/Ein TN sagt den nächsten Satz (z. B. *Manche mögen klassische Musik.*). Jetzt gehen nur manche (!) TN zum passenden Blatt. Die TN kontrollieren selbst, ob die Anzahl der TN passt. Wer einen Fehler macht, setzt sich und spielt nicht weiter. Die drei TN, die am Ende übrigbleiben, haben gewonnen.

Phonetik

❗ Zu S. 153, Einheit 16: Unterstützen Sie die TN beim Hören der Satzmelodie mit Gestik. Alternative für die Karaoke: Die TN gehen im Kursraum umher und sprechen die Mundrolle in unterschiedlichen Stimmungen zueinander.

Alles klar!

Wichtige Sätze

über Veränderungen, Pläne und Lebenswünsche sprechen

Du wirst ein Jahr in Irland leben / in einem Naturpark arbeiten / …
Dafür wünsche ich dir, dass du viel Neues lernst / gute Erfahrungen machst / …
Mach dir keine Sorgen, du wirst bestimmt …
Ich bin schon aufgeregt/nervös, aber ich freue mich sehr, dass …
Ich fange nächste Woche in … an. Hoffentlich werde ich …

Vermutungen äußern

Ich werde hoffentlich nette Leute kennenlernen / spannende Abenteuer erleben.
Ich hoffe, dass die Kollegen nett sein werden / dass ich bald gut Englisch sprechen werde / dass ich kein Heimweh haben werde / …

über Filme sprechen

Was für ein Film ist das? Das ist ein Drama/Krimi / eine Komödie/Doku …
Wann wurde er gedreht? Wer ist der Regisseur? Wer spielt in dem Film?
Worum geht es in dem Film?

eine Grafik beschreiben

Alle/Manche Personen im Kurs wollen/möchten … Viele wünschen sich, … zu …
Für viele/einige Personen ist sicher wichtig, … zu …, aber für mich …
Interessant ist, dass nur wenige Leute / niemand … möchte/will.

Strukturen

Futur I

	Position 2 *werden*		Satzende Infinitiv
Ich	werde	dann in einem Naturpark	arbeiten.
Du	wirst	bestimmt der Liebling des Kindergartens	sein.

Futur I = Vermutung (in der Zukunft) oder Zukunft
Die Wörter *wohl, vielleicht, wahrscheinlich* … betonen die Vermutung.
In der gesprochenen Sprache benutzt man für die Zukunft meistens das Präsens:
Ich **werde** dann in einem Naturpark **arbeiten.** = Ich **arbeite** dann in einem Naturpark.

Indefinitartikel

kein-   wenig-   manch-/einig-   viel-   all-

▶ Phonetik, S. 153

15|16 Deutsch aktiv

Auf einen Blick

Material: ggf. Papier für Plakate (1a); ggf. Ball (1b); Wörterbücher (5c); Klebezettel (5d)

1a+b Die TN arbeiten zu dritt. Sie haben fünf Minuten Zeit, um möglichst viele Wörter zu finden. Die Gruppe mit den meisten Wörtern hat gewonnen. Danach gehen je zwei Gruppen für die Kurskette zusammen. Weisen Sie die TN darauf hin, dass sie in jedem Satz ein Indefinitpronomen benutzen sollen und dass sich die Nomen (Tiere, Pflanzen, Dinge) nicht wiederholen dürfen.

Alternative: Die TN schreiben die Buchstaben des Alphabets (ohne Q, X, Z) untereinander auf ein Plakat. Sie versuchen, zu jedem Anfangsbuchstaben ein Wort (Tiere, Pflanzen oder Dinge) zu finden. Jede Gruppe darf fünf weitere Buchstaben streichen. Wenn die erste Gruppe fertig ist, werden alle Plakate im Raum aufgehängt. Kurskette mit Ball: Die TN stehen an ihren Plätzen. Werfen Sie den Ball zu einer Person. Sie/Er sagt einen Satz und wirft den Ball weiter. Wer einen korrekten Satz mit Indefinitpronomen gebildet hat, darf sich setzen. Wer ein Wort wiederholt oder einen Fehler macht, muss stehen bleiben und ist später wieder an der Reihe.

2a+b Die TN vergleichen zu dritt die Fragen. Dann einigen sie sich in der Gruppe auf einen Film, den wahrscheinlich viele TN kennen und machen Notizen zu den Fragen.

15|16 Deutsch aktiv

1 Kurskette: im Wald und auf der Wiese

a Arbeiten Sie in Gruppen. Welche Tiere, Pflanzen und Dinge gibt es im Wald und auf der Wiese? Notieren Sie.

> Tiere: das Reh, das Wildschwein …
> Pflanzen: die Rose, der Laubbaum …
> Dinge: die Hütte, der Stein …

b Sprechen Sie wie im Beispiel.

> Im Wald gibt es viele Rehe.

> Im Wald gibt es viele Rehe und auf der Wiese wachsen wenige Rosen.

> Auf der Wiese wachsen wenige Rosen und im Wald …

2 Film-Quiz

a Schreiben Sie Fragen zu den Stichwörtern.

1. Art des Films
2. Regisseur/in
3. Schauspieler/innen
4. Jahr
5. Land
6. Inhalt

> Was für ein Film ist das? …

b Arbeiten Sie zu dritt. Wählen Sie einen bekannten Film und sammeln Sie Stichwörter zu den Fragen in a.

c Die Kursteilnehmerinnen / Kursteilnehmer fragen, Ihre Gruppe antwortet. Nennen Sie den Filmtitel nicht. Wer errät den Film als Erste/Erster? Tauschen Sie dann die Rollen.

d Erklären Sie, warum Sie den Film gewählt haben.

> Wir haben den Film gewählt, da …

> Die Geschichte ist lustig/ spannend/aufregend, da …

> Wir mögen den Film, da …

3 Kursspaziergang: Wo ist der Ort, wo …?

a Ergänzen Sie und schreiben Sie zwei Fragen auf einen Zettel.

> Wo ist der Ort, wo du dich verliebt hast?
> Wo ist der Ort, wo du am liebsten bist?

b Gehen Sie durch den Raum. Fragen und antworten Sie. Tauschen Sie dann die Zettel und suchen Sie eine neue Partnerin / einen neuen Partner.

4 Wie wird Ihre Stadt / Ihr Dorf in zwanzig Jahren aussehen?

a Was denken Sie? Notieren Sie fünf Punkte.
b Erzählen Sie im Kurs. Die anderen kommentieren.

> Vielleicht wird …

> Ich glaube, dass …

> Ich bin skeptisch, da … Darum kann ich mir auch vorstellen, dass …

einhundertvierunddreißig

2c+d 👥 Je eine Gruppe kommt nach vorn. Die anderen TN stellen Fragen zum Film. (Die Frage nach dem Filmtitel ist natürlich verboten!) Die Gruppe beantwortet die Fragen, bis der Film erraten ist. Dann ist die nächste Gruppe an der Reihe. Am Ende begründen die Gruppen ihre Filmauswahl.

Alternative: Die TN dürfen nur *Ja-Nein*-Fragen stellen. Eine/Ein TN darf so viele Fragen stellen, bis eine Antwort *Nein* lautet. Dann ist die/der nächste TN an der Reihe.

3a+b 👤 ▶ 👥 Lesen Sie (und korrigieren ggf.) die Sätze der TN. Im Kursspaziergang sprechen die TN mit mindestens vier verschiedenen Personen.

4a+b 👤/👥 ▶ 👥 Die TN arbeiten allein oder zu zweit.

◐ Stärkere TN machen Notizen, schwächere TN schreiben Sätze. Schreiben Sie für schwächere TN Stichwörter an die Tafel, z. B. *Verkehr, Wohnen, Landschaft, Einkaufen, Freizeitangebote*.

👥 ▶ 👥 Alternative. Die TN arbeiten zu dritt oder viert. Alle Gruppen notieren Ideen zu dem Ort, an dem der Sprachkurs stattfindet. Die Gruppen präsentieren und diskutieren ihre Ideen im Plenum.

5a+b ◐ 👤 ▶ 👥 Paare, die die Aufgabe schneller bearbeitet haben, tauschen danach die Rollen und fragen und antworten spontan ohne Notizen.

5c 👥 ▶ 👥 Bestimmen Sie eine Ecke im Kursraum pro Textsorte. Die TN entscheiden, was für einen Text sie schreiben wollen, und gehen in die entsprechende Ecke. Dort bilden sich Kleingruppen (2 bis 4 TN). Geben Sie den Gruppen mindestens 20 Minuten Zeit.

Alternative 1: Die TN legen vor dem Schreiben die Handlung fest, indem sie die Fragen *Wer?, Wann?, Wo?* und *Was?* beantworten. Alternative 2: Die TN verfassen den Text, indem sie der Reihe nach jeweils 1 bis 2 Sätze sagen.

5d 👤 Die TN lesen die Texte und notieren ihre Sterne auf Kärtchen, die sie zu dem Text kleben. Dann schreiben sie eine kurze Begründung.

👤 ▶ 👥 Vertiefung: Die TN lesen ihre Begründungen vor. Die anderen raten, welcher Text gemeint ist.

---

5 In der Natur

a Arbeiten Sie zu zweit. Notieren Sie Ideen.

Partnerin/Partner A
Sehen Sie das Bild an und stellen Sie sich vor, dass Sie dort sind. Was sehen/hören/riechen/fühlen Sie?

Partnerin/Partner B
Sehen Sie das Bild an. Was möchten Sie über den Ort erfahren?

b Fragen und antworten Sie.

> *Wie fühlst du dich, wenn du dort alleine bist?*

> *Ich fühle mich einsam, aber es ist schön.*

c Was passiert dort? Was wird vielleicht noch passieren? Arbeiten Sie in Gruppen. Wählen Sie eine Textsorte und schreiben Sie einen Text zu dem Foto.

1. Krimigeschichte   2. Liebesgeschichte   3. modernes Märchen   4. Gedicht

> *Der Tod im Wald*
> *Frau Mielke fährt am ... mit ihrem Auto nach ... Plötzlich bleibt ihr Auto stehen – sie hat kein Benzin mehr. Dort, wo die kleine Straße abbiegt, sieht sie ...*

d Welcher Text gefällt Ihnen am besten? Hängen Sie Ihre Texte im Kursraum auf. Lesen Sie die Texte und verteilen Sie ein bis fünf Sterne. Schreiben Sie zu dem Text, der Ihnen am besten gefallen hat, zwei oder drei Sätze und begründen Sie Ihre Meinung.

> *Ich fand die Geschichte sehr spannend, da es immer wieder Überraschungen gibt. Eine tolle Geschichte!*

einhundertfünfunddreißig

VIII Panorama

Auf einen Blick

Material: Deutschlandkarte (1a); ggf. Papier für Plakate (3)

Textsorten: Info-Text (1b); Interview (2)

Strategien: Bilder als Informationsquelle nutzen und Hypothesenbildung (1a); detailliertes Lesen (1b); detailliertes Hören (2); Hör-Sehen (Landeskunde-AR)

1a Fragen Sie: *Wo ist das? Was machen die Menschen auf dem Foto?* Die TN sammeln Ideen an der Tafel. Zeigen Sie dann auf einer Deutschlandkarte, wo die Nordsee liegt.

▶ **UM:** Projizieren Sie das Foto an die Wand.

▶ **AR, UM:** Spielen Sie das Landeskunde-Video über die Nord- und Ostsee vom Umschlag des Kursbuchs ab.

1b Die TN vergleichen zu zweit. Schreiben Sie einen Satzanfang an die Tafel: *Das Wattenmeer ist eine Landschaft, wo ...* Die TN präsentieren ihre Ergebnisse in einer Kurskette: Jede/Jeder TN ergänzt den Satz. Achten Sie darauf, dass sich die Informationen nicht doppeln.

2 Die TN machen Notizen beim Hören und vergleichen zu zweit. Sie hören ein zweites Mal zur Kontrolle, bevor sie Sätze schreiben. Dann vergleichen die TN ihre Lösung. Fragen Sie auch: *Kennen Sie das Wattenmeer? Würden Sie gern an einer Wattwanderung teilnehmen?* Die TN tauschen sich aus.

Lösung (Beispiel): *1. Von Anfang Mai bis Ende September. 2. Die besondere Landschaft und ihre Bedeutung für die Umwelt. 3. Die meisten finden das Watt sehr interessant, einige auch ein bisschen eklig. 4. Es gibt eine Ausbildung. Man muss eine Prüfung machen und sie alle fünf Jahre wiederholen. 5. Das Watt ist für Fremde gefährlich, wenn die Flut kommt.*

Das Foto zeigt eine Wattwanderung im Wattenmeer an der Nordsee.

1 Nationalpark Wattenmeer

a Was denken Sie: Was machen die Menschen auf dem Foto? Sprechen Sie im Kurs.
b Was ist das Wattenmeer? Was ist besonders? Lesen Sie und machen Sie Notizen.

Das Wattenmeer (kurz „das Watt") – ist das Land oder Meer? Das ist eine Frage der Zeit: Bei Ebbe verschwindet das Wasser und man sieht das Land, bei Flut kommt das Wasser zurück und das Land verschwindet. Das passiert zweimal am Tag. Das Wattenmeer ist eine besondere Landschaft, in der viele Tiere leben. Hier findet man zum Beispiel mehr Vögel als in anderen Nationalparks in Europa.
Für einige Menschen ist das Watt auch ein Arbeitsplatz mitten in der wilden Natur: für Fischer, für Umweltwissenschaftler, für die Teams der Touristenschiffe und auch für Wattführer, die neugierigen Touristen das Watt zeigen und seine spannende Tierwelt erklären.

VIII

6. *Er arbeitet als Mechaniker und repariert Motoren von Fischerbooten.*

3 Fragen Sie die TN zuerst: *Was ist ein Saisonberuf?* (*Ein Beruf, bei dem man nur in bestimmten Jahreszeiten arbeitet.*). Dann sammeln die TN Saisonberufe an der Tafel (z. B. *Bademeister/in, Skilehrer/in, Kellner/in im Biergarten, Bauarbeiter/in, Fischer/in, Eisverkäufer/in*). Wenn die TN die Berufsbezeichnung auf Deutsch nicht kennen, bitten Sie sie, den Beruf zu paraphrasieren, z. B. *Das ist eine Person, die … / Das ist ein Beruf, wo man …* Dann wählen die TN zu dritt einen Beruf von der Tafel und machen Notizen zu den Fragen. Die Gruppen stellen die Berufe im Plenum vor. Fragen Sie am Ende auch: *Was sind Vor- und Nachteile von Saisonarbeit?* Die TN diskutieren.

Alternative: Die Gruppen gestalten ein Plakat zu einem Saisonberuf. Sie präsentieren ihr Plakat. Die anderen TN stellen Fragen dazu.

Landeskunde

▶ **AR, UM:** Das Video gibt Informationen zu Weltnaturerbestätten der UNESCO in Deutschland (*Grube Messel, alte Buchenwälder*). Am Ende wird den TN eine Verständnisfrage zum Video gestellt (*Was ist kein Weltnaturerbe in Deutschland?* Lösung: *die Nordsee*)

Nach dem ersten Sehen beantworten die TN die Frage aus dem Video. Beim zweiten Sehen notieren sie Informationen aus dem Video. Dann arbeiten sie zu viert. Die TN nennen abwechselnd eine Information (z. B. *Im Jahr 2009*), die anderen überlegen sich eine passende Frage dazu (z. B. *Wann wurde das Wattenmeer Weltnaturerbe?*). Am Ende sehen die TN das Video noch einmal und überprüfen ihre Fragen und Antworten.

2 Interview mit einem Wattführer. Hören Sie und beantworten Sie die Fragen.
1. Von wann bis wann dauert die Saison?
2. Was zeigt Klaas Janssen den Gästen?
3. Wie reagieren sie darauf?
4. Wie wird man Wattführerin/Wattführer?
5. Warum ist eine Ausbildung zur/zum Wattführerin/Wattführer wichtig?
6. Was macht Klaas Janssen im Winter?

3 Saisonberufe. Welche anderen Saisonberufe kennen Sie? Wo und wann arbeitet man? Was macht man? Sprechen Sie im Kurs.

das Wattenmeer

- UNESCO-Weltnaturerbestätte (Deutschlands, Dänemarks und der Niederlande) mit 11.500 km² Fläche
- jährlich ziehen 10–12 Mio. Zugvögel durch das Gebiet
- Lebensraum für etwa 10.000 Pflanzen- und Tierarten (u. a. Seehunde, Robben, Wale)
- über 1.200 km Wanderwege, fast 50 Besucherzentren

Partnerseiten

Einheit 2, Übung 3d

3 Es ist doch selbstverständlich, sich zu helfen.

d Wählen Sie aus den Sätzen eine Stimmung und lesen Sie den gekürzten Dialog zu zweit laut.

1. Sie haben schlechte Laune.
2. Sie sind sehr müde.
3. Sie haben Stress.
4. Sie hören nicht gut.

💬 Hallo, Frau/Herr … Kann ich Ihnen mit den Taschen helfen?
👍 Hallo, Frau/Herr … Ach, das ist nett. Aber ich bin fast da.
💬 Wie geht es Ihnen?
👍 Ganz gut. Nur manchmal fehlt in unserem Haus der Hausmeister.
💬 Warum? Ist etwas kaputt?
👍 Na ja, das Licht hier im Treppenhaus funktioniert nicht.
💬 Oh, stimmt!
👍 Und bei mir in der Küche ist eine Steckdose kaputt. Aber zum Glück funktioniert meine Klingel noch.
💬 Es ist kein Problem, die Glühbirne auszutauschen. Ich habe eine Leiter. Ich mache es heute Abend. Vielleicht kann ich auch Ihre Steckdose reparieren.
👍 Oh, das ist sehr nett. Aber das ist mir auch ein bisschen unangenehm.
💬 Ach was! Wir sind doch Nachbarn. Da ist es selbstverständlich, dass man sich hilft.
👍 Oh! Mögen Sie Kuchen? Bitte sagen Sie, wenn ich etwas für Sie tun kann.
💬 Okay, mache ich. Und heute Abend komme ich und repariere Ihre Steckdose.
👍 Sehr gern! Vielen, vielen Dank.
💬 Kein Problem. Schönen Tag!
👍 Danke, Ihnen auch.

Deutsch aktiv 1|2, Übung 3

3 Der Film *Wir sind die Neuen*. Kontrollieren Sie zuerst Ihre Partnerin / Ihren Partner. Tauschen Sie dann die Rollen: Was machen die jungen Mieter? Ergänzen Sie die Präpositionen und bilden Sie Sätze.

Ihre Partnerin / Ihr Partner
Die alten Mieter …
freuen sich über die neue Wohnung.
erinnern sich an die Zeit, als sie jung waren.
denken nicht an ihre Gesundheit.
interessieren sich für Politik.
fragen nach dem Studium von den Nachbarn.
sprechen mit den Nachbarn über ihre Probleme.

die Nachbarn … Kaffee einladen – sich … den Lärm ärgern – die Nachbarn zum Schluss … Hilfe bitten – … der Hochzeit träumen – sich … die Ordnung im Haus kümmern – sich … eine Prüfung vorbereiten

Die jungen Mieter laden die Nachbarn …

Deutsch aktiv 3|4, Übung 4

4 Bingo mit *obwohl*. Kontrollieren Sie zuerst Ihre Partnerin / Ihren Partner. Bilden Sie dann Sätze. Ihre Partnerin / Ihr Partner kontrolliert und markiert das passende Feld auf ihrer/seiner Seite. Wenn Sie drei Felder zusammen „getroffen" haben, ist das Spiel zu Ende.

Ihre Partnerin / Ihr Partner

Obwohl es zu selten regnet, ...	Obwohl der Gletscher zurückgeht, ...	Obwohl viele Tiere und Pflanzen leiden, ...
Obwohl die Bauern in den Bergen weniger verdienen, ...	Obwohl es immer öfter schwere Stürme gibt, ...	Obwohl sich das Klima verändert, ...
Obwohl es im Winter zu wenig schneit, ...	Obwohl die Wassertemperatur im Meer schnell steigt, ...	Obwohl es im Frühling zu heiß ist, ...

Im Sommer gibt es weniger Wasser. – Die Umweltprobleme nehmen zu. – Die Temperaturen steigen. – Im Winter kommen weniger Touristen in die Alpen. – Es gibt immer öfter extremes Wetter. – Im Winter liegt zu wenig Schnee in den Bergen. – Die Natur ist für die Menschen wichtig. – Die Luft wird immer schmutziger. – Einige Tiere und Pflanzen sterben.

> *Obwohl ..., tun die Menschen zu wenig für die Natur.*

Deutsch aktiv 3|4, Übung 5

5 Stadt- und Schrebergärten

a Machen Sie Notizen. Ihre Partnerin / Ihr Partner berichtet. Hören Sie zu, dann berichten Sie.

Sind Stadtgärten und Schrebergärten gut für die gesunde Ernährung?
Was sind die Vor- und Nachteile?
Gibt es in Ihrem Land solche Gärten?

b Stellen Sie Fragen zur Präsentation Ihrer Partnerin / Ihres Partners.

Partnerseiten

Deutsch aktiv 5|6, Übung 2

2 Das musste ich heute tun.

a Hier sind einige Verben falsch. Lesen Sie und korrigieren Sie den Text. Es gibt sechs Fehler.

Heute war ein stressiger Tag – ich musste zwanzig Patienten ~~anlegen~~ *untersuchen*. Bei einer Patientin musste ich die Brust ~~machen~~ *abhören*, weil sie so viel gehustet hat. Bei einem Kind musste ich das Fieber ~~abhören~~ *messen* und ihm eine Spritze ~~untersuchen~~ *geben*. Es hat aber so geschrien, weil es Angst hatte. Dann musste ich noch einen Verband ~~geben~~ *anlegen*. Ich konnte keine Pause ~~messen~~ *machen*!

b Lesen Sie Ihren Text vor, Ihre Partnerin / Ihr Partner kontrolliert.

Heute war ein stressiger Tag. Gleich am Morgen musste ich an einer Besprechung teilnehmen. Dann musste ich viele Rechnungen prüfen. Ich hatte aber keine Ruhe, denn viele Kunden haben angerufen und ich musste die Kunden beraten oder ihre Aufträge annehmen. Ich musste länger im Büro bleiben und Überstunden machen, weil ich noch so viel Büroarbeit erledigen musste. Und ich konnte keine Pause machen!

Deutsch aktiv 9|10, Übung 3

3 Fakten zur EU. Ihre Partnerin / Ihr Partner fängt einen Satz an, Sie beenden den Satz. Dann tauschen Sie die Rollen. Kontrollieren Sie sich gegenseitig.

1. Nachdem sich viele Politiker für mehr Zusammenarbeit in Europa engagiert hatten, …

   sechs Staaten – 1957 die EWG gründen

2. man – 1989 die Grenzen öffnen

   …, ist die Zahl der EU-Mitglieder gewachsen.

3. Nachdem die EU-Staaten den Vertrag in Schengen unterschrieben hatten, …

   man – die Kontrollen an den Grenzen abschaffen

4. die Länder – lange diskutieren

   haben sie den Vertrag von Maastricht im Februar 1992 unterschrieben und die EU gegründet.

5. Nachdem elf Länder den Euro im Jahr 2002 eingeführt hatten, …

   acht weitere Länder – später den Euro übernehmen

6. die Menschen – sich in Großbritannien gegen die EU entscheiden

   …, haben die Verhandlungen über den Austritt angefangen.

Nachdem sich viele Politiker für mehr Zusammenarbeit …

… haben sechs Staaten 1957 …

Einheit 11, Übung 3

3 Es ist Samstag und Sie feiern am Nachmittag eine Party. Es gibt noch viel zu tun. Planen Sie zu zweit.

Partnerin/Partner A

- Sie haben ein Auto.
- Sie kennen die Nachbarn gut.
- Sie können nicht kochen.
- Sie putzen nicht gern.

- Getränke kaufen
- Fleisch kaufen und zum Grillen vorbereiten
- Salate machen
- Stühle vom Nachbarn leihen
- Gläser aus dem Keller holen und spülen
- den Garten dekorieren
- das Bad putzen

etwas aushandeln / etwas planen

Du könntest zuerst … und ich … dann …
Wenn du …, dann …
Könntest du das machen?
Wir können zusammen …

Okay, das mache ich.
Aber ich kann besser …
Es ist besser, wenn …

Deutsch aktiv 11|12, Übung 3

3 Die Geschichte eines Hauses. Fragen und antworten Sie wie im Beispiel. Ergänzen Sie die Informationen.

Partnerin/Partner A

1900:	*das Haus bauen*
20er Jahre:	Restaurant (Essen kochen und Kunden bedienen)
30er Jahre:	*Friseur*
50er Jahre:	Reinigung (Kleidung waschen und bügeln)
70er Jahre:	*Elektroladen*
80er Jahre:	Bibliothek (Bücher ausleihen und Leseabende organisieren)
1999 bis 2015:	*Reisebüro*
heute:	Kindergarten (Kinder betreuen)

Was ist im Jahr 1900 passiert?

Da wurde das Haus gebaut. Und was wurde dort in den 20er Jahren gemacht?

Dort wurde Essen gekocht und dort wurden Kunden bedient.

Ah, dort war ein Restaurant.

Partnerseiten

Einheit 15, Übung 4b

4 Nebensätze mit *wo*

b Arbeiten Sie zu zweit. Ihre Partnerin / Ihr Partner fragt, Sie antworten.

Partnerin/Partner A

1. das Fenster: Die Pflanze steht dort.
2. die Ecke: Die Treppe ist dort.
3. dort: Das Fahrrad steht dort.
4. dort: Das Fenster ist offen.

Im Fenster, wo die Pflanze steht.

c Fragen Sie und zeichnen Sie, Ihre Partnerin / Ihr Partner antwortet.

1. Wo liegt die alte Zeitung?
2. In welchem Fenster sitzt die Katze?
3. Wo ist ein Loch im Zaun?
4. Wo sitzt ein Vogel?

d Vergleichen Sie Ihre Bilder.

142

Einheit 11, Übung 3

3 Es ist Samstag und Sie feiern am Nachmittag eine Party. Es gibt noch viel zu tun. Planen Sie zu zweit.

Partnerin/Partner B

- Sie haben keinen Führerschein.
- Sie haben keinen Kontakt zu den Nachbarn.
- Sie kochen gut und dekorieren gern.
- Sie putzen nicht gern.

- Getränke kaufen
- Fleisch kaufen und zum Grillen vorbereiten
- Salate machen
- Stühle vom Nachbarn leihen
- Gläser aus dem Keller holen und spülen
- den Garten dekorieren
- das Bad putzen

etwas aushandeln / etwas planen
Du könntest zuerst … und ich … dann …
Wenn du …, dann …
Könntest du das machen?
Wir können zusammen …

Okay, das mache ich.
Aber ich kann besser …
Es ist besser, wenn …

Deutsch aktiv 11|12, Übung 5a

5 Informationen erfragen und beantworten

a Ihre Partnerin / Ihr Partner fragt, Sie antworten. Tauschen Sie dann die Rollen und ergänzen Sie die fehlenden Informationen.

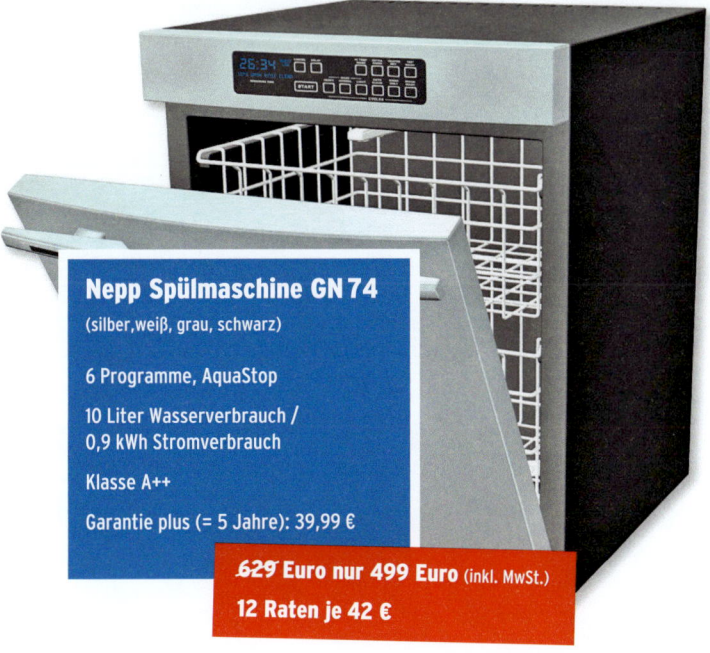

Nepp Spülmaschine GN 74
(silber, weiß, grau, schwarz)

6 Programme, AquaStop

10 Liter Wasserverbrauch /
0,9 kWh Stromverbrauch

Klasse A++

Garantie plus (= 5 Jahre): 39,99 €

~~629~~ Euro nur 499 Euro (inkl. MwSt.)
12 Raten je 42 €

Profi Kaffeemaschine ES 2010
(weiß oder _____)

für ____ Kaffeespezialitäten
(Espresso bis Latte Macchiato)

mit _____ Reinigung

Wasserbehälter: ____ Liter

____ Euro nur 1.599 Euro
____ monatliche Raten je 67 €

Partnerseiten

Einheit 15, Übung 4b

4 Nebensätze mit *wo*

b Arbeiten Sie zu zweit. Fragen Sie und zeichnen Sie, Ihre Partnerin / Ihr Partner antwortet.

Partnerin/Partner B
1. In welchem Fenster steht Julia?
2. In welcher Ecke steht das Fahrrad?
3. Wo liegen die leeren Flaschen?
4. Wo wird laute Musik gespielt?

c Ihre Partnerin / Ihr Partner fragt, Sie antworten.

1. die Treppe: Die große Pflanze steht dort.
2. das Fenster: Dort gibt es rote Gardinen.
3. dort: Der kaputte Stuhl steht dort.
4. dort: Die alte Zeitung liegt dort.

> *Vor der Treppe, wo die große Planze steht.*

d Vergleichen Sie Ihre Bilder.

Deutsch aktiv 11|12, Übung 3

3 Die Geschichte eines Hauses. Fragen und antworten Sie wie im Beispiel. Ergänzen Sie die Informationen.

Partnerin/Partner B

1900:	das Haus bauen
20er Jahre:	*Restaurant*
30er Jahre:	Friseur (Haare schneiden)
50er Jahre:	*Reinigung*
70er Jahre:	Elektroladen (Waschmaschinen und Staubsauger verkaufen)
80er Jahre:	*Bibliothek*
1999 bis 2015:	Reisebüro (Kunden beraten, Reisen verkaufen)
heute:	*Kindergarten*

Was ist im Jahr 1900 passiert?

Da wurde das Haus gebaut. Und was wurde dort in den 20er Jahren gemacht?

Dort wurde Essen gekocht und dort wurden Kunden bedient.

Ah, dort war ein Restaurant.

Deutsch aktiv 7|8, Übung 1

1 Politik-Wörter. Kontrollieren Sie die Verben links (1–4). Ergänzen Sie dann die Verben rechts (5–8). Ihre Partnerin / Ihr Partner kontrolliert.

1. im Krieg kämpfen
2. eine Mauer bauen
3. gegen die Regierung demonstrieren/protestieren
4. einen neuen Staat gründen

5. eine neue Regierung …
6. die Grenzen …
7. sich politisch …
8. für die Freiheit …

DACH bekannt, Übung 1c

1 Berühmte Personen und Produkte

c Welche Fotos gehören zusammen? Lesen Sie die Informationen und ordnen Sie die Fotos auf Seite 8 zu.

Das Bundeskanzleramt
Das Gebäude steht in der deutschen Hauptstadt – in Berlin. Es ist das wichtigste Gebäude von der deutschen Regierung und es ist achtmal größer als das Weiße Haus in Washington: Hier arbeiten die deutschen Bundeskanzler/innen. Die Berliner nennen das Gebäude auch Waschmaschine. Einmal im Jahr im September kann man das Gebäude besichtigen.

Partnerseiten

Die Elbphilharmonie
Die Elbphilharmonie steht in Hamburg und man hat sie im Januar 2017 eröffnet. In dem Gebäude gibt es drei Konzertsäle, 45 Wohnungen, ein 5-Sterne Hotel, Restaurants und ein Parkhaus. Die japanische Musikerin Mitsuko Uchida hat zwölf Steinway-Flügel getestet und dann drei Flügel für die Elbphilharmonie ausgewählt.

Heidi
Auf dem Bild ist Heidi, ein kleines Mädchen aus der Schweiz, das keine Eltern mehr hatte. Zuerst hat Heidi bei ihrer Tante gelebt und ist dann zu seinem Großvater gekommen, der in den Bergen gelebt hat. Dort hat sie auch einen Freund – Peter – gefunden. Mit ihm wandert sie viel. Das Kinderbuch gibt es in mehr als 50 Sprachen. Es gibt auch mehrere Filme über Heidi.

Der Frankfurter Flughafen
Der Frankfurter Flughafen ist der größte deutsche Flughafen. Pro Tag starten hier fast 1.300 Flugzeuge, das sind mehr als 450.000 pro Jahr, und über 60 Millionen Passagiere mit mehr als 28 Millionen Koffern pro Jahr starten und landen am Frankfurter Flughafen. Weil der Flughafen nur zwölf Kilometer vom Stadtzentrum liegt, gibt es zwischen 23 und 5 Uhr Flugverbot.

Die Geige
Viele Menschen spielen Geige, weil es ihr Hobby ist. Auch ein berühmter Nobelpreisträger für Physik – Albert Einstein – liebte die Geige und hat selber sehr gut Geige gespielt. Und das oft in ungewöhnlichen Situationen: nachts, wenn er in Berlin nicht schlafen konnte, oder bei Physik-Vorlesungen. Seine Lieblingskomponisten waren Mozart und Bach.

Swarowski Kristallwelten
Der bekannte Künstler André Heller hat das Museum in der Nähe von Innsbruck zum 100. Geburtstag von der Firma Swarovski geplant. Jedes Jahr kommen circa 850.000 Besucherinnen und Besucher aus der ganzen Welt. Besonders schön ist der Eingang: ein großer, grüner Riese vor einem See. Im Museum kann man eine wunderschöne Welt, die man aus vielen Kristallen gebaut hat, besichtigen.

Österreichisches Fußball-T-Shirt
Das österreichische Fußball-Team trägt ein rotes T-Shirt zusammen mit einer kurzen, weißen Hose bei Spielen, die in Österreich stattfinden. Wenn das Team im Ausland spielt, ist die Spielkleidung ein weißes T-Shirt und eine schwarze Hose. Die meisten österreichischen Spieler spielen in ausländischen Vereinen, auch der Spieler mit der Nummer 8 – David Alaba. Er spielt seit 2009 für das österreichische Team, sein Verein ist aber im Moment in München.

Der Hauptbahnhof in Zürich
Das ist der Hauptbahnhof von Zürich – der größte Bahnhof in der Schweiz. Hier kommen nationale Züge, aber auch Züge aus ganz Europa an. Mit mehr als 2.915 Verbindungen pro Tag gehört er zu den beliebtesten Bahnhöfen weltweit. Auch hier auf den Gleisen – so wie fast überall in Deutschland – hängen die bekannten Bahnhofsuhren von Hans Hilfiker.

Phonetik

Einheit 1: Wortakzent und Satzmelodie

1 Hören Sie und markieren Sie den Wortakzent bei den markierten Wörtern.

1. 💬 Ich habe ihr vom Theaterkurs erzählt. ↘
   👍 Wov**o**n? ↗
   💬 Vom Theaterkurs. ↘
   👍 Ach, d**a**von. ↘

2. 💬 Ja, sie denkt oft an das Straßenfest.
   👍 Wor**a**n? ↗
   💬 An das Straßenfest. ↘
   👍 Ach, d**a**ran. ↘

3. 💬 Julia freut sich auf das Treffen mit Patrick. ↘
   👍 Wor**au**f? ↗
   💬 Auf das Treffen mit Patrick. ↘
   👍 Ach, d**a**rauf. ↘

4. 💬 Und sie spricht über die Schule. ↘
   👍 Wor**ü**ber? ↗
   💬 Über die Schule. ↘
   👍 Ach, d**a**rüber. ↘

2 Geht die Satzmelodie nach oben ↗ oder nach unten ↘? Hören Sie noch einmal und markieren Sie in 1.

3 Lesen Sie die Minidialoge zu zweit laut.

Einheit 2: mit Emotionen sprechen

1 Wie ist die Laune von Helga Mertens und Stefan Bode? Hören Sie und ordnen Sie zu.

a [6] Sie/Er ist müde.
b [1] Sie/Er ist gestresst.
c [8] Sie/Er ist verliebt.
d [4] Sie/Er hat schlechte Laune.
e [7] Sie/Er hat gute Laune.
f [2] Sie/Er ist wütend.
g [3] Sie/Er ist fröhlich.
h [5] Sie/Er ist sachlich.

2 Wie klingt es, wenn jemand gute Laune hat? Kreuzen Sie an.
- [x] Es gibt viele Wortakzente.
- [ ] Jemand spricht sehr laut.
- [ ] Jemand spricht ruhig.
- [ ] Es klingt langweilig.
- [x] Es gibt viel Sprechmelodie.
- [ ] Jemand spricht leise.

3 Lesen Sie die Sätze mit unterschiedlicher Laune laut.
1. Die Klingel funktioniert nicht.
2. Die Treppe ist schmutzig.
3. Die Glühbirne ist kaputt.
4. Das Fahrrad steht im Weg.

Einheit 3: Fremdwörter im Deutschen

1 Welche Wörter kommen nicht aus dem Englischen? Lesen Sie laut und kreuzen Sie an.
1. [ ] der Lieferservice
2. [ ] das Steak
3. [ ] das Smartphone
4. [x] der Latte Macchiato
5. [x] das Restaurant
6. [ ] das Display

2 Hören Sie und sprechen Sie nach.
der Lieferservice – das Smartphone – das Restaurant – das Steak – der Latte Macchiato – das Foodie – das Selfie – das Display – online – die Currywurst

Phonetik

1.42 **3** Hören Sie und sprechen Sie nach. Achten Sie auf den Satzakzent.
1. Bestellst du oft online?
2. Trinkst du gern Latte Macchiato?
3. Machst du manchmal ein Selfie?
4. Gehst du oft ins Restaurant?

4 Fragen und antworten Sie.

Bestellst du oft online?   *Ja, ich bestelle manchmal online, weil …*

5 Und Sie? Wie spricht und schreibt man diese Wörter in Ihrer Sprache? Sammeln Sie im Kurs.

Einheit 4: Wortakzent in Komposita

1 Markieren Sie das Bestimmungswort (das erste Wort) in den Komposita.
der Klimawandel – die Skisaison – der Schneemangel – die Schneekanone – die Durchschnittstemperatur – die Skipiste – das Umweltproblem – der Wintertourismus

1.43 **2** Hören Sie und markieren Sie den Wortakzent in 1. Ergänzen Sie dann die Regel.

In den meisten Komposita ist der Wortakzent auf dem *ersten Wort*.

1.43 **3** Hören Sie noch einmal und sprechen Sie nach.

4 Lesen Sie die Wörter laut und korrigieren Sie sich gegenseitig. Versuchen Sie, die Wörter möglichst schnell auszusprechen.

Einheit 5: Flüssig sprechen

1.44 **1** Auf Vorschläge reagieren. Welche Wörter sind betont? Hören Sie und markieren Sie.
1. Gute Idee!   3. Das ist keine gute Idee.   5. Schade, das geht nicht.
2. Du hast Recht.   4. Das sollte ich tun.   6. Tut mir leid.

1.44 **2** Flüssig sprechen. Hören Sie noch einmal und sprechen Sie nach.

3 Schreiben Sie die Wortgruppen in 1 in die Sprechblasen wie im Beispiel und sprechen Sie sie laut.

Gute Idee.

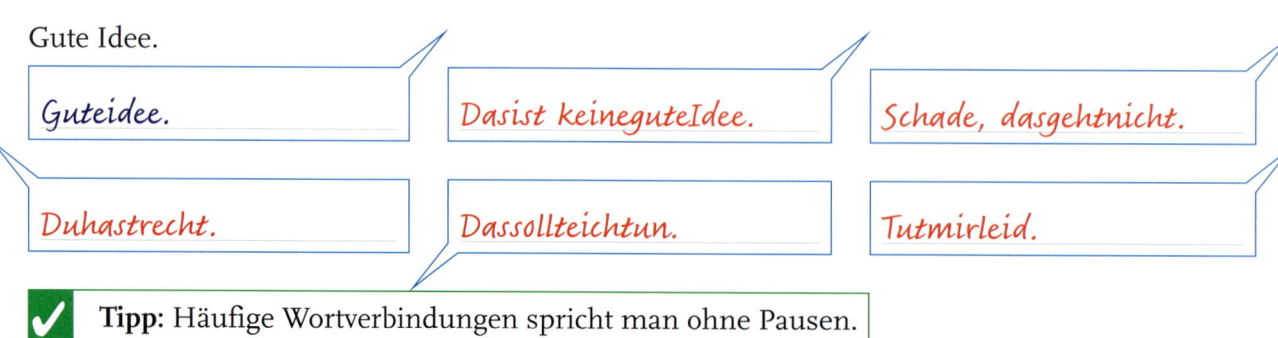

Guteidee.   *Dasist keineguteIdee.*   *Schade, dasgehtnicht.*

Duhastrecht.   *Dassollteichtun.*   *Tutmirleid.*

✓ **Tipp:** Häufige Wortverbindungen spricht man ohne Pausen.

4 Arbeiten Sie zu zweit. Sprechen Sie die Sätze in 1 abwechselnd und ohne Pause. Versuchen Sie, schneller als Ihre Partnerin / Ihr Partner zu sprechen.

Einheit 6: Wiederholung z, -ts- und -ti-

1 Wie schreibt man das? Hören Sie und ergänzen Sie.

1. die Opera*t* *i*on – der Pa*t* *i*ent – die Integra*t* *i*on
2. der Ar*z*t – die Er*z*iehung
3. das Arbei*t* *s*dokument – das Rä*t* *s*elheft
4. die Assisten*z*
5. die *Z*ahnbürste – die *Z*eitschrift

2 Hören Sie noch einmal und sprechen Sie nach.

3 Sammeln Sie weitere Wörter mit z, -ts- und -ti- aus Einheit 6. Lesen Sie Ihre Wörter vor, Ihre Partnerin / Ihr Partner schreibt die Wörter. Tauschen Sie dann die Rollen.

Einheit 7: Wiederholung r/R und -er

1 Wann hören Sie kein r/R? Hören Sie und markieren Sie.
Hallo zu unserer Sendung „Schon gewusst?". Hören Sie auch so gerne Radio? Heute sprechen wir über die Radionutzung. Wir haben unsere Hörer gefragt: Wie lange hören Sie pro Tag Radio? Mehr als die Hälfte, über zwei Drittel hören täglich Radio. In der Schweiz hören die Menschen aber viel weniger Radio als in Deutschland: nur etwas mehr als zwei Stunden. In Deutschland sind es über drei Stunden am Tag. Und welche Sendungen sind beliebt? Besonders gern werden die Nachrichten oder Sportsendungen gehört. Fast alle warten auf den Wetterbericht.

2 Was stimmt nicht? Lesen Sie und streichen Sie durch.
1. Wenn am Wortende -er steht, hört man kein/~~ein~~ r. -er spricht man [ɐ].
2. Wenn ein r/R vor einem Vokal oder zwischen zwei Vokalen steht, ~~spricht man es nicht~~ / spricht man es [r].

3 Und Sie? Fragen und antworten Sie. Achten Sie auf die Aussprache von -er und r/R.

Wie lange hörst du pro Tag Radio?   *Ich höre pro Tag …*

Hörst du gern den Wetterbericht?   *Ja/Nein, ich höre den Wetterbericht (nicht) gern.*

Hörst du öfter Radio als deine Freunde?   *Ja, ich höre öfter Radio. / Nein, ich höre weniger.*

Einheit 8: einen Sachtext vorlesen

1 Was ist für Sie am wichtigsten, wenn Sie einen Informationstext nur hören? Kreuzen Sie an und sprechen Sie im Kurs.
1. ☐ Ich möchte eine angenehme Stimme hören.
2. ☐ Ich möchte die wichtigen Informationen gut verstehen.
3. ☐ Ich möchte unterschiedliche Stimmen hören.
4. ☐ Ich möchte mir die Informationen im Text gut vorstellen.
5. ☐ Ich möchte kurze Informationen bekommen.

Phonetik

2 Hören Sie und lesen Sie den Text. Markieren Sie Pausen |, den Satzakzent und die Sprechmelodie ↘ ↗.

Dieser Pkw hier heißt Trabant, | kurz: Trabi. ↘ Das Auto hat man ab 1958 in der DDR gebaut.↘ Damals galt er als modernes Auto, | das sich viele Bürger leisten konnten.↘ Doch man hat den Trabi technisch | lange kaum verändert.↘ Auch die Produktion war langsam.↘ Die Bürger mussten in der DDR bis zu 15 Jahre lang | auf ein neues Auto warten.↘ Doch der Trabi war und ist Kult!↘ Das Modell des Trabis, das Sie hier sehen, | hat noch ein Zelt auf dem Dach.↘ So machten viele DDR-Bürger Camping.↘

3 Und jetzt Sie! Lesen Sie den Text laut. Achten Sie auf die folgenden Punkte.
1. Machen Sie Pausen.
2. Betonen Sie die wichtigste Information im Satz.
3. Achten Sie auf die Sprechmelodie am Satzende.
4. Sprechen Sie langsam, aber flüssig.

Einheit 9: Erstaunen ausdrücken

1 Welche Ausdrücke drücken Erstaunen aus? Hören Sie und kreuzen Sie an.
1. [x] Aha? 3. [ ] Mmh. 5. [x] Ach nee, echt?
2. [x] Oh, wirklich? 4. [ ] Ah ja. 6. [ ] Oje.

2 Hören Sie noch einmal und sprechen Sie nach.

3 Fakten zur EU. Lesen Sie laut vor, Ihre Partnerin / Ihr Partner reagiert mit einem Ausdruck in 1. Tauschen Sie dann die Rollen.

Schon gewusst?
- In der EU leben etwa 510 Millionen Menschen.
- Den Euro gibt es seit 2002.
- Die Muttersprache von den meisten Menschen in der EU ist Deutsch.
- Die längste direkte Zugverbindung Europas gibt es zwischen Moskau und Nizza.
- Die meisten Touristen in Europa fahren nach Paris ins Disneyland.

Oh, wirklich?

Einheit 10: lange Sätze flüssig sprechen

1 Sätze mit *nachdem* und *während*. Hören Sie und markieren Sie die Satzmelodie im Neben- und im Hauptsatz.

1. Nachdem ich das Abitur gemacht hatte, habe ich meine Freunde besucht.
2. Nachdem ich das Praktikum gemacht hatte, war ich noch ein halbes Jahr in der Firma.
3. Während ich beim Zahnarzt war, habe ich an eine Weltreise gedacht.
4. Während ich die Prüfung geschrieben habe, habe ich an mein Stipendium gedacht.

2 Hören Sie noch einmal und sprechen Sie nach.

3 Was haben Sie gemacht? Notieren Sie je drei Dinge. Sprechen Sie dann wie im Beispiel und tauschen Sie immer die Rollen. Versuchen Sie, flüssig zu sprechen.

1. Nachdem ich die Schule beendet hatte, …
2. Während ich die Prüfung geschrieben habe, …

> *Nachdem ich die Schule beendet hatte, …*

> *bin ich ins Ausland gegangen.*

Einheit 11: Abkürzungen richtig sprechen

1 Wie werden die markierten Wörter betont? Hören Sie die Radiowerbung der neuen Stadtbibliothek und markieren Sie die Wortbetonungen.

Stadtbibliothek

Endlich wieder da! Die Stadtbibliothek ist nach einem Jahr wieder geöffnet. Wir haben nicht nur neue Bücher und CDs für Sie, sondern auch viele Filme auf DVD! Im Erdgeschoss haben Sie freies WLAN, im ersten OG dürfen Sie sogar einen 3-D-Drucker ausprobieren. Gemeinsam mit der TU bieten wir Ihnen PC-Kurse an. Kommen Sie vorbei und entdecken Sie Ihre Bibliothek ganz neu!

2 Hören Sie die Abkürzungen und Kurzwörter und sprechen Sie nach.

3 Ergänzen Sie die Regel.

Bei Abkürzungen wird immer der *letzte* Buchstabe betont, z. B. *die DVD*.

Bei zusammengesetzten Abkürzungen wird die *erste* Silbe betont, z. B. *das WLAN*.

4 Sammeln Sie weitere Abkürzungen in den Einheiten. Vergleichen Sie mit Ihrer Partnerin / Ihrem Partner. Sprechen Sie die Abkürzungen laut.

5 Was gibt es in der neuen Stadtbibliothek? Berichten Sie.

Einheit 12: bei Missverständnissen freundlich nachfragen

1 Wie bitte? Welche Sätzen klingen freundlich? Hören Sie und kreuzen Sie an.

1. ☐ Das habe ich aber anders verstanden.   ☒ Das habe ich aber anders verstanden.
2. ☒ Was meinten Sie denn genau?   ☐ Was meinten Sie denn genau?
3. ☒ Da habe ich Sie falsch verstanden.   ☐ Da habe ich Sie falsch verstanden.
4. ☐ Das habe ich doch gesagt.   ☒ Das habe ich doch gesagt.

2 Hören Sie die freundlichen Sätze noch einmal und sprechen Sie leise mit. Achten Sie auf die Sprechmelodie.

3 Reagieren Sie freundlich. Spielen Sie Dialoge zu den Situationen auf Seite 99 und verwenden Sie Sätze in 1.

Phonetik

Einheit 13: Ablehnung ausdrücken

1 Was ist keine Ablehnung? Hören Sie und kreuzen Sie an.
1. ☐ Das kommt nicht in Frage!
2. ☐ Das geht jetzt zu weit!
3. ☐ Das ist nicht in Ordnung!
4. ☒ Ja, vielleicht …
5. ☐ Das ist ausgeschlossen!

2 Hören Sie noch einmal und markieren Sie in 1 den Satzakzent.
1. Das kommt **nicht** in Frage!

3 Hören Sie noch einmal und sprechen Sie nach. Sprechen Sie mind. zwei Reaktionen auswendig.

Einheit 14: Wiederholung *v/V*

1 [f] oder [v]? Wie spricht man *v/V* in den Wörtern aus? Ordnen Sie die Wörter zu.

die Verantwortung – die Alternative – kreativ – privat – genervt sein – vorsichtig – der Service – die Verpackung – renovieren

[f]: *die Verantwortung, kreativ, genervt sein, vorsichtig, die Verpackung*

[v]: *die Alternative, privat, der Service, renovieren*

> ✓ **Tipp:** *v/V* wird in einem Fremdwort meistens [v] gesprochen.

2 Hören Sie die Wörter in 1 und kontrollieren Sie Ihre Lösung.

3 Hören Sie noch einmal und sprechen Sie nach.

Einheit 15: Tiernamen sprechen

1 Was für ein Tier ist das? Ordnen Sie zu.

das Kaninchen – der Fuchs – der Waschbär – der Hase – das Wildschwein – die Katze – der Vogel – der Hund – die Kuh – der Bär

der Hase

der Fuchs

das Wildschwein

die Kuh

der Vogel

der Bär

die Katze

das Kaninchen

der Waschbär

der Hund

2.33　**2** Lang _ oder kurz ˛? Hören Sie und markieren Sie die Wortbetonung in 1.

2.33　**3** Hören Sie noch einmal und sprechen Sie nach.

4 Tiere raten. Beschreiben Sie ein Tier, nennen Sie das Tier aber nicht. Ihre Partnerin / Ihr Partner rät.

Einheit 16: Satzmelodie: die eigene Meinung ausdrücken

2.34　**1** Hören Sie das Gespräch. Markieren Sie bei 👄 die Satzmelodie: ↗ oder ↘.

👂 Julia wird wahrscheinlich Heimweh bekommen.
👄 Meinst du↗? Das glaube ich nicht↘.
👂 Sie mag bestimmt das Essen nicht.
👄 Meinst du↗? Das glaube ich nicht↘.
👂 Aber sie wird wohl viele Freunde finden.
👄 Meinst du↗? Das glaube ich nicht↘.
👂 Und sie wird vielleicht tolle Abenteuer erleben.
👄 Meinst du↗? Das glaube ich nicht↘.
👂 Du glaubst ja gar nichts!
👄 Meinst du↗? Das glaube ich nicht↘.

2.35　**2** Karaoke. Hören Sie und sprechen Sie die 👄-Rolle.

Hörtexte

Hier finden Sie alle Hörtexte, die nicht oder nicht komplett in den Einheiten abgedruckt sind.

DACH bekannt

1 b + d

1. Ich komme aus Ostdeutschland. Ich habe Physik in Leipzig studiert und habe später an der Uni gearbeitet. Seit 1990 bin ich in der Politik. Die amerikanische Zeitschrift Forbes hat geschrieben, dass ich die wichtigste Frau auf der Welt bin. Na ja, ob das stimmt? Ich arbeite seit 2005 in Berlin in einem Haus, das ein bisschen wie eine Waschmaschine aussieht. Ich weiß aber nicht, wie lange ich in diesem Haus arbeiten darf. Vielleicht bis 2021? Wer weiß. Wissen Sie, wer ich bin?

2. Mich hat 1944 der Schweizer Hans Hilfiker konstruiert. Man findet mich vor allem auf den Bahnhöfen. Menschen, die mit dem Zug reisen wollen, sehen mich immer an, wenn sie wissen wollen, ob sie pünktlich sind oder Verspätung haben. Ich hänge auf jedem Gleis. Ich bin rund und habe drei Zeiger: zwei schwarze Zeiger für die Stunden und Minuten und einen roten Zeiger für die Sekunden. Na, was bin ich?

3. Ich komme aus Köln und bin schon 80 Jahre alt. Ich reise gern und viel. Ich bin auf Flughäfen in der ganzen Welt zu Hause, aber bei meinen Reisen sehe ich leider nicht viel. Oft wirft man mich, deshalb bin ich aus Metall. Dann gehe ich nicht so schnell kaputt. Man produziert mich in Deutschland, Tschechien, Kanada und Brasilien. Wissen Sie, was ich bin?

4. Ich bin am 24. Juni 1992 geboren, komme aus Wien und bin 1 Meter 80 groß. Meine Familie macht viel Musik. Mein Vater war in Österreich ein bekannter Sänger – Rapper – und meine Schwester singt in einer Girlgroup. Ich mache aber lieber Sport als Musik. Der Sport, den ich mache, ist sehr beliebt. Ich spiele in einem bayrischen Verein in München. Wissen Sie, wer ich bin?

5. Ich habe vor fast 200 Jahren gelebt und ich war Schweizerin. Ich hatte Freunde in Deutschland und war deshalb oft in Bremen. Dort habe ich zum ersten Mal Geschichten geschrieben. Am bekanntesten ist ein Kinderbuch von mir: eine Geschichte über ein kleines Mädchen, das ihren Großvater in den Bergen besucht. Das Buch ist weltweit bekannt. Es gibt auch Animationsfilme über das Mädchen, das Heidi heißt. Wer bin ich?

6. Mich gibt es schon seit über 160 Jahren. Ich komme aus Hamburg, aber ich habe auch eine Familie in New York. Wir alle zusammen sind eine große Familie, ich habe viele Brüder und Schwestern. Ich bin sehr teuer – oft teurer als ein Auto. Ich stehe in vielen großen Konzerthallen auf der Welt. Man kann mit mir alleine Musik machen oder auch zu zweit. Zum Spielen braucht man beide Hände. Na, was bin ich?

7. Ich bin in der Stadt Ulm in Deutschland geboren und bin in den USA im Jahr 1958 gestorben. Ich habe in Zürich studiert. Mein Lieblingshobby war Geige spielen. Ich habe sehr oft Geige gespielt, am liebsten Mozart und Bach. Ich war zweimal verheiratet und hatte drei Kinder. 1922 habe ich den Nobelpreis für Physik bekommen. Na, wer bin ich?

8. Wir kommen aus Österreich und unsere Firma gibt es schon seit 1895. Man hat für uns ein Museum gebaut – in Wattens, das ist in Österreich, in der Nähe von Innsbruck. Besonders schön ist der Eingang in das Museum: Er sieht wie eine große grüne Figur aus – mit einem offenen Mund. Und was kann man in dem Museum sehen? Na uns selbstverständlich! Und viele von unseren „Schwestern und Brüdern". Sie haben oft eine andere Form – sind eine Kette, ein Ring oder auch ein Tier, aber wir sind alle aus Glas. Wissen Sie, was wir sind?

1 Beziehungen fern und nah

3 b + c

💬 Liebe Hörerinnen und Hörer, wir sprechen heute mit Leonhard Wilsberg, dem Geschäftsführer bei idealpartner.de, einer Single-Kontaktbörse im Internet. Herr Wilsberg, Ihre Firma hat eine Studie gemacht und hat gefragt, was Frauen und Männer bei einem Partner am wichtigsten finden. Wie ist das Ergebnis?

👍 Nun, es fällt auf, dass Frauen und Männer sehr ähnliche Wünsche haben: Beide wollen, dass die Partnerin oder der Partner ehrlich und treu ist und Humor hat. Und beide – also Frauen und Männer – warten nicht gern: die Partnerin oder der Partner soll zuverlässig und pünktlich sein.

💬 Also, es gibt keine Unterschiede mehr zwischen Frauen und Männern?

👍 Hm, nicht viele. Frauen sagen öfter, dass sie sich einen Mann wünschen, der Kinder gern hat. Männer nennen häufiger das gute Aussehen, aber auch bei ihnen steht es erst auf Platz 10.

💬 Oh, das ist ja nicht wirklich neu.

👍 Das ist richtig. Aber wir haben auch nach dem Verhalten gefragt, also, was man in der Beziehung erleben möchte, was der andere tun soll. Und da wird es interessanter.

💬 Ach ja?

👍 Ja, Frauen sagen viel öfter, dass sie mit ihrem Partner über alles sprechen wollen. Sie möchten, dass sich der Partner für ihre Gefühle interessiert und dass er ihren Geburtstag nicht vergisst. Und dass er mehr von sich erzählt: von seiner Arbeit, aber auch von seinen Problemen und Gefühlen.

💬 Ja, das kenne ich. Und was sagen die Männer?
👍 Sie sagen viel häufiger, dass sie sich lieber mit einer Frau verabreden, wenn sie Spaß versteht. Sie soll fröhlich und lustig sein. Wenn er krank ist oder viel Stress hat, soll sie sich um ihn kümmern. Er möchte sich bei ihr erholen.
💬 Na, das sind ja doch wieder die alten typischen Vorstellungen von Frauen und Männern. Ist das alles nicht zu einfach?
👍 Natürlich sind nicht alle Männer und Frauen so. Aber die Antworten zeigen klare Unterschiede. Es ist wichtig, dass man nicht DEN perfekten Partner sucht und den anderen oder die andere liebt, wie er oder sie ist.
💬 Das ist sicher richtig, aber leider nicht immer ganz einfach. Und jetzt hören wir ein Lied von …

5a + b + c

💬 Guten Tag, Herr Bode. Ist Julia schon zu Hause?
💬 Hallo, Carla. Ja, sie ist oben. Geh einfach hoch.
💬 Hey, Julia, wie geht´s? Was machst du?
👍 Oh, Carla! Gut, dass du kommst. Ich bin sooo glücklich.
💬 Ah ja und warum? Gestern hattest du noch super schlechte Laune.
👍 Heute habe ich mit Patrick gesprochen! Du weißt schon, er wohnt im Haus gegenüber von der Bäckerei. Du, das war … Er hat mich so lieb angesehen – ich glaube, ich bin verliebt … Und ich würde mich so gern mit ihm verabreden …
💬 Mit wem? Mit welchem Patrick? Kenne ich ihn?
👍 Ja, er war doch auf dem Straßenfest im Mai. Weißt du noch? Das Straßenfest in der Bergmannstraße.
💬 Ach ja, jetzt erinnere ich mich daran. Das Fest war toll. Und stimmt, Patrick sieht toll aus: groß, schöne blaue Augen, eine tolle Figur hat er auch, er ist schlank …
👍 Jaaa … Sag mal, du hast einmal davon erzählt, dass er in der Schule in eurem Theaterkurs war. Wie ist er denn so?
💬 Stimmt, also da war er nett und super lustig. Aber wenn wir uns konzentrieren mussten, dann konnte er auch ernst sein. Und man konnte mit ihm über alles sprechen.
👍 Worüber hast du denn mit ihm gesprochen?
💬 Ach, über die Lehrer, über seinen Sport … Und so was.
👍 Über seinen Sport? Was macht er denn?
💬 Er fährt Mountainbike. Er ist in einem Fahrradverein und macht fast jeden Samstag eine Tour. Warte mal, das ist vielleicht eine gute Idee …
👍 Was? Wie? Woran denkst du?
💬 Na, an eine Möglichkeit, wie du ihn besser kennenlernen kannst – und daran, dass du doch auch ein Mountainbike hast. Wolltest du dich nicht mehr bewegen? Pass auf, am nächsten Samstag setzt du dich ans Fenster und wartest auf Patrick. Wenn du ihn siehst, holst du dein Fahrrad, gehst damit raus und triffst ihn ganz zufällig …
👍 Hm, keine schlechte Idee. Glaubst du wirklich, dass das funktioniert?
💬 Bestimmt! Dann kannst du ihn besser kennenlernen. Vielleicht ist er auch nicht so toll.
👍 Was meinst du?
💬 Na, du weißt schon. Das Aussehen ist eine Sache. Aber wichtiger sind andere Dinge: Ist er ehrlich, nett, höflich? Kurz: Will man mit ihm wirklich zusammen sein?
👍 Stimmt. Aber er ist sooo süß … und nett ist er auch. Ich muss immer an ihn denken …

2 Teilen und tauschen

2 b + c

Er wohnt allein.
Er ist bereit zu teilen.
In seinem Haus
ist noch ein Zimmer frei.
Er geht ins Netz
auf seine Lieblings-Seite,
dort tauscht man gern
so wie in alten Zeiten.

Fehlen dir Dinge, die du dringend brauchst?
Hast du etwas, was andere brauchen?
Dann geh ins Netz, zu teilen und zu tauschen ist perfekt.
Wer will schon alles kaufen?

Am liebsten mag
sie ihre lange Leiter.
Sie gibt sie gern
an andere Menschen weiter.
Sie mag es sie auszuprobieren
und dann zu fotografieren,
die Bilder hochzuladen
und darauf zu warten,
dass jemand sie ausleihen will.

Fehlen dir Dinge, die du dringend brauchst? … *(s. o.)*

3 b + c

💬 Hallo, Frau Mertens. Wie schön, Sie zu sehen. Kann ich Ihnen mit den Taschen helfen?
👍 Hallo, Herr Bode. Ach, das ist nett. Aber ich bin fast da.
💬 Wie geht es Ihnen?
👍 Danke, gut. Das Knie macht Probleme, aber sonst ist alles in Ordnung. Nur manchmal fehlt in unserem Haus der Hausmeister.
💬 Warum? Ist etwas kaputt?
👍 Das Licht hier im Treppenhaus funktioniert nicht, wahrscheinlich ist eine Glühbirne kaputt.
💬 Oh, stimmt!

Hörtexte

○ Und bei mir im Wohnzimmer ist eine Steckdose kaputt. Aber zum Glück funktioniert meine Klingel noch. Es ist also möglich, mich zu besuchen …

◉ Es ist kein Problem, die Glühbirne auszutauschen. Ich habe eine Leiter. Ich mache es heute Abend. Und vielleicht kann ich auch Ihre Steckdose reparieren. Natürlich nur, wenn Sie möchten … Vielleicht ist einfach nur das Kabel kaputt.

○ Oh, das ist sehr nett. Aber es ist mir auch ein bisschen unangenehm.

◉ Ach was! Wir sind doch Nachbarn. Da ist es selbstverständlich, dass man sich hilft. Ein Freund von mir wohnt in einer Hausgemeinschaft. Das ist total interessant. Dort ist es ganz normal, sich zu helfen. Jeder hat bestimmte Pflichten und jeder tut, was er gut kann. Mein Freund macht zum Beispiel Reparaturen im Haus, er repariert Elektrogeräte und Fahrräder. Er hat eine kleine Werkstatt in der Garage und er ist auch mit Hammer und Zange im Haus unterwegs.

○ Das klingt spannend, aber: Was kann ich als alte Frau in so einem Haus machen?

◉ Ach, Sie sind doch noch fit und können viel machen. In der Hausgemeinschaft von meinem Freund zum Beispiel hilft eine ältere Dame den Kindern bei den Hausaufgaben. Sie hat auch Zeit, mit den Kindern zu spielen oder einen Kuchen zu backen.

○ Oh! Mögen Sie Kuchen? Bitte sagen Sie, wenn ich etwas für Sie tun kann.

◉ Mache ich. Und heute Abend komme ich und repariere Ihre Steckdose. So gegen 20 Uhr?

○ Sehr gerne! Vielen, vielen Dank.

◉ Kein Problem. Schönen Tag, Frau Mertens.

○ Ihnen auch. Danke.

6d

◉ Ich habe gestern im Fernsehen einen deutschen Film gesehen: „Wir sind die Neuen" mit Heiner Lauterbach. Kennst du den?

○ Ja, den Film habe ich vor einem Jahr im Kino gesehen. Ich fand ihn super witzig. Ich habe sehr gelacht. Die Schauspieler sind wirklich gut. Und ich mag die Geschichte. Es ist sehr lustig, dass Alt und Jung hier die Rollen tauschen. Ich finde, es ist eine tolle Idee, die Klischees so zu zeigen. Hat dir der Film auch gefallen?

◉ Na ja. Ehrlich gesagt, ich fand ihn auch ganz lustig, aber auch ziemlich langweilig.

○ Langweilig? Überhaupt nicht! Ich fand die Geschichte spannend.

◉ Na ja, ich weiß nicht, ich brauche etwas mehr Action. In dem Film passiert kaum etwas.

○ Klar, der Film ist ja auch kein Krimi. Das Wichtige sind die Dialoge. Die haben mir sehr gefallen. Und ich mochte die kleine Liebesgeschichte.

◉ Besonders romantisch war das aber auch nicht.

○ Aber der Film zeigt doch viele Gefühle, oder? Wie die Studenten die Alten um Hilfe bitten, zum Beispiel. Das war schon etwas fürs Herz …

◉ Fürs Herz? Okay, ein gemeinsamer Filmabend ist für uns zwei wohl keine gute Idee …

Panorama I: CoHousing

1c

1. Ich heiße Andreas Nowak und arbeite als Koch in einem Hotel in Gänserndorf. Ich liebe meinen Beruf, aber es ist toll, wenn ich an meinen freien Tagen nicht kochen muss, weil jemand anderer schon gekocht hat. Bei uns im Lebensraum kocht an jedem Tag eine Familie für alle anderen. Das ist sehr praktisch, spart Zeit und günstig ist es auch. Klar, ich muss auch manchmal für die anderen kochen, aber es ist nicht jeden Tag. Ein- oder zweimal im Jahr biete ich auch Kochkurse in unserer Siedlung an. Es macht viel Spaß, mit anderen zusammen zu kochen.

2. Ich bin Verena Bauer und bin Musiklehrerin. Ich lebe von Anfang an hier im Lebensraum. Ich arbeite in einer Musikschule, aber ich mache viel Musik mit den Kindern auch hier bei uns. Und einmal in der Woche treffen sich auch Erwachsene zum Singen, unseren Chor gibt es jetzt schon über zehn Jahre! Zweimal im Jahr – immer am Sommeranfang und vor Weihnachten – organisieren wir ein Konzert. Darauf freuen sich alle Leute im Lebensraum.

3. Mein Name ist Josef Moser. Hier bei uns im Lebensraum leben junge und alte Leute zusammen, wir sind mehr als „normale" Nachbarn. Ich bin ja schon älter und lebe allein, meine Tochter wohnt in der Schweiz. Und so habe ich hier eigentlich eine neue Familie gefunden: Die Kinder von meinen Nachbarn kommen zu mir, denn ich habe Zeit, mit ihnen zu spielen oder ihnen bei den Hausaufgaben zu helfen. Manchmal backen wir auch zusammen. Und wenn ich etwas aus der Stadt brauche, bringt es bestimmt jemand mit, der gerade in die Stadt fährt.

3 Von Kochboxen, Diäten und Foodies

2e

◉ Herzlich Willkommen zu unserer Talksendung am Freitagnachmittag. Am Mikrofon ist Mike Vosicky. Wir kennen es alle: Man sitzt den ganzen Tag im Büro, hat keine Zeit zum Einkaufen und am Abend kommt man müde nach Hause und der Kühlschrank ist leer … Also, ruft man bei einem Lieferservice an. Aber schmeckt das Essen dann wirklich? Und kommt es immer pünktlich an? Ruft uns an. Wir möchten gern eure Meinung erfahren. Ah, da haben wir den ersten Gast. Hallo und herzlich willkommen in unserer Sendung.

💬 Hallo, hier ist die Monika. Also, ich bestelle keine Fertiggerichte. Aber ich kenne einen anderen Lieferservice, der total super ist: Er heißt „Der Frische-Korb". Bei dem bestelle ich jede Woche frische Lebensmittel aus der Region.
💬 Oh, das klingt interessant. Wie funktioniert das?
💬 Man wählt aus, was man möchte. Ich bestelle immer frisches Obst und Gemüse, manchmal auch Milchprodukte – zum Beispiel alten Käse, den mag ich besonders gern, und mageres, frisches Fleisch. Das ist im Sommer ganz toll zum Grillen. Und alles ist bio.
💬 Hattest du schon einmal Probleme mit der Lieferung?
💬 Nein, es funktioniert wunderbar. Alles kommt in einem großen Korb zu der Uhrzeit, die wir besprochen haben.
💬 Vielen Dank für deinen Anruf. Und hier ruft schon die nächste Person an: Herzlich willkommen in unserer Sendung, mit wem spreche ich?
👍 Hallo, ich bin Benny.
💬 Hallo, Benny. Hast du schon mal einen Lieferservice ausprobiert?
👍 Ja, letzte Woche. Das war eine Katastrophe, das mache ich nie wieder!
💬 Oh, warum?
👍 Also, ich habe mir so eine Kochbox bestellt. Im Flyer haben sie gesagt, dass sie frische Zutaten für drei Gerichte liefern, aber das mit der Lieferung hat überhaupt nicht funktioniert.
💬 Was ist denn genau passiert?
👍 Die Lieferung war nicht pünktlich, bei mir war dann niemand zu Hause und der Lieferservice hat die Box einfach vor die Tür gestellt. Als ich nach Hause gekommen bin, war der Salat nicht mehr frisch, den musste ich wegwerfen. Und das Brot war ziemlich hart. Als ich dann kochen wollte, waren nicht alle Zutaten in der Box.
💬 Es haben Sachen gefehlt?
👍 Ja, Öl, Mehl und Zucker. Ich habe dann aber trotzdem alles gekocht. Na ja, es war zu wenig und das Fleisch war sehr fett. Ich mache das nie wieder.
💬 Oh je, das ist nicht schön, trotzdem vielen Dank und noch einen schönen Nachmittag. Und jetzt spielen wir den aktuellen Hit von ...

5 b

(Hörcollage)
Den Backofen auf 200 Grad vorheizen, die Pizza auf ein Backblech legen und 12 Minuten im Ofen backen. ... Ah, das sieht lecker aus! Ich habe richtig Hunger! ... Ah, um 20:45 gibt es Fußball, Champions-League, das wird ein prima Fernsehabend. ...
Jetzt brauche ich noch etwas Süßes. Hier ist ja noch ganz viel Schokoladeneis!

4 Wir und unsere Umwelt

2 a + b

💬 Max, vielen Dank, dass du uns den Prinzessinnengarten gezeigt hast. Ein tolles Gemeinschaftsprojekt, das die Großstadt etwas grüner macht und vor allem vielen Menschen die Freude an der Gartenarbeit schenkt.
💬 Der Prinzessinnengarten ist echt toll! Ich würde gern zu dem Garten fahren. Wollen wir das am Samstag machen?
👍 Ja, warum nicht. Ich hätte hier bei uns auch gern einen Gemeinschaftsgarten. Aber das gibt es hier nicht.
💬 Hmm, wollen wir dann vielleicht einen Gemeinschaftsgarten gründen?
👍 Das ist bestimmt viel Arbeit. Na ja, aber die Fläche hinter unserem Haus – dort liegt nur Müll und niemand benutzt sie ... vielleicht ...
💬 Ja! Jannis und die Eltern von Carla würden uns bestimmt gern helfen, dort aufzuräumen. Sie würden bestimmt lieber eigenes, gesundes Gemüse essen als das aus dem Supermarkt.
👍 Meinst du?
💬 Ja, das wäre wirklich toll! Also: Ich hätte gern Kisten wie im Prinzessinnengarten und ...
👍 Kisten? Die finde ich chaotisch. Ich hätte lieber zwei oder drei richtige Beete.
💬 Die Kisten sind doch sehr praktisch, man kann sie transportieren oder umstellen, wenn man möchte.
👍 Hmm, stimmt. Also Kisten mit Gemüse, vielleicht ein paar Blumen ... und natürlich Bienenstöcke.
💬 Bienenstöcke? Bienen – hier hinter dem Haus? Meinst du das ernst?
👍 Ja, klar. Bienen sind wichtig für die Umwelt. Ich wäre sehr gern Imker.
💬 Aber du verstehst nichts von Bienen. Du hast nie Bienen gehalten.
👍 Na und? Wir können zusammen einen Kurs machen – im Prinzessinnengarten.
💬 Also, ich lieber nicht. Ein paar Bienen im Garten sind okay, aber Tausende von Bienen? Ohne mich! Dann musst du dich alleine um sie kümmern.
👍 Ach, was. Bienen sind nicht gefährlich und der Imker-Hut steht dir bestimmt sehr gut!
💬 Ja, ganz bestimmt!

4 a + b + c

💬 So, ich habe ein Taxi gerufen, es kommt in zehn Minuten. Hast du die Rechnung schon bezahlt?
👍 Ja, habe ich. Ach schade, die Winterferien sind schon wieder zu Ende und Zürich wartet!
💬 Tja, so ist es im Leben. Wir haben aber – zum „Glück" – noch ein paar Stunden im Zug, wir können jetzt schön acht Stunden lesen ... Wenn wir fliegen würden, dann wären wir in drei Stunden zu Hause.

Hörtexte

○ Ach, beim Fliegen gibt es immer viel Stress und für die Umwelt ist es auch nicht so gut. So können wir uns entspannen und …
○ Oh, Anna und Fabian, fahren Sie schon los?
○ Hallo, Frau Hackl! Ja, wir müssen leider.
○ Schade, dass es heuer so wenig Schnee gibt. Früher hatten wir im Dezember immer so viel Schnee, aber das Klima ändert sich. Für die Landschaft und die Umwelt ist es nicht gut. Wenn Sie später kommen würden – im Jänner zum Beispiel –, dann würde es bestimmt Schnee geben.
○ Wenn wir am Stubaier Gletscher wären, hätten wir auch im Dezember genug Schnee zum Skifahren.
○ Ach, du mit deinem Gletscher. Ich habe gelesen, dass auch die Gletscher Eis verlieren, weil dort oben die Temperaturen über Null steigen.
○ Ja, das stimmt. Aber dort oben gibt es zum Glück noch genug Schnee und Eis und das reicht für viele, viele Jahre noch.
○ Sie glauben also, dass es wenig Schnee gibt, weil das Klima sich ändert?
○ Ja, natürlich. Das ist für uns nicht gut. Wir leben vom Tourismus. Aber was will man da machen?
○ Ist das wärmere Klima für den Sommertourismus nicht besser?
○ Ja, aber wenn es im Sommer zu heiß ist – wie heuer zum Beispiel, da hat es im Juli eine Hitze gegeben, das war schlimm – also, wenn es zu heiß ist und es dann viele Gewitter gibt, kann man auch nicht gut wandern. Da schimpfen die Touristen auch. Und wenn Touristen nur im Sommer kommen würden, hätten wir nicht genug Geld. Wir brauchen im Winter den Schnee und die Wintertouristen.
○ Ah, das Taxi kommt. Anna, wir müssen los.
○ Ja, ja … Wir kommen bestimmt wieder, Frau Hackl.
○ Da freue ich mich! Servus, und gute Fahrt!
○ Danke. Tschüs!

Panorama II: Foodtrucks

1 b
Hallo, liebe Hörerinnen und Hörer, wir berichten heute vom Spielbudenplatz in Hamburg. Hier bieten jeden Donnerstagabend die sogenannten Foodtrucks – also Lkws, in denen man kochen kann und die wie ein Imbiss funktionieren – verschiedene regionale, aber auch internationale Gerichte an. Hier trifft man sich mit Freunden, mit Kollegen nach Feierabend, zu zweit oder in einer Gruppe, genießt die Straßenküche und die Gespräche. Die Foodtruck-Szene wächst seit ein paar Jahren auch in Deutschland. Ich stehe gerade vor einem Truck …

2 a + b
○ Ich stehe gerade vor einem Truck, der vegane Gerichte anbietet. „Elkes Vegantruck" steht darauf. Hallo, darf ich euch ein paar Fragen stellen?
○ Ja, klar. Jetzt ist noch nicht so viel los.
○ Wer ist denn hier der Chef oder die Chefin?
○ Das bin ich, die Elke.
○ Elke, kannst du uns erzählen, wie du zu dem Foodtruck gekommen bist?
○ Ach, ich habe zehn Jahre im Büro als Sekretärin gearbeitet und das fand ich dann zu langweilig. Ich koche sehr gern und habe vor einem Jahr eine Dokumentation über Foodtrucks im Fernsehen gesehen. Danach war mir klar: Das würde ich auch gerne machen. Und so habe ich mein Hobby zum Beruf gemacht.
○ Und war das schwierig?
○ Nun ja, ein bisschen Vorbereitungszeit braucht man schon. Zuerst habe ich den Truck gesucht, dann habe ich ihn umgebaut. Dann musste ich entscheiden, welche Gerichte ich anbieten möchte.
○ Du bist hier heute der einzige vegane Foodtruck?
○ Ja, obwohl es noch einen Foodtruck gibt, der vegetarische Suppen anbietet. Die Leute mögen veganes Essen. Ich habe viele Kunden, die vorher nie vegan gegessen haben. Wenn sie dann aber meine vegane Currywurst probiert haben, sind sie begeistert. Möchtest du probieren?
○ Sehr gern, sie sieht lecker aus und … hmmm … schmeckt … richtig klasse. Auf dem Truck steht auch: alles bio.
○ Ja, wir verwenden nur Bio-Zutaten, obwohl es natürlich etwas teurer ist. Ich arbeite mit einem Bio-Bauern zusammen und kaufe bei ihm alles ein.
○ Hast du Mitarbeiter?
○ Ja, wir sind zu dritt: meine Freundin Susi, Vincent und ich. Vincent hat früher in einem Restaurant als Koch gearbeitet, das hat uns sehr geholfen. Und Susi hat bei einer Marketingagentur gearbeitet.
○ Bist du eigentlich jeden Donnerstag hier?
○ Fast immer. Wir fahren immer zu denselben Plätzen und stehen in der Woche jeden Mittag zwischen zwölf und halb drei an einem anderen Platz. Aber man kann uns auch für private Feiern oder Firmen-Events buchen, dann kommen wir mit unserem Foodtruck zu den Leuten nach Hause oder in die Firma.
○ Danke für das Gespräch, Elke, das war sehr interessant. Ich wünsche dir noch viel Erfolg und schau mich einfach noch ein bisschen um.

5 Arbeitsfreude, Arbeitsstress

1 a
(Hörcollage)
1. Und hier 3,20 Euro zurück.
2. Rutkowski … Ja, ich komme gleich.
3. – –
4. Guten Tag, Verkehrskontrolle, ihre Papiere bitte.

4 b + c

- Grafikstudio, Stefan Bode. Guten Morgen.
- Guten Morgen, Herr Bode. Hier ist Ina Roth, Agentur Löwe.
- Ah, Frau Roth, guten Morgen. Was kann ich für Sie tun?
- Es geht um den Prospekt für den Getränkemarkt. Wie sieht es aus?
- Ja, ich bin fast fertig. Der Termin war am Freitag, wenn ich mich richtig erinnere. Stimmt's?
- Ja, das stimmt, aber der Kunde hat heute angerufen: Er braucht den Prospekt unbedingt schon morgen. Könnten Sie deshalb vielleicht …
- Schon morgen? Aber …
- Ja. Ich hoffe, wir können uns auf Sie verlassen?
- Äh, ja, ja, aber natürlich, Frau Roth.
- Prima. Sie müssten dann die Datei morgen bis 15 Uhr abgeben.
- Bis 15 Uhr. Alles klar.
- Sehr gut. Bis morgen dann. Auf Wiederhören.
- Auf Wiederhören, Frau Roth … Bis morgen … Das schaffe ich nie … Oh nein, die Fotos! Ich brauche noch die Fotos! Wo ist die Nummer von dem Fotografen? Hier …
- Schneider.
- Hallo, Herr Schneider? Hier ist Stefan Bode.
- Hallo, Herr Bode. Wie geht's?
- Hmm, es geht … Herr Schneider, ich habe ein Problem: Der Getränkemarkt-Prospekt ist auf einmal sehr dringend. Sie müssten mir die Fotos noch heute schicken …
- Na ja, dann muss ich das irgendwie schaffen, was? Ich habe schon alles vorbereitet. Und, dürfte ich Sie anrufen, wenn ich noch Fragen habe?
- Ja, aber natürlich! Und ganz herzlichen Dank, Herr Schneider.
- Hallo, Papa! Na, wie läuft der Tag?
- Schlecht! Ich bin sehr gestresst.
- Ach, ja? Zu viel Stress ist schlecht für die Gesundheit … Du, Papa?
- Ja?
- Könntest du mir mit den Hausaufgaben helfen? Diese Matheaufgabe ist sehr schwierig und ich verstehe es einfach nicht.
- Jetzt?!? Das geht nicht. Ich habe so viel zu tun …
- Du solltest auch mal an deine Tochter denken und nicht nur immer an die Arbeit!
- Oh nein, das Wasser! Meine Hose!
- Und du solltest dir eine neue Hose anziehen!
- Ach, Julia. Es tut mir leid, aber ich muss jetzt wirklich arbeiten. Wenn ich den Prospekt nicht morgen abgeben müsste, dann könnte ich dir helfen. Wie spät ist es? Könntest du bitte kurz die Tür zumachen?
- Gestern hast du versprochen, dass du mir hilfst.
- Stimmt, ich habe es versprochen, aber …
- Nichts aber! Du bist unmöglich! Ich gehe zu Carla!
- Hi, Stefan! Na, bist du fertig?
- Hallo, Jannis. Es tut mir leid, aber ich …
- Komm, wir müssen los. Und könntest du bitte den Ball mitnehmen?
- Ball? Ach ja, den Ball. Ja, ich könnte den Ball mitnehmen, wenn ich nur nicht so viel zu tun hätte …
- Oh, Stefan! Sag nicht, dass du wieder keine Zeit hast! Cem und Clemens warten auf dem Fußballplatz!
- Ja, ich weiß, nur … ich …

6 Hilfe: im Krankenhaus und im Alltag

1 b + d

- Guten Tag. Sie sind die neue Krankenpflegerin, Frau Krüger? Ich bin Alma Koslowska. Die Pflegeleiterin.
- Guten Tag, ja, ich bin Marianne Krüger.
- Na dann zuerst herzlich willkommen! Ich zeige Ihnen jetzt die Klinik, sie ist ziemlich groß. Kommen Sie mit. Hier im Erdgeschoss ist die Aufnahme. Hier müssen alle zuerst das Anmeldeformular ausfüllen. Aber das kennen Sie bestimmt.
- Ja, das ist nicht so spannend.
- Und gegenüber von der Aufnahme, hier links, ist die Notaufnahme. Hier ist es immer voll, besonders am Wochenende. Aber nicht alle Patienten sind wirklich ein Notfall. Na ja, wir dürfen niemanden wegschicken und so müssen die Leute manchmal lange warten.
- Ja, das kenne ich.
- So, hier geht's zu den Aufzügen. Wir fahren jetzt in den ersten Stock. Dort zeige ich Ihnen die Entbindungsstation.
- Ach, schön. Ich werde bald Tante – meine Schwester ist schwanger und in drei Monaten bekommt sie das Baby.
- Vielleicht kommt sie dann ja zu uns? So, hier sind wir: Rechts ist die Entbindungsstation. Jeden Tag werden hier vier bis sechs Kinder geboren.
- Ach, es ist so toll, in der Entbindungsstation zu arbeiten. Man erlebt hier viel Schönes.
- Das stimmt, aber ab und zu gibt es auch sehr traurige Momente. Und hier links haben wir die Innere Medizin.
- Wird hier viel operiert?
- Ja, jeden Tag finden 15 bis 20 OPs statt. Wir haben fünf Operationssäle. Sie sind im zweiten Stock – genau wie das Labor. Da fahren wir jetzt hin. Im Labor werden Blutproben aus der ganzen Klinik untersucht. So, da sind wir.
- Das ist aber ein großes und modernes Labor – toll!
- Ja, das stimmt. Jetzt fahren wir in den dritten Stock zu „Ihrer" Station.

Hörtexte

👍 Die Orthopädie?
💬 Genau. Haben Sie schon Erfahrung mit gebrochenen Armen und Beinen?
👍 Oh ja, in meiner Ausbildung habe ich auch in der Orthopädie gearbeitet und ich fand das sehr interessant.
💬 Na, dann kennen Sie das. Die Station ist nicht so groß: Hier werden Verbände angelegt und hinten gibt es die Patientenzimmer. Das Schwesternzimmer finden Sie ganz hinten auf der linken Seite. Hier rechts ist auch noch die Kinderstation.
👍 Ah, sagen Sie mal, arbeiten Sie auch mit den Clowndoctors zusammen? Ich finde es toll, dass die Kinder mit den Clowns ein bisschen Spaß haben, obwohl sie krank sind.
💬 Ja, das stimmt. Die Clowndoctors besuchen hier regelmäßig die kranken Kinder. So, jetzt haben wir alle Stationen gesehen und wir haben noch ein bisschen Zeit. Herr Weinert möchte mit Ihnen auch noch sprechen, er operiert aber bis zehn Uhr. Wir können noch schnell in der Cafeteria einen Kaffee trinken. Dann bringe ich Sie zurück auf Ihre Station und stelle Sie Ihren Kollegen vor. Kommen Sie, wir fahren in den vierten Stock ...

4c + d

💬 Ach, guten Abend, Herr Bode.
👍 Guten Abend, Frau Mertens. Ich wollte Ihre Steckdose reparieren.
💬 Wie schön!
👍 Wo ist sie denn?
💬 Im Wohnzimmer. Kommen Sie bitte mit ... Hier, das ist sie. Möchten Sie etwas trinken?
👍 Nein, danke. Wie geht es Ihnen denn heute?
💬 Ach, ganz gut eigentlich, aber ich bin ein bisschen nervös. Wissen Sie, ich muss ins Krankenhaus ...
👍 Oje – warum denn?
💬 Ich muss mich am Knie operieren lassen. Die Tabletten helfen einfach nicht mehr.
👍 Ach, Sie Arme! Wann ist denn die Operation?
💬 In drei Tagen, also am Dienstag nächste Woche, aber ich werde schon am Montag aufgenommen.
👍 Ja, das kenne ich. Ich hatte vor zwei Jahren eine Operation nach einem Unfall. Es war nicht so schlimm, aber nach der OP habe ich mich im Krankenhaus gelangweilt. Seien Sie froh, dass Sie sich vorbereiten können ...
💬 Ja, ich packe gleich meine Tasche: Das Nachthemd, die Zahnbürste und so weiter habe ich schon. Was meinen Sie, soll ich noch etwas anderes mitnehmen?
👍 Ja, auf jeden Fall. Sie lesen doch gern – nehmen Sie ein paar Bücher mit. Es gibt meistens einen Fernseher im Zimmer, aber man möchte nicht nur fernsehen. Und nehmen Sie auch etwas Geld mit, dann können Sie sich am Kiosk Süßigkeiten kaufen – ich war immer hungrig.
💬 Ja, das mache ich.
👍 Wenn Sie ein Telefon im Zimmer haben, notieren Sie gleich am ersten Tag die Nummer und geben Sie sie allen. Denn das Handy darf man oft nicht benutzen. Wissen Sie schon, wie lange Sie im Krankenhaus bleiben müssen?
💬 Ungefähr eine Woche. Aber danach kann ich erst einmal nicht richtig laufen ...
👍 Haben Sie eine Hilfe?
💬 Ja, meine Tochter. Sie arbeitet, aber vielleicht kann sie für ein paar Tage kommen.
👍 Das ist gut. Und wenn Sie möchten, kümmern Julia und ich uns um ihre Blumen und die Post.
💬 Oh, das wäre wirklich sehr nett, vielen Dank. Ich gebe Ihnen gleich die Schlüssel.
👍 So, und die Steckdose ist auch fertig ...

5b

💬 Mertens. ... Ach, hallo, meine Liebe. Ja, ich bin wieder zu Hause – seit zwei Stunden schon. .... Nein, nein, alles ist gut. Ich wollte gerade Tee kochen. ... Äh, was?! Ach, nein, nein – außerdem ist Julia gerade hier und hilft mir. ... Einkaufen?
👍 So, hier ist der Einkauf. Heute war im Supermarkt wirklich viel los. Aber ich habe alles bekommen.
💬 Nein, nein. Das ist nicht nötig. Ich habe alles. Ich muss nichts machen, Julia und Herr Bode helfen mir.
💬 Frau Mertens?
💬 Tina, warte mal. Ja?
💬 Frau Mertens, ich könnte auch noch staubsaugen, in Ordnung?
👍 Ach, Julia, das wäre sehr lieb. Aber du musst es nicht machen. Ich sitze hier wie eine Königin.
💬 Ach, ich mache es gern. Lassen Sie sich doch helfen.
💬 Okay. Das ist wirklich sehr nett von dir. Tina, da bin ich wieder. Du, ich muss morgen zu meinem Hausarzt. Kannst du mich bringen? ... Der Termin ist um 9:30 Uhr. ... Um 9 Uhr? Gut, dann bis morgen. Nein, mach dir keine Sorgen.
👍 So, jetzt räume ich schnell die Lebensmittel auf und dann koche ich Ihnen eine schöne Suppe. Die können Sie heute Mittag und auch noch heute Abend essen.
💬 Nein, nein, die Lebensmittel können Sie aufräumen, aber die Suppe koche ich: Beim Gemüseschneiden kann ich auch sitzen. Können Sie mir bitte ein Messer geben?
💬 ... und ich spüle danach das Geschirr. Aber jetzt erzählen Sie mir von Ihrer Operation ...

Panorama III: Das Technische Hilfswerk

2 a + b + c

1. Mein Name ist Helga Bauer. Ich arbeite als IT-Spezialistin und beim THW gehöre ich zu einer Gruppe, die sich um sauberes Wasser kümmert. Die meisten Menschen beim THW arbeiten ehrenamtlich – neben dem „normalen" Beruf. Viele Menschen auf der Welt haben kein sauberes Wasser – weil es bei ihnen lange nicht geregnet hat oder weil eine Naturkatastrophe passiert ist. Das THW hat moderne Wasseranlagen, die das schmutzige Wasser reinigen können. Unsere Gruppe ist viel unterwegs, wir reisen viel. Aber es sind keine Urlaubsreisen, bei denen man sich erholen kann! Schon die Vorbereitung ist nicht einfach: Wir müssen die Anlagen prüfen, Ersatzteile mitnehmen genauso wie verschiedene chemische Stoffe. Wenn wir dann angekommen sind, fangen wir sofort mit der Arbeit an: Wir bereiten die Wasseranlagen vor und sorgen dann für sauberes Wasser. Oft ist die Situation dort sehr schwierig und traurig. Aber wir können den Menschen ein bisschen helfen, das ist ein schönes Gefühl.

2. Ich bin Philipp da Silva. Ich arbeite beim THW seit fünf Jahren. Ich wollte mich ehrenamtlich engagieren und so bin ich zum THW gekommen. Neunundneunzig Prozent der Leute beim THW arbeiten ehrenamtlich, das finde ich super. Ich bin Ingenieur von Beruf und kann meine Berufskenntnisse sehr gut beim Brücken- und Straßenbau nutzen. Ich sehe mir zuerst die Situation an und dann überlege ich, wie wir eine Brücke am besten bauen können, und dann mache ich einen Plan. Wir können sehr schnell Brücken aus Holz oder aus Metall bauen, die bis 50 Meter lang sind. Weil wir auch große Lkws haben, können wir auch helfen, schwere Sachen und Baumaterial zu transportieren. Die Zusammenarbeit beim THW ist toll. Ich habe dort viele neue Freunde kennengelernt, die helfen wollen und können. Auch, wenn es manchmal sehr anstrengend ist.

7 Gut informiert

2 c

Es war Donnerstag,
ich las in der Zeitung
eine Nachricht, einen Text:
Ein Mann in Hildesheim
hatte sehr viel Geld dabei,
doch er hatte nicht viel Zeit.
Kurz vor der Autofahrt
legte er einen Briefumschlag,
mit viel Geld auf sein Autodach.
Erst als er nach Hause kam,
wurde ihm auf einmal klar,
dass das Geld längst weg war.

Jeden Tag lese ich die Kurznachrichten
oder höre Nachrichten im Radio.
Jeden Tag lese ich die Zeitung
oder sehe Nachrichten online als Video.

Es war Freitag,
ich fand in der Zeitung
eine Nachricht, einen Text:
Am Flughafen in Berlin
wollte eine Journalistin
zu ihrem Flugzeug nach Benin.
Doch als sie im Aufzug stand,
hielt der Aufzug plötzlich an
und sie kam nicht mehr voran.
Es dauerte den ganzen Tag
und als sie aus dem Aufzug kam,
war das Flugzeug nicht mehr da.

Jeden Tag lese ich ... *(s. o.)*

3 b + c

💬 Ach, hallo, Jannis!
👍 Grüß dich, Stefan!
💬 Na, wie geht's?
👍 Prima, schau mal, was ich hier habe.
💬 Oh, der Hut ist super! Toll, du hast schon für das Public Viewing eingekauft. Klasse, ich freue mich schon. Wann wollen wir uns denn treffen?
👍 Na, das Spiel beginnt um neun Uhr. Vielleicht halb sieben? Dann bekommen wir noch einen guten Platz und die Stimmung da ist immer toll.
💬 Ja, das klingt gut. So machen wir das.
💬 Ah, hallo, Herr Bode, hallo, Herr Passadakis!
💬 Guten Tag, Frau Mertens!
👍 Hallo, Frau Mertens! Schön, dass es Ihnen wieder besser geht.
💬 Gut, Jannis, dann sehen wir uns am Dienstag um halb sieben.
💬 Herr Passadakis, haben Sie nicht Lust, mit Herrn Bode und mir eine Tasse Kaffee zu trinken?
👍 Oh, na ja, warum nicht?
💬 Na, dann kommen Sie herein. ... Und Sie wollen am Dienstag zum Public Viewing. Wohin gehen Sie denn?
💬 Wir gehen zur Fanmeile. Seitdem ich bei der Weltmeisterschaft 2006 das erste Mal dort war, gehe ich immer zum Brandenburger Tor. Die Stimmung ist super.
👍 Ich finde es auch klasse, Fußball zusammen mit den vielen Leuten zu sehen. Bevor es Public Viewing gab, habe ich Fußball immer zu Hause mit ein paar Freunden im Fernsehen gesehen, aber jetzt gehe ich immer in eine Kneipe oder zur Fanmeile.
💬 Also für mich sind auf der Fanmeile zu viele Leute und es ist so laut – das habe ich im Fernsehen gesehen. Aber ich bin auch ein Fußballfan. Seit dem Finale 1954 habe ich alle Europa- und Weltmeisterschaften gesehen!
💬 Ach, das ist spannend. 1954 war die Weltmeisterschaft doch in Bern. Erzählen Sie mal, wie war das?

Hörtexte

💬 Nehmen Sie sich doch zuerst Kaffee und Kuchen. Und wollen wir nicht „du" sagen? Wir kennen uns doch jetzt schon so lange.
💬 Oh, sehr gern. Ich bin Stefan.
👍 ... und ich Jannis.
💬 Und ich bin die Helga. ... Ich habe noch ein Foto von früher. Das hole ich schnell. ... Hier ist es. Ich weiß noch genau, wie es war, bevor wir einen eigenen Fernseher hatten. Wir haben alle zusammen vor dem Radio gesessen und die Fußballspiele im Radio gehört. Und dann kam Deutschland ins Finale – das war toll! Bei uns um die Ecke gab es ein Elektrogeschäft und ich bin mit meinem Vater hingegangen und wir haben uns zusammen das Spiel im Schaufenster angesehen. Vor dem Schaufenster standen viele Leute und haben gemeinsam Fußball gesehen, das war auch so eine Art Public Viewing.
👍 Bei uns in Griechenland haben sich die Menschen immer in einer Kneipe zum Fernsehen getroffen, weil nicht jeder einen Fernseher hatte. Aber heute braucht man keinen Fernseher mehr. Seitdem es Internet gibt, kann man überall Fußball sehen. Haben Sie – äh, hast du vielleicht doch Lust, am Dienstag mitzukommen?
💬 Oh nein, nein, das ist wirklich nichts für mich. Seit ich ein bisschen älter bin, mag ich es gern etwas ruhiger. Ich bleibe lieber zu Hause und koche das Abendessen, bevor das Spiel anfängt. Und dann sehe ich mir das Spiel auf dem Sofa an. Das ist auch besser für mein Bein. Mögt ihr vielleicht noch einen Kaffee oder ein Stück Kuchen?

8 Geschichte und Politik

2 b + c + e

Meine Damen und Herren, herzlich willkommen im Museum für deutsche Geschichte. Bei unserer Führung „Deutsch-deutsche Geschichte" sehen wir uns einige Gegenstände aus den Jahren 1949 bis 1989 an. Sie erzählen die Geschichte von zwei deutschen Staaten. Ja, es gab vierzig Jahre lang zwei deutsche Staaten. Nach dem Zweiten Weltkrieg – also im Jahr 1945 – wird Deutschland in vier Teile geteilt: in den amerikanischen, französischen, englischen und sowjetischen Teil – wie Sie es hier auf der Karte sehen können. Der amerikanische, französische und englische Teil haben dann zusammen eine Zone gebildet, der sowjetische Teil eine zweite Zone. Und im Jahr 1949 werden aus diesen zwei Zonen zwei deutsche Staaten gegründet: im Osten die Deutsche Demokratische Republik – kurz: die DDR – und im Westen die Bundesrepublik Deutschland – kurz: die BRD.

Politisch unterscheiden sich die beiden Staaten: In der BRD gibt es eine Demokratie, in der DDR eine kommunistische Diktatur. Gegen diese Diktatur demonstrieren am 17. Juni 1953 hunderttausende Menschen. Der Fotograf Richard Perlia macht Bilder von den Demonstrationen in der DDR und bringt sie heimlich in die BRD. Dort werden die Fotos im Fernsehen und in den Zeitungen gezeigt. Die Kamera, mit der er diese Fotos gemacht hat, haben wir gerade ans Deutsche Museum ausgeliehen, deshalb können Sie sie heute leider nicht sehen.

In der BRD wächst die Wirtschaft in den 1950er und 1960er Jahren schnell. Den Menschen in der BRD geht es immer besser. Man spricht von einem Wirtschaftswunder. Das Foto mit dem Moped, das Sie ganz links sehen, ist ein Symbol für dieses Wirtschaftswunder. Weil die Wirtschaft so schnell wächst, lädt die Regierung Arbeiter aus anderen Ländern ein. In den 1960er Jahren kommen die ersten sogenannten „Gastarbeiter", heute sagt man „Migranten". Dieses Moped ist das Geschenk, das der millionste Gastarbeiter bekommen hat. Das war Armando Rodrigues de Sá aus Portugal.

Das Auto rechts heißt Trabant, kurz: Trabi. Das Auto wird ab 1958 in der DDR gebaut. Damals war es modern, aber die Produktion war sehr langsam. Die Menschen in der DDR mussten manchmal 15 Jahre lang auf einen neuen Trabi warten. Heute ist der Trabi sehr beliebt und man kann in einem Trabi eine Stadtrundfahrt durch Berlin machen.

Weil immer mehr Menschen die DDR verlassen wollen und in der BRD leben möchten, beginnt die Regierung der DDR am 13. August 1961, in Berlin eine Mauer zu bauen. Ganz rechts sehen Sie einen Teil der Berliner Mauer. Sie hat fast dreißig Jahre lang Berlin geteilt. In dieser Zeit durften die DDR-Bürger nicht mehr in den Westen reisen.

Dieses Autokennzeichen hier erinnert an den Wunsch der Deutschen, dass es wieder nur einen deutschen Staat gibt. Die Menschen in der DDR demonstrieren im Jahr 1989 sehr oft und am 9. November 1989 öffnet die DDR-Regierung die Grenzen. Die Menschen feiern auf den Straßen und auf der Mauer in Berlin. Und seit dem 3. Oktober 1990 sind DDR und BRD wieder ein Staat – es gibt nur noch einen gemeinsamen demokratischen Staat. Der 3. Oktober ist seitdem ein Feiertag. Hier endet unsere Führung. Ich bedanke mich herzlich, dass Sie dabei waren. Wenn Sie noch Fragen haben, ...

4 a + b + c

💬 Ja?
👍 Das Essen ist gleich fertig.
💬 Oh, gut.
👍 Was ist los? Machst du Hausaufgaben?
💬 Ja, Geschichte! Es geht um die Wiedervereinigung.
👍 Das ist doch total spannend. Die Montagsdemonstrationen ... Wir wollten etwas verändern und sind jede Woche dafür auf die Straße gegangen. Wir haben gekämpft, ganz friedlich. Das war unglaublich.
💬 Das hast du mir schon so oft erzählt ...

👍 Ja, klar, aber es war eine spannende Zeit und ich war auch dabei! Wir haben uns in Leipzig getroffen und demonstriert – trotz der Polizei und trotz der Stasi. Bei der ersten Demo am 4. September 1989 waren wir ungefähr 1000 Leute. Und trotz der Polizeiaktionen sind jede Woche mehr Menschen gekommen. Ende Oktober waren wir schon 300.000. Das war Wahnsinn!
💬 Hattet ihr eigentlich keine Angst?
👍 Doch, das hatten wir, aber …
💬 Und hattest du wirklich auch so ein Schild „Wir sind das Volk!"?
👍 Ja, sicher. Weißt du, wir haben plötzlich gemerkt, dass wir etwas verändern können. Darum haben wir trotz unserer Angst vor dem Staat demonstriert.
💬 Habt ihr vor allem wegen der Mauer demonstriert?
👍 Ja, wir wollten frei sein und reisen und die Welt sehen. Und natürlich haben wir auch für Meinungs- und Pressefreiheit demonstriert. Wir wollten endlich sagen, was wir denken und wollen. Und das finde ich immer noch wichtig. Und ich meine, es ist doch toll: Wegen unserer Demonstrationen ist viel passiert. Der Fall der Mauer, die Wiedervereinigung – das haben wir gemacht.
💬 Wie war das für dich, als die Grenzen endlich offen waren?
👍 Es war fantastisch. Als am 9. November die Nachricht kam, dass die Regierung die Grenzen aufmacht, haben wir auf der Straße getanzt. Wir waren stolz auf uns. Ich glaube, ich habe die ganze Nacht gefeiert.
💬 Warst du da auch am Brandenburger Tor?
👍 Nein, ich war in Leipzig. … Was denkst du?
💬 Ihr hattet damals total wichtige Ziele. Ich weiß heute eigentlich nicht, warum ich demonstrieren soll. Ich fühle mich frei. Ich kann sagen, was ich will. Wir, also die Frauen, haben die gleichen Rechte wie die Männer. Und die Politik unserer Regierung finde ich auch ganz okay. Trotz aller Kritik. Die Themen, die mir wichtig sind, wie Klimaschutz oder unsere Ausbildung, haben die großen Parteien auch. Ja, okay, es geht vielleicht ein bisschen langsam, aber eigentlich ist alles in Ordnung.
👍 Na ja, das stimmt nicht ganz. Ich bin nicht sicher, ob es wirklich Chancengleichheit für Mann und Frau gibt. Aber das wäre doch wichtig.
💬 Ja, aber gehen wir wegen dieser Themen auf die Straße? … Du, was riecht hier eigentlich so?
👍 Oh, Mist, das Essen!

Panorama IV: Treffpunkt Kiosk

1d

Liebe Hörerinnen und Hörer, willkommen zur Sendung „Das Ruhrgebiet lebt" – heute mit dem Thema: „Die Trinkhalle". Können Sie sich noch erinnern, wie Sie sich als Kind am Kiosk eine kleine Tüte mit Süßigkeiten gekauft haben? Oder wie Sie als Student am Kiosk noch schnell einen Liter Milch oder eine Packung Zigaretten gekauft haben? Die Kioske, die manchmal auch Buden, Büdchen und Trinkhallen genannt werden, sind seit vielen Jahrzehnten ein ganz wichtiger Treffpunkt. Hier treffen sich Jung und Alt, Arm und Reich, Arbeiter und Student. Und alle kommen gern. In Deutschland gibt es ungefähr 40.000 Kioske. Und einer von drei Kiosken steht im Ruhrgebiet. In den letzten Jahren kommen aber immer weniger Kunden, weil die Supermärkte immer längere Öffnungszeiten haben und den Kiosken starke Konkurrenz machen. Ende der 1990er Jahre gab es im Ruhrgebiet noch 18.000 Kioske, heute sind es nur noch ca. 12 bis 15.000.

2 a + b

💬 „Marlenes Büdchen" steht in Wanne-Eickel und die Besitzerin, Marlene Lehmann, steht hier schon 35 Jahre hinter dem Fenster. Die 64-Jährige hat die Bude lange Zeit zusammen mit ihrem Mann geführt. Seit ihr Mann vor einigen Jahren gestorben ist, macht sie alles allein.
👍 Das ist mehr als ein Vollzeitjob. Ich habe von 8 bis 8, also 20 Uhr geöffnet. Und dann muss ich natürlich auch noch jeden Morgen die Ware einkaufen und so weiter. Ich stehe oft um 5 Uhr auf. Aber, was soll ich sagen: Mir macht es Spaß. Die Bude ist einfach mein Leben.
💬 Marlene Lehmann kennt ihre Kunden – und die Kunden mögen sie. Die meisten kommen seit vielen, vielen Jahren.
👍 Viele kenne ich noch als Kinder. Damals haben sie Bonbons oder Kaugummis gekauft und heute sind es Zigaretten oder Zeitschriften.
💬 An der Bude wird viel gesprochen und erzählt. Und so kennt Marlene Lehmann viele persönliche Geschichten.
👍 Ist ja klar. Man redet hier – wenn es gute Neuigkeiten gibt oder auch Probleme: wie Paare zusammenkommen und sich wieder trennen, wie Kinder geboren werden, wenn die Katze stirbt – alles. Das ist kein anonymer Supermarkt.
💬 Thomas Schultz kommt fast jeden Tag vorbei. Der 38-Jährige arbeitet als Designer in einer Werbefirma.
👍 Ich kaufe hier morgens meine Zeitung – und manchmal brauche ich einfach einen Kaffee von Marlene.
👍 Und manchmal willst du abends nicht in die leere Wohnung gehen, dann trinkst du hier noch ein Bier bei mir. Dann wird es auch schon mal später als acht.
💬 Ja, und toll ist auch, dass sich hier bei Marlene viele Nachbarn treffen. Hier habe ich schon Leute aus meinem Haus kennengelernt, die ich dort noch nie gesehen habe. Marlene kann ich auch meinen Schlüssel geben, wenn Handwerker in meine Wohnung müssen und ich arbeiten muss.
👍 Oder die Post gibt bei mir Pakete für dich ab.

💬 Ja, du bist eben ein Schatz!
💬 Auch Jasmin Schröder und ihr Hund Charly kommen regelmäßig zu Marlenes Bude. Für die 52-jährige Friseurin gehört Marlene seit vielen Jahren zu ihrem Alltag.
👍 Wenn ich mit dem Hund rausgehe, dann gehe ich auch immer bei Marlene vorbei. Dann bekommt Charly Wasser und ich trinke eine Cola, rauche eine Zigarette und erzähle das Neuste vom Tag. Ich glaube, Marlene weiß mehr über mich als mein Mann. Ich bin einfach froh, dass Marlene da ist. Nicht nur, wenn ich mal keine Zahnpasta mehr habe.
👍 Ja, wenn Jasmin nicht kommt, dann ist sie krank oder im Urlaub.
💬 Marlene Lehmann war selbst schon seit vielen Jahren nicht mehr im Urlaub. Sie steht jeden Tag hier und verkauft: Zeitungen, Zeitschriften, Süßigkeiten, Getränke, Zigaretten, Haushaltswaren und Kosmetikartikel – alles, was in den Regalen ihrer kleinen Bude Platz hat.
👍 Na ja, seit der Supermarkt hier um die Ecke bis 22 Uhr geöffnet hat, verkaufe ich viel weniger als früher. Eine Familie könnte ich mit meiner Bude nicht ernähren. Aber ich weiß genau: meine Kunden kommen wegen mir – und das ist ein sehr schönes Gefühl.

9 Über Grenzen hinweg

1 b + c + d

💬 Julia, was war denn los?
👍 Ich … habe mich mit Papa gestritten. … Ich möchte nach der Schule ein Jahr im Europäischen Freiwilligendienst arbeiten. Aber Papa will, dass ich sofort mit dem Studium anfange oder eine Ausbildung mache. Aber ich will noch nicht zur Uni und ich will auch noch keine Lehre machen. Ich möchte zuerst etwas erleben und etwas Sinnvolles tun.
💬 Europäischer Freiwilligendienst – das klingt doch toll.
👍 Ja, das finde ich auch. Ich wäre dann ein Jahr im Ausland. Ich kann dort die Sprache lernen und in coolen Projekten mitarbeiten. Eine Freundin von mir arbeitet mit kleinen Kindern in Litauen – zum Beispiel. Aber Papa findet, dass das Zeitverschwendung ist. Er sagt: „Du kannst auch in den Ferien einen Sprachkurs machen." Nur weil er während seiner Ausbildung Englisch gelernt hat.
💬 Hm, das ist aber etwas anderes. Und du hast doch Zeit. Du bist noch jung.
👍 Genau! Und ich weiß jetzt auch noch nicht, was ich später beruflich machen will.
💬 Dein Vater möchte wahrscheinlich, dass du in seiner Nähe bleibst. Das kann ich gut verstehen. Mein Sohn lebt auch schon lange im Ausland.
👍 Ach, das wusste ich gar nicht. Ich dachte, du hast nur eine Tochter.
💬 Ja, Martin ist nach dem Abitur nach Spanien gegangen. Und während des Studiums hat er seine Frau – sie kommt aus Italien – kennengelernt. Beide haben dort studiert und sind dort geblieben.
👍 Wow, richtig europäisch!
💬 Ja, es ist schön, dass Europa heute so offen ist.
👍 Ja, und es ist super, dass man sich aussuchen kann, wo man in der EU studieren will. Heute ist das viel einfacher als früher. Und jeder EU-Bürger kann im Prinzip in jedem anderen EU-Land arbeiten. Die Krankenversicherung gilt auch in anderen EU-Ländern. Als meine Eltern in den 60er Jahren nach Deutschland gekommen sind, war alles viel komplizierter. Es gab mehr Bürokratie.
💬 Na ja, Bürokratie gibt es immer noch viel. Und viele EU-Bürger sind nicht zufrieden damit, dass Brüssel viele Sachen für die Länder entscheidet.
💬 Ja, das stimmt. Nicht nur die Briten sehen die EU kritisch. Und viele haben auch Angst vor einer Finanzkrise. Aber, ehrlich gesagt: Ich sehe nur Vorteile.
💬 Also, für mich ist die Entwicklung der EU auch positiv. Das Reisen ist so bequem. Wir mussten früher immer Geld tauschen, wenn wir in den Urlaub gefahren sind. Und wir haben lange an der Grenze gestanden, weil es Kontrollen gab.
👍 Und heute sieht man manchmal nicht, wo die Grenzen zwischen den Ländern sind.
💬 Also, ich finde deine Pläne gut.
👍 Gab es während Ihrer Schulzeit auch solche Programme?
💬 Nein, leider nein. Ich hätte so etwas auch gern gemacht.
💬 Vielleicht kennt Stefan den Europäischen Freiwilligendienst auch nicht so richtig und denkt, dass er dafür bezahlen muss.
👍 Hm, das kann sein. Aber Papa muss nichts zahlen. Die Reisekosten, die Unterkunft und das Essen – das alles bezahlt die Organisation.
💬 Und, wenn ich richtig informiert bin, bist du während des Europäischen Freiwilligendienstes auch versichert.
👍 Ja!
💬 In welchem Land willst du denn arbeiten?
👍 Es gibt Projekte in allen EU-Staaten.
💬 Soll ich mal mit Stefan reden?
👍 Oh je. Das ist bestimmt Papa.
💬 Ich gehe. Aber pssst. … Hallo Stefan. Das ist aber eine Überraschung!
👍 Helga, kann ich kurz mit dir reden? Julia und ich, wir haben uns gestritten. Und ich glaube, ich war nicht sehr klug.

10 Der neue Job

2 a + b + d

- Passadakis? Hallo? Oh, das ist ja gar nicht mein Handy ...
- Was ist denn los? Du bist schon die ganze Zeit nervös.
- Ja, Entschuldigung. Ich warte auf einen wichtigen Anruf.
- Was für ein Anruf?
- Hast du es getan?
- Was denn?
- Ja, ich habe mich auf die Stelle beworben. Du weißt doch, dass ich im Verlag nicht besonders glücklich bin und dass ich gern in meinem „alten" Beruf arbeiten würde. Tja, und als ich dann diese Stellenanzeige gelesen habe ...
- ... hast du dich beworben. Und jetzt hoffst du, dass sie dich zum Gespräch einladen?
- Das haben sie schon. Nachdem ich die Bewerbung an den Kindergarten geschickt hatte, habe ich eine Woche später eine Einladung zum Vorstellungsgespräch bekommen. Und das Gespräch war gestern Nachmittag.
- Und das erzählst du erst jetzt? Wie war es denn?
- Na ja, ich wollte nichts erzählen, weil mich das nur noch nervöser macht. Nachdem ich die Einladung bekommen hatte, habe ich mich auf das Gespräch vorbereitet. Danach hatte ich ein ganz gutes Gefühl. Aber man weiß ja nie. Es gab bestimmt viele Bewerber und vor allem Bewerberinnen! Jetzt warte ich auf den Anruf ... ein schreckliches Gefühl!
- Und? Was haben sie denn gesagt?
- Nachdem wir ungefähr 20 Minuten gesprochen hatten, haben wir uns sehr freundlich verabschiedet und die Leiterin hat gesagt, dass sie mich morgen – also heute – anruft.
- Das ist ja spannend. Was hat sie denn alles gefragt?
- Ach, du weißt doch: Nachdem ich die Ausbildung abgeschlossen hatte, bin ich in den Verlag gegangen und die Leiterin wollte dann natürlich wissen, warum ich nicht in meinem Beruf gearbeitet habe ...
- Hallo! Gut, dass du anrufst ...
- Hm, sie wollen bestimmt jemanden, der schon viel Erfahrung hat.
- Nein, ich glaube nicht, dass das ein Nachteil war. Sie fand das interessant. Und sie hat gemerkt, dass ich viel Lust auf etwas Neues habe, weil ...
- Und dass du Kinder liebst, das weiß auch jeder, der dich kennt.
- Ja, das habe ich auch gesagt. Und dass es ein Beruf ist, der mir viel Spaß machen würde, weil man immer wieder etwas Neues lernt und er nie langweilig ist. Sie hat mich dann aber auch ganz genau getestet. Sie wollte wissen, ob ich gut reagiere und Verantwortung übernehmen kann. Dazu hat sie eine Situation beschrieben und mich gefragt, was ich tun würde.
- Was denn für eine Situation?
- Eigentlich etwas ganz Typisches: Ich bin mit einer Gruppe von 11 Kindern auf dem Spielplatz. Zwei Kinder streiten sich und ich will mit ihnen reden, weil das eine Kind das andere geschlagen hat. In diesem Moment sehe ich, dass ein Kind beim Klettern ein Problem hat. Was mache ich zuerst?
- Und was hast du geantwortet?
- Ich nehme das eine Kind an die Hand und renne mit ihm zum Kind, das klettert. Das erste Kind muss bei mir stehen bleiben und ich helfe dem anderen Kind ... also zwei Sachen gleichzeitig ... Wie so oft in dem Beruf!
- Gut! Das hat der Chefin bestimmt gefallen!
- Ja, das glaube ich auch. Außerdem ...
- Jannis, dein Handy klingelt!
- Hallo? ... Guten Tag. ... Ja, am Apparat ... Ja ... Ja, selbstverständlich ... Nein, nein ... Ja, ja ... Ja, das ist wunderbar! ... Ja, ich kann am ersten September anfangen. Ich freue mich ... Natürlich, das bringe ich mit. Vielen Dank.

3 c + d

- Guten Tag, Sie sind Herr Passadakis? Setzen Sie sich doch. Möchten Sie etwas trinken?
- Guten Tag. Ja, danke. Vielleicht ein Glas Wasser.
- Also, ich bin Frau Krüger, ich leite den Kindergarten. Ich habe in Ihrem Lebenslauf gelesen, dass Sie viele Jahre in einem Verlag gearbeitet haben. Sie haben aber die Ausbildung zum Erzieher gemacht und dann studiert. Warum haben Sie denn nicht als Erzieher gearbeitet?
- Na ja, während ich studiert habe, habe ich im Verlag gejobbt, um ein bisschen Geld zu verdienen. Nachdem ich die Prüfung gemacht hatte, habe ich mich im Verlag bei der Redaktion für Grundschule beworben. Sie haben mir ein Volontariat angeboten und dann bin ich dort geblieben.
- Und warum wollen Sie jetzt als Erzieher arbeiten?
- Die Arbeit als Redakteur ist sehr interessant, man lernt viel ... aber alles theoretisch. Und ich wollte schon immer mit Kindern arbeiten. Deshalb habe ich nach dem Abitur auch das Praktikum in Italien gemacht. Während ich im Kindergarten gearbeitet habe, habe ich auch noch mein Italienisch verbessert. Gleich danach habe ich die Ausbildung zum Erzieher gemacht, weil mir die Arbeit mit den Kindern großen Spaß gemacht hat. Tja und jetzt – nach mehr als zehn Jahren – möchte ich endlich wieder ganz praktisch mit Kindern arbeiten. Das wird nie langweilig, man muss kreativ sein und ich mag auch die Verantwortung.
- Nun, die theoretischen Kenntnisse sind bestimmt ein Vorteil. Wir brauchen im Team vor allem jemanden, der sich mit Sprachförderung auskennt.
- Ach, das passt sehr gut. Sprachförderung war während meiner Arbeit als Redakteur ein sehr wichtiges Thema.

Hörtexte

🗨 Oh, das ist schön. Ich hätte aber noch eine kleine Aufgabe für Sie. Stellen Sie sich vor, Sie sind mit einer Gruppe von 11 Kindern auf dem Spielplatz. Plötzlich haben zwei Kinder einen Streit und …

Panorama V: Der Saal der Menschenrechte in Genf

2 a + b

Ich arbeite jetzt schon seit 14 Jahren als Pförtner hier im Gebäude der Vereinten Nationen und sehe, wer in das Gebäude kommt und wer geht. Das Büro der UNO hat mehr als 1500 Mitarbeiter und Mitarbeiterinnen aus der ganzen Welt und ich kenne natürlich nicht alle. Aber einige sind sehr nett und manchmal unterhalten wir uns auch – meistens auf Englisch, Englisch sprechen hier alle – neben den vielen anderen Sprachen. Also zum Beispiel Madame Ahamdi aus Saudi-Arabien: Sie ist Übersetzerin und Dolmetscherin und spricht fünf Sprachen! Bei allen wichtigen Konferenzen muss sie dabei sein, das ist manchmal stressig. Oder der junge Jean Paul. Wenn jemand ein Problem mit seinem Computer hat, ruft er Jean an und der löst das Problem. Er ist Franzose und spricht auch mindestens drei Sprachen. Das muss er auch, er muss die Menschen verstehen, die ein Computerproblem haben. Ja, und jeden Morgen, pünktlich um acht Uhr dreißig kommt Monsieur Nadolny. Er ist Deutscher und ist sehr höflich und nett, obwohl er ziemlich viel zu tun hat und immer Überstunden macht. Na ja, er arbeitet in der Presseabteilung und die UNO macht so viel, da muss er viel schreiben. Am nettesten ist aber Madame Burch. Sie ist Event-Managerin, das heißt sie muss sich sowohl um die Leute, die Räume, die Gästelisten als auch um das Essen bei den vielen Konferenzen kümmern. Natürlich hat sie ein großes Team, das ihr hilft, aber sie ist für alles verantwortlich. Und nicht immer läuft alles, aber so ist es nun einmal …

11 Dienstleistungen

1 b + c + d

🗨 Oh nein! Nicht schon wieder! Ich war doch zu Hause. Warum hat der Paketbote nicht geklingelt?
🗨 Guten Morgen, Frau Mertens.
🗨 Hallo, Julia.
🗨 Stimmt was nicht?
🗨 Ach, die doofe Post! Ich war den ganzen Vormittag zu Hause und trotzdem muss ich jetzt zur Post gehen und ein Paket abholen. Warum hat der Paketbote nicht geklingelt?
🗨 Ja, das ist wirklich ärgerlich. Das ist uns auch schon passiert. Vielleicht haben Sie die Klingel nicht gehört …?
🗨 Ja, vielleicht. Nur, ich fahre morgen Nachmittag zu meiner Tochter. Sie hat am Wochenende Geburtstag und hat sich gewünscht, dass ich komme. Aber ich muss noch so viel erledigen … Ich habe mir gerade überlegt, ob ich das alles schaffe. Aber, egal. Wie geht es dir denn? Du hast doch Ferien, oder?
🗨 Ja! Ferien sind toll! Heute gehe ich aus – ich bin mit Carla verabredet. Vielleicht gehen wir ins Kino.
🗨 Ach, du gehst ins Kino? Wann triffst du dich denn mit Carla? Hast du jetzt noch ein bisschen Zeit? Ich habe noch Kuchen da!
🗨 Wir wollen uns um vier im Café treffen und jetzt ist es … eins. Ich habe also noch Zeit … Frau Mertens, kann ich Ihnen vielleicht helfen?
🗨 Ach, Julia, das ist eine wunderbare Idee! Du hilfst mir und ich bezahle die Kinokarte. Wie findest du das?
🗨 Nein, nein – das ist doch nicht nötig.
🗨 Doch, doch.
🗨 Was gibt es alles zu tun?
🗨 Also, am besten koche ich uns schnell einen Kaffee und wir machen einen Plan. Komm hoch. Schau mal, ich muss mein Kleid zur Reinigung bringen … und meine Bücher und DVDs in die Bibliothek zurückbringen und mir die Haare machen lassen, eine Fahrkarte für morgen kaufen und jetzt muss ich auch noch zur Post.
🗨 Hmm, haben Sie beim Friseur schon einen Termin vereinbart?
🗨 Ja, warte mal, ich habe mir den Termin notiert. So kann ich es mir besser merken … 15:30 Uhr.
🗨 Okay, wenn wir gleich losgehen, schaffen wir es vor zwei Uhr, bei der Reinigung zu sein. Das sollten wir zuerst machen, dann können Sie das Kleid morgen früh abholen. Oder vielleicht wäre es besser so: Ich gehe zur Post und Sie zur Reinigung? Dann schaffen wir gleich zwei Sachen auf einmal.
🗨 Ja, das stimmt. Aber es ist besser, wenn du zur Reinigung gehst. Zur Post muss ich gehen, Sie wollen doch immer den Ausweis sehen. Wo habe ich den nur? Ah, hier ist er. Und nach der Post gehe ich zur Bibliothek …
🗨 Wie lange brauchen Sie dort?
🗨 Hm, ich würde mir gern auch noch zwei neue Romane ausleihen, damit ich im Zug etwas zum Lesen habe. Und vielleicht ein Hörbuch … Ich denke, ich brauche ungefähr eine Stunde.
🗨 Oh, das wird aber knapp.
🗨 Stimmt, der Friseur ist auch ziemlich weit weg. Ich brauche mit dem Bus eine Viertelstunde. Ach, und die Fahrkarte muss ich auch noch holen.
🗨 Das geht am schnellsten am Automaten …
🗨 Oh je – das habe ich noch nie gemacht. Ich gehe immer ins Reisezentrum. Ich weiß nicht, ob ich es am Automaten alleine schaffe.
🗨 Hm, das Kino ist ganz in der Nähe vom Bahnhof … Wir können uns doch nach der Post und der Reinigung am Bahnhof treffen! Dann helfe ich Ihnen mit den Fahrkarten und kann dann gleich Carla treffen. Und Sie fahren dann zum Friseur. Die Bibliothek ist bis 19 Uhr geöffnet. Sie können also auch nach dem Friseur in die Bibliothek gehen …

💬 Stimmt. Dann ziehe ich mir jetzt schnell den Mantel an und dann los …
👍 Und … haben wir alles: den Ausweis, den Abholschein und den … Schlüssel …?
💬 Oh je, der Schlüssel! Er steckt noch in der Tür …

2a
Ich habe mir gerade überlegt, ob ich das alles schaffe. … Ich habe mir den Termin notiert. … Ich würde mir gern auch noch zwei neue Romane ausleihen. … Dann ziehe ich mir schnell den Mantel an.

12 Das ist aber ein gutes Angebot!

2a
💬 Hast du mein Portemonnaie gesehen?
👍 Es lag doch im Flur. Ich habe es dort gesehen.
💬 Ah, hier ist es ja. Danke. Ich gehe zum Geldautomaten. Ich muss noch Geld holen. Bis später. … Alles in Ordnung, Julia?
👍 Ich hasse spülen.
💬 Ja, ich weiß. Aber heute ist Dienstag und das heißt: Du bist dran. Und so schlimm ist das doch nicht.
👍 Total schlimm! Bei Tante Bea war das viel cooler. Warum können wir uns eigentlich keine Spülmaschine kaufen? Wir würden so viel Zeit sparen. Du kannst mal Bea fragen. Natürlich nur, wenn du Zeit und Lust hast. So eine Maschine kostet fast nichts. Du kannst dir nicht vorstellen, wie praktisch das ist! Mann, das Spülen dauert doch immer super lange und ich muss mir noch die Haare waschen und föhnen. Ich muss mich schminken und …
💬 Oh, bist du mit Patrik verabredet?
👍 Kein Kommentar.
💬 Das schaffst du schon! Das Spülen, meine ich. Sieh mal, es sind doch nur noch der Topf und die zwei Schüsseln. Bis gleich. Und: bleib cool.
👍 Ha ha, sehr witzig.
💬 Hallo, da bin ich wieder.
👍 Ja, das sehe ich.
💬 Oh, du siehst aber toll aus!
👍 Überrascht dich das?
💬 Ja! Du überraschst mich immer wieder!
👍 Na, dann! Ich muss los.
💬 Viel Spaß.
👍 Danke.
💬 Hallo, Bea, wir haben gerade von dir gesprochen. … Klar, nur Gutes! Julia ist begeistert von dir … Ja, vor allem von deiner Spülmaschine. Julia hätte nämlich gern eine. Wo hast du deine Spülmaschine denn gekauft? … Ah, im Internet. Okay. Und welches Modell hast du? … Aha. Und bist du zufrieden? … Na ja, besonders leise muss sie bei uns auch nicht sein. Wie viel hast du denn bezahlt? … Okay, das geht ja wirklich. Ich dachte, so eine Maschine wäre teurer. Vielleicht schaue ich auch mal im Internet. Und wie wir wissen, es ist ja bald Weihnachten … Du, Weihnachten kommt ja immer schneller, als man denkt. Aber, wie geht es eigentlich dir? … Ah. … Hmm … Okay …

2b
1. 👍 Hm. Es lag doch im Flur. Ich habe es dort gesehen.
2. 👍 Du kannst mal Bea fragen. Natürlich nur, wenn du Zeit und Lust hast.
3. 💬 Oh, du siehst aber toll aus!
4. 👍 Wie viel hast du denn bezahlt?
5. 💬 Und wie wir wissen, es ist ja bald Weihnachten …

2c + d
Wie findest du denn das Angebot? – Das ist aber teuer! – Darf ich das Gerät mal ausprobieren? – Das war ja klar!

3b + c
💬 Elektro Mager, guten Tag. Sie sprechen mit Susanne Kaminski.
👍 Hallo, hier ist Stefan Bode.
💬 Guten Tag, Herr Bode. Was kann ich für Sie tun?
👍 Ich habe letzte Woche eine Spülmaschine bei Ihnen ausgesucht. Leider konnte ich nicht mit meiner EC-Karte bezahlen, weil Ihr Kartenlesegerät nicht funktioniert hat. Also haben wir vereinbart, …
💬 Entschuldigung, ich habe Sie nicht richtig verstanden. Was wurde vereinbart?
👍 … dass ich das Geld überweise und Sie sich dann melden, um mit mir einen Liefertermin auszumachen.
💬 Und hat sich schon jemand bei Ihnen gemeldet?
👍 Nein, bis jetzt noch nicht.
💬 Warten Sie, ich sehe kurz nach … Oh, das tut mir leid, das ist ein Missverständnis. Ich habe hier notiert, dass Sie sich melden, um mit uns einen Termin für die Lieferung zu vereinbaren.
👍 Oh, das habe ich dann wahrscheinlich falsch verstanden.
💬 Kein Problem. Aber ich sehe trotzdem mal nach, ob das Geld bei uns angekommen ist. Wann wurde das Geld überwiesen?
👍 Sofort, am gleichen Tag. Das war der 15. April. Eigentlich ist das Geld dann spätestens am nächsten Tag da.
💬 Ja, einen Moment. … Komisch, ich kann hier leider keine Überweisung von Ihnen finden.
👍 Das ist aber komisch.
💬 Hm. Nein, ich finde nichts. … Haben Sie noch einmal auf Ihrem Konto nachgesehen? Vielleicht wurde das Geld doch nicht überwiesen?
👍 Hm. Ich sehe mal nach. Einen Moment bitte … Oh, Sie haben Recht. Die Überweisung wurde nicht angenommen. Aber warum denn? Hier steht: Empfänger unbekannt.
💬 Soll ich Ihnen unsere IBAN noch einmal geben?

Hörtexte

👍 Ja, gern.
💬 Also DE 23 100 500 00 261 598 24 36.
👍 Oh, Moment. Sie haben 24 36 gesagt? Dann ist hier schon der Fehler. Ich habe mir 42 36 notiert. Das tut mir sehr leid. Ich überweise das Geld sofort.
💬 Wunderbar. Sollen wir vielleicht jetzt einen Liefertermin ausmachen?
👍 Ja, sehr gern.
💬 Wie wäre es denn am Freitagvormittag?
👍 Ja, das geht. Um wie viel Uhr …

Panorama VI: Fiaker, Fahrrad-Rikscha oder Taxi?

2 b + c

1. Mein Name ist Paul Kaiser. Ich arbeite seit 14 Jahren als Fiaker-Kutscher in Wien und meistens macht es mir Spaß. Ich mag es, draußen zu arbeiten. Und ich arbeite gern mit Tieren zusammen. Meine Kunden sind vor allem Touristen. Ich bin also eigentlich ein Stadtführer. Es ist wichtig, dass man immer etwas erzählen kann. Schließlich lebe ich auch von meinem Trinkgeld. Und das gibt es nur, wenn die Kunden zufrieden sind. Es stimmt, in diesem Beruf werde ich nicht reich, aber ich bin mein eigener Chef. Niemand kontrolliert mich oder sagt mir, was ich tun muss. Gut, im Winter kann es schon einmal sehr kalt sein. Aber insgesamt macht mir die Arbeit Spaß. Man lernt Menschen aus der ganzen Welt kennen – und manchmal kommen auch berühmte Leute. Ich habe sogar schon Madonna durch Wien gefahren!

2. Ich heiße Gaby Faistauer und bin seit 25 Jahren Taxlerin in Wien. Ich glaube, das ist kein Beruf, den man sich aussucht. Ich habe als Studentin angefangen, Taxi zu fahren. Und dann bin ich dabei geblieben. Es ist kein Traumjob, aber ich habe Arbeit. Und das ist wichtig. Was ich an dem Beruf mag, ist der Kontakt zu meinen Kunden. Natürlich nur, wenn sie nett sind. Das sind nicht immer alle. Ich fahre viele Touristen zum Beispiel vom Hotel zum Bahnhof oder zum Flughafen. Früher bin ich oft nachts gefahren. Da waren meine Kunden vor allem Wiener, die von einer Bar zu einer anderen fahren wollten. Das ist mir heute aber zu gefährlich – als Frau. Ich fahre übrigens immer noch ohne Navi, so etwas brauche ich nicht. Ich kenne die Stadt wirklich gut. Also, für mich ist der Job okay, mehr nicht. Es gibt weder Weihnachts- noch Urlaubsgeld. Das ist manchmal hart.

3. Ich bin Georg Bach und bin seit einem Jahr als Fahrradtaxler in Wien unterwegs. Fahrradtaxis gibt es in Wien erst seit wenigen Jahren. Im Sommer läuft das Geschäft ganz gut, im Winter ist das ein Problem. Aber ich finde es schön, dass ich bei der Arbeit Sport mache. Es ist für mich wichtig, mich viel zu bewegen. Und ich habe ein gutes Gefühl bei meiner Arbeit, denn die Fahrrad-Rikscha ist ein umweltfreundliches Taxi. Meine Kunden sind vor allem Touristen, aber es gibt auch Leute, die vom Shoppen zur nächsten U-Bahn-Haltestelle fahren wollen. Einige Leute haben mir gesagt, dass es für sie unangenehm ist, dass ich mit Muskelkraft für sie arbeiten muss. Das ist doch Quatsch. Ich habe mir den Job doch ausgesucht!

13 Auf vier Rädern

1 b + c + d

💬 Hallo, ich bin's!
👍 Hallo, Julia! Na, wie war die Fahrstunde?
💬 Gut – sehr gut sogar. Meine Fahrlehrerin hat gesagt, dass ich bald die Fahrprüfung machen kann. Toll, was?
👍 Die Fahrprüfung? Toll. Die Theorieprüfung musst du aber auch noch schaffen.
💬 Ja, ja, ich weiß.
👍 Wenn du den Führerschein hast, können wir ab und zu Carsharing machen. Dann kannst du fahren und …
💬 Papa, das geht nicht: ‚Ab und zu' reicht nicht. Die Fahrlehrerin meint, Anfängerinnen müssen regelmäßig fahren, sonst vergisst man wieder alles, was man gelernt hat. Es wäre toll, wenn wir ein eigenes Auto hätten. Dann könnte ich dich und Jannis immer zum Fußballtraining bringen. Dann würdest du nicht mehr zu spät kommen!
👍 Ein eigenes Auto?!?
💬 Ja, ein eigenes Auto.
👍 Weißt du, wie viel ein Auto kostet?
💬 Ja, ich habe im Internet nachgesehen: Einen Gebrauchtwagen kann man schon für Tausend Euro bekommen.
👍 Ja, das ist aber nicht alles. Ein Auto kostet immer Geld: die Versicherung, die Reparaturen … Und wo sollen wir parken? Hier gibt es doch so wenige Parkplätze, alles ist immer voll.
💬 Dann mieten wir eine Garage.
👍 Sag mal, das geht jetzt zu weit. Wer soll das bezahlen?! Und es gibt hier auch keine freien Garagen.
💬 Du siehst immer nur das Negative! Warum mache ich denn dann den Führerschein? Guck mal, wenn wir ein Auto hätten, dann könnten wir im Sommer am Wochenende ans Meer fahren.
👍 Das geht auch mit der Bahn.
💬 Ja, aber nicht spontan und der Zug ist auch teuer.
👍 Ach, ich komme sehr gut ohne Auto aus.
💬 Du! Aber ich nicht.
👍 Nein, ein Auto kommt nicht in Frage. Das ist ausgeschlossen. Fertig.
💬 Oh, Mann!
💬 Hallo, ihr beiden! Störe ich? Die Tür war offen …

💬 Hi, Jannis! Nein, du störst nicht. Komm rein!
👍 Tag, Jannis!
💬 Hallo, Stefan! ... Was ist denn los?
💬 Wir diskutieren gerade, ob wir ein Auto kaufen oder nicht.
💬 Ein Auto! Toll – was für eins? Welche Marke?
👍 Julia ...
💬 Das wissen wir noch nicht. Findest du nicht auch, dass wir ein Auto brauchen? Hilf mir bitte, Papa zu überzeugen, dass ich nach der Prüfung viel fahren muss.
💬 Na ja, das stimmt schon, aber ...
👍 Julia, das reicht jetzt, okay? Wir reden später darüber.

2 b + c + 3 a + c
Du greifst nach den Sternen,
ich greife nach dem Schlüssel,
öffne die Tür – 4er BMW mit Satellitenschüssel,
hier wackelt keine Schraube,
jedes Teil ist fest,
und der Motor, der hat 300 PS.

Je mehr Gas ich gebe, desto mehr raucht es,
je länger ich fahre, desto mehr verbraucht es.
Ich würde alles tun für mein Baby,
sie läuft auf vier Reifen und ist trotzdem meine Lady.

In Deutschland musst du Auto fahren,
auf deutschen schnellen Autobahnen.
In Deutschland musst du Auto fahren, je, je, je ...

Ich habe dicke Reifen,
die Sitze sind aus Leder,
die rote Farbe ist neu,
das sieht wirklich jeder.
Ich fahre durch die Stadt und alle schauen hin,
weil ich der beste aller Autofahrer bin.

Je lauter ich hupe, desto mehr Leute hören mich,
je lauter die Musik ist, desto cooler werde ich.
Ich würde alles tun für mein Baby,
sie läuft auf vier Reifen und ist trotzdem meine Lady.

In Deutschland musst du Auto fahren *(s. o.)*

6 a + b
💬 Du, Papa?
👍 Ja?
💬 Ich finde es ganz toll, dass wir uns jetzt gemeinsam Autos ansehen. Ich freue mich so!
👍 Na ja ... Es ist schon wichtig, dass du fahren kannst. Und ich kann dann manchmal auch zu den Kunden mit dem Auto fahren. Wir schauen aber erst, ob wir ein Auto zu „unserem" Preis finden. Okay? Wir haben gesagt: Wir wollen maximal 5.000 Euro ausgeben.
💬 Ja, klar! ... Schau mal, wie wäre es mit diesem Wagen hier? Der sieht sportlich aus – und ich liebe rote Autos! Und günstig ist er auch: 4.900 Euro, Baujahr 2012!
👍 Hm. 5.000 Euro – das ist unsere Grenze. Wie ist der Kilometerstand?
💬 Das weiß ich nicht, komm, wir sehen uns den Wagen an. ... Hier steht es: 56.217 Kilometer.
👍 Das ist schon ziemlich viel. Gut, aber der Lack ist in Ordnung und die Reifen auch. Öffne bitte die Türen und den Kofferraum.
💬 Hm, die linke Tür hinten schließt nicht so gut.
👍 Okay, ich notiere das und wir fragen dann den Verkäufer.
💬 Gut, was jetzt?
👍 Ich schau noch unter das Auto. Wir müssen den Wagen gründlich überprüfen. Ich habe extra eine Taschenlampe mitgebracht.
💬 Und? Wie sieht es aus?
👍 Ich glaube, der Wagen hatte einen Unfall. Man hat ihn gut repariert, aber hier hinten sieht man noch eine Stelle, die ...
💬 Oh, schade! Dann kaufen wir ihn nicht?
👍 Na ja, mal sehen. Ich weiß noch nicht. Lass uns zuerst eine Probefahrt vereinbaren und die Papiere haben wir auch noch nicht gesehen ...
💬 Na, gefällt Ihnen der Wagen? Der ist super, sportlich und fast wie neu! Und 4.900 Euro – das ist ein sehr guter Preis!
👍 Ja, er hatte aber einen Unfall. Hinten sieht man noch die Stelle, die repariert wurde.
💬 Ja, ja, aber das ist nichts Wichtiges!
💬 Und die Tür, die man nicht richtig schließen kann?
💬 Das ist eine Kleinigkeit! Die Tür können wir noch reparieren. Aber wissen Sie was? Ich mache Ihnen einen Sonderpreis: 4.000 Euro!
👍 Das finde ich immer noch zu viel. Ich biete 3.000 Euro an.
💬 3.000? Das ist zu wenig. 3.500 Euro, das ist mein letztes Angebot.
👍 Hm, ich weiß nicht. Ich würde gern zuerst die Papiere sehen und dann kurz mit dem Wagen fahren. Ist das möglich?
💬 Aber ja, dann warten Sie kurz. Ich hole die Papiere und den Autoschlüssel. Bin in fünf Minuten zurück ...

14 Überzeugende Geschäftsideen

1 b + c
💬 Was ist das? Woher kommt dieses Ding auf meinen Balkon? Hallo, Jannis!
👍 Hallo Helga, ist meine Drohne hier? Sie ist auf deinem Balkon gelandet.
💬 Ach, das Ding, das auf meinem Balkon steht, gehört dir?
👍 Ja, ist das nicht toll? Meine neue Drohne!
💬 Komm herein. Setz dich. Ja, sehr toll. Aber bist du nicht ein bisschen zu alt für so ein Spielzeug?

Hörtexte

○ Das ist doch kein Spielzeug! Das ist die Zukunft! In ein paar Jahren fliegen hier ganz viele Drohnen herum. Warte ab!
○ Aha. Und deshalb übst du schon mal?
○ Genau!
○ Was kann so eine Drohne denn alles?
○ Oh! Viel. Man kann zum Beispiel eine Kamera installieren und Fotos von oben machen.
○ Ah …
○ Eine Drohne kann an einen Ort fliegen, den du nicht erreichen kannst. Oder sie kann auf unser Haus aufpassen und vor bösen Einbrechern schützen.
○ Kann sie auch meine Einkäufe nach Hause tragen?
○ Na ja, wenn du nicht zu viel eingekauft hast, dann ja. Aber im Ernst: Drohnen können heute schon Pakete liefern! Dann musst du nicht mehr auf den Paketboten warten, sondern bekommst deine Post – wann immer du willst – an dein Fenster geliefert.
○ Und so verlieren Menschen ihre Arbeitsplätze.
○ Nicht unbedingt! Außerdem steht so eine Drohne nicht im Stau wie ein Auto. Keine vollen Straßen, keine Abgase …
○ Und Roboter mähen den Rasen und bauen Häuser – na, ich weiß nicht …
○ Du siehst das aber wirklich negativ. Willst du die Drohne auch mal fliegen? Dann komm raus und ich zeige es dir.
○ Ach, nein. Geh du und spiel weiter.

6 b + c + d

○ Und weiter geht es mit unserer Sendung „Beruf am Mittag". Unser Thema heute ist: „Wie mache ich mich selbstständig?" Als Experte ist im Studio Dr. Erwin Lojewski. Liebe Zuhörerinnen und Zuhörer, Sie können jetzt Ihre Fragen stellen. Rufen Sie uns an oder schicken Sie uns eine E-Mail mit Ihren Fragen zum Thema Selbstständigkeit. Und da haben wir auch schon den ersten Zuhörer: Hallo, Herr Hauser.
○ Ja, hallo. Ich habe eine Frage an Herrn Lojewski: Was ist für den Erfolg eines Unternehmens besonders wichtig?
○ Danke für Ihre interessante Frage, Herr Hauser. Natürlich sind viele Punkte wichtig, wenn Sie als Selbstständiger erfolgreich sein wollen. Zuerst braucht man eine überzeugende und Erfolg versprechende Geschäftsidee. Hier müssen Sie genau prüfen: Besitzen Sie die notwendigen Fähigkeiten, um die geplante Geschäftsidee zu realisieren? Natürlich sollten Sie auch wissen, wer Ihre Kunden sein können.
○ Welche Rolle spielt die Konkurrenz?
○ Oh, die kann eine große Rolle spielen. Sie sollten auch wissen, wer die Konkurrenz ist und was sie macht.
○ Simone Meyer aus Marbach hat uns ihre Frage per E-Mail geschickt. Sie möchte wissen, wie eine erfolgreiche Gründerin bzw. ein erfolgreicher Gründer sein muss, also welche Eigenschaften man haben sollte.
○ Eine gute Frage! Ich denke, er oder sie muss realistisch sein, er muss aber auch seine Kollegen von seinen Ideen überzeugen und begeistern. Man darf auch keine Angst vor einer größeren Unsicherheit haben. Das kann nicht jeder.
○ Die nächste Frage kommt von Anne Breuer aus Plochingen.
○ Ja, hallo. Ich möchte gern ein Restaurant aufmachen. Ich weiß, wie wichtig es ist, zuverlässiges Personal zu haben. Ich kann ja nicht alles allein machen.
○ Das ist richtig. Man muss lernen, dass man nicht alles selbst machen und kontrollieren kann. Es ist wichtig, dass man gut ausgebildetes Personal findet.
○ Aber wo finde ich das passende Personal? Ich brauche engagierte Mitarbeiter. Und die gibt es nicht überall.
○ Ja, das ist richtig. Wissen Sie, …

Panorama VII: Gotthard-Basistunnel

1c

Herzlich willkommen, meine Damen und Herren, zu unserer Sendung „Zeitpunkte". Genau vor einem Jahr – am 1. Juni 2016 – wurde nach 17 Jahren Bauzeit – so lange wurde gebaut – der neue Gotthard-Basistunnel eröffnet. Er ist 57 Kilometer lang und damit der längste Eisenbahntunnel der Welt. Bis zu 325 Züge können täglich durch den Tunnel fahren. Der Bau hat 11 Milliarden Euro gekostet und 2.300 Arbeiter waren beim Bau dabei. Das sind alles sehr interessante Zahlen. Wie sieht es aber heute im Tunnel aus? Der Tunnel ist ein Arbeitsort für viele Menschen, die sich darum kümmern, dass Züge und Autos durch den Tunnel sicher fahren können. Drei Menschen, die im Gotthard-Basistunnel arbeiten oder gearbeitet haben, sind unsere heutigen Gäste. Wir starten mit einer kurzen Vorstellungsrunde und der Frage: „Wie fühlt man sich, wenn man im Tunnel arbeitet?" Herr Hägi, wollen Sie vielleicht …

2 a + b

○ … Der Tunnel ist ein Arbeitsort für viele Menschen, die sich darum kümmern, dass Züge und Autos durch den Tunnel sicher fahren können. Drei Menschen, die im Gotthard-Basistunnel arbeiten oder gearbeitet haben, sind unsere heutigen Gäste. Wir starten mit einer kurzen Vorstellungsrunde und der Frage: „Wie fühlt man sich, wenn man im Tunnel arbeitet?" Herr Hägi, wollen Sie vielleicht anfangen?

- Ja, gern. Also, ich habe bei dem Bau am Gotthard-Basistunnel fünf Jahre lang als Ingenieur gearbeitet. Natürlich ist die Arbeit im Tunnel gefährlich. Neun Arbeiter sind beim Bau des Tunnels gestorben. Für mich persönlich ist es egal, wo ich arbeite. Ich habe ja immer viel Verantwortung, vor allem für die Bauarbeiter. Und es gibt bei jedem Bau Risiken. Damit müssen wir leben. Aber zum Glück ist in meinem Team noch nie ein Unfall passiert. Vielleicht habe ich deswegen nicht so ein großes Problem mit dem Arbeitsplatz Tunnel. Außerdem ist die Arbeit an einem Tunnel besonders spannend. Ich bin sehr stolz, dass ich beim Gotthard-Bau dabei war.
- Auch Herr Simoni war dabei – als Bauarbeiter unter der Erde.
- Ja, wir haben auch an der Stelle gearbeitet, an der der Berg am höchsten ist – wir waren also 2.300 Meter unter der Erde. Wissen Sie, an den ersten Tagen hat man schon ein komisches Gefühl. Und natürlich weiß man immer, dass die Arbeit gefährlich ist. Darüber darf man nicht nachdenken. Na ja, ich habe es auch vermisst, die Sonne zu sehen. Aber wissen Sie, die Leute, die in einem Kaufhaus oder in einer Werkstatt arbeiten, sehen die Sonne auch nicht. Und wenn man dann selber durch den Tunnel fährt, ist es ein tolles Gefühl zu wissen: Diesen Tunnel habe auch ich gebaut.
- Ja, das stimmt natürlich. Und Sie, Frau Jolanda? Wie sehen Sie das als Lokführerin?
- Also, ich fahre auf jeden Fall lieber auf den Bergen als durch die Berge. Für mich sind Fahrten im Tunnel besonders anstrengend. Es ist nicht einfach, sich zu konzentrieren, wenn draußen alles gleich aussieht. Wenn ich daran denke, dass der Zug im Tunnel kaputtgehen könnte, dann bekomme ich schon Angst. Aber natürlich ist der Gotthard-Tunnel für viele Menschen ein großes Glück. Die Fahrt durch den Tunnel ist viel schneller und so brauchen sie weniger Zeit, um zur Arbeit oder an ihr Ferienziel zu kommen. Na ja, aber wenn ich wählen kann, fahre ich lieber eine andere Strecke.
- Liebe Zuhörer, gleich geht es weiter mit dem Thema „Arbeitsplatz Tunnel". Sie können gern auch anrufen und ihre Fragen stellen – und zwar unter folgender Nummer …

15 Wilde Nachbarn

3 b + c
- Hallo, ihr beiden!
- Hallo, Jannis. Was ist denn los? Du siehst wütend aus.
- Mann, bin ich auch. Ich habe wieder eine Stunde aufgeräumt! War das ein Chaos …
- Ein Chaos? Wo denn?
- Hier im Hof, wo die Mülltonnen stehen. Die Müllsäcke waren alle aufgerissen und der Müll lag überall herum: Müllsäcke, Papier, Speisereste … Igitt!
- Schon wieder? Ich habe den Müll vorgestern weggeräumt.
- Das ist ja eklig. In dem Hof spielen doch auch Kinder. Ah, hallo, Frau Mertens! Haben Sie das gehört? Jemand hat schon wieder den Müll aus den Tonnen rausgenommen und über den ganzen Hof verteilt.
- Was?
- Ja, ich habe gerade alles aufgeräumt.
- Wer macht denn so was?
- Vielleicht war es jemand aus unserem Haus?
- Aus unserem Haus, wo sich alle kennen? Das glaube ich nicht.
- Hm, ich frage die Nachbarn. Vielleicht hat jemand etwas gesehen.
- Ich habe schon gestern bei Familie Hagen und Herrn Gieseler geklingelt. Die haben nichts gesehen.
- Nein, es muss jemand von außerhalb gewesen sein. Wahrscheinlich ist er durch den Zaun hereingekommen – dort, wo das Loch ist …
- Oder er ist ganz einfach durch die Haustür reingekommen, die ist nicht immer zu.
- Stimmt. Aber abends wird die Tür doch immer abgeschlossen und das mit dem Müll passiert immer in der Nacht.
- Hm, das stimmt. Aber was machen wir denn jetzt?
- Na ja, wir müssen selber …
- Detektiv spielen! Ich kann heute Nacht den Hof beobachten – ich sehe aus meinem Fenster genau die Ecke, wo die Mülltonnen stehen.
- Hm, keine schlechte Idee. …

- Guten Morgen, Papa!
- Guten Morgen!
- Schau mal, was ich habe! Ich war gestern bis zwei Uhr wach und habe den Hof beobachtet und …
- Und? Hast du was gesehen? Wer ist es denn?
- Schau doch selbst, hier das Foto!
- Zeig mal! … Das ist ja … ein Fuchs!

6 c
- Hallo!
- Grüß Gott!
- Wir sind vom Süddeutschen Rundfunk und würden gerne wissen, was Sie heute am Tag der Artenvielfalt machen. Haben Sie einen Moment Zeit für uns?
- Ja, gern.
- Schön. Würden Sie sich bitte kurz vorstellen?
- Ja, ich heiße Leo Schmidt und wohne hier in Böblingen. Und das sind meine Kinder, Emilia und Felix.
- Hallo!
- Hallo!

Hörtexte

▷ Hallo, ihr beiden! Macht ihr heute bei dem Tag der Artenvielfalt auch mit?
△ Ja, wir zählen Vögel!
▷ Wir sollen alle Vogelarten notieren, die wir innerhalb von 24 Stunden hier im Wald entdecken.
▷ Toll! Herr Schmidt, machen Sie dieses Jahr zum ersten Mal mit?
△ Nein, seit fünf Jahren nehmen wir jedes Jahr teil. Letztes Jahr zum Beispiel haben wir Insekten – Bienen, Fliegen usw. – in unserem Garten gezählt.
▷ Ja, und dieses Jahr sind die Vögel im Wald an der Reihe ...
▷ Ach, das klingt super! Ist es schwierig, die einzelnen Vogelarten zu erkennen? Man sieht hier nur lauter Bäume, keine Vögel.
△ Man braucht die Vögel nicht zu sehen, wenn man sie hören kann. Wenn man sich gut auskennt.
△ Papa kennt ganz viele Vögel! Wir haben schon 31 Vogelarten gehört oder gesehen. Ich kenne auch schon viele Vögel. Nur Emilia kann das nicht so gut ...
▷ Einunddreißig Arten! Heute schon? Und es ist erst zehn Uhr morgens. Aber wozu ist das Zählen gut?
△ Es ist wichtig zu wissen, welche Vögel in diesem Wald leben, damit man sie besser schützen kann.
▷ Und was machen Sie mit den Ergebnissen?
△ Wir schicken die Zahlen nach der Aktion ab, damit man die Ergebnisse aus allen Aktionen vergleichen kann. So kann man hoffentlich aus der Statistik sehen, welche Arten hier bei uns noch leben und welche man besonders schützen muss.
▷ Das ist natürlich sehr wichtig. Herr Schmidt, ich bedanke mich herzlich bei Ihnen und wir schalten jetzt zurück ins Studio ...

16 Was bringt die Zukunft?

1 b + c + d

▷ Schön, dass ihr alle zum Abschiedsessen von Julia gekommen seid. Tja, Julia, morgen geht es also los. Du hast mich überzeugt, dass der Europäische Freiwilligendienst eine gute Sache ist, und wirst jetzt ein Jahr in Irland leben. Dafür wünsche ich dir von Herzen eine sehr schöne Zeit. Dass du viel Neues lernst und gute Erfahrungen machst. Natürlich wünsche ich dir auch, dass du dort glücklich bist, dass dir die Arbeit gefällt und vor allem dass du viele tolle Menschen kennenlernst. Auf dich, Julia!
△ Auf dich, Julia!
▷ Auf dich! ... Und, Julia? Bist du sehr aufgeregt?
△ Ja schon, aber ich freue mich sehr, dass es endlich losgeht – Dublin! Da war ich noch nie und ich werde dann in einem Naturpark arbeiten! Wicklow Mountains. Das ist toll. Gleichzeitig bin ich aber auch ein bisschen nervös.
▷ Das ist ganz normal, ab morgen ist alles neu für dich: Du musst dich an neue Menschen, eine neue Umgebung und ein neues Bett gewöhnen. Und das alles auf Englisch, das ist auch eine Herausforderung.
△ Ja, mein Englisch kann auf jeden Fall besser werden. Der Sprachkurs beginnt schon übermorgen. Dort werde ich bestimmt nette Leute kennenlernen.
△ Bestimmt. Aber ich verstehe dich gut. Ich bin ja auch etwas nervös ...
△ Stimmt! Du fängst nächste Woche im Kindergarten an!
△ Ja. Ich bleibe zum Glück hier wohnen, aber trotzdem bin ich nervös. Bei einem neuen Job ist ein guter Anfang sehr wichtig. Und hoffentlich verstehe ich mich mit den Kolleginnen gut. Und hoffentlich sind die Kinder lieb und es gibt nicht gleich am ersten Tag zu viel Streit ...
▷ Ach, Jannis, ich kenne dich! Du wirst bald der Liebling des Kindergartens sein – sowohl bei den Kindern als auch bei den Kolleginnen. Mach dir keine Sorgen! Aber ich – was soll ich denn machen?
△ Du?
▷ Ab morgen bin ich ganz allein zu Hause. Und ich arbeite auch alleine hier. Das wird komisch sein.
▷ Aber Stefan, hast du nicht gesagt, dass du ganz viele Pläne hast, wenn du mehr Zeit für dich hast?
△ Ach – was denn für Pläne?
▷ Musst du denn alles verraten, Helga? Na ja, ich werde mehr Sport treiben, also wieder mit Volleyball anfangen und ...
△ Dann kommst du auch regelmäßig zum Fußballtraining?
▷ Ja, ja, zum Fußball gehe ich dann auch wieder. Und ... ich werde einen Tanzkurs machen!
△ Was? Einen Tanzkurs. Du? Mit wem?
▷ Mit Susanne. Ich kenne sie ...
△ Ach, Susanne! Die nette Frau aus dem Blumenladen?
▷ Tja, auch ich habe Neuigkeiten. Julias Idee hat mir so gut gefallen, dass ich im Internet gesucht habe und den Senioren-Experten-Service entdeckt habe.
△ Senioren-Experten-Service? Was ist das denn?
▷ Das ist eine Organisation, die Menschen sucht, die ehrenamtlich im Ausland arbeiten und helfen wollen – in ihrem ehemaligen Beruf. Das finde ich toll. Und weil ich Lehrerin war, gut Englisch und Französisch spreche, habe ich mich registrieren lassen.
△ Das ist ja super! Und jetzt?
▷ Jetzt habe ich eine Nachricht bekommen und kann in einem Monat anfangen – in Kenia!
△ Wow!
▷ Dort bleibe ich einen Monat und bilde Lehrer und Lehrerinnen an einer Schule aus. Oh – ich bin schon so aufgeregt!

◻ Und das erzählst du erst jetzt?!
◻ Na dann: Auf die Zukunft!
◻ Auf die Zukunft!
◻ Auf die Zukunft!

4c
◻ ... also, es muss ja nicht immer Hollywood sein, aber ich finde, dass nur wenige Filme aus Deutschland wirklich gut sind.
◻ Ach, Jonas, das stimmt nicht. Es gibt einige Filme, die sind wirklich gut.
◻ Welcher denn?
◻ Kennst du zum Beispiel „Knockin´ on heaven´s door"?
◻ Das ist doch der Film mit Til Schweiger und Jan Josef Liefers, oder? Zwei Männer haben Krebs und fahren ans Meer. Dabei erleben sie viele verrückte Dinge.
◻ Ja genau. Es ist doch interessant nachzudenken, was passiert, wenn man wirklich das tut, was man möchte.
◻ Ich finde, man muss nicht schwer krank sein, um zu überlegen, was man wirklich im Leben möchte. Und stell dir vor: Wenn alle Menschen tun würden, was sie wollen ...
◻ Ja! Dann wäre die Welt bestimmt viel interessanter.
◻ Na ja, oder viel chaotischer. Wenn alle machen, was sie wollen und auf keine Gesetze oder Regeln achten, dann würde es viele Probleme geben.
◻ Ja klar, das geht natürlich nicht. Ich meine nur, dass man nachdenken sollte, was im Leben wirklich wichtig ist. Es ist eine spannende Frage, was man unbedingt noch tun muss oder will, wenn man nur noch wenig Zeit hätte.
◻ Diese Frage hat man aber auch schon in einigen anderen Filmen gestellt – nicht nur in deutschen.
◻ Tja, es gibt viele gute Filme, aber manche sollten alle Menschen einmal sehen – finde ich. Und einige Filme könnte man verbieten. Kennst du zum Beispiel ...

Panorama VIII: Nationalpark Wattenmeer

2
◻ Klaas Janssen, Sie sind Wattführer hier im Nationalpark Wattenmeer. Was macht man als Wattführer?
◻ Na ja, in der Saison – also von Anfang Mai bis Ende September – führe ich jeden Tag die Touristen durch das Watt. Es macht mir sehr viel Spaß, den Gästen diese besondere Landschaft zu zeigen und zu erklären, wie wichtig sie für die Umwelt ist. Jedes Tier im Watt hat seine Funktion.
◻ Das klingt spannend.
◻ Ja, das ist es auch. Die meisten Gäste finden das Watt sehr interessant, einige finden den Boden und die Tiere aber auch ein bisschen eklig.
◻ Welche Gäste sind Ihnen denn am liebsten?
◻ Ich mag besonders die Schulklassen. Kinder sind immer neugierig und freuen sich über die Tiere und das Wasser. Sie sehen alles und stellen auch die tollsten Fragen.
◻ Sie haben das Watt auch als Kind kennengelernt.
◻ Ja. Mit vier Jahren bin ich das erste Mal im Watt gewesen.
◻ Und heute leben Sie hier im Norden und das Watt ist Ihr Arbeitsort.
◻ Das stimmt. Seit 14 Jahren bin ich staatlich geprüfter Wattführer.
◻ Es gibt also eine besondere Ausbildung für Wattführer?
◻ Ja, natürlich! Man muss die Landschaft und die Tierwelt sehr gut kennen, denn das Watt ist für Fremde sehr gefährlich.
◻ Gefährlich?
◻ Ja, gefährlich. Das Land, wo wir jetzt stehen, wird in vier Stunden zwei Meter unter dem Wasser sein.
◻ Oh! Das kann man sich jetzt überhaupt nicht vorstellen. Und ist es schwierig, Wattführer zu werden?
◻ Na ja, die Ausbildung braucht erst einmal viel Zeit. Dann muss man eine Prüfung bestehen und zeigen, dass man eine Gruppe sicher durchs Watt führen kann. Die Ausbildung als Nationalparkführer braucht man dann auch noch. Die muss man alle fünf Jahre wiederholen.
◻ Alle fünf Jahre? Das ist viel Arbeit ... Wie sieht es im Winter aus? Kommen dann noch Gäste?
◻ Nein, nicht so viele. Im Winter gibt es nicht viel Arbeit für Wattführer.
◻ Und was machen Sie dann?
◻ Im Winter habe ich einen anderen Beruf: Ich bin eigentlich Dieselmechaniker und repariere im Winter die Motoren von den Fischerbooten.

Wortliste

Die alphabetische Wortliste enthält den Wortschatz der Einheiten. Zahlen, grammatische Begriffe sowie Namen von Personen, Städten und Ländern sind in der Liste nicht enthalten.
Für das *Goethe-Zertifikat B1* relevante Wörter sind fett markiert.

Die Zahlen geben an, wo die Wörter zum ersten Mal vorkommen – zum Beispiel 1, 1a bedeutet Einheit 1, Übung 1a.
Ein . oder ein _ unter dem Wort zeigt den Wortakzent: ạ = kurzer Vokal, a̱ = langer Vokal.
Ein | markiert ein trennbares Verb: **ạb|lehnen**.
Bei den Verben ist immer der Infinitiv aufgenommen. Eine Liste der unregelmäßigen Verben finden Sie im Übungsbuch.
Bei den Nomen finden Sie immer den Artikel und die Pluralform: der **Ạbschied**, -e.
Sg. = dieses Wort gibt es (meistens) nur im Singular.
Pl. = dieses Wort gibt es (meistens) nur im Plural.

A

	ab und zu	13, 1d
der	Ạbdruck, -ü-e	12, 6b
	ạb|hängen	13, 7a
	ạbhängig	1, 1b
	ạb|hören	6, 1a
	ạb|lehnen	8, 7b
	ạb|nutzen	13, 4a
die	Ạbsage, -n	10, 2d
der	Ạbsatz, -ä-e	16, 6a
	ạb|schaffen	Dt. akt. 9/10, 3
	ạb|stimmen	8, 7a
die	Ạbstimmung, -en	8, 7a
die	**Ạbteilung**, -en	1, 6a
	ạb|waschen	12, 1a
der	**Ạbschied**, -e	6, 7a
	ạchten	1, 5f
der	Ạffe, -n	5, 2b
die	Akademi̱e, -n	10, 1a
	alarmi̱eren	7, 2d
	alle̱inerziehend	14, 8b
	alle̱instehend	2, 4a
	ạllerdings	5, 6a
die	Alternati̱ve, -n	14, 8b
	ạn|erkennen	10, 1a
	ạn|gehen	13, 4a
	ạn|legen	6, 1a
	ạn|melden	Dt. akt. 5/6, 6b
	ạn|nehmen	5, 1c
	ạn|schließen	12, 4c
	ạn|wenden	5, 1c
	analysi̱eren	14, 5b
	ạ̈ndern (sich)	2, 6b
	ạnders	4, 1b
	ạnderthalb	6, 7a
der	**Ạngestellte**, -n	14, 7b
die	**Ạngestellte**, -n	14, 7b
die	Ạnlage, -n	Panorama 3, 1a
das	Ạnmeldeformular, -e	6, 1c
die	**Ạnzahl** (Sg.)	14, 2c
der	**Ạrbeiter**, -	8, 2a
die	**Ạrbeiterin**, -nen	8, 2a
der	Ạrbeitgeber, -	10, 3b
die	Ạrbeitgeberin, -nen	10, 3b
die	**Ạrbeitsbedingung**, -en	5, 1c
die	**Ạrbeitszeit**, -en	5, 1c
	ạ̈rgerlich	11, 6b
die	Ạrt, -en	5, 7a
	ạrtenreich	15, 5a
der	**Arti̱kel**, -	7, 1f
der	Assistẹnt, -en	Panorama 5, 1b
die	Assistẹntin, -nen	Panorama 5, 1b
der	Assistẹnzhund, -e	6, 7a
das	Asy̱l, -e	11, 5a
der	Asy̱lsuchende, -n	11, 5a
die	Asy̱lsuchende, -n	11, 5a
	ạtmen	6, 1a
das	Ato̱mkraftwerk, -e	8, 6a
die	Ato̱mwaffe, -n	8, 6a
der	Aufenthalt, -e	9, 6b
	au̱f|fallen	14, 5d
	au̱f|geben	5, 7a
	au̱f|heben	6, 7a
	au̱f|nehmen	6, 1a
	aufregend	2, 6c
	au̱f|wachsen	6, 7a
	au̱s|bilden	14, 6d
	au̱s|fallen	4, 7b
	au̱s|fragen	13, 4b
der	**Ausländer**, -	9, 7b
die	**Ausländerin**, -nen	9, 7b
die	Au̱sleihzeit, -en	11, 4b
	au̱s|reichen	14, 5a
	au̱s|schalten	13, 7a
	au̱s|schließen	13, 1e
das	Au̱ssehen (Sg.)	1, 3c
	au̱s|suchen (sich)	11, 2a
der	Au̱stausch (Sg.)	11, 5a
	au̱s|tauschen (sich)	2, 3d
	au̱s|wandern	9, 4b
der	Au̱swanderer, -	9, 4b
die	Au̱swanderin, -nen	9, 4b
die	Au̱swanderung, -en	9, 6b
das	Au̱swanderungsland, -ä-er	9, 4d
	au̱s|ziehen	2, 1b
das	Au̱tokennzeichen, -	8, 2d
der	**Automa̱t**, -en	11, 1a
	automa̱tisch	12, 6a
die/der	Au̱szubildende/ Azu̱bi, -s	5, 1c

B

	babysitten	2, 1b
der	**Babysitter**, -	2, 5a
die	**Babysitterin**, -nen	2, 5a
das	**Ba̱rgeld** (Sg.)	11, 6b
der	**Bau̱**, -ten	8, 2a
der	**Bau̱er**, -n	3, 2a
die	**Bäu̱erin**, -nen	3, 2a
die	**Bau̱stelle**, -n	1, 1b
	bea̱chten	6, 4a
die	**Bedeu̱tung**, -en	8, 4d
	bedi̱enen	5, 1a
die	**Bedịngung**, -en	5, 1c
das	Be̱et, -e	4, 1a

	befinden sich	4, 1b
	befristet	9, 6b
	begeistert	5, 7a
die	Begeisterung, -en	7, 5b
	begrenzen	13, 7a
	begrüßen	10, 3a
	behandeln	6, 1c
die	Behandlung, -en	6, 4a
	behindert	6, 7a
die	Behinderung, -en	6, 7a
	beleidigen	7, 1b
	bemerken	1, 1b
	benötigen	14, 5a
das	**Benzin** (Sg.)	13, 7a
	bereit	12, 6b
der	**Bereich**, -e	9, 1a
	bereits	6, 7a
der	Bericht, -e	16, 6a
	berufstätig	1, 1b
	beruhigen (sich)	1, 6a
	beschädigen	4, 7b
	beschäftigen (sich)	14, 8b
	beschließen	16, 4a
die	Besichtigung, -en	13, 4b
	besitzen	2, 1b
der	Besitzer, -	3, 7b
die	Besitzerin, -nen	3, 7b
	bestätigen	12, 6b
	bestehen	10, 4c
der	**Bestseller**, -	5, 7a
	betreuen	Dt. akt. 11/12, 3
	betrinken (sich)	16, 4a
	bevor	7, 4a
die	Bewegung, -en	1, 6a
	bewerben (sich)	10, 2d
der	Bewerber, -	10, 3b
die	Bewerberin, -nen	10, 3b
die	Bewerbung, -en	10, 2d
die	Beziehung, -en	1, 1b
der	Bienenstock, -ö-e	4, 1b
	bilden	15, 1b
der	**Bildschirm**, -e	11, 5a
die	Bildung (Sg.)	8, 4c
die	Bildungspolitik (Sg.)	8, 4c
die	Blaubeere, -n	3, 3a
	blind	1, 6a
	blühen	4, 1a
die	Bohrmaschine, -n	2, 1b
die	Boulette, -n	Panorama 2, 1a
der	Brauch, -äu-e	9, 7b
	brechen	6, 1a
die	**Bremse**, -n	13, 2a
das	Brettspiel, -e	5, 7a
	bügeln	12, 1a
der	**Bundeskanzler**, -	7, 1b
die	**Bundeskanzlerin**, -nen	7, 1b
die	**Bundesrepublik Deutschland** (Sg.)	8, 2c
der	**Bundestag** (Sg.)	8, 6a
der	Burger, -	Panorama 2, 2b
der	**Bürger**, -	4, 7b
die	Bürgerin, -nen	4, 7b
der	**Bürgermeister**, -	4, 7b
die	Bürgermeisterin, -nen	4, 7b
die	Bürokratie, -n	8, 7b
die	Buslinie, -n	4, 7b
	bzw. (**beziehungsweise**)	2, 6b

C

die	**Cafeteria**, Cafeterien	6, 1a
das	Carsharing (Sg.)	13, 1b
die	Chancengleichheit (Sg.)	8, 4c
das	Chaos (Sg.)	4, 7a
der	**Check**, -s	5, 1c
der	**Chip**, -s	12, 6a
das	CoHousing	Panorama 1, 1b

D

	daher	14, 2a
	damit	8, 6a
	dar|stellen	Panorama 5, 1b
	darum	14, 2a
die	**Demokratie**, -n	8, 1
die	Demonstration, -en	8, 1
	demonstrieren	8, 1
	deswegen	14, 2a
der	**Dialog**, -e	2, 6e
die	**Diät**, -en	Panorama 2, 2a
die	Dienstleistung, -en	2, 1b
die	Dienstreise, -n	5, 6a
die	Digitalisierung, -en	11, 5a
die	Diktatur, -en	8, 1
das	**Diplom**, -e	10, 5
der	**Diplomat**, -en	Panorama 5, 2a
die	Diplomatin, -nen	Panorama 5, 2a
die	**Diskussion**, -en	1, 1b
das	**Dokument**, -e	6, 4a
	dolmetschen	Panorama 5, 2c
	doof	16, 2b
das	Drama, Dramen	16, 4a
	drehen	16, 4b
das	Drittel, -	7, 6a
die	Drohne, -n	14, 1a
	durch|gehen	9, 7b
	durchschnittlich	13, 7a

E

die	Ebbe (Sg.)	Panorama 8, 1b
	eben	9, 7b
die	**EC-Karte**, -n	11, 6b
	ehrenamtlich	11, 5a
	eifersüchtig	1, 3a
die	Eigenschaft, -en	1, 6b
	ein|brechen	16, 4a
	ein|fallen	14, 2a
	ein|führen	9, 1a
der	Eingang, -ä-e	1, 6a
	ein|geben	3, 7b
	einigen sich	1, 1b
die	Einigung, -en	9, 3a
das	**Einkommen**, -	8, 7b
	ein|packen	6, 4a
	ein|räumen	12, 4c
	einsam	1, 1b
	ein|tragen	13, 4b
	einverstanden	2, 6b
die	Einwanderung (Sg.)	9, 4a
das	Einwanderungsland, -ä-er	9, 4b
	ein|ziehen	2, 4b
die	Eisenbahn, -en	Panorama 7, 1
der	**Eisenbahntunnel**, -	Panorama 7, 1
der	**Elefant**, -en	5, 2b
die	**Energie** (Sg.)	8, 6a
die	**Energiepolitik** (Sg.)	8, 6a
	eng	1, 1b
	engagieren (sich)	6, 7b
die	Entbindungsstation, -en	6, 1a
	entdecken	15, 7a
	entfernen	Panorama 1, 1b
	entlassen	6, 2c
	entsorgen	Panorama 3, 1a
	entsprechen	15, 1b
	entweder ... oder	9, 4d

175

Wortliste

	entwickeln	1, 6a
	entwurzelt	4, 7b
die	Erdbeere, -n	3, 3a
die	Erde (Sg.)	4, 1a
das	Ereignis, -se	7, 5b
	erfahren	11, 4b
die	Erfahrung, -en	6, 7a
	erhalten	8, 7b
	erholsam	4, 4a
	erklären	8, 6a
	erkundigen sich	11, 1a
	erleben	2, 4b
das	Erlebnis, -se	3, 7b
	erledigen	5, 1a
	ernähren (sich)	3, 2a
die	Ernährung (Sg.)	3, 2a
	ernst	1, 3a
	ernten	4, 1a
	eröffnen	5, 1c
	erschrecken (sich)	14, 1a
	erstaunt sein	12, 2b
die	Erstzulassung, -en	13, 4a
	erwachsen	1, 1b
	erwarten	1, 6a
die	Erwartung, -en	9, 7b
der	Erzähler, -	15, 1b
die	Erzählerin, -nen	15, 1b
	erziehen	6, 7a
der	Erzieher, -	10, 1a
die	Erzieherin, -nen	10, 1a
die	Erziehung (Sg.)	10, 1a
die	Europäische Union (Sg.)	9, 1a
	eventuell	6, 4a
	existieren	14, 5a
der	Export, -e	5, 7a
	exportieren	5, 7a
	extrem	4, 7b

F

die	Fabrik, -en	5, 1a
die	Fähigkeit, -en	Panorama 1, 1b
die	Fahrrad-Rikscha, -s	Panorama 6, 2b
die	Fahrschule	13, 1b
das	Fahrzeug, -e	13, 4a
die	Fahrzeugpapiere (Pl.)	13, 4a
	fair	8, 7b
	fällen	15, 1a
der	Fallschirm, -e	16, 5a
die	Fanmeile, -n	7, 3a
der	Feierabend, -e	3, 3b
	feierlich	Panorama 5, 1b
das	Feld, -er	15, 1a
die	Fernbedienung, -en	12, 1b
die	Fernbeziehung, -en	1, 1b
das	Fertiggericht, -e	3, 2a
	festlegen	16, 6a
	fett(ig)	3, 2a
	fettarm	3, 2a
der	Fiaker, -	Panorama 6, 1a
die	Figur, -en	1, 5b
das	Finale, -/Finals	7, 4a
die	Finanzen (Pl.)	9, 1a
	finanzieren	14, 5b
die	Finanzierung, -en	14, 8b
das	Finanzierungsmodell, -e	14, 8b
die	Finanzpolitik (Sg.)	9, 1a
der	Fingerabdruck, -ü-e	12, 6b
der	Fischer, -	Panorama 8, 1b
die	Fischerin, -nen	Panorama 8, 1b
die	Fläche, -n	4, 1a
	fleißig	1, 3a
	flexibel	1, 1b
	fliehen	9, 6a
der	Flüchtling, -e	11, 5a
der	Flügel, -	DACH bekannt, 1a
die	Flut, -en	Panorama 8, 1b
	folgen	6, 7a
das	Foodie, -s	3, 7b
der	Foodtruck, -s	Panorama 2, 2a
	fordern	14, 2a
die	Förderung, -en	10, 1a
der	Förster, -	15, 1b
die	Försterin, -nen	15, 1b
der	Franken, -	Panorama 5, 1b
	freiberuflich	14, 5a
	frei|halten	Panorama 3, 1a
die	Freiheit, -en	8, 2c
	freiwillig	4, 1b
	fressen	15, 5a
die	Freude, -n	8, 7b
der	Frieden (Sg.)	9, 3a
	friedlich	8, 2a
	frieren	4, 5b
der	Friseur, -e	1, 6a
die	Friseurin, -nen	1, 6a
die	Frisur, -en	1, 6a
der	Frühjahrscheck, -s	5, 1c
der	Fuchs, -ü-e	15, 5a
	führen	1, 1b
der	Führerschein, -e	13, 1b
die	Führung, -en	8, 2a
	für (temporal)	2, 4b
	fürchten (sich)	12, 6b
der	Fußboden, -ö-	12, 1a
	füttern	Dt. akt. 7/8, 5a

G

der	Gang, -ä-e	13, 6c
die	Garage, -n	13, 1d
die	Garantie, -n	12, 1b
	garantieren	3, 2a
das	Gartenparadies, -e	4, 1b
das	Gas, -e	13, 2a
der	Gastarbeiter, -	8, 2a
das	Gebiet, -e	4, 6a
der	Gebrauchtwagen, -	13, 4a
das	Gedächtnis, -se	15, 1b
das	Gefühl, -e	1, 1b
der	Gegenstand, -ä-e	6, 7a
	geheim	15, 1b
die	Gemeinschaft, -en	2, 4a
der	Gemeinschaftsgarten, -ä-	4, 1b
die	Generation, -en	Panorama 1, 1b
das	Geräusch, -e	13, 4a
die	Gerechtigkeit (Sg.)	8, 6a
das	Gericht, -e	8, 7a
	gering	12, 1c
der	Geschäftsführer, -	14, 8b
die	Geschäftsführerin, -nen	14, 8b
die	Geschwindigkeit, -en	13, 7a
das	Gesetz, -e	8, 7a
	gesichtsblind	1, 6a
	gestalten	Panorama 5, 1b
	gestresst	2, 6b
das	Getreide, -	5, 7a
die	Gewalt (Sg.)	5, 1c
der	Gewinn, -e	14, 5b
das	Gewissen, -	15, 1b
	gewöhnen (sich)	1, 1b
die	Gleichberechtigung (Sg.)	8, 4c
	gleichzeitig	10, 4b

der	Gletscher, -	4, 4a
die	Glühbirne, -n	2, 3a
das	Gras, -ä-er	15, 1a
die	Grenze, -n	8, 1
die	Großstadt, -ä-e	4, 1b
das	Grundeinkommen, -	8, 7b
der	Gründer, -	5, 7a
die	Gründerin, -nen	5, 7a
	gründlich	13, 4a
der	Grundpreis, -e	Panorama 6, 2b
die	Gründung, -en	8, 1
die	Gruppe, -n	3, 7b

H

die	Hälfte, -n	7, 6a
	haltbar	3, 2a
	halten (Tiere)	4, 1a
der	Hammer, -ä-	2, 3a
der	Handel (Sg.)	14, 5a
	handeln	5, 7a
der	Handwerker, -	5, 1a
die	Handwerkerin, -nen	5, 1a
	hart	1, 1b
der	Haupteingang, -ä-e	11, 4b
die	Hausgemeinschaft, -en	2, 4a
der	Hausmeister, -	2, 3c
die	Hausmeisterin, -nen	2, 3c
die	Hausordnung, -en	2, 6b
die	Heimat (Sg.)	9, 4b
	heimisch	16, 6a
das	Heimweh (Sg.)	16, 2b
die	Herausforderung, -en	14, 2a
	(he)rein|kommen	11, 1e
	herrschen	7, 5b
	her|stellen	14, 8b
der	Hinterhof, -ö-e	15, 3c
die	Hitze (Sg.)	4, 4a
das	Hochwasser (Sg.)	Panorama 3, 1a
	höflich	1, 3a
der	Honig (Sg.)	4, 1b
der	Hunger (Sg.)	3, 3a
	hungrig	3, 3a
	hupen	13, 3a
die	Hütte, -n	Dt. akt. 15/16, 1a
die	Hygiene (Sg.)	6, 4a

I

die	IBAN, -s	12, 3b
	ideal	2, 4b
der	Idiot, -en	9, 7b
die	Idiotin, -nen	9, 7b
	im Griff haben	4, 7b
der	Imbiss, -e	7, 1b
der	Imker, -	4, 2c
	impfen	6, 1a
	in Frage kommen	1, 2c
die	Industrie, -n	15, 1a
	inkl. (inklusive)	3, 2a
die	Innenstadt, -ä-e	4, 7b
	innerhalb	11, 4b
	insgesamt	7, 1b
das	Instrument, -e	10, 1a
die	Integration (Sg.)	6, 7a
	integrieren (sich)	6, 7a
das	Interesse, -n	5, 7a
	investieren	14, 8b

J

	-jährig	2, 5a
das	Jahrzehnt, -e	4, 6a
	je	3, 2a
	jobben	10, 4a
	jubeln	7, 3a
der	Jurist, -en	2, 6b
die	Juristin, -nen	2, 6b

K

das	Kaninchen, -	15, 5a
der	Kasten, -ä-	14, 2a
die	Katastrophe, -n	Panorama 3, 1a
die	Kategorie, -n	13, 7a
der	Kauf, -äu-e	12, 5
der	Kaugummi, -s	6, 3b
die	Kenntnis, -se	Panorama 1, 1b
das	Kennzeichen, -	8, 2d
der	Kfz-Mechatroniker, -	5, 1a
die	Kfz-Mechatronikerin, -nen	5, 1a
der	Kilometerstand, -ä-e	13, 4a
die	Kindererziehung (Sg.)	10, 1a
	klären	12, 3b
das	Klima, Klimata	4, 4a
der	Klimawandel (Sg.)	4, 4a
die	Klingel, -n	2, 3a

das	Klischee, -s	2, 6b
	klopfen	5, 6a
das	Knie, -	5, 1c
der	Knochen, -	6, 1a
der	Koch, -ö-e	Dt. akt. 3/4, 3a
die	Köchin, -nen	Dt. akt. 3/4, 3a
der	Kofferraum, -äu-e	14, 2a
der	Kommentar, -e	3, 7b
	kommentieren	3, 7b
die	Kommunikation, -en	11, 5a
die	Komödie, -n	2, 6b
die	Kompetenz, -en	10, 1a
	kompliziert	12, 6b
	konkret	8, 7a
die	Konkurrenz (Sg.)	14, 5b
die	Kontrolle, -n	5, 1c
das	Konzept, -e	10, 1a
der	Korb, -ö-e	3, 2a
	körperlich	5, 1c
das	Kraftwerk, -e	8, 6a
der	Krebs (Sg.)	16, 4a
der	Krieg, -e	8, 1
die	Kritik, -en	8, 5
der	Kritiker, -	8, 7c
die	Kritikerin, -nen	8, 7c
	kritisch	14, 1a
	kümmern sich	1, 3c
	kündigen	1, 1b
die	Kündigung, -en	14, 5a
der	Kunstschnee (Sg.)	4, 6a
die	Kuppel, -n	Panorama 5, 1b
die	Kutsche, -n	Panorama 6, 1a

L

das	Labor, -e	6, 1a
der	Lack, -e	13, 4a
die	Ladezeit, -en	12, 1b
das	Lager, -	14, 8b
die	Lagerhalle, -n	14, 8b
	landen	14, 1a
die	Landschaft, -en	4, 4a
die	Landwirtschaft, -en	4, 6a
die	Langeweile (Sg.)	6, 4a
der	Lärm (Sg.)	2, 6b
	lassen	6, 5c
der	Latte Macchiato, -s	3, 3a
das	Laub (Sg.)	15, 1a
der	Laubbaum, -äu-e	15, 1a
der	Lautsprecher, -	2, 4b

Wortliste

die Lawine, -n		4, 5b
der Lebenslauf, -äu-e		10, 3d
leiden		1, 6a
die Leinwand, -ä-e		7, 3a
die Leistung, -en		12, 1b
leiten		10, 1a
die Leiter, -n		2, 1b
der Liebhaber, -		15, 1b
die Liebhaberin, -nen		15, 1b
die Lieferung, -en		3, 2a
die Linie, -n		4, 7b
das Loch, -ö-er		15, 4c
die Logistik, -en		14, 2a
der Lohn, -ö-e		5, 1c
lokal		7, 1a
der Lokführer, -	Panorama 7, 2b	
die Lokführerin, -nen	Panorama 7, 2b	
los|fahren		16, 4a
der Löwe, -n		5, 2b
die Luft (Sg.)		15, 1a
die Lüge, -n		1, 1b
lügen		1, 1b

M

mager		3, 2a
mähen		9, 7b
die Mahlzeit, -en		12, 1b
der Mangel, -ä-		4, 6a
die Mannschaft, -en		7, 5b
die Marke, -n		13, 4a
das Marketing (Sg.)		1, 6a
die Marketingabteilung, -en		1, 6a
der Masseur, -e		14, 8b
die Masseurin, -nen		14, 8b
die Mauer, -n		8, 1
der Mauerbau (Sg.)		8, 2a
das Medium, Medien	Dt. akt. 7/8, 2b	
die Mehrwertsteuer (MwSt.), -n		12, 1b
melden		4, 7b
die Meldung, -en		7, 6b
die Melone, -n		3, 3a
das Menschenrecht, -e		8, 7a
merkwürdig		1, 1b
messen		6, 1a
der Meteorologe, -n		4, 7b
die Meteorologin, -nen		4, 7b
der Metzger, -		3, 2a
die Metzgerin, -nen		3, 2a
der Migrant, -en		8, 6a
die Migrantin, nen		8, 6a
mindestens		12, 6b
der Minister, -		8, 7a
die Ministerin, -nen		8, 7a
der Mischwald, -ä-er		15, 1a
missbrauchen		12, 6b
das Missverständnis, -se		12, 3b
mit|arbeiten		4, 2a
miteinander		2, 4b
mit|nehmen		4, 5b
mit|teilen		7, 1b
mitten in ...		4, 1b
die Mobilität (Sg.)		9, 1a
möglichst		15, 6a
das Moped, -s		8, 2d
das Motiv, -e		9, 3a
der Motor, -en		5, 1a
das Mountainbike, -s		1, 5a
der MP3-Player, -	Dt. akt. 7/8, 2b	
die Mülltonne, -n		15, 3c
das Müsli (Sg.)		3, 3a
muslimisch		16, 6a
der Mut (Sg.)		8, 6d

N

nach|denken	Panorama 7, 2a	
nachdem		10, 2c
nacheinander		10, 4b
nach|wachsen		14, 8b
das Nachthemd, -en		6, 4a
die Nadel, -n		15, 1a
der Nadelbaum, -äu-e		15, 1a
nähen		6, 5d
die Naturkatastrophe, -n	Panorama 3, 1a	
die Nebentätigkeit, -en		10, 3d
negativ		1, 2b
der Nerv, -en		15, 1d
das Nervensystem, -e		15, 1d
das Netzwerk, -e		3, 7b
nicht nur ... sondern auch		9, 4d
niemand		1, 3a
normalerweise		3, 3a
notieren (sich)		11, 1d
nötig		10, 1a
nüchtern		6, 4a
die Nutzung, -en		15, 1b

O

obwohl		3, 3a
offen		1, 1b
die Ökologie (Sg.)		15, 1b
ökologisch	Panorama 1, 1b	
die OP, -s		6, 4a
operieren		6, 1a
ordentlich		1, 3a
die Ordnung, -en		2, 6c
das Organisationstalent, -e		10, 1a
die Orthopädie, -		6, 1a

P

die Packstation, -en		14, 2a
die Pädagogik, -en		10, 1a
der Paketbote, -n		14, 2a
der Paketkasten, -ä-		14, 2a
die Panik, -en		15, 1b
parken	Dt. akt. 13/14, 3a	
die Partei, -en		8, 6a
passend		13, 4a
der Pate, -n		6, 7a
der PC, -s		5, 1c
per		3, 2a
das Personal (Sg.)		11, 6c
pflegen		4, 1b
die Pflicht, -en		9, 7b
der Pilz, -e		15, 1a
der Pinguin, -e		3, 2a
die PIN-Nummer, -n		12, 6b
die Plattform, -en		2, 1a
politisch		8, 6a
die Polizei (Sg.)		7, 1b
der Polizist, -en		5, 1a
die Polizistin, -nen		5, 1a
positiv		1, 2b
der Praktikant, -en	Panorama 5, 2a	
die Praktikantin, -nen	Panorama 5, 2a	
die Presse (Sg.)		8, 1a
die Pressefreiheit, -en		8, 2c
der Pressesprecher, -	Panorama 5, 2a	
die Pressesprecherin, -nen	Panorama 5, 2a	

das	Prinzip, -ien	14, 8b
die	Probefahrt, -en	13, 4a
das	Produkt, -e	3, 2a
	produzieren	DACH bekannt, 1a
	programmieren	11, 5a
der	Prospekt, -e	5, 4c
	protestieren	8, 4b
	prüfen	5, 1a
der	Psychologe, -n	7, 5b
die	Psychologin, -nen	7, 5b
das	Public Viewing (Sg.)	7, 3c
die	Pumpe, -n	Panorama 3, 1a
die	Pünktlichkeit (Sg.)	9, 7b
die	Putzfrau, -en	6, 5d
der	Pyjama, -s	6, 4a

Q

die	Qualität, -en	3, 7b
der	Quark (Sg.)	3, 2a

R

der	Rabatt, -e	12, 1b
der	Rand, -ä-er	15, 5a
der	Rasen, -	9, 7b
die	Rate, -n	12, 1b
	raten	2, 2a
	realisieren	14, 5a
	realistisch	9, 4b
die	Realität, -en	3, 7b
	rechnen	14, 2a
das	Recht, -e	9, 7a
die	Redaktion, -en	10, 3d
die	Reform, -en	8, 7a
die	Regel, -n	6, 4a
die	Regie (Sg.)	2, 6b
	regieren	8, 1
die	Regierung, -en	8, 1
der	Regisseur, -e	16, 4b
die	Regisseurin, -nen	16, 4b
das	Reh, -e	15, 5a
	reich	14, 8a
	reichen	2, 1b
	reif	3, 2a
der	Reifen, -	13, 2a
	reinigen	6, 5d
die	Reinigung, -en	11, 1a
der	Rekord, -e	7, 1b
die	Renovierung, -en	Panorama 5, 1b
der	Rentner, -	2, 4b
die	Rentnerin, -nen	2, 4b
die	Reparatur, -en	13, 1c
die	Reservierung, -en	Panorama 6, 2b
der	Restaurantbesitzer, -	3, 7b
	retten	Panorama 3, 1a
das	Rezept, -e	3, 2a
das	Risiko, Risiken	Panorama 7, 2a
die	Rolle, -n	2, 6b
der	Rollstuhl, -ü-e	6, 7a
der	Roman, -e	5, 7a
der	Romantiker, -	15, 1b
die	Romantikerin, -nen	15, 1b
die	Rose, -n	Dt. akt. 15/16, 1a
die	Roststelle, -n	13, 4a
die	Rückkehr (Sg.)	9, 6b
der	Rückkehrer, -	9, 6c
die	Rückkehrerin, -nen	9, 6c
	rufen	7, 1b

S

der	Saal, Säle	6, 1a
	saftig	3, 7b
die	Saison, -s	3, 2a
der	Salon, -s	5, 1a
der	Satz, -ä-e	1, 6a
	sauer	1, 1b
	saugen	6, 5c
der	Schaden, -ä-	13, 4b
	schaffen	3, 3a
der	Schal, -s	Dt. akt. 11/12, 2
der	Schalter, -	2, 3a
	schätzen	1, 1b
das	Schaufenster, -	7, 3a
der	Scheck, -s	12, 6a
	scheu	15, 5a
	schießen	7, 3a
	schimpfen	5, 1c
	schließlich	9, 7b
die	Schließung, -en	8, 2a
der	Schluss, -ü-e	Dt. akt. 1/2, 3
der	Schlüsseldienst, -e	11, 1a
	schmutzig	Dt. akt. 3/4, 4
die	Schneedecke, -n	4, 6a
die	Schneekanone, -n	4, 4a
	schneesicher	4, 6a
	schonen (sich)	13, 7a
	schüchtern	16, 4a
	schuld	4, 6a
	schulfrei	4, 7a
die	Schüssel, -n	12, 1b
der	Schutz (Sg.)	8, 4c
	schützen	15, 7a
	schwierig	1, 1b
	seit/seitdem	7, 4a
	selb-	14, 2a
	selbstständig	5, 2a
die	Selbstständige, -n	14, 5a
der	Selbstständige, -n	14, 5a
die	Selbstständigkeit, -en	Panorama 6, 2c
das	Selfie, -s	3, 7b
der	Senior, -en	6, 7a
die	Seniorin, -nen	6, 7a
das	Shampoo, -s	6, 4a
die	Siedlung, -en	Panorama 1, 1b
	sinken	4, 4a
die	Sitte, -n	9, 7b
	skeptisch	15, 1b
die	Skipiste, -n	4, 6a
	sog. (sogenannt)	7, 5b
der	Solarstrom (Sg.)	14, 8b
	sondern	12, 6b
der	Sonderpreis, -e	13, 6c
	sonst	9, 7b
	sorgen	Panorama 3, 1a
die	Soße, -n	3, 2a
	sowohl ... als auch	9, 4d
	sozial	3, 7b
der	Sozialpädagoge, -n	6, 7a
die	Sozialpädagogin, -nen	6, 7a
die	Spannung (Sg.)	2, 6b
	sparsam	12, 1c
der	Spaziergänger, -	15, 5a
die	Spaziergängerin, -nen	15, 5a
die	Spende, -n	14, 8b
	spezialisieren sich	5, 1c
der	Spezialist, -en	5, 1c
die	Spezialistin, -nen	5, 1c
die	Spezialtour, -en	Panorama 6, 2b
der	Spielkamerad, -en	6, 7a
die	Spielkameradin, -nen	6, 7a
	spontan	13, 1c
die	Spritze, -n	6, 1a

Wortliste

	spülen	6, 5a
der	Staat, -en	8, 1
	staatlich	10, 1a
	ständig	5, 6a
	starten	7, 1b
die	Statistik, -en	7, 6a
der	Staub (Sg.)	12, 1a
der	Staubsauger, -	12, 1b
die	Steckdose, -n	2, 3a
der	Stecker, -	2, 1b
	stehlen	16, 4a
	steigen	4, 4a
	steil	13, 7a
die	Stellenanzeige, -n	10, 2d
die	Steuer, -n	2, 1b
das	Stichwort, -ö-er	3, 7d
	still	11, 5a
die	Stimmung, -en	7, 3c
	stolz	6, 7a
die	Straßenbedingung, -en	4, 7b
die	Strategie, -n	1, 6a
die	Strecke, -n	7, 1b
	streichen	6, 5d
der	Streit (Sg.)	7, 1b
die	Studie, -n	1, 3c
die	Stufe, -n	2, 3a
der	Sturm, -ü-e	4, 7a
der	Swimmingpool, -s	6, 5e
das	System, -e	15, 1b

T

das	Tagebuch, -ü-er	5, 5b
der	Tagesablauf, -äu-e	Panorama 4, 2a
das	Talent, -e	10, 1a
der	Tänzer, -	10, 1a
die	Tänzerin, -nen	10, 1a
die	Tätigkeit, -en	10, 3d
	tatsächlich	3, 3a
der	Tauschring, -e	2, 1b
	teamfähig	10, 1a
die	Technologie, -n	5, 7a
	teilweise	4, 7b
	telefonisch	11, 4b
die	Temperatur, -en	4, 4a
	testen	14, 2a
die	Theorie, -n	15, 1b
die	Therapie, -n	6, 7a
das	Thermometer, -	4, 7b

	tiefgekühlt	3, 2a
der	Tod, -e	16, 4a
die	Toleranz (Sg.)	9, 3a
das	Tor, -e	7, 3a
der	Tourismus (Sg.)	4, 6a
	transportieren	2, 5a
	traurig	1, 1b
der	Treffpunkt, -e	11, 5a
der	Trend, -s	2, 1a
die	Trennung, -en	1, 1b
das	Treppenhaus, -äu-er	2, 3a
	treu	1, 3a
der	Trick, -s	1, 6a
das	Trinkgeld, -er	7, 1b
	trotz	8, 5a
	trotzdem	1, 1b
der	Tumor, -e	16, 4a
der	Tunnel, -	Panorama 7, 1

U

	über (temporal)	2, 4b
	überlegen	2, 4b
	übernachten	16, 6a
	überprüfen	13, 4a
	überraschen	12, 2b
die	Überstunde, -n	5, 1a
	überweisen	12, 3b
die	Überweisung, -en	12, 3b
	überzeugen (sich)	8, 7b
	übrig	15, 5a
	übrig|bleiben	15, 5a
	übrigens	9, 4b
	übrig|lassen	15, 5a
die	Übung, -en	5, 5b
das	Ufer, -	15, 1a
	um ... zu	8, 6a
	umarmen sich	7, 3a
	um|bauen	Panorama 2, 2b
die	Umfrage, -n	8, 7b
	umgekehrt	10, 6a
der	Umschlag, -ä-e	10, 6a
der	Umtausch, -au-e/-äu-e	11, 6c
	um|tauschen	11, 6b
die	Umwelt (Sg.)	4, 1a
der	Umweltschutz (Sg.)	8, 4c
	ungefähr	Panorama 1, 1b
die	Unterhaltung, -en	2, 6b
die	Unterkunft, -ü-e	16, 6a
das	Unternehmen, -	14, 2a

der	Unternehmer, -	14, 8b
die	Unternehmerin, -nen	14, 8b
	unterrichten	10, 1b
	unterstützen	9, 1a
	untersuchen	6, 1a
die	Untersuchung, -en	15, 1b
die	Ursache, -n	4, 6a

V

	vage	12, 2b
der	Vegetarier, -	Dt. akt. 3/4, 3b
die	Vegetarierin, -nen	Dt. akt. 3/4, 3b
	verabreden (sich)	1, 3c
die	Verabredung, -en	12, 2a
	verändern (sich)	4, 6a
	veranstalten	15, 7a
der	Veranstalter, -	15, 7a
die	Veranstalterin, -nen	15, 7a
die	Veranstaltung, -en	7, 5b
die	Verantwortung (Sg.)	5, 1c
	verantwortungsvoll	14, 8a
der	Verband, -ä-e	6, 1a
	verbessern (sich)	6, 4a
	verbieten	16, 4c
die	Verbindung, -en	1, 1b
der	Verbrauch (Sg.)	12, 1b
	verdoppeln (sich)	14, 2a
	vereinbaren	12, 3b
	vergleichen	13, 4a
	verhaften	8, 1
die	Verhandlung, -en	Dt. akt. 9/10, 3
der	Verkehr (Sg.)	4, 1b
die	Verkehrskontrolle, -n	5, 1c
die	Verkehrsmeldung, -en	7, 6b
das	Verkehrsmittel, -	16, 6a
der	Verlag, -e	10, 3d
	verlangen	8, 4d
	verlängern	11, 4b
	vermeiden	10, 6a
	vermieten	2, 1b
	vermissen	1, 1b
	verpassen	7, 1b
	verschwinden	Panorama 8, 1b
	versichern	9, 1d
die	Versicherung, -en	2, 1b
	versprechen	14, 5a
der	Versuch, -e	3, 3a

	vertr**au**en (sich)	1, 1b
	verw**e**chseln	10, 6a
	verz**i**chten	3, 3a
die	V**ie**lfalt (Sg.)	9, 3a
das	V**ie**rtel, -	7, 6a
die	Vok**a**bel, -n	5, 5b
das	V**o**lk, -ö-er	8, 7a
die	V**o**lksabstimmung, -en	8, 7a
das	Volontari**a**t, -e	10, 3d
	v**o**n ... **a**n (temporal)	2, 4b
	von klein auf	9, 7b
die	V**o**rbereitung, -en	Panorama 2, 2b
die	V**o**rkasse, -n	12, 6a
das	V**o**rstellungsgespräch, -e	10, 2b
der	V**o**rtrag, -ä-e	14, 8b

W

die	W**a**ffe, -n	8, 6a
	w**ä**hrend	9, 1d
die	W**ä**hrung, -en	9, 1a
	w**a**rnen	4, 7b
der	W**a**schbär, -en	15, 5a
	w**a**schecht	9, 7b
die	W**a**schmaschine, -n	12, 1d
die	W**a**sseranlage, -n	Panorama 3, 1a
der	W**a**sserbehälter, -	Dt. akt. 11/12, 5a
die	W**a**sserpumpe, -n	Panorama 3, 1a
der	W**a**sserverbrauch (Sg.)	12, 1b
das	W**a**ttenmeer (Sg.)	Panorama 8, 1b
das	WC, -s	13, 6c
	w**e**der ... n**o**ch	9, 4d
	w**e**g|bringen	12, 1a
	w**e**gen	8, 5a
	w**e**g|fallen	14, 1a
die	W**ei**terbildung, -en	11, 5a
	w**ei**ter|geben	15, 1b
	w**ei**ter|suchen	13, 4a
die	W**e**lle, -n	Panorama 5, 1b
das	W**e**rk, -e	Panorama 3, 1a
die	W**e**rkstatt, -ä-en	2, 4b
	w**e**rktags	Panorama 6, 2b
das	W**e**rkzeug, -e	2, 1b
der	W**e**rt, -e	8, 4d
die	Wiedervereinigung, -en	8, 1
die	W**ie**se, -n	15, 1a
	w**i**ld	15, 5a
	w**i**rken	10, 6a
die	W**i**rtschaft (Sg.)	4, 4b
	w**i**schen	12, 1a
die	W**i**ssenschaft, -en	9, 1a
der	W**i**ssenschaftler, -	15, 7a
die	W**i**ssenschaftlerin, -nen	15, 7a
	wissenschaftlich	15, 1b
	w**ö**chentlich	3, 2a
der	W**o**hlstand (Sg.)	9, 3a
die	W**o**lle (Sg.)	5, 7a
	w**ü**nschen (sich)	2, 2a
der	W**ü**rfel, -	5, 7a
	w**ü**tend	1, 1b

Z

	z**ä**hlen	15, 7a
	z**a**hlreich	11, 5a
die	Z**a**hlung, -en	12, 6b
die	Z**a**hnbürste, -n	6, 4a
die	Z**a**hnpasta, -pasten	6, 4a
die	Z**a**nge, -n	2, 3a
der	Z**au**n, -äu-e	15, 5b
das	Zertifik**a**t, -e	10, 1a
	z**ie**hen	9, 4b
das	Z**ie**l, -e	8, 6b
die	Z**i**nsen (Pl.)	12, 1b
	z**u**|bereiten	3, 2a
die	Z**u**kunft (Sg.)	8, 6a
	z**u**|machen	4, 6a
	z**u**|nehmen	Dt. akt. 3/4, 4
	zur**ü**ck|bringen	12, 5
	zur**ü**ck|geben	11, 4b
	zurz**ei**t	8, 1
die	Z**u**sage, -n	10, 2d
die	Zus**a**mmenarbeit (Sg.)	5, 7a
	z**u**sätzlich	6, 7a
der	Z**u**stand, -ä-e	13, 4a
	z**u**ständig	10, 1a
	zw**ei**feln	8, 7b

Konzept

PANORAMA ist ein Lehrwerk für erwachsene Lernende ohne Vorkenntnisse, die im In- und Ausland Deutsch lernen. Es führt in drei Gesamt- bzw. in sechs Teilbänden zu den Niveaustufen A1, A2 und B1 des Gemeinsamen europäischen Referenzrahmens und bereitet auf die entsprechenden Prüfungen des Goethe-Instituts sowie die telc-Prüfungen vor.

Mit dem vorliegenden Band B1 erreicht man das Niveau in 90 bis 120 Unterrichtseinheiten.

1 Was uns wichtig war

Die folgenden Ziele und Schwerpunkte waren uns bei der Entwicklung des Lehrwerks wichtig:

Authentisches Sprachhandeln

Das grundlegende Ziel eines modernen Fremdsprachenunterrichts ist es, in der Fremdsprache den Situationen entsprechend angemessen und differenziert sprachlich handeln zu können. Um das zu erreichen, ist – neben der Erarbeitung von Wortschatz und Strukturen – die Förderung aller fünf Fertigkeiten (Hören, Sprechen, Lesen, Schreiben und Hör-Sehen) wichtig. Dies geschieht in PANORAMA in integrativer Form, d.h. in vielen Aufgaben werden mehrere Fertigkeiten in direktem Bezug zueinander gefördert. Dabei werden das (Welt-)Wissen und die Erfahrungen der TN einbezogen. Den Abschluss einer Lernsequenz bilden die Zielaufgaben mit Ich-Bezug, in denen die TN in authentischen Kontexten selbstständig produktiv in der Fremdsprache handeln.

Mehrkanaliges Lernen

Es gibt unterschiedliche Lernertypen, die einen lernen mit Visualisierungen am besten, andere wollen alles hören. Alle Typen haben gemeinsam, dass eine Kombination der Wahrnehmungskanäle am nachhaltigsten ist. Die visuelle und akustische Präsentation der Lerninhalte über Bilder, Lese- und Hörtexte ist Standard. Darüber hinaus bieten wir die Lerninhalte in verschiedenen medialen Formen an. So ist die Arbeit mit dem Video – und damit die Förderung des Hör-Sehens – in den Verlauf der Einheiten und direkt ins Unterrichtsgeschehen integriert. Die Videoarbeit hat außerdem auch ein hohes Motivationspotential, da die Video-Clips empathisches Verstehen erleichtern und so ein lebendiges, direktes und attraktives Erleben der Sprache ermöglichen.

Die Augmented-Reality-Materialien (= Video-Clips und Video-Slideshows) ermöglichen ein selbstgesteuertes, individuelles Lernen. Sie sind aber auch im Unterricht einsetzbar. Hinweise dazu finden Sie in den Kommentaren zu den Einheiten.

Das Unterrichten mit PANORAMA ist allerdings auch ohne Video und Augmented-Reality-Materialien möglich, ohne dass die Progression Schaden nimmt. Die Dialoge aus den Video-Clips liegen Ihnen auch als Hörtexte vor.

Inhalt vor Form

Die kommunikativen Lernziele werden in den Kann-Bestimmungen des Gemeinsamen europäischen Referenzrahmens dargestellt und dienten uns als Grundlage für die Entwicklung der Progression. Damit die TN diese Kompetenzen erwerben können, sind bestimmte „Werkzeuge" nötig: Dazu gehören neben Wortschatz und Redemitteln auch grammatische Strukturen. Für das Konzept von PANORAMA bedeutet das, dass eine Form nicht um ihrer selbst willen eingeführt wird, sondern immer zunächst im Rahmen eines inhaltlich relevanten Kontextes präsentiert wird. Es folgt die Bewusstmachung, dann das Üben und das gesteuerte Anwenden als Vorbereitung zum möglichst eigenständigen Transfer.

Sicheres und flüssiges Sprechen

Das Sprechen im Fremdsprachen-Unterricht (und ganz besonders im Anfangsunterricht) hat weit mehr Funktionen als „nur" den mündlichen Austausch. Es hilft beim Einprägen des Wortschatzes, sorgt durch Automatisierung dafür, dass grammatische Strukturen nicht nur verstanden, sondern auch flüssig angewendet werden, und ist natürlich unerlässlich für das Erlangen einer adäquaten, d. h. verständlichen Aussprache. Wir legen deshalb viel Wert auf Aufgaben- und Arbeitsformen, die die Sprechanteile der TN gezielt erhöhen, sei es durch wechselnde Sozialformen wie Partner- und Gruppenarbeit oder auch durch kooperative Aufgaben.

Sinnvolles Üben

Beim Üben – im Gegensatz zum Testen – soll es nicht darum gehen, Wissen abzufragen, sondern die sprachlichen Kompetenzen zu trainieren und zu festigen, möglichst anhand für die TN persönlicher, bedeutungsvoller Aussagen. Je emotional ansprechender eine Aufgabe oder Übung ist – sei es durch die Arbeitsform oder durch den Inhalt –, desto wirkungsvoller ist sie. Deshalb finden Sie in PANORAMA regelmäßig Lieder, Spiele und Rätsel sowie Aufgaben, bei denen sich die TN bewegen und kooperieren.

Die Deutsch-aktiv-Doppelseiten erweitern das Übungsangebot, fördern die Lernerautonomie anhand von spielerischen Aufgaben mit der Möglichkeit gegenseitiger Kontrolle und können auch binnendifferenzierend im Unterricht eingesetzt werden.

Wichtig ist uns auch, dass den TN ausreichende und vielfältige Möglichkeiten zum selbstständigen Üben vorliegen. Dazu gehört neben den Augmented-Reality-Materialien auch das Übungsbuch, das ein eigenständiges Arbeiten zu Hause erlaubt (dazu s. S. 191).

Spannende Einblicke in die deutschsprachige Lebenswelt

In den Einheiten wie auch auf den Panorama-Doppelseiten werden zahlreiche Informationen über die DACH-Länder und deren Kultur vermittelt. Die TN werden zum Vergleich mit der eigenen Kultur angeregt und damit wird das interkulturelle Lernen gefördert.

Schnelle Erfolgserlebnisse

Wenn man Erfolg hat, macht das Lernen besonders viel Spaß. Kurze Einheiten, Lernphasen, die mit einem vorzeigbaren Ergebnis enden, Aufgaben, die gegenseitiges Helfen fördern, sowie schnelle Fortschritte beim Sprechen motivieren die TN beim Lernen und machen Lust auf mehr.

2 Das Kursbuch

Die Gesamtbände umfassen 16 klar strukturierte Einheiten mit jeweils sechs Seiten. Die Teilbände haben dementsprechend jeweils acht Einheiten. Im zweiten Teilband entsprechen die Seitenzahlen denen im Gesamtband, sodass beide Ausgaben parallel im Unterricht verwendet werden können.

Nach jeweils zwei Einheiten folgt eine Deutsch-aktiv-Doppelseite. Diese Seiten bieten zusammenfassende Wiederholungsaufgaben für den Kursraum. Die anschließenden Panorama-Doppelseiten sind in die Progression eingebunden und präsentieren einen landeskundlichen Schwerpunkt aus den deutschsprachigen Ländern. Das Gelernte aus den vorherigen Einheiten wird hier zusammengefasst und erweitert, wobei die großzügige Bebilderung zahlreiche Sprechanlässe bietet.

Im Anhang des Kursbuchs befinden sich die Partnerseiten, Phonetik zu den Einheiten 1 bis 16, Transkripte der in den Einheiten nicht oder nicht vollständig abgedruckten Hörtexte sowie die alphabetische Wortliste.

3 Aufbau einer Einheit

Alle Einheiten folgen einem einheitlichen und linearen Aufbau, d. h. die Präsentation und Vermittlung der Lerninhalte sowie die Reihenfolge der Aufgaben ist chronologisch aufgebaut. Das betrifft auch den Schwierigkeitsgrad der Übungen und Aufgaben.

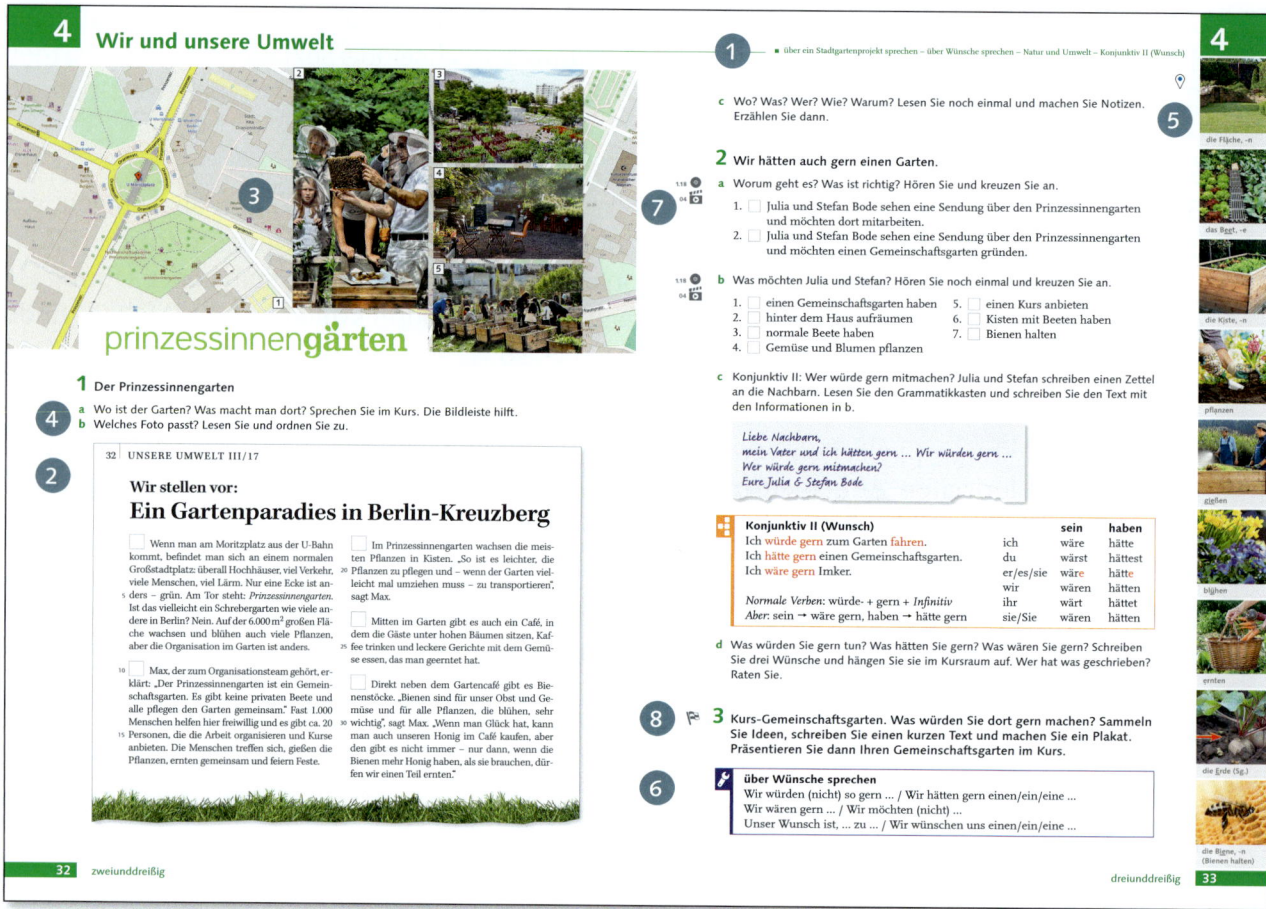

Um Ihnen und den TN die Orientierung innerhalb der Einheiten zu erleichtern, sind die Lerninhalte und -ziele ❶ in der Kopfzeile auf jeder Doppelseite ausgewiesen.

Präsentation der Lerninhalte

Jede Einheit beginnt mit einem Input zu dem neuen Thema – anhand von authentischen Lese- oder Hörtexten ❷. Im ersten Schritt erfolgt eine Vorentlastung durch einen visuellen Impuls in Form von Abbildungen ❸. Beim Austausch darüber wird das Vorwissen der TN abgefragt, bekannte Inhalte und Formen werden wiederholt und angewendet und einfache neue Strukturen mitgegeben.

Alle Fertigkeiten werden in sinnvollen Lernsequenzen systematisch und integrativ trainiert. Dazu gehört auch die Vermittlung von Lese- und Hörstrategien ❹, die das globale, selektive und detaillierte Verstehen unterstützen.

Visualisierung von Wortschatz

Die Themen und der Wortschatz in PANORAMA orientieren sich am Gemeinsamen europäischen Referenzrahmen und den entsprechenden Prüfungen des Goethe-Instituts. Bei der Vermittlung von Wortschatz wird großer Wert auf Wortverbindungen gelegt, die z.T. das grammatische Niveau übersteigen und von den TN als Ganzes gelernt werden sollen, ohne analysiert zu werden.

Zur Unterstützung des Lernprozesses werden die wichtigsten Wörter eines Wortfelds in einer Bildleiste ⑤ präsentiert. Bevor die TN sie produktiv anwenden, haben sie die Möglichkeit, die Wörter zunächst „in den Mund zu nehmen", d.h. sie zu lesen und nachzusprechen und dabei die Aussprache und den Wortakzent zu lernen. Der Wortschatz wird dabei durch mehrere Kanäle (Sehen, Hören, Sprechen) vermittelt, sodass er nachhaltig gespeichert werden kann.

Neben den Bildleisten (und den Grammatikkästen) haben auch die Redemittelkästen ⑥ Werkzeugfunktion, das heißt, sie sind eine direkt zur Verfügung stehende Hilfe zur Realisierung der Sprachhandlungen. Gleichzeitig dienen sie als Lernhilfe zum systematischen Lernen von Redemitteln in ihrer kommunikativen Funktion.

Arbeit mit dem Video: Hör-Sehen statt nur Hören

In jeder Einheit gibt es einen wichtigen Dialog (oder Text), der nicht nur als Audio-Datei, sondern auch als Video-Clip ⑦ verfügbar ist. Das ermöglicht Ihnen, das sonst übliche Hörverstehen zu einem Hör-Sehverstehen zu erweitern und die vielfältigen Möglichkeiten der Videoarbeit in das Unterrichtsgeschehen zu integrieren.

Die Lernenden begegnen in den 16 Clips vier Personen aus einem Mietshaus (Helga Mertens, Julia und Stefan Bode sowie Jannis Passadakis) und erleben die Lehrwerksdialoge so in einem natürlichen, alltäglichen Umfeld. Der Einsatz des Videos ist sehr zu empfehlen, da er eine Reihe von Vorteilen bietet, die einen modernen Unterricht gemäß neuer fremdsprachendidaktischer Erkenntnisse erleichtern:

– Anschaulichkeit: Die Visualisierung sowohl der eigentlichen Textinhalte als auch der handelnden Personen und ihres Umfelds ermöglichen ein besseres Verständnis. Zudem liefert das Video durch die Pausenfunktion praktisch unbegrenzt zusätzliches Bildmaterial, das zur Bildbeschreibung und zur Erarbeitung oder Wiederholung eines Wortfelds genutzt werden kann.

– Binnendifferenzierung: Die zusätzlichen visuellen Impulse sowie die zu den Video-Clips gehörigen Kopiervorlagen ermöglichen Ihnen, besser auf die unterschiedlichen Bedürfnisse heterogener Lernergruppen einzugehen.

– Lebendige und authentische Lernumwelten: Besonders für TN im Ausland sind die landeskundlichen Zusatzinformationen, die ein Video beinhaltet, interessant.

– Mehrkanaliges Lernen: Je mehr unterschiedliche Lernimpulse es gibt, desto besser werden die unterschiedlichen Lernertypen angesprochen.

– Unterstützung des Dialogtrainings: Durch die Untertitelfunktion kann flüssiges (Mit-)Sprechen in Dialogsituationen gezielt trainiert werden.

Zielaufgaben: das Gelernte umsetzen

Die Lernsequenzen schließen mit einer Transfer- oder Zielaufgabe ⑧ ab, die das Gelernte in einen neuen, etwas komplexeren Kontext setzt. Die TN wenden hier sowohl die Lexik als auch die Strukturen in einer für den Alltag relevanten Situation produktiv an. Dabei werden oft kooperative Arbeitsformen gewählt, die sowohl das selbstständige Arbeiten fördern wie auch den Sprechanteil der TN im Kurs erhöhen.

Das Produkt – oft in Form eines „Ich-Textes" – bringt den TN ein Erfolgserlebnis und dient Ihnen zur (indirekten oder direkten) Leistungskontrolle bzw. den TN zur Dokumentation des Lernfortschritts (z.B. als Bestandteil ihres Sprachportfolios). Die Texte können zur Durchführung einer kommunikativen Kursraumaktivität genutzt werden. Die schriftliche Produktion wird als Sprechanlass genutzt, um „echte" Äußerungen über sich und die anderen TN zu produzieren.

Konzept

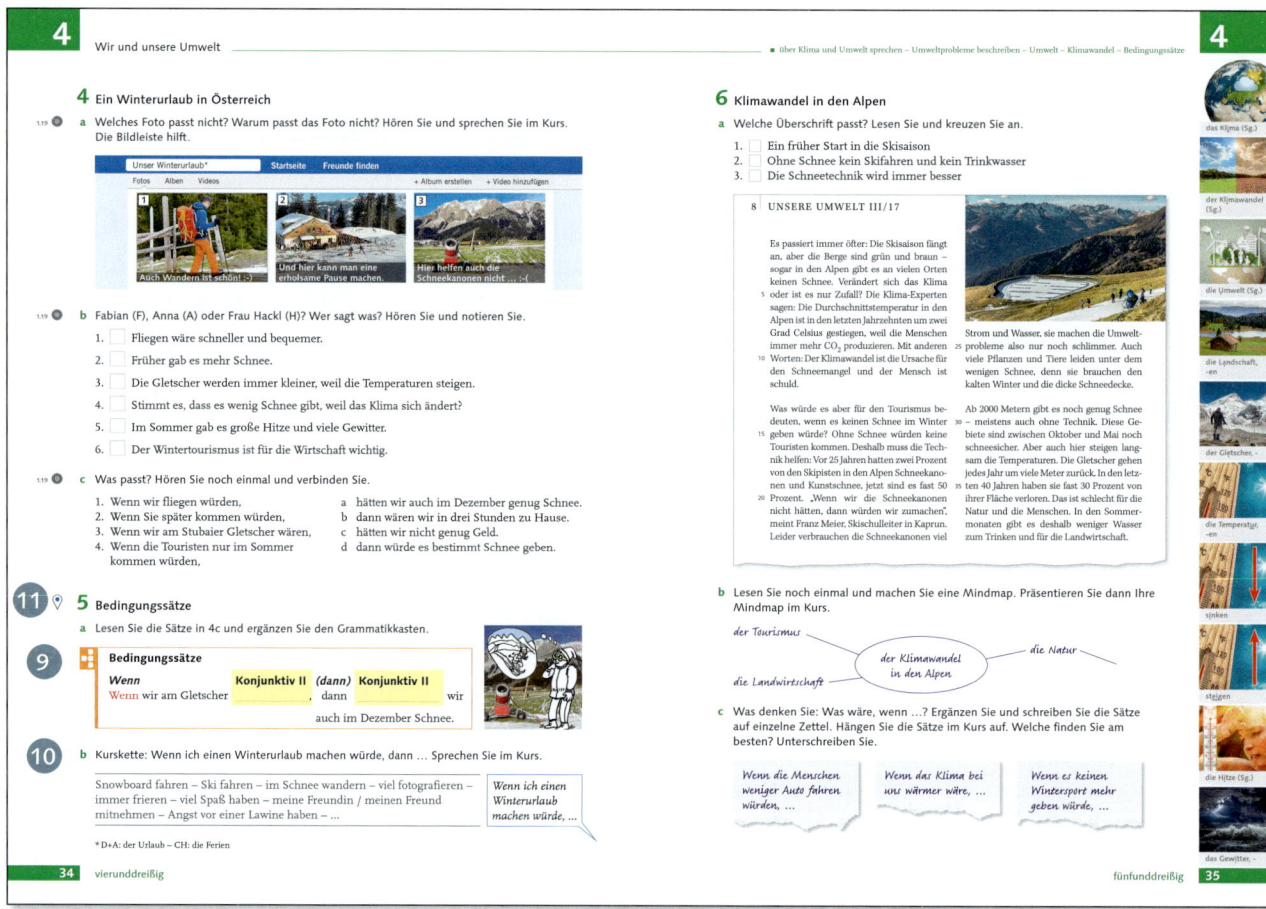

Grammatik: Mittel zum Zweck

Bevor eine neue grammatische Struktur mithilfe eines anschaulichen Grammatikkastens 9 kognitiviert wird, steht die Vermittlung des Inhalts und der Bedeutung der jeweiligen Struktur im Mittelpunkt (Inhalt vor Form). Die Erarbeitung der Formen folgt meistens dem induktiven (entdeckenden) Vorgehen, d. h. die TN finden die Formen selbstständig im Text und ordnen sie, indem sie den Grammatikkasten ergänzen oder sie systematisch erfassen. Die aktive Erschließung der grammatischen Strukturen beim induktiven Vorgehen ist in vielen Fällen nachhaltiger als eine deduktive Vermittlung, also die reine Präsentation des Paradigmas oder der Regelhaftigkeit. Trotzdem kann ein deduktives Vorgehen in enger Verbindung mit einer Anwendungsaufgabe manchmal ökonomischer sein, sodass in PANORAMA beide Methoden – das induktive und das deduktive Vorgehen – angewendet werden. Nach der Bewusstmachung einer Struktur folgt zunächst eine Automatisierungsaufgabe 10 (s. weiter Automatisierung) und/oder eine gelenkte Anwendung. Die Lernsequenzen münden schließlich in einer freien, produktiven Aufgabe, in der das Gelernte umgesetzt wird (s. vorne Zielaufgaben).

Grundsätzlich folgt die Einführung der Strukturen dem Prinzip der Funktion und nicht dem der Vollständigkeit. Das heißt, dass grammatische Strukturen dann eingeführt werden, wenn sie für eine Sprachhandlung gebraucht werden. Deshalb werden bestimmte Strukturen gemäß ihrer Funktion selektiert und nicht von Anfang an vollständig eingeführt, z. B. bei der Verbkonjugation, der Deklination von Adjektiven oder den Präpositionen.

Automatisierung

Damit die TN schnell und sicher flüssig sprechen können, reicht es nicht aus, neue Wörter zu erlernen oder eine grammatische Struktur verstanden zu haben. Deshalb werden sowohl die neue Lexik, aber v. a. auch neue Strukturen in Automatisierungsaufgaben ⑩ geübt und gefestigt. Das geschieht durch die mehrfache Wiederholung einer Struktur mit einer logisch sinnvollen Variation, die die Konzentration auf den Inhalt lenkt und bei der die Form quasi nebenbei mitgegeben wird. Die Automatisierungsaufgaben sind so gesteuert, dass die TN möglichst keine Fehler machen.

Die Augmented-Reality-Materialien: Selbstständiges Üben und Visualisierung

Durch die kostenlose App *PagePlayer* haben die Lerner Zugang zu Video-Clips, die sie auf ihr Smartphone oder Tablet laden können. Das Icon ⓥ weist auf die Augmented-Reality-Materialien hin ⑪.

Folgende Augmented-Reality-Materialien gibt es zu PANORAMA:

- Wortschatz-Slideshows zu den Bildleisten: Der dort präsentierte Wortschatz kann mithilfe der Videos in zwei bis drei Phasen trainiert werden. Die Wörter werden gehört und nachgesprochen und/oder sie werden abgefragt und können zur Kontrolle gehört werden. Eine dritte Phase ermöglicht das Lernen im Kontext: Die TN beantworten Fragen mit dem Wortschatz, ergänzen Wortverbindungen u. ä.

- Grammatik-Animationen: Ausgewählte Grammatikstrukturen werden in den Clips visualisiert und bieten somit eine andere Art der Erklärung des Grammatikthemas.

- Strategie-Videos: Hier werden anhand von Beispielen wichtige Strategien zum Lesen und Hören vermittelt, wie z. B. das Thema oder die Situation erkennen, Schlüsselwörter finden, mit W-Fragen arbeiten usw. Am Ende bekommen die TN eine Aufgabe, bei der sie die soeben vermittelte Strategie gleich anwenden können.

- Quiz-Videos zu den Panorama-Doppelseiten: Das Thema der jeweiligen Panorama-Doppelseite wird anhand von weiteren Fotos und einem erklärenden Text auf dem sprachlichen Niveau der TN um interessante landeskundliche Informationen erweitert. Am Ende wird den TN eine Frage zur Verständnissicherung gestellt.

Der Vorteil aller Augmented-Reality-Materialien: Sie können beliebig oft – im Unterricht, zu Hause oder auch unterwegs – genutzt werden. Die TN können somit überall selbstständig üben. Die häufige Wiederholung und die visuellen Verknüpfungen führen zu einer effektiven Verbesserung der Sprechfähigkeit und helfen, das Gelernte im Gedächtnis zu verankern.

Konzept

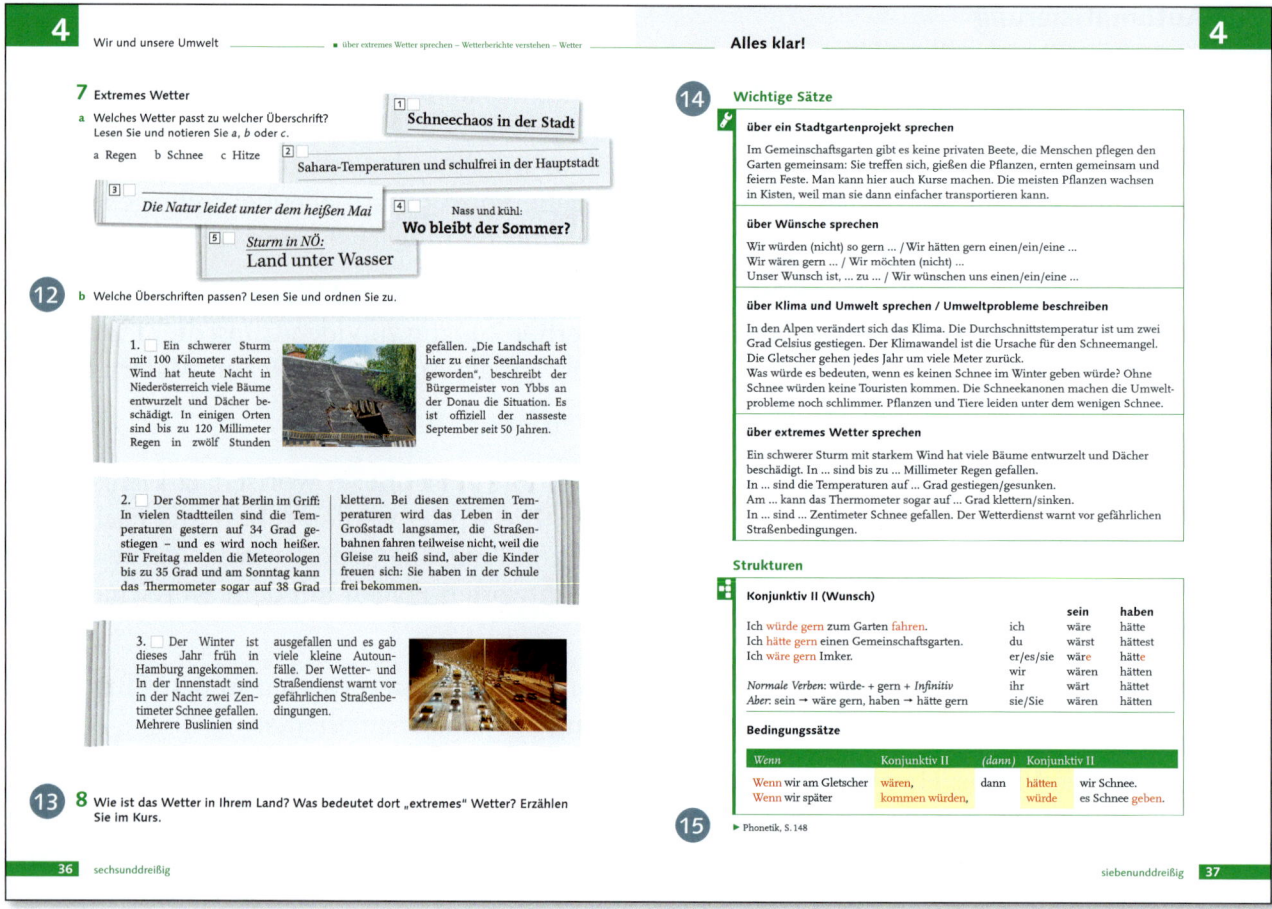

Einblicke in die deutschsprachige Lebenswelt
Die jeweils fünfte Seite bietet authentische Lese- und Hörtexte mit einem landeskundlichen Schwerpunkt 12. Neben der Vermittlung von Strategien zur Texterschließung regen abschließende Aufgaben zum interkulturellen Austausch 13 an.

Alles klar! Das Gelernte auf einem Blick
Auf der letzten Seite der Einheit fasst eine in die Bereiche *Wichtige Sätze* und *Strukturen* gegliederte Übersicht 14 die zentralen Lerninhalte und -ziele zusammen. Sie kann zum Nachschlagen im Unterricht und zu Hause benutzt werden. Im Übungsbuch findet sich in jeder Einheit zu dieser Seite ein Test, der die selbstständige Überprüfung des Lernerfolgs ermöglicht.

Phonetik
Die Aussprache – vom Wort- und Satzakzent bis zur Aussprache von Einzellauten – wird in PANORAMA von Anfang an gezielt geübt: Zu jeder Einheit stehen im Anhang Phonetikaufgaben 15. Dabei werden die Aussprache von einigen wichtigen Lauten und die Satzmelodie wiederholt, neue Phonetik-Themen wie z. B. die Aussprache von Fremdwörtern und Abkürzungen sowie emotionales Sprechen vorgestellt und geübt.

4 Wichtige Aufgabentypen

Kursspaziergang

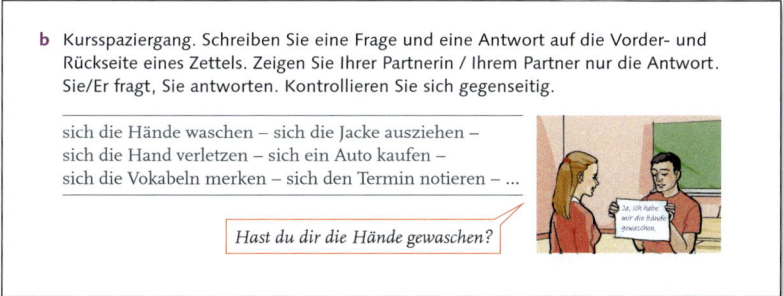

Dieser Aufgabentyp wird meistens zur ersten freien Anwendung einer neuen Sprachhandlung genutzt, die vorher gelenkt vorbereitet wird, um Fehler der TN zu vermeiden. Der Kursspaziergang dient manchmal aber auch dazu, eine Transferaufgabe zu steuern. Dieser Aufgabentyp hat zwei wichtige Vorteile: Die TN bewegen sich frei im Kursraum. Nach Erkenntnissen der Spracherwerbsforschung hat die Verknüpfung von Bewegung und der Produktion sprachlicher Elemente einen besonders nachhaltigen Effekt. Zum anderen agieren die TN vor allem miteinander und nicht mit Ihnen, der Kursleiterin / dem Kursleiter. Dies erhöht nicht nur die Sprechanteile der TN, sondern fördert auch das kooperative Lernen und schafft eine entspannte Lernatmosphäre. Sie sollten sich eher zurückziehen und währenddessen keine Fehler korrigieren. Dokumentieren Sie gravierende, sich wiederholende Fehler und thematisieren Sie sie im Anschluss.

Zur Binnendifferenzierung: Stärkere TN agieren frei, schwächere können vorbereitete Sätze (z. B. auf Lernkarten oder als Tafelbild oder Lernplakat) als Unterstützung verwenden. Die TN werden auch immer wieder dazu aufgefordert, sich gegenseitig zu korrigieren. Dabei muss darauf geachtet werden, dass das Lernklima nicht negativ beeinträchtigt wird.

Kurskette

Dieser Übungstyp dient meistens zur Automatisierung und damit zur ersten gelenkten Anwendung einer neuen Struktur. Dabei sitzen die TN möglichst in einem Kreis. Die/Der erste TN gibt einen Input, die/der nächste antwortet, wiederholt oder ergänzt die Aussage und erweitert sie anschließend bzw. stellt der/dem nächsten TN eine Frage usw.

Wie alle Aufgabentypen zur Automatisierung funktioniert die Kurskette am besten, wenn sie zur Routine wird. Das heißt, die Durchführung sollte anfangs gründlich besprochen und die Kurskette danach so oft wie möglich eingesetzt werden. Je nach Lernziel bzw. Zahl der TN kann die Kette entweder im Plenum (= ganzer Kurs) oder in Gruppen durchgeführt werden.

Konzept

Sprachschatten

Wie bei der Kurskette handelt es sich auch hier um eine Automatisierungsübung als erste gelenkte Anwendung einer neuen Struktur. Die Übung wird in Partnerarbeit oder zu dritt durchgeführt. Das Prinzip ist immer gleich: Die/Der erste TN formuliert eine Aussage oder stellt eine Frage, die/der andere TN wiederholt – oft mit einer leichten Variation – und formuliert eine neue Aussage. Es empfiehlt sich, mehrere Runden mit jeweils wechselnden Partnerinnen/Partnern durchzuführen.

Aufgaben mit Ich-Bezug

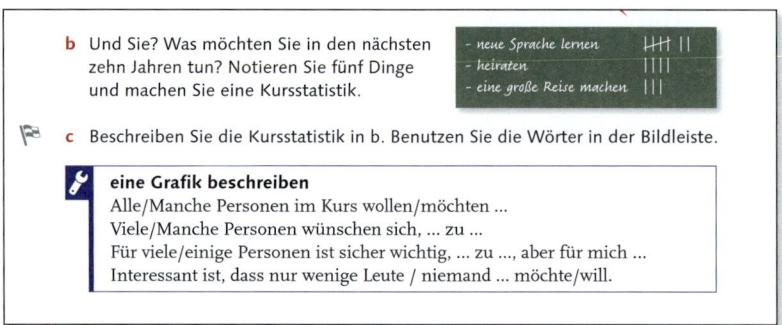

Gerade im gesteuerten Spracherwerb ist es wichtig, dass die TN lernen, „echte" Aussagen über sich selbst in der Fremdsprache zu formulieren. Wirklich etwas zu sagen, also nicht nur Übungssätze zu reproduzieren, sondern tatsächlich relevante Aussagen zu machen, ist für die TN besonders motivierend, aber auch besonders schwer. Diese Aufgaben schließen deshalb eine Lernsequenz ab und bilden den Transfer. Dieser Aufgabentyp kann je nach Lernziel bzw. Sprachhandlung mündlich oder schriftlich bearbeitet werden. Manchmal wird auch ein schriftlicher Teil lediglich zur Vorbereitung einer komplexeren mündlichen Äußerung verwendet. Wird jedoch ein schriftlicher Text produziert, kann er im Rahmen eines Portfolios auch zur Dokumentation des Lernfortschritts dienen. Mit der Zeit (und über alle Niveaustufen hinweg) erhalten die TN so eine Textsammlung über sich selbst, die das steigende Sprachniveau verdeutlicht.

Zielaufgabe

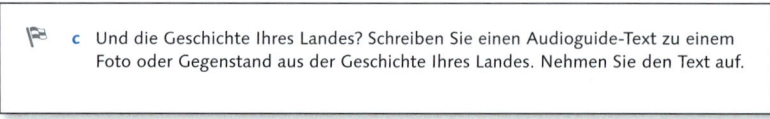

Zielaufgaben sind eine Form des sprachlichen Transfers und fassen die in einer Lernsequenz erarbeiteten und gelernten Sprachhandlungen zusammen, wobei diese in eine komplexere kommunikative Handlung übertragen werden müssen. Das heißt, die Lerninhalte werden produktiv umgesetzt. Eine Zielaufgabe sollte ein dokumentierbares Produkt zum Ergebnis haben.

5 Übungsbuch

Das separate Übungsbuch gibt es in zwei Ausgaben:
– für Inlandskurse das *Übungsbuch – Leben in Deutschland. Deutsch als Zweitsprache*,
– für Auslandskurse das *Übungsbuch. Deutsch als Fremdsprache*.

In beiden Ausgaben ist der Übungsteil zu den Kursbuch-Einheiten identisch. Die Ausgabe für Inlandskurse enthält zudem nach je zwei Einheiten vier Seiten *Leben in Deutschland*, die die für Integrationskurse wichtigen Inhalte vermitteln und auf das Rahmencurriculum für Integrationskurse abgestimmt sind.

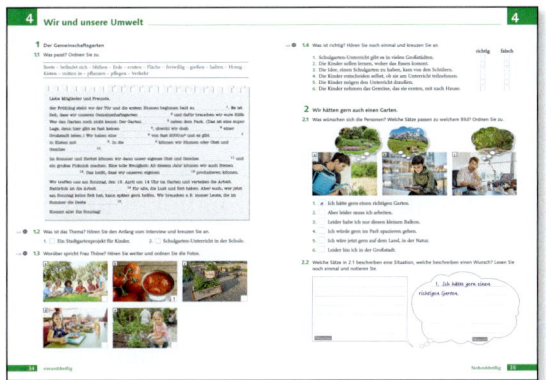

Das Übungsbuch enthält zu jeder Einheit acht Seiten mit abwechslungsreichen Übungen, in denen der relevante Wortschatz, wichtige Redemittel und Strukturen geübt und wiederholt sowie die Fertigkeiten Hören, Lesen und Schreiben trainiert werden. Die Nummerierung der Übungen spiegeln die Aufgaben des Kursbuchs wider, d. h. zu Aufgabe 1 im Kursbuch gibt es eine Übung 1 (z. T. mit Untergliederung 1.1, 1.2, 1.3 usw.). Dies erleichtert die Orientierung und Zuordnung der Übungen zum Kursbuch.

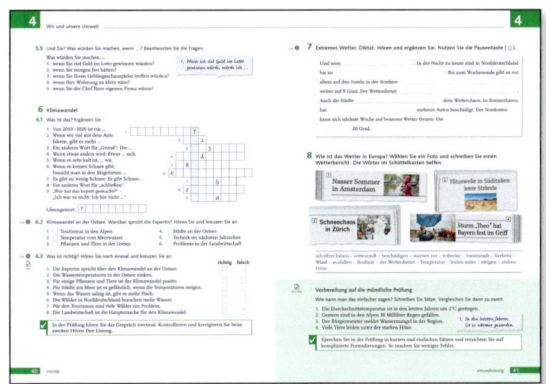

Darüber hinaus gibt es regelmäßig wiederkehrende Übungsformate wie Diktate, die neben der Rechtschreibung das Hörverstehen üben, Karaoke sowie Übungen im Prüfungsformat *(Goethe-Zertifikat B1 und telc Zertifikat Deutsch B1 sowie Deutschtest für Zuwanderer).*
Jede Übungseinheit wird von einer Aufgabe abgeschlossen, die auf die mündliche Prüfung (ÜB DaF: *Goethe-Zertifikat B1, telc Zertifikat Deutsch B1*; ÜB DaZ: DTZ) vorbereitet. Wie auch in der Prüfungssituation handelt es sich um Aufgaben, die in Partnerarbeit bearbeitet werden. Jede Aufgabe wird von einem praktischen Prüfungstipp begleitet. Planen Sie in Ihrem Kurs Zeit für die Prüfungsvorbereitung ein oder fordern Sie Ihre TN zur selbstständigen Bearbeitung auf. Besprechen Sie evtl. auftretende Probleme im Kurs.

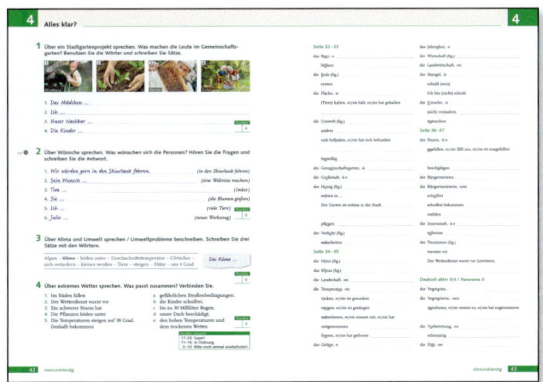

Am Ende der Einheiten finden die TN zusätzlich einen Test zur Selbstevaluation und den Lernwortschatz der jeweiligen Kursbuch-Einheit in chronologischer Reihenfolge mit Schreibzeilen zum Übersetzen in die eigene Muttersprache.

Im Anhang befinden sich die Modelltests *Goethe-Zertifikat B1* und *telc Zertifikat Deutsch B1* (ÜB DaF) bzw. *Deutschtest für Zuwanderer* (ÜB DaZ) zur Prüfungssimulation, eine übersichtliche Lernergrammatik zum Nachschlagen sowie der Lösungsschlüssel zu allen Übungen und den Tests, der das selbstständige Arbeiten mit dem Übungsbuch erleichtert. Die Hörtexte und Lösungen zum Modelltest sowie die Hörtexte zu den Übungseinheiten im MP3-Format stehen als kostenloser Download unter www.cornelsen.de/panorama zur Verfügung.

Lehrwerksverbund PANORAMA

Materialien für die Lernenden

Übungsbuch (DaF)
- 1:1 Bezug zum Kursbuch
- abwechslungsreiche Übungen zu Strukturen, Wortschatz und wichtigen Redemitteln
- Karaoke-Dialoge für flüssiges Sprechen
- Übungen im Prüfungsformat
- Diktate und Phonetik-Übungen
- am Ende jeder Einheit Tests zur Selbstevaluation und Lernwortschatz
- Modelltests, Lösungen und Grammatikübersicht im Anhang
- eingelegte Audio-CDs mit allen Hörtexten

Kursbuch mit Augmented Reality
- kurze, klar strukturierte Einheiten
- authentische Dialoge, Lese- und Hörtexte
- Förderung aller Fertigkeiten: Hören, Sprechen, Lesen, Schreiben und Hör-Sehen
- Augmented-Reality-Materialien und integrierte Videoarbeit
- klare, kleinschrittige Progression
- authentisches Sprachhandeln und Zielaufgaben
- Bildlexikon und Redemittelkästen
- Einblicke in die deutschsprachige Lebenswelt und Möglichkeiten zum interkulturellen Vergleich
- übersichtliche Zusammenfassung der Redemittel und Strukturen am Ende jeder Einheit
- Deutsch-aktiv-Doppelseiten mit spielerischen Automatisierungsaufgaben
- vielfältige kooperative Aufgaben
- Panorama-Doppelseiten mit abwechslungsreichen Sprechanlässen

Übungsbuch (DaZ) Leben in Deutschland
- s. Übungsbuch DaF
- acht Einheiten *Leben in Deutschland* mit den Themen des Rahmencurriculums für Integrationskurse

www.cornelsen.de/panorama
- interaktive Übungen zu jeder Einheit (Wortschatz, Strukturen)
- interaktive Einstufungstests
- Kursbuch als E-Book auf www.scook.de
- Hörtexte zum Übungsbuch im MP3-Format (kostenlos)
- Hörtexte zu den Modelltests im MP3-Format (kostenlos)

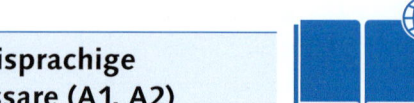

zweisprachige Glossare (A1, A2)
- der komplette Wortschatz aller Einheiten in chronologischer Reihenfolge

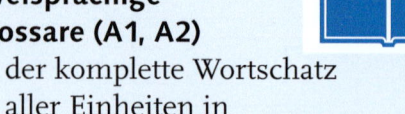

Vokabeltrainer-App (A1, A2)
- Lernwortschatz zu jeder Einheit
- Lern- und Spiel-Modus
- Wiederholung der Vokabeln in Zyklen

Materialien für die Lehrenden

Kursleiterfassung mit Augmented Reality
- das komplette Kursbuch
- praktische Hinweise und Tipps für den Unterricht und für die Einbindung der digitalen Medien
- Tipps für die Binnendifferenzierung
- Vorschläge für alternative und vertiefende Aufgaben
- Lösungen zu Kursbuch-Aufgaben
- Markierung von neuem Wortschatz und neuen Strukturen
- zusätzliche landeskundliche Informationen
- Kopiervorlagen (u. a. auch für die Arbeit mit dem Video)
- Erklärung des Konzepts

Digitaler Unterrichtsmanager
- das interaktive Kursbuch
- praktische Hinweise und Tipps für den Unterricht mit Lösungen
- alle digitalen Medien zum Kursbuch: Augmented-Reality, Audio- und Video-Dateien
- Transkripte der Hörtexte
- Kopiervorlagen

Testheft mit Audio-CD
- Tests zu jeder Einheit sowie einheitenübergreifende Tests zu den Teilbänden
- Modelltest *Goethe-Zertifikat B1*
- Lösungen

Audio-CDs
- alle Hörtexte, Phonetikübungen und Lieder zum Kursbuch

Video-DVD
- zu jeder Einheit ein Filmclip mit den wichtigsten Dialogen aus den Kursbuch-Einheiten
- feste, wiederkehrende Protagonisten

www.cornelsen.de/panorama
- interaktive Einstufungstests
- Kursbuch als E-Book auf www.scook.de
- Hörtexte zum Kursbuch im MP3-Format
- Hörtexte zu den Modelltests im MP3-Format (kostenlos) inkl. der Transkripte

1 Wie fragt man das? Schreiben Sie Fragen und ergänzen Sie eine weitere Frage.

1. Name? *Wie heißt du?/Wie heißen Sie?/ Wie ist dein/Ihr Vorname/Familienname?*
2. Land?
3. Familie?
4. Hobbys?
5. Lieblingsessen?
6. Lieblingsfarbe?
7. …

2 Wie kann man höflich fragen? Schreiben Sie indirekte Fragen mit den Fragen in 1.

1. Wie heißt du? / Wie heißen Sie?
Ich würde gern wissen, wie du heißt / Sie heißen. /
Kannst du / Können Sie mir sagen, …?

Kursspaziergang

Frage	Name	Antwort
Land?		
Familie?		
Hobbys?		
Lieblingsessen?		
Lieblingsfarbe?		
…?		

Hallo. Wie heißt du? Und kannst du mir sagen, woher du kommst?

Ja, klar. Ich heiße Linda und ich komme aus Tschechien.

1 Was sagen Julia und Carla? Ordnen Sie zu.

a. *Gut, dass du kommst, Carla. Ich bin so glücklich.*

b. *Stimmt, Julia. Patrick sieht toll aus: groß, schöne Augen …*

c. *Sag mal … Wie ist er denn so?*

d. *Will man wirklich mit ihm zusammen sein?*

e. *Aber er ist so süß! Und nett ist er auch. Ich muss immer an ihn denken.*

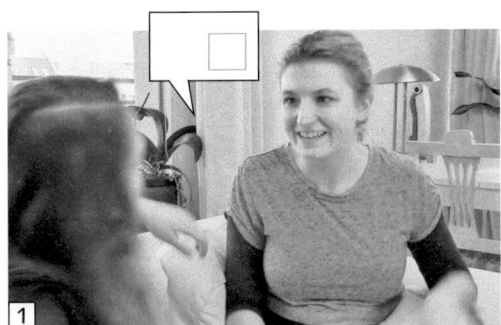
1

2

3

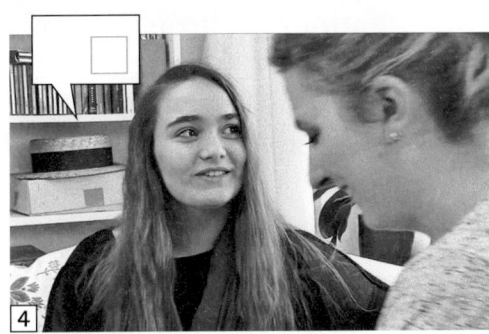
4

5

2 Wie finden Sie Julia und Carla? Sprechen Sie zu zweit.

ängstlich – eifersüchtig – ernst – glücklich – lieb – müde – mutig – nervös – neugierig – traurig – verliebt – witzig

Ich glaube, Julia ist …, weil …

alle Fotos: Cornelsen / Helena Ekre, Wildfang

Ich kümmere mich um die Wäsche.	Interessierst du dich für Geschichte?
Nein, dafür interessiere ich mich nicht.	Hast du dich schon oft über die Politik geärgert?
Darüber ärgere ich mich schon lange nicht mehr.	Woran denkst du beim Autofahren?
Dabei denke ich oft an die Arbeit.	Wovon träumen viele Menschen?
Fast jeder träumt doch von einer Weltreise, oder?	Erzählst du gern von deinem Job?
Ja, davon erzähle ich immer wieder gern.	Achtest du auf deine Kleidung?
Ja, darauf achte ich sehr. Das finde ich wichtig.	Wie erholst du dich vom Deutschlernen?
Davon muss ich mich nicht erholen. Das macht mir viel Spaß.	Hat man dich schon mal zu einer Überraschungsparty eingeladen?
Nein, leider nicht. Dazu hat man mich noch nie eingeladen.	Auf wen wartest du oft?
Ich warte oft auf meine Freunde. Auf sie muss ich meistens warten.	An wen aus deiner Kindheit erinnerst du dich gut?
Ich erinnere mich sehr gut an meine erste Lehrerin. Sie war nett.	Worüber freust du dich ganz besonders?
Über Blumen freue ich mich immer sehr.	Worum kümmerst du dich im Haushalt?

PANORAMA B1   2 Teilen und tauschen   Kopiervorlage 2/1

PANORAMA B1   2 Teilen und tauschen   Kopiervorlage 2/2

Foto: © WIR SIND DIE NEUEN, X Verleih AG

PANORAMA B1   3 Von Kochboxen, Diäten und Foodies   Kopiervorlage 3/1

obwohl …

1. Heute gehe ich zu Fuß zur Arbeit,

2. Obwohl es praktisch ist, das Werkzeug zu teilen,

3. Obwohl heute Sonntag ist,

4. Ich kümmere mich um die Kinder,

5. Obwohl meine Freundin / mein Freund so weit weg wohnt,

6. Ich vermiete mein Auto nicht,

7. Ich lebe in einer Hausgemeinschaft,

8. Obwohl ich auf gesunde Ernährung achte,

Cornelsen

1 Was passiert? Was macht Jannis? Was isst und trinkt er? Schreiben Sie Vermutungen.

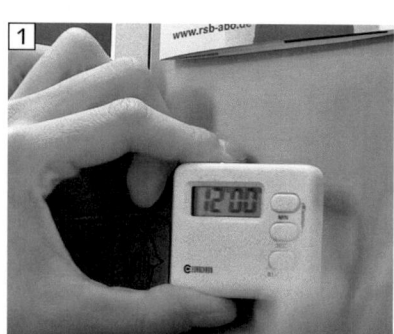

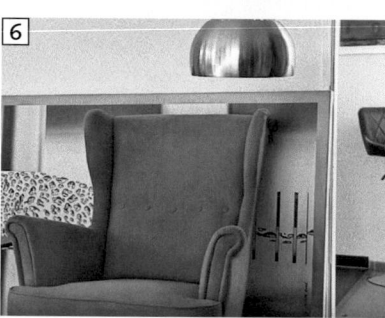

Ich glaube, dass Jannis nach dem Duschen zuerst ...

PANORAMA B1 4 Wir und unsere Umwelt Kopiervorlage 4/1

Fotos: 1. Reihe oben: Fotolia/Monkey Business; Fotolia/biker3; Fotolia/Iakov Filimonov; Fotolia/Robert Kneschke; 2. Reihe: Fotolia/industrieblick; Fotolia/Minerva Studio; Fotolia/manuart; Fotolia/K.-U. Häßler; 3. Reihe: Fotolia/Strassi; Fotolia/sabine hürdler; Fotolia/inLite studio; Fotolia/lucazzitto; 4. Reihe: Fotolia/serkat Photography; Fotolia/ricardoferrando; Fotolia/Conny Hagen; Fotolia/auremar

1 Wie geht es den Personen?

a Was passt? Ordnen Sie zu.

sich ärgern über – sich beruhigen – sich freuen auf –
gestresst sein – sich streiten mit – traurig sein

b Fragen und antworten Sie zu zweit.

Warum ist Stefan gestresst?

Er ist gestresst, weil … Worüber freut sich …?

2 Konjunktiv II bei Modalverben

a Welche Verben passen? Sehen Sie das Video mit Untertiteln und ergänzen Sie.

1. Sie _müssten_ die Datei bis 15 Uhr _abgeben_.
2. _____ ich Sie _____, wenn ich noch Fragen habe?
3. Du _____ dir eine neue Hose _____.
4. Wenn ich den Prospekt nicht bis morgen _____,
   dann _____ ich dir _____.
5. _____ du bitte den Ball _____?

b Welche Funktion hat der Konjunktiv II bei den Modalverben in a? Ordnen Sie zu.

höfliche Bitte: Satz _2_ und ___   Ratschlag: Satz ___

Vorschlag: Satz _1_   Wunsch/Bedingung: Satz ___

alle Fotos: © Cornelsen/Helena Ekre, Wildfang

1 Im Bürogebäude. Wo ist was? Arbeiten Sie zu zweit (A und B). Wählen Sie A oder B und ergänzen Sie die Räume im Gebäudeplan. Zeigen Sie Ihren Plan nicht.

A: 1. OG

die Damentoiletten – der Arbeitsplatz von dem Architekten – die Poststelle – das IT-Zentrum – der Technikraum – die Teeküche – das Doppelbüro von den Projektleitern

B: 2. OG

das Zimmer von der Chefin – das Büro von dem Assistenten – das Zimmer von den Ingenieuren – das Großraumbüro von den Programmierern – die Herrentoiletten – die Kantine – der Kopierraum

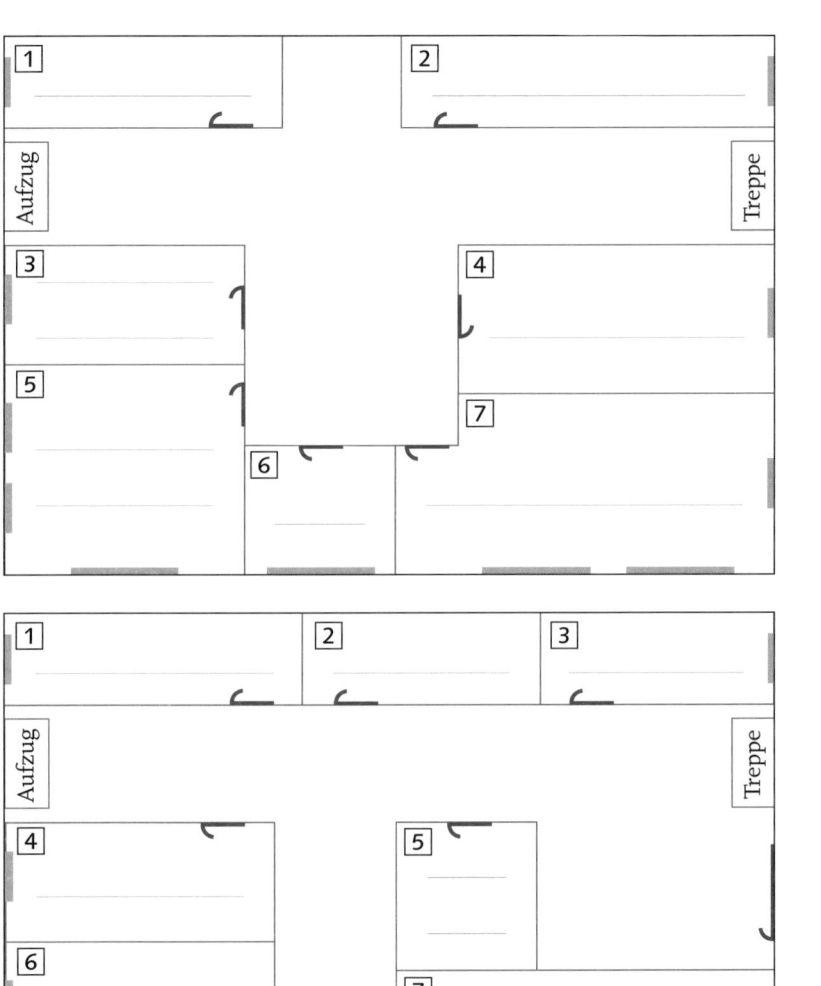

1. OG

2. OG

2 Fragen Sie Ihre Partnerin / Ihren Partner und ergänzen Sie die Räume im 1. OG (B) oder im 2. OG (A). Fragen und antworten Sie abwechselnd.

Entschuldigung, wo sind die Damentoiletten?

Die Damentoiletten sind ...
Wo finde ich das Zimmer von der Chefin?

PANORAMA B1 6 Hilfe: im Krankenhaus und im Alltag   Kopiervorlage 6/2 (Video)

1 Helga Mertens telefoniert mit ihrer Freundin Tina. Was sagt Tina? Ergänzen Sie.

> Mertens.

> Hallo, Helga, ich bin's Tina.

> Ach, hallo, meine Liebe. Ja, ich bin wieder zu Hause – seit zwei Stunden schon.

>

> Nein, nein, alles ist gut. Ich wollte gerade Tee kochen.

>

> Äh, was?! Ach, nein, nein – außerdem ist Julia gerade hier und hilft mir. ... Einkaufen?

>

> Nein, nein. Das ist nicht nötig. Ich habe alles. Ich muss nichts machen, Julia und Herr Bode helfen mir. – Tina, warte mal. Ja? ... – Tina, da bin ich wieder. Du, ich muss morgen zu meinem Hausarzt. Kannst du mich bringen?

>

> Der Termin ist um 9:30 Uhr.

>

> Um 9 Uhr? Gut, dann bis morgen.

>

> Nein, mach dir keine Sorgen.

2 Am Telefon

a Setzen Sie sich zu zweit mit dem Rücken zueinander und lesen Sie das Telefongespräch.

> Mertens.   > Hallo, Helga, ich bin's Tina.

b Spielen Sie das Telefongespräch noch einmal. Sie lesen den Text von Tina, Ihre Partnerin / Ihr Partnerin spricht die Rolle von Helga aus dem Gedächtnis, ohne zu lesen. Tauschen Sie danach die Rollen.

PANORAMA B1 7 Gut informiert   Kopiervorlage 7/1 (Video)

1 Wer sagt was: Helga (H), Stefan (S) oder Jannis (J)? Ordnen Sie zu. Sehen Sie dann das Video zur Kontrolle.

1. Seit der Weltmeisterschaft 2016 gehe ich immer zur Fanmeile am Brandenburger Tor. ☐
2. Wir haben uns das Spiel im Schaufenster angesehen. Das war auch so eine Art Public Viewing. ☐
3. Heute braucht man keinen Fernseher mehr. Seitdem es Internet gibt, kann man überall Fußball sehen. ☐
4. Ich finde es klasse, Fußball zusammen mit den vielen Leuten zu sehen. ☐
5. Bevor es Public Viewing gab, habe ich Fußball immer zu Hause mit ein paar Freunden gesehen. Aber jetzt gehe ich immer in eine Kneipe oder zur Fanmeile. ☐
6. Für mich sind auf der Fanmeile zu viele Leute und es ist zu laut. ☐
7. Oh, der Hut ist super! Toll, du hast schon fürs Public Viewing eingekauft. ☐
8. Bei uns haben sich die Menschen immer in einer Kneipe zum Fernsehen getroffen. ☐
9. Ich mag es etwas ruhiger: Ich bleibe lieber zu Hause und sehe mir das Spiel auf dem Sofa an. ☐

2 Wie und wo kann man Fußball sehen? Was sagen Helga, Stefan und Janis? Lesen Sie noch einmal die Sätze in 1 und notieren Sie. Ergänzen Sie dann Ihre eigenen Ideen.

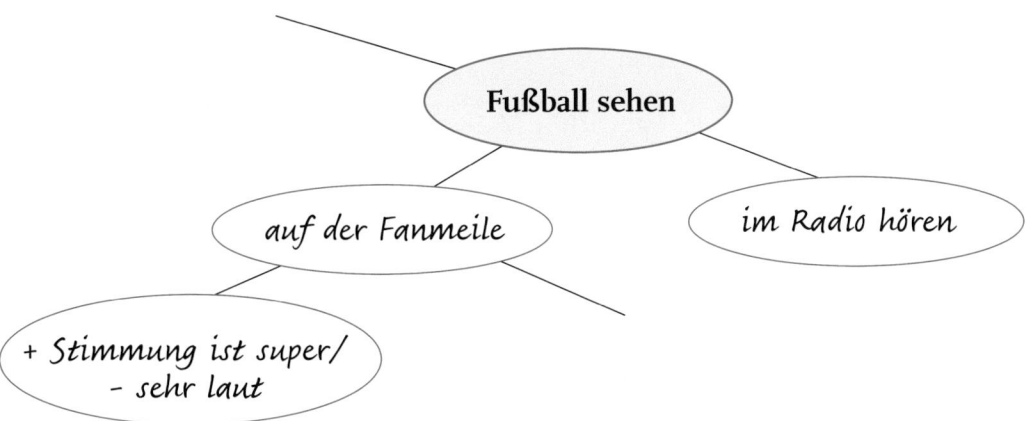

alle Fotos: © Cornelsen/Helena Ekre, Wildfang

A

1 *Bevor* oder *seitdem*? Was passt? Ordnen Sie zu und schreiben Sie Sätze.

deutsches Fernsehen verstehen – keine Zeitungen mehr kaufen – mehr Geld ausgeben – nur wenige Wörter auf Deutsch verstehen – oft ins Kaufhaus gehen – oft Zeitung lesen

	bevor	seitdem
1. Deutsch lernen		
2. Internet haben		
3. online einkaufen können		

Bevor ich Deutsch gelernt habe, habe ich … / Seitdem ich Deutsch lerne, …

2 Lesen Sie Ihre Sätze vor. Ihre Partnerin / Ihr Partner kontrolliert. Dann liest Ihre Partnerin / Ihr Partner und Sie kontrollieren.

Bevor ich Deutsch gelernt habe, habe ich in Berlin nur Englisch gesprochen. / Seitdem ich Deutsch lerne, höre ich Nachrichten auf Deutsch. – Bevor ich ein Smartphone hatte, war ich oft nicht erreichbar. / Seitdem ich ein Smartphone habe, bekomme ich den ganzen Tag Nachrichten. – Bevor ich jeden Tag Zeitung gelesen habe, wusste ich nichts über Politik. / Seitdem ich jeden Tag Zeitung lese, bin ich gut informiert.

B

1 *Bevor* oder *seitdem*? Was passt? Ordnen Sie zu und schreiben Sie Sätze.

in Berlin nur Englisch sprechen – Nachrichten auf Deutsch hören – oft nicht erreichbar sein – den ganzen Tag Nachrichten bekommen – nichts über Politik wissen – gut informiert sein

	bevor	seitdem
1. Deutsch lernen		
2. ein Smartphone haben		
3. jeden Tag Zeitung lesen		

Bevor ich Deutsch gelernt habe, habe ich … / Seitdem ich Deutsch lerne, …

2 Ihre Partnerin / Ihr Partner liest vor. Kontrollieren Sie die Sätze. Dann lesen Sie Ihre Sätze vor und Ihre Partnerin / Ihr Partner kontrolliert.

Bevor ich Deutsch gelernt habe, habe ich nur wenige Wörter auf Deutsch verstanden. / Seitdem ich Deutsch lerne, verstehe ich deutsches Fernsehen. – Bevor ich Internet hatte, habe ich oft Zeitung gelesen. / Seitdem ich Internet habe, kaufe ich keine Zeitungen mehr. – Bevor ich online einkaufen konnte, bin ich oft ins Kaufhaus gegangen. / Seitdem ich online einkaufen kann, gebe ich mehr Geld aus.

PANORAMA B1   8 Geschichte und Politik   Kopiervorlage 8/1

1 Wichtigkeit ausdrücken

a Was ist Ihnen wichtig (+)? Was finden Sie nicht so wichtig (-)? Ergänzen Sie.

1. ☐ eine große Wohnung / ein großes Haus
2. ☐ politisches Engagement / sich politisch engagieren
3. ☐ in einem anderen Land leben
4. ☐ gesunde Ernährung / sich gesund ernähren
5. ☐ viel reisen / andere Länder kennenlernen
6. ☐ eine eigene Familie gründen/haben
7. ☐ sich selbstständig machen
8. ☐ gutes Wetter
9. ☐ eine interessante Arbeit
10. ☐ Geld / reich sein
11. ☐ Urlaub und viel Freizeit
12. ☐ Umweltschutz

b Sprechen Sie zu dritt.

> *Ich lege großen Wert auf Umweltschutz. Deshalb fliege ich nicht gern mit dem Flugzeug.*

> *Das finde ich auch wichtig.*
> *Aber ... ist für mich noch wichtiger.*

> *Mir ist ... am wichtigsten, weil ...*

c Wo gibt es Gemeinsamkeiten, wo gibt es Unterschiede in Ihrer Gruppe? Berichten Sie im Kurs.

2 *damit* und *um ... zu*

a Was kann man für die Ziele tun? Was passt zusammen? Verbinden Sie.

1. sich gesund ernähren
2. viel Freizeit haben
3. etwas für die Umwelt tun
4. später viel Geld haben

a jeden Monat etwas sparen
b nur Bio-Produkte kaufen
c weniger arbeiten
d nicht so oft mit dem Auto fahren

b Schreiben Sie Sätze mit *um ... zu* und *damit* zu den Informationen in a.

1. *Ich kaufe nur Bio-Produkte, um mich gesund zu ernähren.*
   Ich kaufe nur Bio-Produkte, damit ich mich gesund ernähre.

2. _____

3. _____

4. _____

Cornelsen

der Urlaub	der Deutschunterricht	der Spaziergang
der Flug	der Sturm	der Ausflug
das Konzert	das Mittagessen	das Praktikum
das Gespräch	das Fußballspiel	das Kochen
die Arbeit	die Feier	die Zugfahrt
die Prüfung	die Verkehrskontrolle	die Veranstaltung
die Ferien	die Sprechzeiten	die Öffnungszeiten

Theater/Oper mögen	Spanisch/Englisch sprechen
Zeitung/Bücher lesen	Politik/Sport interessant finden
Polizei/Krankenwagen alarmieren	Pizza/Nudeln bestellen
Fußball/Basketball gern sehen	Verkehrsmeldungen/Musik im Radio hören

+ +	+ +	+ +	+ +
− −	− −	− −	− −

PANORAMA B1   10 Der neue Job   Kopiervorlage 10/1 (Video)

1 Welche Adjektive passen zu Jannis? Sehen Sie das Video und kreuzen Sie an.

1. ☐ neugierig
2. ☐ konzentriert
3. ☐ ängstlich
4. ☐ lustig
5. ☐ unsicher
6. ☐ interessiert
7. ☐ froh
8. ☐ fleißig
9. ☐ begeistert
10. ☐ nervös
11. ☐ glücklich
12. ☐ stolz

2 Was ist passiert? Sehen Sie das Video noch einmal und ordnen Sie die Bilder.

vom Vorstellungsgespräch erzählen

klingeln

Zuerst haben sich Stefan und Jannis unterhalten. Dann ...

fragen, ob sich Jannis beworben hat

einen Anruf bekommen

einen Anruf bekommen

zurückkommen

1 · sich unterhalten

vom Test erzählen

sich zu Jannis setzen

sich freuen

alle Fotos: © Cornelsen/Helena Ekre, Wildfang

PANORAMA B1 10 Der neue Job						Kopiervorlage 10/2

Start / Ziel	Nachdem ..., bin ich zu spät ins Büro gekommen.	Nachdem ..., haben wir noch einen Kaffee getrunken.
Nachdem ..., rufe ich dich gleich an.	lange suchen die E-Mail zu Ende schreiben der Wecker nicht klingeln	Nachdem ..., muss ich noch eine Kundin anrufen.
Nachdem ..., hat sich der Kellner sehr gefreut.	zehn Kilometer joggen zu Mittag essen heiraten	Nachdem ..., war ich sehr traurig.
Nachdem ..., habe ich Bauchschmerzen.	meine Freundin wegfahren alles einkaufen fünf Kilo abnehmen	Nachdem ..., trinke ich immer ein Glas Orangensaft.
Nachdem ..., hat er den Termin verschoben.	das Buch lesen lange diskutieren den Termin zusagen	Nachdem ..., isst er keine Schokolade mehr.
Nachdem ..., habe ich den Schlüssel gefunden.	zu viele Süßigkeiten essen etwas Neues erfahren dem Kellner Trinkgeld geben	Nachdem ..., habe ich auch noch gekocht.
Nachdem ..., war die Polizei in zehn Minuten da.	die Polizei rufen lange nicht regnen	Nachdem ..., gibt es in den Flüssen zu wenig Wasser.
Nachdem ..., haben wir eine gute Lösung gefunden.	Nachdem ..., will ich mir auch ein zweites Buch von der Autorin kaufen.	Nachdem ..., haben sie eine Hochzeitsreise auf Tahiti gemacht.

einen neuen Computer zu meinem Geburtstag.	Viele Kunden wünschen _____ ,
dass die Bibliothek lange offen ist.	Ich ziehe _____
meine neuen Schuhe an.	Wann kämmst du _____
die Haare?	Bitte notieren Sie _____
die wichtigsten Termine.	Warum könnt ihr _____ nicht merken,
wie eure Lehrerin heißt?	Wir kaufen _____
eine Fahrkarte am Automaten.	Er wäscht _____
sehr oft seine Hände.	Ich suche _____
eine DVD aus.	Von wem hast du _____
das Fahrrad ausgeliehen?	Habt ihr _____ schon überlegt,
was ihr essen wollt?	Deine Frisur ist super. Wo lässt du _____
die Haare schneiden?	Ich wünsche _____

PANORAMA B1   12 Das ist aber ein gutes Angebot!   Kopiervorlage 12/1 (Video)

1 Wie geht es Julia und Stefan? Worüber sprechen sie vielleicht? Sehen Sie das Video ohne Ton bis 1:38 und sprechen Sie im Kurs.

2 Was sagt Bea am Telefon? Ergänzen Sie. Lesen Sie dann den Dialog zu zweit. Wechseln Sie die Rollen.

> Hallo, Bea, wir haben gerade von dir gesprochen.

> *Na, ich hoffe, ihr habt nur Gutes über mich gesagt!*

> Klar, nur Gutes! Julia ist begeistert von dir. Vor allem von deiner Spülmaschine. Julia hätte nämlich gern eine. Wo hast du deine Spülmaschine denn gekauft?

>

> Ah, im Internet. Okay. Und welches Modell hast du?

>

> Aha. Und bist du zufrieden?

>

> Na ja, besonders leise muss sie bei uns auch nicht sein. Wie viel hast du denn bezahlt?

>

> Okay, das geht ja wirklich. Ich dachte, so eine Maschine wäre teurer. Vielleicht schaue ich auch mal im Internet. Und wie wir wissen, es ist ja bald Weihnachten …

3 Modalpartikeln

a Was passt? Ergänzen Sie die Modalpartikeln.

  1. So schlimm ist das _____ nicht!

  2. Das Spülen dauert _____ immer super lange.

  3. Sieh _____, es sind _____ nur noch der Topf und die zwei Schüsseln.

  4. Wo hast du deine Spülmaschine _____ gekauft?

  5. Okay, das geht _____ wirklich.

denn – doch – doch – doch – ja – mal

b Sehen Sie das Video noch einmal zur Kontrolle. Wenn Sie einen Satz aus a hören, rufen Sie *Stopp* und sprechen Sie den Satz nach. Achten Sie auf die Betonung.

Morgen ist kein Deutschkurs.

Du musst bitte 20 Euro für die Konzertkarte bezahlen.

Ich habe gestern den ganzen Tag auf deinen Anruf gewartet.

Du wolltest Salat für unsere Feier machen.

Du wolltest mir doch die Grammatik erklären.

Ich freue mich, dass wir am Wochenende zusammen ins Kino gehen.

Ich habe dich gestern in der Lerngruppe vermisst.

Du hast mich gestern in der Stadt nicht gegrüßt.

Es ist halb eins! Du wolltest mich heute um zwölf Uhr abholen.

Wir schreiben jetzt einen Test.

Für die Prüfung muss man 100 Euro Gebühr bezahlen.

Ich habe heute nicht Geburtstag.

den Teppich saugen	den Boden wischen
die Fenster putzen	das Geschirr waschen
die Jeans waschen	die Wäsche aufhängen
den Schrank aufräumen	die Tür abschließen
die Hemden reinigen	die Gläser spülen
den Salat zubereiten	das Gemüse schneiden
den Kaffee kochen	den Kuchen backen
das Fleisch braten	das Rezept testen
den Koffer packen	den Müll entsorgen
den Termin vereinbaren	die Temperatur messen
die Zahlen prüfen	die Lampe reparieren
die Spülmaschine anschließen	die Rechnung bezahlen
den Vermieter informieren	die Wohnung vermieten

Die Lieferung soll immer kostenlos sein.

Die Lieferung soll am gleichen Tag möglich sein.

Das Logistikunternehmen muss die Lieferung am nächsten Tag garantieren.

Es soll einen Abholservice geben, wenn etwas nicht gefällt.

Man soll das Paket zu jeder Zeit abholen können.

Im Paket soll keine Werbung sein.

Im Paket sollen Gutscheine oder Hinweise auf Sonderangebote sein.

Im Paket soll eine Überraschung sein.

Ich möchte den Tag und die Uhrzeit der Lieferung bestimmen können.

Ich möchte genau über den Zeitpunkt der Lieferung informiert werden.

Das Paket soll schön aussehen.

Ich kann aussuchen, wo das Paket abgegeben wird.

Die Lieferung soll umweltfreundlich sein.

das Gespräch: beruhigen (Partizip I)	die Nudeln: weich kochen (Partizip II)
die Kleidung: auffallen (Partizip I)	das Schnitzel: braten (Partizip II)
die Frau / der Mann: gut aussehen (Partizip I)	die Pizza: selbst machen (Partizip II)
die Jacke: perfekt passen (Partizip I)	das Gericht: mit Liebe zubereiten (Partizip II)
die Alternative: sehr überzeugen (Partizip I)	das Produkt: neu entwickeln (Partizip II)
der Baum: schön blühen (Partizip I)	das Wochenende: verlängern (Partizip II)
die Steckdose: funktionieren (Partizip I)	das Gerät: beschädigen (Partizip II)
der Besuch: überraschen (Partizip I)	der Termin: vereinbaren (Partizip II)
der Verkehr: stark zunehmen (Partizip I)	der Ausflug: lange versprechen (Partizip II)
die Eltern: laut schimpfen (Partizip I)	das Auto: gut pflegen (Partizip II)
der Schüler / die Schülerin: protestieren (Partizip I)	das Flugzeug: landen (Partizip II)
das Kind: frieren (Partizip I)	das Kleid: selbst nähen (Partizip II)
Temperaturen: steigen (Partizip I)	die Nachbarin / der Nachbarn: beleidigen (Partizip II)

1 Chaos im Hof

a Was passt? Ergänzen Sie.

abgeschlossen – Detektiv – eklig – Loch – Plastiksäcke – rausgenommen – Speisereste – weggeräumt – Zaun

1 *Die _____ waren alle aufgerissen und der Müll lag überall herum: Müllsäcke, Papier, _____, ... Igitt!*

Was?! Wer macht denn sowas?

Wir müssen _____ spielen! Ich kann heute Nacht den Hof beobachten.

Es muss jemand von außerhalb gewesen sein. Wahrscheinlich ist er durch den _____ hereingekommen – dort, wo das _____ ist ...

Das ist ja _____. ... Hallo, Frau Mertens, haben Sie das gehört: Jemand hat schon wieder den Müll aus den Tonnen _____ und über den ganzen Hof verteilt.

Aber abends wird die Tür doch immer _____ und das mit dem Müll passiert immer in der Nacht.

Schon wieder? Ich habe den Müll vorgestern _____.

b In welcher Reihenfolge sprechen die Personen? Ordnen Sie die Sprechblasen in a.

c Sehen Sie das Video noch einmal und überprüfen Sie Ihre Lösungen in a und b.

2 Karaoke. Wählen Sie eine Rolle. Sehen Sie das Video mit Untertiteln und ohne Ton und sprechen Sie Ihre Rolle. Achten Sie auf die Betonung.

alle Fotos: © Cornelsen/Helena Ekre, Wildfang

1 Nebensätze mit *wo* und *was*

a *Wo* oder *was*? Was passt? Ergänzen Sie die Sätze zu zweit. Schneiden Sie die Kärtchen aus.

Was isst du gern?	Ich esse *nichts, was Fleisch enthält.*
Wo bist du gern?	Ich bin am liebsten dort, _____ .
Wofür interessierst du dich?	Ich interessiere mich für alles, _____ .
Wo machst du gern Ferien?	Ich mache gern dort Ferien, _____ .
Was tauschst du um?	Ich tausche alles um, _____ .
Wo würdest du dich gern bewerben?	Ich würde mich gern dort bewerben, _____ .
Über welche Geschenke freust du dich?	Ich freue mich über _____ , _____ .
Wo möchtest du gern leben?	Ich möchte dort leben, _____ .
Was vergisst du?	Ich vergesse _____ , _____ .
Wo telefonierst du gern?	Ich telefoniere gern _____ , _____ .

b Spielen Sie mit einen anderen Paar zu viert Karten.

- Mischen Sie alle Fragekarten und Antwortkarten einzeln und verteilen Sie sie. Jede Person bekommt fünf Fragekarten und fünf Antwortkarten.
- Eine Person beginnt, liest eine Frage vor und legt sie in die Mitte des Tisches. Wer eine passende Antwort hat, ruft die Antwort so schnell wie möglich, darf die Karte ablegen und liest die nächste Frage vor usw.
- Wer als Erstes keine Karten mehr hat, hat gewonnen.

PANORAMA B1 16 Was bringt die Zunkunft? Kopiervorlage 16/1 (Video)

1 Was denken Sie: Was feiern die Personen? Worüber sprechen sie?

a Sehen Sie das Video bis 0:21 und sammeln Sie Ideen.

> *Vielleicht feiern sie …*

> *Oder sie sprechen über …*

b Sehen Sie danach weiter bis 1:14 und überprüfen Sie Ihre Vermutungen.

2 Stefan hält eine Rede.

a Was wünscht Stefan Julia? Sehen Sie das Video noch einmal vom Anfang bis 1:14 und kreuzen Sie an.

1. ☐ besser Englisch lernen
2. ☐ deine Familie nicht vermissen
3. ☐ die Arbeit gefallen
4. ☐ die Liebe deines Lebens finden
5. ☐ ein interessantes Praktikum
6. ☐ eine gute Zeit
7. ☐ glücklich sein
8. ☐ gute Erfahrungen machen
9. ☐ immer gutes Wetter haben
10. ☐ neue Freunde finden
11. ☐ viel Neues lernen
12. ☐ viele tolle Menschen kennenlernen

b Kurskette: Wiederholen Sie Stefans Wünsche in a.

> *Ich wünsche dir eine gute Zeit.*

> *Ich wünsche dir, dass du glücklich bist.*

> *Ich …*

3 Futur I. Sehen Sie das Video noch einmal. Wenn Sie einen Satz mit Futur I hören, rufen Sie *Stopp* und wiederholen Sie den Satz.

> *Stopp!*

> *Du wirst jetzt ein Jahr in Irland leben.*

4 Karaoke. Sehen Sie das Video noch einmal mit Untertiteln, aber ohne Ton. Wählen Sie eine Rolle und sprechen Sie Ihre Rolle laut. Achten Sie auf die Betonung.

Foto: © Cornelsen/Helena Ekre, Wildfang

1 Über Filme sprechen. Wählen Sie zu zweit einen Film, sprechen Sie darüber und notieren Sie die Informationen im oberen Teil. Hängen Sie Ihren Film-Steckbrief im Kursraum auf.

Titel:
Art des Films:
Jahr/Land:
Regie:
Schauspieler/innen:
gewonnene Preise:

Was passiert?

- Kennen Sie den Film?
- Haben Sie von dem Film gehört, ihn aber nicht gesehen?
- Hat Ihnen der Film gefallen?
- Kennen Sie die Regisseurin / den Regisseur?
- Mögen Sie die Schauspielerinnen/Schauspieler?
- Würden Sie den Film gern (noch einmal) sehen?

2 Kursspaziergang. Gehen Sie durch den Kursraum und lesen Sie die Filmbeschreibungen und die Fragen. Machen Sie einen Strich, bei den Fragen, die Sie mit *Ja* beantworten. Sie können bei den Steckbriefen mehrere Striche machen.

3 Eine Statistik beschreiben. Nehmen Sie Ihren Film-Steckbrief und lesen Sie die Ergebnisse zu den Fragen in Aufgabe 2. Fassen Sie die Ergebnisse zu zweit zusammen.

Viele Personen im Kurs …
Manche …
Aber niemand …

Quellen

Bildquellen

Cover *U1* + *U4* mauritius images/Ingo Boelter; *U2* Cornelsen Verlag / Dr. Volker Binder; *U4 Möwe* Fotolia/leelaryonkul – **S. 3** unten Shutterstock/rangizzz – **S. 4** 1 Shutterstock/Rocketclips, Inc.; 2 Shutterstock/Stuart Jenner; 3 Fotolia/DragonImages; 4 Fotolia/Bergfee – **S. 5** 5.1–2 Cornelsen/Björn Schumann; 6 Shutterstock/Tyler Olson; 7 Shutterstock/jan ta_r; 8 picture-alliance/ZB – **S. 6** 9 Fotolia/Rawpixel.com; 10 Cornelsen/Björn Schumann; 11 Deutsche Bahn AG/Hartmut Reiche; 12 Fotolia/Piotr Pawinski – **S. 7** 13 Fotolia/Kzenon; 14 Fotolia/Robert Kneschke; 15 Fotolia/Sarah Jorand; 16 Cornelsen/Björn Schumann – **S. 8** a Shutterstock/Herbert Kratky; b SBB, Schweizerische Bundesbahnen; c Shutterstock/Frederic Legrand – COMEO; d akg-images; e TopicMedia/DTCL; f Shutterstock/charnsitr; g Shutterstock/Shutter-Man; h Cornelsen/Andrea Mackensen; Hintergrund Fotolia/Dirk Petersen – **S. 9** 1 Fotolia/sehbaer_nrw; 2 Fraport AG Fotoatteam/Stefan Rebscher; 3 Swarovski Kristallwelten; 4 Fotolia/Franz; 5 Shutterstock/Bildagentur Zoonar GmbH; 6 Fotolia/tauav; 7 Fotolia/Zerophoto; 8 SBB, Schweizerische Bundesbahnen – **S. 10** oben links Fotolia/.shock; oben rechts Shutterstock/Rocketclips, Inc. – **S. 11** oben Fotolia/Jeanette Dietl; unten Shutterstock/Rabus Carmen Olga – **S. 13** von oben nach unten: 1 Fotolia/Jörg Lantelme; 2 Fotolia/bokstaz; 3 Shutterstock/Jack Frog; 4 Fotolia/Andrey Popov; 5 Fotolia/Saklakova; 6 Fotolia/lagom; 7 Fotolia/Syda Productions; 8 Fotolia/BestPhotoStudio; 9 Fotolia/Antonioguillem – **S. 14** Fotolia/Elnur – **S. 16** 1 Fotolia/Kzenon; 2 Fotolia/princeoflove; 3 Shutterstock/Stuart Jenner; 4 Shutterstock/Dobo Kristian – **S. 18** Cornelsen/Björn Schumann – **S. 19** Mitte oben Fotolia/dk-fotowelt; rechts: von oben nach unten: 1 Shutterstock/VCoscaron; 2 Fotolia/upixa; 3 Fotolia/geargodz; 4 Shutterstock/chirajuti; 5 Shutterstock/Grigvovan; 6 Fotolia/Antonioguillem; 7 Fotolia/Adeus Buhai; 8 Fotolia/lpictures; 9 Fotolia/juefraphoto – **S. 20** © WIR SIND DIE NEUEN, X Verleih AG. – **S. 22** unten: von links nach rechts: 1 Fotolia/HaywireMedia; 2 Fotolia/stockphoto-graf; 3 Fotolia/grafikplusfoto; 4 Fotolia/Wissmann Design; 5 Fotolia/simonkr; 6 Fotolia/stockphoto-graf; 7 Fotolia/ehrenberg-bilder; 8 Fotolia/PRILL Mediendesign – **S. 24–25** oben Wolfgang Stich – **S. 24** 1 Fotolia/nkarol; 2 Fotolia/Monkey Business – **S. 25** 3 Fotolia/sabine hürdler; 4 Shutterstock – **S. 26** 1 oben Fotolia/cherylvb; oben (Hintergrund) Fotolia/finepoints; 1 unten Fotolia/anaumenko – **S. 27** rechts: von oben nach unten: 1 Fotolia/Jiri Hera; 2 Fotolia/ffphoto; 3 Shutterstock/SOMMAI; 4 Shutterstock/Africa Studio; 5 Fotolia/fovito; 6 Fotolia/Natika; 7 Fotolia/ExQuisine; 8 Fotolia/stevem; 9 Fotolia/suthisak; 10 Fotolia/cook_inspire; Mitte Fotolia/M.studio – **S. 28** von oben nach unten: 1 Fotolia/exclusive-design; 2 Shutterstock/Silberkorn; 3 Fotolia/Jacek Chabraszewski; 4 Fotolia/rockvillephoto; 5 Fotolia/drimafilm; 6 Fotolia/Sabine Hürdler – **S. 30** Fotolia/DragonImages – **S. 32** 1 © OpenStreetMap; 2 Marco Clausen/Prinzessinnengärten; 3 Marco Clausen/Prinzessinnengärten; 4 Marco Clausen/Prinzessinnengärten; 5 Marco Clausen/Prinzessinnengärten; Mitte Prinzessinnengärten; unten Shutterstock/nexus 7 – **S. 33** von oben nach unten: 1 Shutterstock/HalynaBahlyk; 2 Fotolia/500cx; 3 Shutterstock/riopatuca; 4 Shutterstock/Alexander Raths; 5 Shutterstock/riopatuca; 6 Shutterstock/Julia Shepeleva; 7 Fotolia/whitestorm; 8 Fotolia/Tatiana Kuzmina; 9 Fotolia/gertrudda – **S. 34** 1 Fotolia/zhukovvvlad; 2 Fotolia/JiSign; 3 Fotolia/bettina sampl; unten rechts Collage: Cornelsen/Bianca Schaalburg / Fotolia/bettina sampl – **S. 35** rechts: von oben nach unten: 1 Fotolia/Nadalina; 1 (Symbol) Fotolia/nezezon; 2 Shutterstock/Thanapun; 3 Shutterstock/KENG MERRY Paper Art; 4 Fotolia/ Wolfilser; 5 Fotolia/Daniel Prudek; 6–8 Shutterstock/Marian Weyo; 9 Fotolia/Andrey Kuzmin; 10 Fotolia/Jürgen Fälchle; Mitte Fotolia/Bergfee – **S. 36** 1. Fotolia/schulzfoto; 3. Fotolia/Kara; (Hintergründe) Shutterstock/diez artwork – **S. 38** von links nach rechts: 1 Fotolia/Jürgen Fälchle; 2 Fotolia/mg1708; 3 Fotolia/sushytska; 4 Fotolia/Picture-Factory; 5 Fotolia/connel_design – **S. 39** links shutterstock/Igor Travkin; rechts Fotolia/Monkey Business – **S. 40** oben links Fotolia/Leigh Prather; rechts VISUM/Mauricio Bustamante – **S. 41** links VISUM/Mauricio Bustamante; oben rechts VISUM/Mauricio Bustamante – **S. 42** 1–3 Fotolia/olly – **S. 43** von oben nach unten: 1 Fotolia/Robert Kneschke; 2 Fotolia/industrieblick; 3 Fotolia/Photographee.eu; 4 Shutterstock/Frederic Legrand; COMEO 5 Fotolia/industrieblick; 6 Fotolia/rdnzl; 7 Fotolia/Photographee.eu – **S. 44** 1 a – d Cornelsen/Björn Schumann – **S. 45** Collage: Cornelsen/Bianca Schaalburg /Fotolia/Robert Kneschke – **S. 46** Kosmos Verlag/Sarah Brueschke – **S. 48** 1 Fotolia/Sandor Kacso; 2 Fotolia/nataliaderiabina; 3 Fotolia/eyetronic; 4 Fotolia/Sherry Young; 5 Fotolia/romankosolapov; 6 Fotolia/s4svisuals; 7 Fotolia/georgerudy; oben Mitte Collage: Cornelsen/Bianca Schaalburg / Shutterstock/robbin lee; a-b Fotolia/ArTo; c–d Fotolia/Konstantin Yuganov – **S. 49** rechts: von oben nach unten: 1 Shutterstock / Tyler Olson; 2 Fotolia/gpointstudio; 3 Shutterstock/wavebreakmedia; 4 Fotolia/stockdevil; 5 Fotolia/Photographee.eu; 6 Fotolia/drubig-photo; 7 Shutterstock/ChaNaWiT; 8 Fotolia/stalnyk; 9 Fotolia/Sandor Kacso; Mitte oben Shutterstock/Photographee.eu; Mitte (Symbol 1) Fotolia/thostr; Mitte (Symbol 2) Shutterstock/Jakinnboaz – **S. 50** Fotolia/Monkey Business – **S. 51** 1 Shutterstock/Master-L; 2 Fotolia/Ljupco Smokovski; 3 Shutterstock/Lisa S.; 4 Fotolia/Markus Mainka; 5 Fotolia/Picture-Factory; unten Fotolia/eyeQ – **S. 52** oben Vita Assistenzhunde e.V.; Mitte Vita Assistenzhunde e.V./Rolf Zipf-Marks – **S. 55** links Fotolia/arsdigital; Mitte Fotolia/spotmatikphoto; rechts Fotolia/industrieblick – **S. 56** 1 THW, Bundesanstalt Technisches Hilfswerk/Philipp Schinz; 2 THW, Bundesanstalt Technisches Hilfswerk – **S. 57** 3 THW, Bundesanstalt Technisches Hilfswerk; 4 THW, Bundesanstalt Technisches Hilfswerk – **S. 58** a (Rahmen) Fotolia/Coloures-pic; a: oben rechts Fotolia/Kara; a: unten Fotolia/Stockfotos-MG; b:(Hintergrund) Fotolia/diez-artwork; c: Nathalie Pohl/Andreas Pohl; c: (Handy) Fotolia/Cobalt – **S. 60** links picture-alliance/IMAGNO/Barbara Pflaum; rechts Shutterstock/360b – **S. 61** Mitte Fotolia/Lydia Geissler; Mitte (Hintergrund) Shutterstock/diez artwork; rechts: von oben nach unten: 1 links Fotolia/Romolo Tavani; 1 rechts Fotolia/3dmavr; 2 Shutterstock/gpointstudio; 3 Shutterstock/360b; 4 Fotolia/Lydia Geissler; 5 Fotolia/Giorgio Magini; 6 Fotolia/wolandmaster; 7 Fotolia/Monkey Business; 8 Fotolia/Blacky; 9 Fotolia/Smileus – **S. 62** oben links Shutterstock/Dmitri Ma; Mitte: von links nach rechts: 1 Fotolia/Syda Productions; 2 Shutterstock/Sudheer Sakthan; 3 Fotolia/goldencow_images; 4 Shutterstock/jan_ta_r; 5 Fotolia/Syda Productions; 6 Shutterstock / antoniodiaz – **S. 64** a dpa/Süddeutsche Zeitung Photo; a (Rahmen) Fotolia/Stephanie Zieber; b Fotolia/styleuneed; c Fotolia/Benjamin Merbeth; (Hintergrund) Fotolia/ekostsov – **S. 65** d Fotolia/i-picture; f imago stock&people; (Hintergrund) Fotolia/ekostsov; rechts: von oben nach unten: 1 Fotolia/breakermaximus; 2a Fotolia/Jürgen Priewe; 2b Fotolia/winterbilder; 3 Deutscher Bundestag/Werner Schüring; 4 FOTOFINDER/Bilderbox/CHROMORANG; 5 shutterstock/Matyas Rehak; 6 Fotolia/Ezio Gutzemberg; 7 Shutterstock/Heiko Kueverling; 8 Shutterstock/Julia Reschke; 9 Fotolia/Gabriele

Rohde – **S. 66** a picture-alliance/ZB; b shutterstock/Julia Reschke – **S. 67** Mitte Ekin Deligöz, MdB; Mitte (Hintergrund) Shutterstock/diez artwork – **S. 68** Mitte (Hintergrund) FOTOFINDER/Bilderbox/CHROMORANG; oben rechts Clip Dealer/Carsten Reisinger – **S. 70** von links nach rechts: 1 Fotolia/janvier; 2 Fotolia/Thomas Söllner; 3 Fotolia/Cobalt; 4 Fotolia/Sergio Di Giovanni; 5 Fotolia/Coloures-pic; 6 Fotolia/sdecoret; 7 Fotolia/Moritz Wussow – **S. 72–73** Uwe Müller – **S. 73** rechts (Karte) Fotolia/Artalis-Kartographie – **S. 74** oben Fotolia/Visions-AD; unten (Sterne) Shutterstock/Aminilla – **S. 75** rechts: von oben nach unten: 1 Fotolia/Rawpixel.com; 2 Fotolia/Robert Kneschke; 3 Fotolia/SolisImages; 4 Fotolia/Dreaming Andy; 5 Fotolia/Eisenhans; 6 Fotolia /Felix Loechner; 7 Fotolia/powell83; 8 Fotolia/grafikplusfoto; 9 Fotolia/pixelrobot; links unten Shutterstock/Frederic Legrand, COMEO – **S. 76** Fotolia/K.C. – **S. 80** oben links (Buchrahmen) Shutterstock/diez artwork; oben (Hintergrund) Fotolia/Daniel Ernst – **S. 81** oben: 1–3 Cornelsen/Björn Schumann; oben: 4 Fotolia/rachaw; rechts: von oben nach unten: 1 Fotolia/bluedesign; 2–3 Fotolia/contrastwerkstatt; 4 Fotolia/contrastwerkstatt; 5 Fotolia/Gina Sanders; 6 Fotolia/Gina Sanders – **S. 82** oben links + rechts Cornelsen/Björn Schumann – **S. 84** oben Fotolia/pathdoc – **S. 86** 1 Fotolia/Erwin Wodicka; 2 Fotolia/Christian Müller; 3 Fotolia/Jonathan Stutz – **S. 88–89** oben shutterstock/Peter Stein + VG Bild-Kunst, Bonn 2017 – **S. 89** links shutterstock/ocphoto; rechts shutterstock/BarryTuck – **S. 90** oben links Fotolia/Robert Kneschke; oben Mitte Fotolia/Anna Baburkina; rechts Deutsche Bahn AG/Volker Emersleben; unten links Cornelsen/Andrea Mackensen; unten Mitte Cornelsen/Andrea Mackensen – **S. 91** Mitte links + rechts Fotolia/Elnur; rechts: von oben nach unten: 1 Fotolia/WavebreakmediaMicro; 2 Fotolia/Robert Kneschke; 3 Fotolia/amixstudio; 4 Fotolia/Africa Studio; 5 Fotolia/contrastwerkstatt; 6 Fotolia/contrastwerkstatt; 7 Deutsche Bahn AG/Oliver Lang; 8 Deutsche Bahn AG/Hartmut Reiche; 9 Deutsche Bahn AG/Volker Emersleben; 10 Fotolia/Fotomanufaktur JL; 11 Fotolia/RioPatuca Images – **S. 92** oben rechts Coulorbox.de/Colourbox. com; oben links Fotolia/WavebreakMediaMicro – **S. 93** oben Coulorbox.de/Colourbox. com – **S. 96** oben links Fotolia/Piotr Pawinski; oben rechts Fotolia/alho007; Mitte links Fotolia/Talaj; Mitte links (Label) Fotolia/fusolino; Mitte rechts Fotolia/fd-styles – **S. 97** rechts: von oben nach unten: 1 Shutterstock/Lisa S.; 2 Fotolia/Dan Race; 3 Fotolia/JackF; 4 Fotolia/pikselstock; 5 Fotolia/Gina Sanders; 6 Shutterstock/Peter Gudella; 7 Fotolia/Africa Studio; 8 Fotolia/arborpulchra; 9 Fotolia/Alexander Raths; Mitte (Smileys) Fotolia/Ivan Kopylov – **S. 98** Cornelsen/Björn Schumann – **S. 100** unten (Rahmen) Shutterstock/diez artwork; unten Fotolia/nerthuz – **S. 102** 1. Reihe: 1 Fotolia/Dan Race; 2 Shutterstock/Lisa S.; 3 Fotolia/Robert Kneschke; 4 Fotolia / Alexander Raths; 2. Reihe: 1 Fotolia/arborpulchra; 2 Deutsche Bahn AG/Hartmut Reiche; 3 Fotolia/Africa Studio; 4 Fotolia/amixstudio; 3. Reihe: 1 Shutterstock/Peter Gudella; 2 Fotolia/Gina Sanders; 3 Fotolia/Fotomanufaktur JL; 4 Fotolia/pikselstock;4. Reihe: 1 Fotolia/JackF; 2 Fotolia/Ljupco Smokovski; 3 Fotolia/Markus Mainka; 4 Fotolia/doganmesut – **S. 103** links Fotolia/photosvac; rechts Fotolia/afxhome – **S. 104–105** Fotolia/Ingo Bartussek – **S. 106** Collage: Cornelsen/Bianca Schaalburg / Cornelsen/Andrea Mackensen – **S. 108** Cornelsen/Andrea Mackensen – **S. 109** rechts: von oben nach unten: 1 Fotolia/Andrey Popov; 2 Coulorbox.de/Sutisa Kangvansap; 3 Fotolia/Claudiu S.; 4 Fotolia/Kitty; 5 Fotolia/Photographee.eu; 6 Fotolia/ghazii; 7 Fotolia/Kzenon; 8 Coulorbox.de/Colourbox. com; Mitte links + rechts Fotolia/okunsto – **S. 110** Fotolia/autofocus67 – **S. 111** unten links + rechts Fotolia/okunsto – **S. 112** oben links + rechts Cornelsen/Björn Schumann; unten (Hintergrund) Shutterstock/diez artwork; unten rechts Fotolia/Dan Race – **S. 113** Collage: Cornelsen/Bianca Schaalburg/Fotolia/terex – **S. 115** von oben nach unten: 1 Fotolia/zapp2photo; 2 Fotolia/Robert Kneschke; 3 Fotolia/Petinovs; 4 Fotolia/TSUNG-LIN WU; 5 Fotolia/Sinuswelle; 6 Fotolia/contrastwerkstatt; 7 Fotolia/vetkit; 8 Fotolia/Stockfotos-MG – **S. 116** unten dpa Picture-Alliance/picturedesk.com/APA/Michael Appel; unten (Hintergrund) Shutterstock/diez artwork – **S. 119** von links nach rechts: 1 Fotolia/Mr Doomits; 2 Fotolia/euthymia; 3 Fotolia/Fer Gregory; 4 Fotolia/mtlapcevic; unten Fotolia/Clemens Schüßler – **S. 120–121** AlpTransit Gotthard AG – **S. 121** 1 Fotolia/Alexander; 2 Fotolia/Kadmy; 3 Fotolia/Andrey Brusov – **S. 122** links Fotolia/Inga Nielsen; oben Mitte Fotolia/PhotographyByMK; oben rechts Fotolia/EduardSV; Mitte Fotolia/Agentur Kröger; Mitte rechts Fotolia/Gabriele Rohde; unten Mitte Fotolia/andiz275; unten rechts Fotolia/Alexander von Düren – **S. 123** von oben nach unten: 1 Fotolia/Wolfilser; 2 Fotolia/Boris Zerwann; 3 Fotolia/Zerbor; 4 Fotolia/binagel; 5 Fotolia/JFL Photography; 6 Fotolia/mirpic; 7 Fotolia/ArTo; 8 Fotolia/Janina Dierks; 9 Fotolia/unverdorbenjr – **S. 124** Cornelse, Björn Schumann – **S. 125** Mitte fotolia/Sarah Jorand; Mitte (Hintergrund) Shutterstock/diez artwork; rechts: von oben nach unten: 1 Fotolia/DoraZett; 2 Fotolia/hemlep; 3 Fotolia/hfox; 4 Fotolia/Soru Epotok; 5 Fotolia/Wolfgang Kruck; 6 Fotolia/Alexander von Düren; 7 Fotolia/Jeff McGraw; 8 Fotolia/Soru Epotok; 9 Fotolia/iLUXimage/Amadeus Persicke – **S. 126** Coulorbox.de/HighwayStarz – **S. 128** Cornelsen/Björn Schumann – **S. 129** Cornelsen/Björn Schumann – **S. 130** imago stock&people/United Archives – **S. 131** oben Collage: Cornelsen/Bianca Schaalburg / Coulorbox.de/Erwin Wodicka; Mitte (Stift) Fotolia/dessauer; Mitte (Buch) Fotolia/Cla78; rechts (Rand) Fotolia/Dmitri Stalnuhhin – **S. 132** (C) 1987–1996 Adobe Systems Incorporated All Rights Reserved – **S. 133** unten Fotolia/Dmitri Stalnuhhin – **S. 135** Fotolia/Christian Schwier – **S. 136–137** Fotolia/powell83 – **S. 139** links Fotolia/500cx; rechts Fotolia/Jürgen Fälchle – **S. 142** Collage: Cornelsen/Bianca Schaalburg / Cornelsen/Björn Schumann – **S. 143** links Fotolia/photosvac; rechts Fotolia/afxhome – **S. 144** Collage: Cornelsen/Bianca Schaalburg / Cornelsen/Björn Schumann – **S. 145** unten Fotolia/sehbaer_nrw – **S. 146** von oben nach unten: 1 Fotolia/Franz; 2 Fotolia/tauav; 3 Fraport AG Fotoaufnahme/Stefan Rebscher; 4 Fotolia/Zerophoto; 5 Shutterstock / Shutter-Man; 6 Shutterstock/Herbert Kratky; 7 SBB, Schweizerische Bundesbahnen – **S. 152** von links nach rechts: 1 Fotolia/Soru Epotok; 2 Fotolia/Jeff McGraw; 3 Fotolia/Alexander von Düren; 4 Fotolia/esvetleishaya; 5 Fotolia/hfox; 6 Fotolia / artush; 7 Fotolia/DoraZett; 8 Fotolia/Wolfgang Kruck; 9 Fotolia/iLUXimage/Amadeus Persicke; 10 Fotolia/hemlep

Mehrfache Verwendung für Hintergrund **und Rahmen:** Papierausriss: Shutterstock/Picsfive; Screenshot-Rahmen: Shutterstock/wessley

Textquellen

S. 67 Ekin Deligöz, MdB, Interview mit Cornelsen – **S. 78** Nicol Ljubić, Erschienen im Magazin #26 der Kulturstiftung des Bundes (S. 28)

Deutsch als Fremdsprache

Kursbuch B1
Kursleiterfassung

Im Auftrag des Verlages erarbeitet von
Andrea Finster, Dagmar Giersberg und Ulrike Würz (Phonetik)

Kursbuch: Carmen Dusemund-Brackhahn, Andrea Finster, Dagmar Giersberg, Steve Williams sowie Ulrike Würz (Phonetik) und Ute Voß (Grammatik-Animationen)

Redaktion: Claudia Groß, Andrea Mackensen

Umschlaggestaltung: Rosendahl Berlin, Agentur für Markendesign
Layout und technische Umsetzung: Klein & Halm Grafikdesign, Berlin
Illustrationen: Bianca Schaalburg (S. 34, 45, 48, 78, 97, 106, 113, 131, 142, 144), Tanja Székessy (S. 22, 26, 29, 49, 71, 86, 87, 91, 94, 107, 109, 141, 145)

Soweit in diesem Lehrwerk Personen fotografisch abgebildet sind und ihnen von der Redaktion fiktive Namen, Berufe, Dialoge und Ähnliches zugeordnet oder diese Personen in bestimmte Kontexte gesetzt werden, dienen diese Zuordnungen und Darstellungen ausschließlich der Veranschaulichung und dem besseren Verständnis des Inhalts.

www.cornelsen.de

Die Webseiten Dritter, deren Internetadressen in diesem Lehrwerk angegeben sind, wurden vor Drucklegung sorgfältig geprüft. Der Verlag übernimmt keine Gewähr für die Aktualität und den Inhalt dieser Seiten oder solcher, die mit ihnen verlinkt sind.

1. Auflage, 1. Druck 2018

Alle Drucke dieser Auflage sind inhaltlich unverändert und können im Unterricht nebeneinander verwendet werden.

© 2018 Cornelsen Verlag GmbH, Berlin

Das Werk und seine Teile sind urheberrechtlich geschützt. Jede Nutzung in anderen als den gesetzlich zugelassenen Fällen bedarf der vorherigen schriftlichen Einwilligung des Verlages.
Hinweis zu §§ 60a, 60b UrhG: Weder das Werk noch seine Teile dürfen ohne eine solche Einwilligung an Schulen oder in Unterrichts- und Lehrmedien (§ 60b Abs. 3 UrhG) vervielfältigt, insbesondere kopiert oder eingescannt, verbreitet oder in ein Netzwerk eingestellt oder sonst öffentlich zugänglich gemacht oder wiedergegeben werden. Dies gilt auch für Intranets von Schulen.

Druck: Grafisches Centrum Cuno GmbH & Co.KG, Calbe

ISBN 978-3-06-120588-1

PEFC zertifiziert
Dieses Produkt stammt aus nachhaltig bewirtschafteten Wäldern und kontrollierten Quellen

PEFC/04-31-1370   www.pefc.de